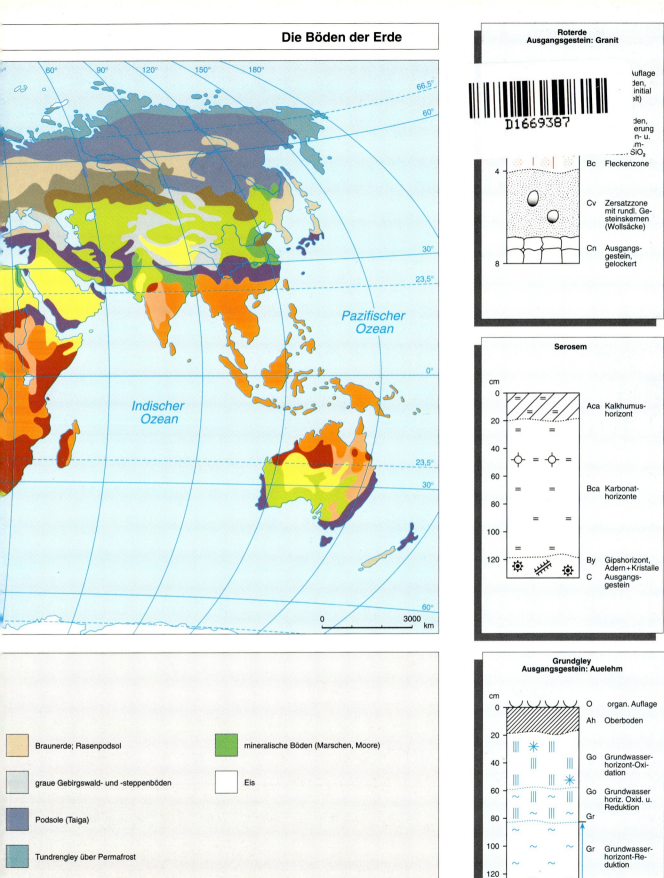

Lehrbuch Geographie   Sekundarstufe II

Band:
Landschaften und
Ressourcen

Herausgegeben von
Dr. Heinz W. Friese
Prof. Dr. habil. Wolfgang Kaulfuß
Dr. Dieter Richter
Prof. Dr. Gabriele Saupe

Volk und Wissen Verlag GmbH

Autoren

Prof. Dr. habil. Klaus Bürger
Prof. Dr. habil. Wolfgang Kaulfuß
Prof. Dr. habil. Manfred Kramer
Dr. Karl-Heinz Noack
Dr. Dieter Richter

Redaktion
Dr. Siegfried Motschmann

Kartographische Beratung:
Prof. Dr. Wolfgang Plapper

Dieses Werk ist in allen seinen Teilen urheberrechtlich geschützt. Jegliche Verwendung außerhalb der engen Grenzen des Urheberrechtes bedarf der Zustimmung des Verlages. Dies gilt insbesondere für Vervielfältigungen, Mikroverfilmungen, Einspeicherung und Verarbeitung in elektronischen Medien sowie Übersetzungen.

ISBN 3-06-041103-4

1. Auflage
5 4 3 2 1/01 00 99 98 97
Alle Drucke dieser Auflage sind unverändert und im Unterricht parallel nutzbar. Die letzte Zahl bedeutet das Jahr dieses Druckes.

© Volk und Wissen Verlag GmbH, Berlin 1996
Printed in Germany
Reproduktion: Offsetreproduktionen Decker, Berlin
Druck und Binden: Offizin Andersen Nexö GmbH, Leipzig
Illustrationen: Rainer Fischer, Gerold Nitzschke, Wolfgang Zieger
Kartographie: Peter Kast · Klaus Hellwich, Ingenieurbüro für Kartographie, Schwerin
Einband: Wolfgang Lorenz
Typographische Gestaltung: Gerold Nitzschke
Technische Realisation: Monika von Wittke

Inhalt

Geoökologie und Umweltfragen 7

Landschaftssphäre und Landschaftsgürtel 8

Die Landschaftssphäre als Integrationsbereich .. 8
Die Landschaftssphäre als Lebens- und
Wirtschaftsraum des Menschen 9
Landschaftszonen als höchste Ordnungsstufe im
System von Naturräumen 12
Die areale Struktur der Landschaftssphäre - Kategorien des geographischen Formenwandels 16

Der Gürtel der temperierten Breiten 18

Außertropische Zirkulation 18
Außertropische Westwinde 18
Wellenbildung 19
Durchzug einer Zyklone 20
Zyklonales Wettergeschehen 20
Westseiten- und Ostseitenklima Eurasiens 22
Ozeanisches und kontinentales Klima 22
Westseiten- und Ostseitenklima 22
Bodenbildung und Böden 24
Bedeutung des Bodens 24
Bodenbildende Faktoren 24
Verwitterung und Bodenarten 25
Bodenfruchtbarkeit und Porenvolumen 26
Bodenfruchtbarkeit: Pflanzennährelemente und
Humus 27
Vom Rohboden zum Bodentyp 30

Naturräumliche Gliederung Europas 32
Naturräumliche Gliederung Deutschlands 34

Geosystem sommergrüner Laub- und
Mischwald 36
West-östlicher Formenwandel des sommergrünen
Laub- und Mischwaldes 38
Wälder in Deutschland 39
Entwicklung der Bodennutzung in Deutschland 40
Agrarräume in Deutschland 44
Waldwirtschaft in Deutschland 46

Geosystem winterkalte Steppe 48
Wasser als begrenzender Faktor 49
Steppen- und Halbwüstenböden 50
Von der Prärie zur Kulturssteppe 52
Degradierung des Bodens 54
Bodenschutzmaßnahmen in den Great Plains .. 55
Umgestaltung der Steppe Kasachstans 56

Geosystem borealer Nadelwald 60
Fichte im Westen, Lärche im Osten 60
Podsol 62
Ökologie des borealen Nadelwaldes 63
Holzwirtschaft im borealen Nadelwald 64

Geosystem der Subtropen 66
Ökologie des Hartlaubwaldes 68
Degradationsstufen des Hartlaubwaldes 69
Landschaftswandel im Mittelmeerraum 70
Regenfeldbau im Mittelmeerraum 72
Bewässerungsfeldbau im Mittelmeerraum 73
Bewässerung und Bodenversalzung 74

Arbeitsanregungen zum Lehrbuchkapitel
„Der Gürtel der temperierten Breiten" 75

Der kalte Gürtel 76

Die Arktis 77
Die Tundra 79
Permafrost (ewige Gefrornis) 80
Strukturböden 81
Die Arktis als Lebensraum 83
Die Antarktis 84
Aus der Entdeckung und Erforschung der
Polargebiete 86

Arbeitsanregungen zum Lehrbuchkapitel
„Der kalte Gürtel" 87

Der tropische Gürtel 88

Allgemeine Merkmalskennzeichnung der Tropen 88
Die immerfeuchte Regenwaldzone 91
Das Klima der immerfeuchten Regenwaldzone . 91
Verwitterung, Relief und Bodenbildung 92
Der immergrüne tropische Regenwald 93
Die Nutzung der tropischen Regenwälder –
lokale und globale Folgen 96
Die wechselfeuchte Savannenzone 98
Das Klima der Savannenzone 99
Klima und Böden der Feuchtsavanne 99
Die Pflanzengesellschaften der Feuchtsavanne .. 101
Die kulturlandschaftliche Überprägung
der Feuchtsavanne 104
Natürliche Ausstattungseigenschaften der
Trocken- und Dornsavanne 105

Landnutzung und Landnutzungsprobleme in
den Trocken- und Dornsavannen 109
Tropische Wüsten und Halbwüsten 112
Klima, Vegetation und Böden 112
Die Sahara- größte Binnenwüste der Erde 116
Die Küstenwüsten –
Feuchtluftwüsten ohne Regen 120
Oasen – Inseln des Lebens in der Wüste 121

Arbeitsanregungen zum Lehrbuchkapitel
„Der tropische Gürtel" 123

Die Landschaft des Hochgebirges – das azonale Verteilungsmuster 124

Was ist ein Hochgebirge? 124
Der hypsometrische Formenwandel 125
Das azonale Anordnungsmuster der
Hochgebirge 127
Die Höhenstufen der Hochgebirge der
gemäßigten Mittelbreiten 127
Die tropischen Hochgebirge –
Gebirge ohne Winter 129
Hochgebirge – sensible Naturräume 132

Arbeitsanregungen zum Lehrbuchkapitel
„Die Landschaft des Hochgebirges –
das azonale Verteilungsmuster" 135

Globale Übersichten 136

Die Klimazonen der Erde 136
Klimaklassifikationen 137
Genetische Klimaklassifikationen 137
Effektive Klimaklassifikationen 144
Klimaveränderungen 147
Vegetations- und Bodenzonen der Erde 149
Entwicklung der Landnutzung 150

Rohstoff- und Energieversorgung der wachsenden Menschheit 153

Ressourcen und Rohstoffe –
versiegen die Quellen? 154

Ressourcen 154
Rohstoffe 155
Bilanzen und Prognosen 156
Ressourcenbilanzierung 156
Rohstoffprognosen 157

Die geotektonische Gliederung der Erde 158

Gestalt der Kontinente und Ozeanbecken 159
Schalenbau der Erde 160

Lithosphäreplatten und Plattenbewegungen 162
Divergente Plattengrenzen 163
Konvergente Plattengrenzen 164
Drift der Kontinente und Ozeane 165
Magmatismus und vulkanische Tätigkeit 166
Vulkanismus und Vulkanbauten 167
Vorhersage und Schutzmaßnahmen 171
Lagerstätten und Geotektonik 172

Ohne Energie läuft nichts 176

Steinkohle – das „schwarze Gold" 177
Steinkohle und Gebietsplanung 180
Braunkohle 181
Braunkohlenförderland Nr. 1: Deutschland ... 182
Erdöl – der „sensible" Rohstoff 184
Die Golfländer und das Erdöl 187
Deutschland – fast Spitzenreiter im
Energieverbrauch 188
Kernenergiegewinnung – Für und Wider 192
Energieriese Europa 193

Unersetzbar: Eisenerze 194

Eisenerze aus dem Amazonas-Regenwald 196
Salze – ältestes Bergbauprodukt 198

Sicherung des Rohstoff- und Energiebedarfs ... 200

Mineralische Ressourcen des Meeres 204
Mineralische Ressourcen der Antarktis 205

Unser blauer Planet und das Wasser 206

Nutzungsformen der Ressource Wasser 208
Das Süßwasserdargebot 209
Von unschätzbarem Wert: Trinkwasser 209
Die Meere - Gemeingut der Menschheit 211
Ökologie und Grundstoff Wasser 212

Arbeitsanregungen zum Lehrbuchkapitel „Rohstoffversorgung der wachsenden Menschheit" .. 214

Bevölkerungswachstum und Ernährungssicherung 215

Bevölkerungswachstum –
zentrales globales Problem 216

Immer mehr Erdenbürger 216
Das Wachstum hält an 217
In Asien leben 58 % aller Menschen der Erde ... 217
Jeder dritte Mensch der Erde lebt in China
oder Indien 218
Städtewachstum ohne Maß 219
Herausforderung zu schnellem Handeln 222
Brot für alle oder Hungertod für Millionen? ... 223

Das begrenzte Flächenangebot – eine globale Herausforderung 224	Lernzielbereiche 239
Intensivierung – das Gebot der Stunde 226	Lernzielstufen 239
Ernährungsrohstoff Nr. 1: Getreide 227	Methodische Gesichtspunkte und Studierfähigkeit 240
Brot für alle hat die Erde 230	Anforderungsbereiche und Aufgabenstellungen 240
Tragfähigkeit der Erde 231	Auswerten von Materialien 242
Moderne Agrarproduktion 232	Beobachten – Beschreiben – Wissen – Deuten 242
Die Zukunft unseres „Raumschiffes" Erde 234	Definition von Begriffen 243
Arbeitsanregungen zum Lehrbuchkapitel „Bevölkerungswachstum und Ernährungssicherung" .. 236	Zahl und Statistik 244
	Gestaltung von Tabellen 244
Geographische Arbeitsweisen 237	Graphische Gestaltung von Zahlenmaterial 245
Lernen ist Verarbeiten 238	Klimadiagramme 247
Lernziele beschreiben und stützen das Lernen 239	Karten 248
	Glossar 250

Die Erde ist deine Mutter.

Die Erde gehört nicht uns, wir gehören der Erde.
Was der Erde geschieht, geschieht allen Söhnen und Töchtern der Erde.

Alle Dinge sind verbunden, wie das Blut uns einigt.
Das Netzwerk des Lebens haben wir nicht geflochten.
Wir sind nur ein Faden darin.
Was wir dem Netz antun, das tun wir uns selber an.

Chief Seattle (1855)
Häuptling der Duwamish-Indianer

Geoökologie und Umweltfragen

Die Landschaftssphäre der Erde ist die Naturumwelt des Menschen. Hier vollziehen sich die Lebensprozesse und die Erzeugung der materiellen Güter für eine rasch wachsende Menschheit. Ausgebildet als eine schmale, verletzliche Hülle, erstreckt sich die Landschaftssphäre zwischen Ozonschicht und oberer Lithosphäre beiderseits der Erdoberfläche.

Rasch wachsende Erdbevölkerung und steigender Energie- und Nahrungsmittelbedarf haben zu einem Konfliktverhältnis zwischen der Menschheit und ihrer natürlichen Umwelt geführt, welches sich in lokalen, regionalen und globalen Problemen äußert. Täglich erreichen uns Meldungen über vergiftete Flüsse, versalzte Felder oder über Erosionsschäden. Abschmelzende Gebirgsgletscher, langanhaltende Dürren oder der Anstieg des Meeresspiegels zeigen an, dass diese globalen Probleme nur durch international abgestimmtes, gemeinsames Handeln zu lösen sind. Grundlage dafür bietet die Ökologie, die als Naturhaushaltslehre die komplizierten Wechselbeziehungen zwischen dem Leben und der Umwelt erforscht und die als Geoökologie Eingang in die moderne Geographie gefunden hat.

Landschaftssphäre und Landschaftsgürtel

Die Landschaftssphäre als Integrationsbereich

Die Landschaftssphäre der Erde überzieht als eine schmale Hülle die Festländer. Sie zeichnet sich durch eine ausgeprägte Mannigfaltigkeit ihrer Erscheinung aus. Bezeichnungen wie arktische Gebirgslandschaft, tropische Wüstenlandschaft oder Lösslandschaft deuten diese Vielfalt an.

Der rasche Wechsel des äußeren Erscheinungsbildes in der Landschaftssphäre erklärt sich daraus, dass sich in ihr die anderen Erdhüllen gegenseitig durchdringen. Dabei handelt es sich um die Atmosphäre mit ihrer deutlichen Vertikalgliederung, die Hydrosphäre und die Lithosphäre. Alle drei Sphären repräsentieren die abiotischen Bereiche der Landschaft.

Biosphäre und Pedosphäre (Bodenhülle) bilden zusammen den Gesamtlebensraum.

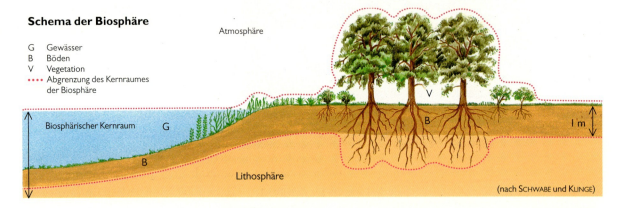

Schema der Biosphäre

G Gewässer
B Böden
V Vegetation
•••• Abgrenzung des Kernraumes der Biosphäre

(nach SCHWABE und KLINGE)

In der Biosphäre ist die wechselseitige Durchdringung von Atmosphäre, Lithosphäre und Hydrosphäre im oberflächennahen Raum besonders eng, hier konzentriert sich die Hauptmasse der Lebewesen. Der Verbreitungsraum reicht in der Atmosphäre bis zur Ozonschicht in etwa 20 km Höhe, in Klüften und Spalten reichen Lebensformen in die Lithosphäre hinein, die Ozeane sind bis zu ihrem Grund ebenfalls Leben erfüllt.

Die Landschaftssphäre ist Lebens- und Wirkungsraum der Menschheit, ihre natürliche Umwelt. Im Zuge ihrer eigenen Existenzerhaltung hat sie

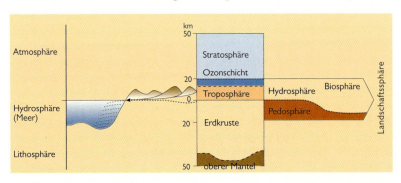

Die Landschaftssphäre als Integrationsbereich

Entwurf KRAMER nach HERZ (1984) und BARSCH/BÜRGER (1984)

diese genutzt, verändert und zunehmend bewusst gestaltet. Die Landschaft besitzt eine Struktur. In dieser sind die Landschaftskomponenten in einem allseitigen Zusammenhang miteinander verbunden. In der Komponentenstruktur der Landschaft drückt sich der Sphärenbau aus.

Die Landschaftskomponenten bilden zusammen das Geosystem. Beispielsweise hat die Korrektion der großen Ströme Mitteleuropas, Rhein und Elbe, im vorigen Jahrhundert nicht nur die Gefällsverhältnisse und den Stromweg verändert, sondern durch die Absenkung des Grundwasserspiegels in den Talsohlen auch die Auenvegetation und die Bodenbildungsvorgänge betroffen.

Das allgemeine Strukturmodell der Landschaft, das aus einer Vielzahl anderer Darstellungsweisen ausgewählt wurde, bringt den Systemzusammenhang zum Ausdruck.

Die Landschaftssphäre als eine einheitlich reagierende Struktur hat sich in einer erdgeschichtlich langen Entwicklung herausgebildet. Sie ist fast ebenso alt wie die Erde selbst.

Zuerst entstanden Strukturen, die durch die vier Landschaftskomponenten geologischer Bau, Klima, Wasser und Relief bestimmt waren. Höhere Lebensformen fanden sich in den Urozeanen. Wir sprechen von der Entwicklungsstufe der Urlandschaft. Erst sehr viel später, seit etwa 60 Millionen Jahren, dem frühen Tertiär, hatte pflanzliches Leben die Festländer vollständig erobert und eine mehr oder minder dicht schließende Pflanzendecke ausgebildet. Die Stufe der Biolandschaft war erreicht, ihre Struktur wird durch alle sechs Landschaftskomponenten bestimmt.

Vor 12 000 Jahren vollzog sich, zuerst in den Berg- und Hügelländern des Nahen und Mittleren Ostens, die agrarische Revolution, der Übergang des jungsteinzeitlichen Menschen zu Pflanzenanbau und Nutzviehhaltung und einer damit verbundenen sesshaften Lebensweise. Damit war die Kulturlandschaft, letzte Entwicklungsstufe der Landschaftssphäre, erreicht.

Sphäre	Landschaftskomponente (Geofaktor)
Atmosphäre	Klima
Lithosphäre	geologischer Bau, Relief
Hydrosphäre	Wasser
Pedosphäre	Boden
Biosphäre	Bios (Tier- und Pflanzenwelt)

Allgemeines Strukturmodell der Landschaft (nach HERZ, K.)

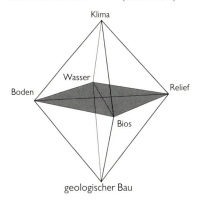

Das Geosystem der Kulturlandschaft

Entwurf KRAMER, verändert nach SCHUBERT (1979) und HERZ (1984)

Durch Rodungen, Anlage von Bewässerungskulturen, Bodenbearbeitung und Zucht wurde die Naturlandschaft (Ur- und Biolandschaft) den Bedürfnissen der Menschen entsprechend verändert und mit dem Siedlungs- und Trassennetz der natürlichen Umwelt die gebaute Umwelt hinzugefügt. Die Geburt der Kulturlandschaft ist auch die Geburt der Umweltproblematik.

Die Landschaftssphäre als Lebens- und Wirtschaftsraum des Menschen

Vor etwa 2,5 Millionen Jahren vollzog sich, wahrscheinlich in den Savannen Afrikas, die Menschwerdung (Anthropogenese). Sehr viel später hatte sich der Homo sapiens entwickelt, der während der letzten Kaltzeit als Jäger und

Sammler lebte, in kleinen Sippenverbänden Teil der Biosphäre war und nur über die Großtierjagd die Fauna beeinflusste.

Seit der agrarischen Revolution vor 12 000 Jahren in den neolithischen Kulturen des Nahen und des Mittleren Ostens, seit 5 000 Jahren auch in den Lösslandschaften Mitteleuropas, ist die Landschaftssphäre nicht mehr nur Lebens-, sondern auch Wirtschaftsraum des Menschen. Damit verknüpfen sich heute naturgesetzliche Entwicklungsprozesse mit solchen, die durch den wirtschaftenden Menschen ausgelöst wurden. Nutzpflanzenanbau, Feldbewässerung oder großflächige Waldrodungen waren Eingriffe in das Natursystem der Landschaft, die diese beeinflussten und veränderten, eine Kulturlandschaft entstehen ließen. Zugleich wuchs die Weltbevölkerung und damit der Bedarf an Energie und Lebensgütern.

Die Zunahme der menschlichen Bevölkerung während der letzten 50 000 Jahre

(verändert nach HUBER und EHRLICH et al. 1977)

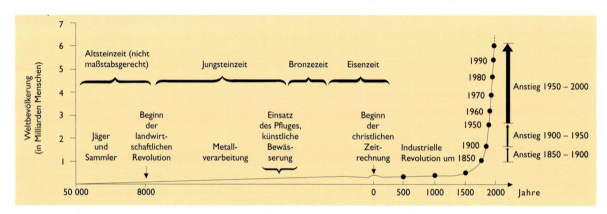

Notwendigerweise vertiefen sich damit die nutzungsbedingten Eingriffe in das landschaftliche System. Sie führen zu Wirkungsketten, an deren Ende die angestrebte Hauptwirkung (z. B. die Erhöhung des Flächenertrages durch Bewässerung) steht, aber auch stets ungewollte, negative Nebenwirkungen auftreten. Ernst NEEF hat 1979 dieses gemeinsame Auftreten gewollter Hauptwirkungen und unbeabsichtigter Nebenwirkungen als eine zwangsläufige Reaktion des Geosystems der Kulturlandschaft auf nutzungsbedingte Eingriffe erkannt. So finden lokale, regionale und globale Umweltprobleme ihre Widerspiegelung in der technisch-wissenschaftlichen Entwicklung seit dem Übergang zur maschinellen Gütererzeugung vor 200 Jahren bis zur Gegenwart.

Desertifikation, das „Wüstmachen" von Nutzflächen durch unangepasste Bewirtschaftung in Räumen mit großer klimatischer Dürrewahrscheinlichkeit wie im afrikanischen Sahel, sei als Beispiel für ein solches globales Problem genannt (vgl. Abb. auf S. 11).

Bei einer Weltbevölkerung von derzeit etwa 5,5 Milliarden Menschen gibt es nur noch wenige Regionen, in denen die naturlandschaftlichen Gegebenheiten erhalten sind. Dazu zählen die Hochlagen von Hochgebirgen, große Teile der Inland- und Meereseisflächen in den Polarregionen, innere Wüstengebiete der temperierten Mittelbreiten sowie Gebiete der inneren Tropen. Diesen Räumen kommt im Rahmen des globalen Systems eine besondere Bedeutung zu.

Die in der Tabelle auf S. 11 dargestellte Nutzungsbilanz zeigt, dass die intensiv erschlossenen Flächen mehr als ein Drittel der Festlandsflächen einnehmen, dass aber auch fast 17 % der Landoberfläche durch unsachgemäße Nutzung degradiert wurden.

Die Entwicklung der Weltbevölkerung

10 000 v.Chr.	5 Mio.
0	200 Mio.
1650	500 Mio.
1850	1 Md.
1975	4 Md.
1987	5,15 Md.
1993	5,5 Md.
2000	6,12 Md.

(nach verschiedenen Quellen)

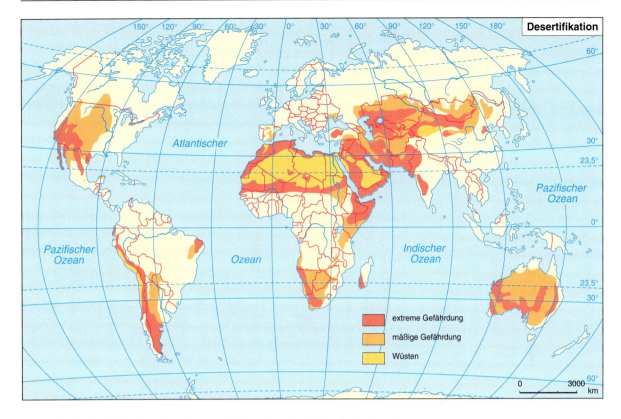

Im Verlaufe der Kulturlandschaftsentwicklung hat der Mensch die Landschaftssphäre stets unter dem Eignungsaspekt bewertet und so seine Umwelt selektiv genutzt. Deshalb bildet das Raummuster der Nutzungsverteilung die Landschaftsstruktur mehr oder minder deutlich ab. Besonders deutlich wird dieser Sachverhalt bei den Landschaftszonen der Erde, den ranghöchsten Einheiten der Landschaftssphäre.

Nutzungsbilanz des Festlandes (in %)

1. intensiv erschlossene und genutzte Flächen		2. nicht nutzbare oder nur für Sondernutzung erschlossene Räume		3. devastierte Flächen		4. sonstige, hochintensive Nutzflächen		5. nicht erschlossene Flächen mit nahezu natürlicher Nutzung	
Waldanteil unter voller Reproduktion	14,0	Gletscher Polar- und Gebirgswüsten	11,0 3,3	Wälder Seen	3,0 0,7	Wasserspeicher ländliche Siedlungen	0,4 1,0	Waldanteil der Mittelbreiten und Tropen	10,0
natürliche Gras- und Strauchweiden, Wiesen	9,0	Tundra und Waldtundra Sumpfgebiete (außerhalb der Tundra)	4,7 2,7	Badlands nach Relief- oder Bodenzerstörung degradierte Gras- oder Strauchweide	3,0 10,0	Industrie- und städtische Siedlungsflächen	2,0 3,4	Seen und Flüsse	1,0 11,0
Ackerland meliorierte (Bewässerungs-) Flächen	7,7 2,3	Trockenwüsten, Fels, Küsten	12,2 33,9		16,7				
Plantagenflächen	2,0 35,0								

(nach RICHTER, H. 1978)

Neben der naturlandschaftlich bedingten Nutzungseignung drücken Kulturpflanzen durch die Grenzen ihrer Verbreitung auch wichtige zonale Grenzlagen aus. Ein Beispiel ist die Ölbaumgrenze, die das Geosystem der mediterranen Subtropen kennzeichnet, oder die Verbreitung des Kaffeebaumes, der wegen seiner Frostempfindlichkeit die Tropengrenze markiert.

Schließlich haben extensive Nutzungsformen auch Geosysteme hoher ökologischer Stabilität entstehen lassen, die wie die Heiden und Moore des hochozeanischen Westeuropas, die Macchie des Mittelmeerraumes oder mancher Typen der Trockensavanne die anthropogen bedingte Veränderungen innerhalb der Landschaftszone bezeugen.

Landschaftszonen als höchste Ordnungsstufe im System von Naturräumen

Die Landschaftssphäre ist die Gesamtheit der Landschaften der Erde. Es wurde bereits erläutert, dass die Einheiten der Landschaftssphäre eine ganz unterschiedliche Größe besitzen, dass ihre jeweilige Dimension und Lage Ordnungskriterien sind (vgl. Tab. zu den Dimensionsstufen von Arealeinheiten der Landschaftssphäre, S. 17).

Das allgemeine Strukturmodell der Landschaft (vgl. S. 9) zeigt, dass die landschaftlichen Eigenschaften durch zwei unabhängige Veränderliche bestimmt werden. Das sind das Klima als Widerspiegelung der solaren (von der Sonnenstrahlung abhängig) Bedingungen und der geologische Bau, der Ausdruck der tellurischen (materielle Eigenschaften des Erdkörpers) Bedingungen ist. Beide Gruppen überschneiden sich im Raum beiderseits der Erdoberfläche und finden ihren Ausdruck in den jeweiligen Merkmalen der Komponenten Wasser, Relief, Bios (Vegetation und Tierwelt, Flächennutzung) und Boden, die im Geosystem der Landschaft eng miteinander vernetzt sind (vgl. S. 9).

Alle Lebensvorgänge auf der Erde hängen von Licht, Wärme, Wasser und Nährstoffen ab. Motor des Ganzen ist die kurzwellige Strahlung, die von der Sonne die Erde erreicht und an deren Oberfläche in Wärmeenergie umgewandelt wird. Dabei ist, je nach Einstrahlungswinkel auf dem Erdkörper, die Strahlungsmenge in den verschiedenen Breitenlagen unterschiedlich.

Insgesamt können drei strahlungsklimatische Gürtel unterschieden werden, die zugleich als Landschaftsgürtel die allgemeinsten Gliederungseinheiten der Landschaftssphäre sind:

Der tropische Gürtel zeichnet sich durch die höchste Energiezustrahlung und die geringsten Unterschiede in der Tageslänge aus, er besitzt eine positive Strahlungsbilanz und nimmt den größten Teil der Festlandsfläche ein.
Der polare Gürtel hat das geringste Strahlungssaldo, die Tageslänge schwankt zwischen 0 und 24 Stunden (Polarnacht und Polartag). Ihre größte räumliche Verbreitung haben Landschaften des polaren Gürtels auf der Nordhalbkugel.
Die temperierten Mittelbreiten, in denen wir leben, liegen zwischen dem tropischen und dem polaren Gürtel. Auch dieser hat auf der nördlichen Halbkugel seine Hauptverbreitung.

Die Landschaftsgürtel werden in ihrer breitenparallelen zonalen Ausbildung durch die Kontinent-Ozean-Verteilung, die Ausdruck der tellurischen Bedingungen ist, „gestört".

Die Kontinente, die wie Inseln im Weltmeer liegen, und die unterschiedliche Erwärmung von Land und Meer äußern sich in der Herausbildung einer planetarischen Zirkulation, die die Meeresströmungen und die allgemeine Zirkulation der Atmosphäre zusammen mit dem Wasserkreislauf umfasst.

Dadurch werden die Gürtel in etwa breitenkreisparallele Streifen aufgegliedert, die geographischen Zonen. Diese unterliegen einer weiteren Gliederung, die hauptsächlich durch die geologisch-tektonischen Gegebenheiten gesteuert wird. Festlands- und Meeresverteilung, Gebirge, Hochländer und Tiefländer, in denen sich jeweils bestimmte Bautypen der Kruste äußern, lassen eine interne Gliederung der Landschaftszonen in Regionen entstehen, die sich in Raumeinheiten subkontinentaler Größenordnung wie dem Dekkanhochland, Westeuropa oder dem südlichen Afrika ausdrücken.

Die unten stehende Abbildung stellt schematisch Landschaftsgürtel, Landschaftszonen und Regionen auf einem Idealkontinent dar.

Die Landschaftszonen sind die ranghöchsten Einheiten der Landschaftssphäre, für die eine geoökologische Aussage möglich ist. Diese kann in sehr allgemeiner Weise für das Zusammenwirken der Landschaftskomponenten Klima, Boden, Wasser und Bios gegeben werden (vgl. Tab. zu den Landschaftszonen der Erde). Dabei spielt das Klima innerhalb der landschaftlichen Merkmalskorrelation der jeweiligen Zone eine bestimmende Rolle. Die Bau- und Reliefbedingungen sind Differenzierungsfaktoren, die innerhalb der Landschaftszone die regionale Untergliederung bewirken. Sehr klar tritt in diesen Zonen auch die Übereinstimmung von Nutzungstypen mit den Einheiten der potentiellen natürlichen Vegetation hervor, so z. B. in den Wüstenräumen die Verbreitung der extensiven Weidewirtschaft mit nomadischer Lebensform oder in den Flächennutzungsmustern der kühlgemäßigten Laub- und Mischwaldzone die lückenlose Ausbildung der Raumstruktur einer intensiven Landwirtschaft.

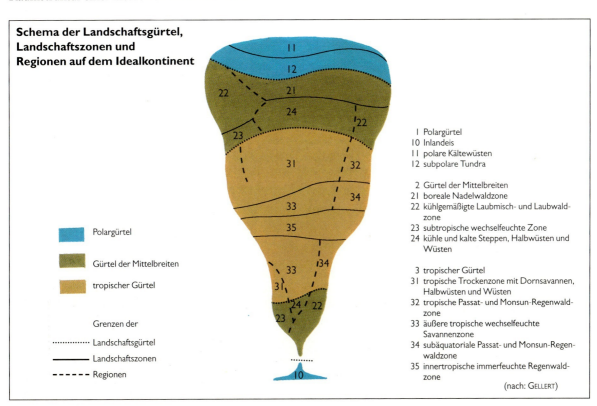

Übersicht über die Landschaftszonen der Erde (Nordhalbkugel)

Landschaftsgürtel	Landschaftszone	Klima	Wasserhaushalt	Reliefbildende Prozesse
polarer Gürtel (Polarnacht – Polartag)	polare Kältewüste	Polarklimate I.1. I.2. Frostklima (EF) JT < -15, JNS < 200	nival	glaziale u. periglaziale Prozesse, Inland- u. Meereis, am Rande Frostschuttbildung
	subpolare Tundra	subpolare Tundraklimate I.3. I.4., Schneeklima (ET) JT < -10, JNS < 300	nival/vollhumid	intensive periglaziale Prozesse, fluviale Prozesse, kräftige Talbildung
Gürtel der Mittelbreiten	boreale Nadelwaldzone (Taigazone)	II. 1.– II. 3. boreale Nadelwald- u. Schneeklimate, Schneewaldklimate, (Df) JT 0, JNS 200– 600	vollhumid	periglaziale Prozesse, Abschmelzhohlformen, starke fluviale Prozesse
	kühlgemäßigte Laub- u. Mischwaldzone	kühlgemäßigte Waldklimate III. 1.– III. 8., warmgemäßigtes Regenklima Cf, immerfeuchtes, boreales Schneewaldklima, Df JT 8 –12, JNS > 400 –700	vollhumid	starke fluviale Prozesse, Talbildung, tertiäre u. pleistozäne Vorzeitformen
	winterkalte Steppen u. Wüsten	Steppen- u. Wüstenklimate III.9.– III.12. Steppenklima BS, Wüstenklima BW, JT 5 –15, JNS < 200–600	semiarid	schwache Intensität der reliefbildenden Prozesse, episod. Wirkung fluvialer Prozesse, äolische Prozesse, Bodenerosion
	Subtropen	warmgemäßigte Subtropenzonen IV.1.– IV.7. winterfeucht, sommertrockenes Regenklima Cs, immerfeucht, sommerheißes Regenklima Cfa, JT 15 – 22, JNS < 300	humid bis semiarid	periodisch wirkende fluviale Prozesse, äolische Prozesse, starke Hangabtragung
tropischer Gürtel	trockene Tropen	tropische Halbwüsten- u. Wüstenklimate V. 5. Wüstenklima BW JT 18 – 28, JNS < 300	arid	intensivste äolische Prozesse, Flächenerhaltung, episodisch fluviale Formung
	äußere tropisch wechselfeuchte Savannenzone	V.2.–V.4., wechselfeuchte Savannenklimate, wintertrockenes tropisches Regenklima Aw, JT 20 – 28 JNS > 400 – 1000	semiarid bis semihumid	fluviale Prozesse, Inselberg-Relief, Flächenspülung
	innere tropisch immerfeuchte Regenwaldzone	immerfeuchte Regenwaldklimate V.1. immerfeuchtes tropisches Regenwaldklima A. f., JT ± 26, JNS > 2000	vollhumid	intensive fluviale Prozesse, Kerbtalbildung

Böden	Vegetation	Landnutzung
Rohböden, weitgehend ohne Bodenbildung	wegen zu kurzer Vegetationsperiode (< 30 Tage) weitgehend pflanzenfrei	ohne landwirtschaftliche Nutzung
Frostbodenbildung, Vergleyung, Rohhumusbildung, nährstoffarm	VP 30 –90 Tage, baumlos, flechtenreiche, sommergrüne Zwergstrauchformation, Moosrasen	kein großflächiger Anbau, Nomadismus (Rentierhaltung)
Podsole, Moorböden, starke Rohhumusbildung, nährstoffarm	VP 90 – 80 Tage, artenarme immergrüne u. sommergrüne Nadelwälder, Moose	Sommerfeldbau, Feld-Wald- und Feld-Graswirtschaft, gemischte Bodennutzung (Ackerbau: Gerste, Roggen, Kartoffeln; Stallviehhaltung), Waldwirtschaft
Braunerden, Fahlerden u. Podsole, Moore, Gleye, mittleres Nährstoffpotential	VP > 200 Tage, sommergrüne Laub- u. Mischwälder, atlant. Heiden / Moore	Sommerfeldbau, Marktfrucht-, Futterbau-, Veredlungs- und Gemischtbetriebe, Sonderkulturbetriebe, Waldwirtschaft
Tschernoseme, Wüstenböden, humusreiche Böden, hohe Fruchtbarkeit in Steppen, humusarme Wüstenböden, teilweise fehlende Bodenbildung	VP Steppen < 180 Tage, Wüsten < 30, Steppengräser, Steppenkräuter, sehr artenreich, zwergstrauchreiche Halbwüstenformation, geringer Deckungsgrad	Sommerfeldbau, Monokultur und gemischte Bodennutzung (Weizen, Zuckerrüben, Sonnenblumen). Wüsten: Bewässerungsfeldbau, Nomadismus
Braunlehm, Terra rossa mittleres bis hohes Nährstoffpotential, Salzböden	VP 150 –300 Tage, artenreiche Hartlaubwälder, verbreitete Degradationsformen, artenreiche Lorbeer- u. Regenwälder	Winterfeldbau, Bewässerungsfeldbau, mehrjährige Baum- und Strauchkulturen, gemischte Bodennutzung, Fernwirtschaft (Transhumanz)
verbreitet ohne Bodenbildung, Wüstenböden, Salzböden	VP < 60 Tage, arten- u. individuenarme Zwergstrauchformation, sehr geringer Deckungsgrad	Bewässerungsfeldbau, mehrjährige Baum- und Strauchkulturen, gemischte Bodennutzung, Nomadismus
fersiallitische Böden, Roterden, schwarze Senkenböden, mittleres bis hohes Nährstoffpotenzial	VP 180 – 300 Tage, Savannen, halbimmergrüne bis regengrüne Wälder, interne Differenzierung entsprechend der Andauer der humiden Zeit	Regenzeitfeldbau, Wanderfeldbau, teilweise Bewässerungsfeldbau, Nomadismus, stationäre Weidewirtschaft
ferrallitische Böden (Rotlehm), hoher Streuanfall, schneller Zersatz, geringes Nährstoffpotential	VP ganzjährig, sehr artenreich, immergrüne Regenwälder, Mangrove	Dauerfeldbau, Wanderfeldbau, Waldwirtschaft

(nach verschiedenen Quellen zusammengestellt, Klima nach Troll und Paffen, 1963)

Die areale Struktur der Landschaftssphäre – Kategorien des geographischen Formenwandels

Die Weltraumfahrt und die Satellitentechnik haben ein neues Bild von der Erde entstehen lassen. Das Weltmeer hat die Geheimnisse des Meeresbodens preisgegeben und ein Relief enthüllt, das zusammen mit dem Bau der Kontinente durch die Theorie der Plattentektonik erklärt wird. Wettersatelliten lassen uns die Gesetze der allgemeinen Zirkulation der Atmosphäre erkennen und helfen bei der Wetterprognose.

Ein aus Satellitenaufnahmen der wolkenfreien Erde zusammengefügtes Bild zeigt, dass die Landschaftssphäre eine räumliche Struktur besitzt, aus größeren und kleineren Einheiten, Arealen, aufgebaut ist. Besonders deutlich heben sich auf solch einem Bild die weiß-bläulichen Eis- und Schneeflächen der Polarregionen ab, ebenso die riesigen, grünlich gefärbten Waldareale der mittleren Breiten Nordamerikas und Eurasiens bzw. die Wälder beiderseits des Äquators. Scharf kontrastieren dazu die gelbgrauen Wüstenflächen von Nordafrika bis Zentralasien. Auf den ersten Blick erfassen wir die räumliche Ordnung dieser riesigen Areale, alle ihre Grenzen verlaufen mehr oder minder parallel zu den Breitenkreisen, also westöstlich. Diese Ordnung nennen wir zonal.

Neben den großen zonalen Einheiten der Landschaftssphäre zeigt ein solches Bild auch Areale sehr unterschiedlicher Größe, deren Ordnung nicht so deutlich ist. Dazu zählen z. B. die großen Stromgebiete des Amazonas oder des Mississippi oder die kontinentalen Gebirgssysteme. Der Andenzug verläuft von Süd nach Nord durch Südamerika, in Asien bestimmen schnee- und eisbedeckte Gebirge und Hochländer die Mitte und den Süden. Derartige räumliche Muster bezeichnen wir als azonal. Jedes dieser Areale ist durch bestimmte Eigenschaften gekennzeichnet, dort, wo sich diese Eigenschaften ändern, verläuft eine Landschaftsgrenze, die als ein mehr oder minder breiter Saum ausgebildet ist.

Je näher ein Beobachter aus dem Weltraum der Erdoberfläche kommt, desto kleiner wird die Fläche, die er überschaut. Dafür erkennt er immer feinere räumliche Arealstrukturen, die sehr genau in größeren Maßstäben abgebildet werden. So stellt man fest, dass eine unerschöpfliche Vielzahl von Einheiten (Arealen) die Landschaftssphäre aufbaut, die nach verschiedenen Gesichtspunkten geordnet werden können. Ein solches Ordnungsprinzip ist die Größe der Areale, ihre Dimension.

Eine besondere Bedeutung haben die kleinsten Einheiten, die oft nur wenige Hektar umfassen. Sie sind die Grundeinheiten der Landschaftssphäre, Geotope, in denen die landschaftlichen Systembeziehungen zwischen allen sechs Komponenten besonders straff sind. Ein Hang, die Sohle eines Bachtales oder ein Kar im Hochgebirge entsprechen dieser Dimension.

Die Grundeinheiten sind die Bausteine der Landschaftssphäre, aus ihnen sind, nach bestimmten Regeln größere Areale, Geochoren, aufgebaut. Diese größeren Einheiten sind durch jeweils allgemeinere Eigenschaften zu kennzeichnen.

Die größten Einheiten der Landschaftssphäre, die Geozonen, kann man in kleinere Einheiten, die Regionen, gliedern und erhält auf diese Weise die Georegionen.

In der folgenden Tabelle sind die Dimensionsstufen und die ihnen zugeordneten Einheiten zusammengefasst.

Dimensionsstufen von Arealeinheiten der Landschaftssphäre

Dimensions-stufe	Einheit	Landschaftliche Kennzeichnung	Beispiel	Abbildungs-maßstab
topisch	Geotop	vollständige landschaftliche Merkmalskorrelation	Pillnitzer Elbinsel	≥ 1:25 000
chorisch	Mikro ⎫ Meso ⎬ Geochore Makro ⎭	zusammengesetzt aus Geotopen, räumlichen Gefügen	Pillnitzer Elbtal, Elbtalweitung, Mittelsächs. Lösshügelland	1:25 000 ≥ 1 : 1 Mio.
regionisch	Georegion	tektonisch bestimmte Großform des Reliefs, davon abhängiges Klima	Europäisches Lössgefilde	1:1 Mio. ≥ 1:15 Mio.
geosphärisch	Geozone (Landschaftszone)	Luftmassenklima und davon abhängiger Wasserhaushalt, Böden, Vegetation	kühlgemäßigte Mischwaldzone	< 1:15 Mio.

Eine weitere Möglichkeit der geosphärischen Ordnung, die besonders für die Gliederung der Zonen und Regionen geeignet ist, liegt in den geographischen Lageeigenschaften. Darauf aufbauend wurde von Hermann LAUTENSACH (1952) das Konzept des geographischen Formenwandels entwickelt. Dabei werden vier Kategorien unterschieden:

1. der planetarische Formenwandel: In ihm drückt sich die eingangs beschriebene zonale Gliederung der Landschaftssphäre der Erde aus. Bekanntlich wandeln sich vom Äquator zu den Polen Wärme- und Feuchteversorgung mit der geographischen Breitenlage. Die Ursache dafür liegt in den astronomischen Eigenschaften des Erdkörpers (kugelförmige Gestalt, Schiefe der Ekliptik u. a.) durch die der Strahlungsgenuss gesteuert wird. Klima-, Vegetations- oder Bodenzonen entsprechen diesem Ursachenkomplex.
2. der west-östliche Formenwandel: Er kennzeichnet die landschaftlichen Ausstattungsunterschiede zwischen West- und Ostseiten der Kontinente. Sie werden durch die planetarischen Zirkulationssysteme der Atmosphäre und des Weltmeeres bedingt.
3. der peripher-zentrale Formenwandel: Er äußert sich in den Eigenschaften von Maritimität bzw. Kontinentalität. Durch den Charakter der thermischen Jahreszeiten (Sommer/Winter) werden der Wärmegenuss und die Durchfeuchtung im Wasserhaushalt, in der Vegetation und der Bodenbildung wirksam. Ursache dieses landschaftlichen Eigenschaftenwandels ist die Lage zum Meer bzw. innerhalb der Landmasse.
4. der hypsometrische Formenwandel: Er findet in der landschaftlichen Vertikalgliederung in Höhenstufen seinen Ausdruck. Eindrucksvoll ist besonders in den Hochgebirgen dieser Landschaftswandel von den Vorländern über die Waldstufe bis zur Schutt- und Gletscherstufe, der sich auch in der entsprechenden Stufung der Nutzung äußert. Auf diese vertikale Ordnung landschaftlicher Gegebenheiten hatte im 19. Jahrhundert bereits A. v. HUMBOLDT aufmerksam gemacht.

?

1. Erläutern Sie das Strukturmodell der Landschaft (vgl. S. 9). Kennzeichnen Sie die Sonderstellung der Biosphäre.
2. Beschreiben Sie anhand eines Beispiels zur Kulturlandschaftsentwicklung den Wandel eines Geosystems. Kennzeichnen Sie den Eingriff nach Haupt- und Nebenwirkungen.
3. Erläutern Sie den Sachzusammenhang zwischen Kulturlandschaftsentwicklung und Umweltproblematik. Gehen Sie dabei von den landschaftlichen Systemzusammenhängen aus. Benutzen Sie für Ihre Überlegungen das Desertifikationsproblem.
4. Nennen Sie Beispiele für den Zusammenhang zwischen lokalen, regionalen und globalen Umweltproblemen. Äußern Sie sich zu Vermeidungsstrategien.

Der Gürtel der temperierten Breiten

Außertropische Zirkulation

Außertropische Westwinde

Die Unterschiede im Wärmehaushalt der Tropen und der polaren Gebiete führen zu einer Druckabnahme in der Troposphäre zwischen 6 000 und 14 000 m Höhe, die von den Randgebieten der Tropen zu den Polargebieten hin gerichtet ist. Infolge dessen fließt Luft in der Höhe vom Äquator zu den Polkappen. Diese Höhenströmung wird unter dem Einfluss der Ablenkung durch die Erdrotation mit wachsender geographischer Breite zunehmend abgelenkt. Zwischen 30° und 60° entwickeln sich zwischen beiden Halbkugeln der Erde zonale Strömungen, die außertropischen Westwinde.

Diese Westwindströmung erreicht ihre stärkste Entfaltung in einem ein- bis dreihundert Kilometer breiten Strömungsband, dem Strahlstrom (Jetstream), in 8 000 bis 10 000 m Höhe. Er schwingt häufig mäanderartig. Polwärts entwickeln sich Tiefdruck-, äquatorwärts Hochdruckgebiete.

Windstärkeangaben
(zum Vergleich)

	nach BEAUFORT	km/h
Orkan	12	120
orkanartiger Sturm	11	100
schwerer Sturm	10	90
Sturm	9	80

Corioliskraft. Die nach dem französischen Mathematiker CORIOLIS benannte Trägheitskraft tritt bei rotierenden Körpern auf. Sie bewirkt auf der Nordhalbkugel der Erde eine Ablenkung der Winde nach rechts, auf der Südhalbkugel nach links. Am Äquator wird die Corioliskraft gleich Null.

Geschwindigkeiten des Strahlstromes

Mindestgeschwindigkeit	100 km/h
Durchschnittsgeschwindigkeit	300 km/h
Höchstgeschwindigkeit	600 km/h

?
Erklären Sie dynamische Vorgänge für den Bereich der Frontalzone in der Troposphäre.

Dynamik der Frontalzone

Wellenbildung

Die außertropischen Westwinde blockieren als zonale Strömung den Wärmetransport aus den Tropen zu den Polkappen. Somit steigen zwischen beiden Zonen zunächst die Temperaturunterschiede an. Daraufhin wächst das Druckgefälle und die Windgeschwindigkeiten nehmen zu. Schließlich wird das System instabil.

Der Strahlstrom geht in eine Wellenbewegung über. Diese Wellenbildung wird durch Gebirge und Landmassen gefördert. Sie ermöglicht Warmluftvorstöße polwärts und Kaltlufteinbrüche äquatorwärts. Eine besondere Rolle spielen dabei die Zyklonen. Nach dem Luftmassenaustausch stellt sich die zonale Strömung wieder ein.

Luftmassen. Liegt Luft längere Zeit über einem Gebiet, so gleicht sie sich der Temperatur der Erdoberfläche an und nimmt die Feuchtigkeit auf, die an der Erdoberfläche verdunstet. So entstehen Luftkörper mit verhältnismäßig einheitlichen Merkmalen.

Nach dem Herkunftsgebiet, das vor allem für die Temperatur der Luftmasse ausschlaggebend ist, unterscheidet man die Polarluft (polare Luftmassen der höheren Breiten) von der Tropikluft (tropische Luftmassen der niederen Breiten).

Dem Feuchtigkeitsgehalt entsprechend, grenzt man die Meeresluft (maritime Luftmassen) von der Festlandsluft (kontinentale Luftmassen) ab. Daraus ergeben sich vier Hauptluftmassen für Mitteleuropa:
– maritime Polarluft,
– maritime Tropikluft,
– kontinentale Polarluft,
– kontinentale Tropikluft.

Die Grenzflächen verschiedener Luftmassen werden Fronten genannt. An den Fronten kommt es zur Wolkenbildung und zu Niederschlägen.

Höhenströmungen in der Frontalzone

Hauptluftmassen in Mitteleuropa

maritime Polarluft (bei Nord- und Nordwestlagen) feucht, kühl, gute Sicht, Schauerwetter
Wi: Schneeschauer

gemäßigte maritime Tropikluft (bei Westlagen) feucht, stark bewölkt
Wi: Tauwetter, diesig bis nebelig, zeitweise Regen, nasser Schnee
So: kühl, unbeständig

kontinentale Polarluft (bei Nordostlagen) wolkenarm, gute Sicht
Wi: strenge Kälte, trockener Schnee
So: warm, trocken

gealterte Polarluft (bei Ostlagen) trocken, dunstig
Wi: kalt
So: warm, heiter, Wärmegewitter

maritime Tropikluft (bei Südwestlagen) feuchtwarm, diesig, starke Bewölkung, Sprühregen

kontinentale Tropikluft (bei Südost- und Südlagen)
So: heiß, Wärmegewitter, schlechte Sicht, staubführend (Sahara)

?
1. Beschreiben Sie Unterschiede zwischen zonaler Strömung und Wellenbildung in der Frontalzone.
2. Stellen Sie zwischen der Dynamik in der Frontalzone und dem Wetter in Mitteleuropa Zusammenhänge her.

Lebenslauf einer Zyklone

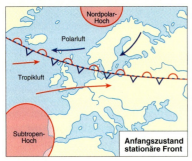
Anfangszustand stationäre Front

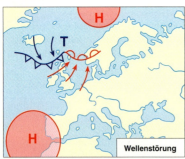
Wellenstörung

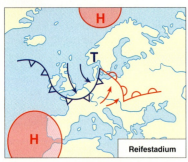
Reifestadium

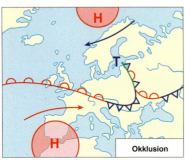
Okklusion

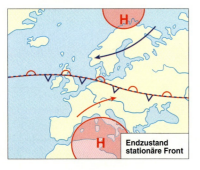
Endzustand stationäre Front

Durchzug einer Zyklone

An der polaren Flanke der Westwindströmung entstehen zwischen Neufundland und Island nahezu regelmäßig Zyklonen. Sie wandern in der zonalen Strömung ostwärts, denn der Strahlstrom in der Höhe steuert ihre Zugbahnen. Zunächst sind die Wirbel klein. Je nach Temperaturunterschied und Feuchtigkeitsgehalt der Polarluft und subtropischen Luft sowie der Lage des Strahlstromes wachsen die Zyklonen bis zu einer Größe von 3 000 bis 4 000 km Durchmesser heran.

Die wandernden Zyklonen sind in den temperierten Mittelbreiten ein wichtiger Klimafaktor. Sie bringen nicht nur Niederschläge. Da an ihrer Vorderseite wasserdampfreiche Warmluft aus niedrigen Breiten polwärts geführt wird, während an der Rückseite wasserdampfärmere Kaltluft aus polaren Gebieten in niedrigere Breiten vorstößt, sorgen die Zyklonen auch für großräumigere meridionale Wärmetransporte und Wasserdampftransporte.

Gegen Ende der Entwicklung einer Zyklone wird die Warmluft von der schneller strömenden bodennahen Kaltluft eingeholt und von der Erdoberfläche an der Okklusion (okkludieren, lat.: verschließen) abgehoben. Mit schwindendem Temperaturgefälle lässt die Eigendynamik der Zyklone nach, sie löst sich auf. Der europäische „Zyklonenfriedhof" liegt in Nordost- und Osteuropa bzw. in Sibirien. Weitere Aktionszentren von Zyklonen sind das Aleutentief sowie die südatlantische und südpazifische Zyklone auf der Südhalbkugel.

Zyklonales Wettergeschehen

An der Vorderseite einer Zyklone gleitet feuchte subtropische Luft langsam wie auf einer großen schiefen Ebene auf schwere Kaltluft auf. Dabei kommt es zur Kondensation und zu einem Wolkenaufzug.

Zuerst erscheinen in großer Höhe die hakenförmig gebogenen Cirren als Schlechtwetterboten. Der Cirrostratus dämpft das Sonnenlicht und um den Mond entsteht ein „Hof". Die Aufgleitfläche bewegt sich vorwärts. Bald wird die graue Wolkenschicht dichter. Aus dem Nimbostratus beginnt es zu regnen. Der gleichmäßige und andauernde Landregen endet, wenn die Warmluft die Erdoberfläche berührt. Die Temperatur nimmt zu, der Wind hat von Südost über Süd auf West gedreht. Im Warmsektor nimmt der Himmel eine verwaschene blaue Farbe an. Die Sicht ist mäßig, weil in der Warmluft noch viel Wasserdampf steckt.

Auf den Warmsektor folgt die Rückseite der Zyklone. Während an deren Vorderseite Aufgleitniederschläge das Wetter bestimmen, kommt es an der Rückseite zu Einbruchsniederschlägen.

Die schwere Kaltluft bewegt sich steil aufgerichtet gegen die Warmluft voran. Es bilden sich hoch aufragende Haufenwolken, aus denen großtropfige Regengüsse, aber auch Graupel- oder Schneeschauer fallen. Zwischen den Haufenwolken zeigt sich ein kräftig blauer Himmel. Dann sinkt die Temperatur rasch und bei kräftigen Böen dreht der Wind auf Nordwest. Der Luftdruck steigt.

Nachts können im Frühjahr und im Herbst bei aufklarendem Himmel Fröste auftreten. Im Sommer ist das Vordringen der Kaltfront häufig, im Winter manchmal von Gewittern begleitet.

Bis zum Eintreffen einer neuen Zyklone stellt sich nicht selten ein Zwischenhoch ein.

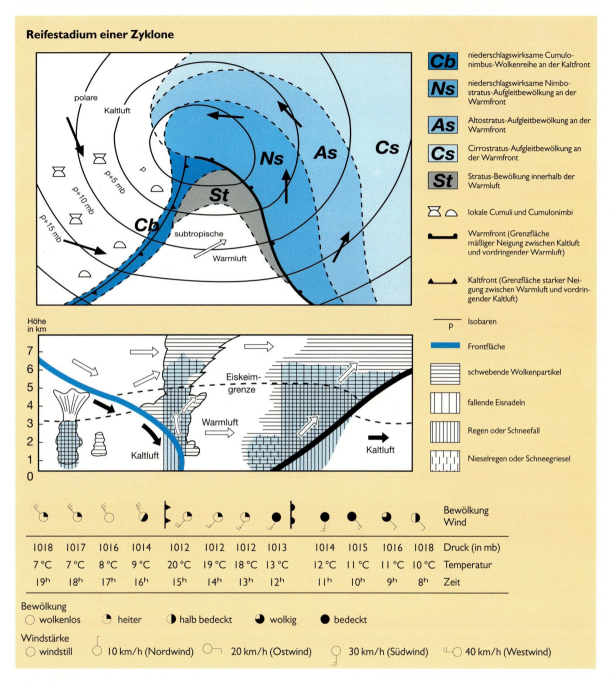

Warmfront. Eine Warmluftmasse dringt gegen Kaltluft vor. Dabei gleitet die leichtere Warmluft allmählich auf. Es entsteht Aufgleitniederschlag.

Kaltfront. Eine kalte Luftmasse dringt gegen Warmluft vor. Dabei bildet sich eine hoch ragende, steile Luftmassengrenze aus. Es kommt zu kräftigen Niederschlägen.

Aufgleitniederschlag. Beim Aufgleiten von feucht-warmer Meeresluft über bodennaher Kaltluft bildet sich eine großflächige Schicht- und Regenwolkendecke. Aus ihr fällt anhaltender Niederschlag (Landregen).

Einbruchsniederschlag. Bricht feucht-kalte Luft in eine Warmluftmasse ein, so bilden sich Haufen- und Gewitterwolken. Aus ihnen fallen Regen-, Graupel- oder Schneeschauer (Aprilwetter). Seltener kommt es zu Gewitterentladungen (Frontgewitter, Wintergewitter).

?
1. Beschreiben Sie die Entwicklung einer Zyklone.
2. Erläutern Sie die Bedeutung der Zyklonen für den meridionalen Wärmetransport.
3. Erläutern Sie das Wettergeschehen beim Durchzug einer Zyklone.

Westseiten- und Ostseitenklima in Eurasien

Klimate der temperierten Breiten

Ozeanisches Klima der Westseiten. Kühle Sommer, milde Winter, ständig feucht (humid), ganzjährig Zyklonen und Antizyklonen, Aufgleit- und Einbruchsniederschlag
Übergangsklima. Mäßig warme Sommer, kühle Winter, ständig feucht (humid), ganzjährig Zyklonen und Antizyklonen. Aufgleit- und Einbruchsniederschlag
Sommerwarmes Kontinentalklima. Warme trockene Sommer, kalte schneearme Winter (semihumid bis semiarid)
Kühles Kontinentalklima. Mäßig warme feuchte Sommer, kalte schneearme Winter (humid), abgeschwächte Zyklonen
Ostseitenklima. Sehr warme niederschlagsreiche Sommer, kalte trockene Winter (humid)

Begründen Sie das Abnehmen der Niederschläge in der außertropischen Westwindzone in Eurasien.

Ozeanisches und kontinentales Klima

Vom Ozean transportieren wasserdampfreiche Luftmassen viel Feuchtigkeit in den Kontinent Eurasien. Bevor sie dessen Binnenräume erreichen, haben sie sich teilweise abgeregnet. In Eurasien können die feuchten Luftmassen von der zonalen Westwindströmung auf der Nordseite des Hochgebirgsgürtels ungehindert über den Kontinent transportiert werden. Dagegen wirken in Amerika das Gebirgsland im Westen von Nordamerika und die Anden in Südamerika als Barriere.

Ähnliche Gegensätze treten auch bei den Temperaturen auf. Über den Ozeanen und in küstennahen Landschaften ist die jährliche Temperaturschwankung gering. Das Wasser braucht zu seiner Erwärmung größere Energiemengen als die feste Landoberfläche.
Im Winter gibt das Meer die gespeicherte Wärme nur allmählich ab. Dagegen erhitzt sich das Festland im Sommer entsprechend der Sonneneinstrahlung schnell, im Winter kühlt es aber ebenso rasch aus. So kommt es in Eurasien zur Herausbildung von ozeanischem und kontinentalen Klimaten.

Westseiten- und Ostseitenklima

Aufgrund der Land-Meer-Verteilung bilden sich zwischen den Westseiten und den Ostseiten der Kontinente klimatische Unterschiede heraus. Das trifft vor allem für die temperierten Breiten der nördlichen Halbkugel zu. Über der großen Landfläche von Eurasien entsteht im Sommer durch starke Erhitzung ein Tief, im Winter führt die Auskühlung zu hohem Luft-

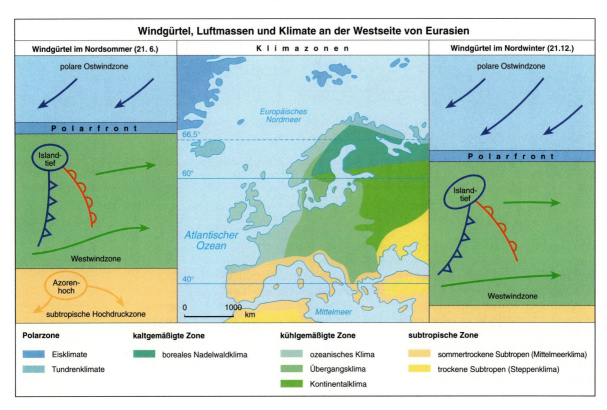

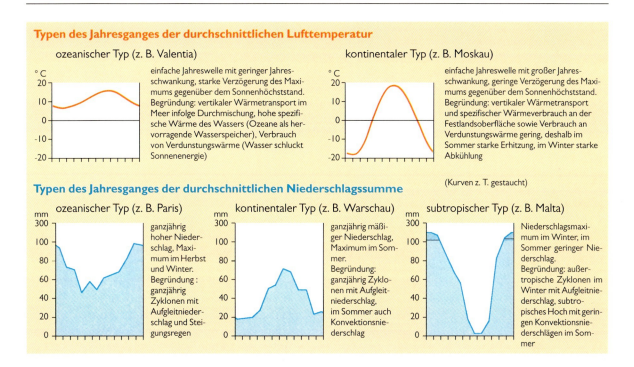

druck. Dadurch werden die Windgürtel in der Grundschicht der Troposphäre gestört. So entstehen West- und Ostseitenklimate.
In den höheren temperierten Breiten sind die Westseiten wärmer als die Ostseiten. Das liegt an der warmen Golfstromdrift. Andererseits dringt im Winter auf der Ostseite Polarluft aus dem Hoch nach Süden.

? Erläutern Sie die klimatischen Unterschiede an den West- und Ostseiten der Kontinente innerhalb der temperierten Breiten.

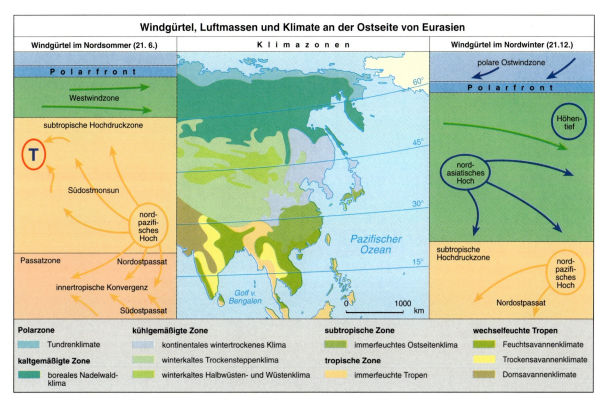

Boden ist das mit Wasser, Luft und Lebewesen durchsetzte, an der Erdoberfläche entstandene Umwandlungsprodukt mineralischer und organischer Substanzen, das Pflanzen als Wurzelraum und Nahrungsquelle dient. Mit Atmosphäre, Hydrosphäre, Biosphäre und Lithosphäre bildet der Boden ein System, das durch den Menschen beeinflusst wird und dessen wirtschaftliches Handeln beeinflusst. Der Boden ist Lebensgrundlage und Lebensraum für Menschen, Tiere und Pflanzen, Teil der Ökosysteme mit ihren Stoffkreisläufen, prägender Faktor der Landschaft.

(nach Bodenschutzkonzeption der Regierung der Bundesrepublik Deutschland 1985)

?

Stellen Sie den Zusammenhang der Faktoren, welche die Bodenbildung beeinflussen, modellhaft dar.

Bodenbildung und Böden

Bedeutung des Bodens

Der Boden bildet als Voraussetzung des Pflanzenwuchses auch eine Existenzgrundlage des Menschen. Boden ist deshalb ein unverzichtbarer Produktionsfaktor der menschlichen Gesellschaft. Kenntnisse über Gesetzmäßigkeiten der Bodenbildung sind angesichts des zunehmenden Nahrungsmittelbedarfs einer anwachsenden Erdbevölkerung von allgemeiner Bedeutung.

Bodenbildende Faktoren

In der nur wenige Dezimeter mächtigen und somit hauchdünnen Hülle des Bodens (Pedosphäre) durchdringen sich die Verwitterungsprodukte der Gesteine (Lithosphäre), die Luft und der Wasserdampf der Lufthülle (Atmosphäre), das Wasser der Hydrosphäre und die Organismen der Biosphäre zu einem System.

Boden ist somit die oberste und belebte Schicht der Erdkruste. Sie dient den Pflanzen als Wurzelraum und Nährstoffquelle. Der Boden entsteht langsam durch Verwitterung von Gestein und unter der Mitwirkung von Pflanzen und Tieren unter dem Einfluss des jeweils vorherrschenden Klimas.

Ausgangsgestein, Klima und Vegetation sind bodenbildende Faktoren. Aus dem Zusammenwirken dieser Faktoren entstehen Böden von unterschiedlicher Beschaffenheit und mit verschiedenen Eigenschaften. Der Mensch greift in dieses System durch Veränderungen an der Vegetation, durch Landwirtschaft und Wasserwirtschaft sowie andere Maßnahmen auf vielfältige Weise ein.

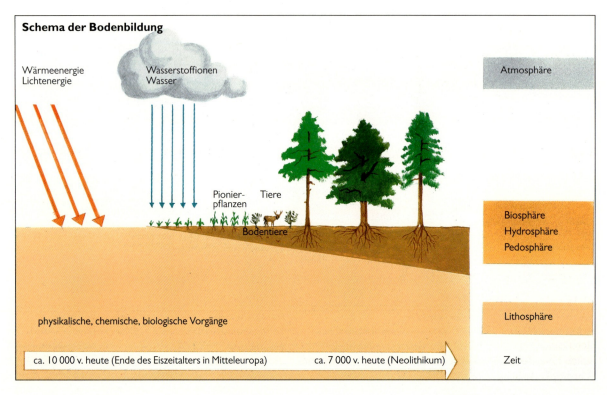

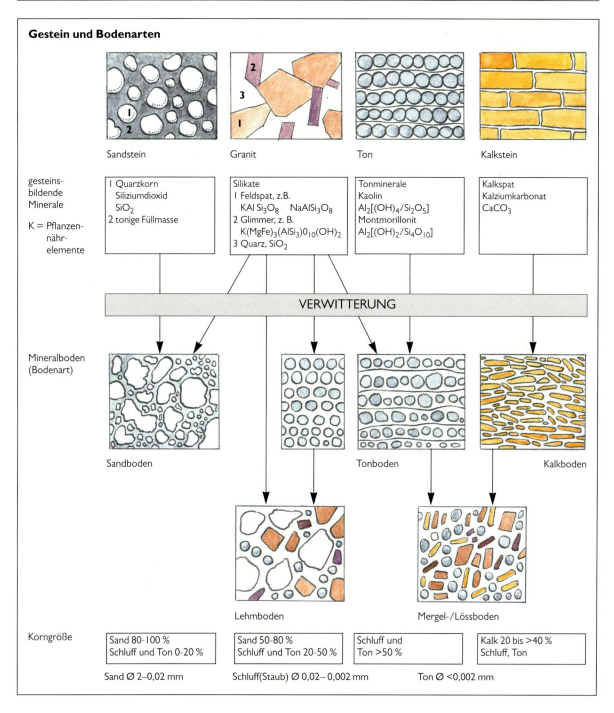

Verwitterung und Bodenarten

Durch physikalische, chemische und biologische Vorgänge wird das feste Gestein in Gesteinstrümmer und Minerale zerlegt und zersetzt. Das Lockermaterial bildet den Mineralboden, auch Bodenart genannt.

Die Bodenarten werden nach ihrem Mineralbestand und nach der Größe der festen Bestandteile, also nach der Korngröße, eingeteilt. Man unterscheidet nach drei Hauptbestandteilen Sand, Ton und Kalk und teilt in fünf Korngrößen ein.

?

1. Erläutern Sie den Aufbau von Gesteinen. Berücksichtigen Sie deren Gehalt an Pflanzennährelementen.
2. Charakterisieren Sie die Bodenarten nach dem Mineralgehalt, der Korngröße und dem Nährelementgehalt.

Formen des Bodenwassers
- Sickerwasser: Es durchfließt den Boden, der Schwerkraft folgend, abwärts zum Grundwasser. Bei und nach starken Regen oder während der Schneeschmelze ist es über dem Grundwasserspiegel reichlich vorhanden, in Trockenzeiten fehlt es.
- Haftwasser: Es wird gegen die Schwerkraft in den Mittel- und Feinporen an der Oberfläche fester Bodenteilchen als Adsorptionswasser oder in den Poren als Kapillarwasser festgehalten.
- Grundwasser: Das eingesickerte Wasser sammelt sich über einer wasserundurchlässigen Schicht. Die obere Grenze ist der Grundwasserspiegel.

Bodenlebewesen
- Mikroorganismen: Bakterien, Pilze, Algen
- kleinere Tiere: Regenwürmer und andere Würmer, Milben, Asseln, andere Insekten und ihre Larven
- größere Tiere: Maulwürfe, Hamster, Ziesel

Bodenfruchtbarkeit und Porenvolumen

Das Wachstum der Pflanze hängt außer vom Klima sehr stark von den Eigenschaften und der Beschaffenheit des Bodens ab. Eigenschaften und Beschaffenheit des Bodens können durch richtige Maßnahmen zugunsten eines höheren Ertrages verändert werden. Deshalb ist es wichtig, den Boden, die Beziehung zwischen Boden und Pflanze und die Maßnahmen zur Erhaltung und Mehrung der Bodenfruchtbarkeit genau zu kennen.

Die Bodenfruchtbarkeit. Unter natürlicher Bodenfruchtbarkeit versteht man die Eigenschaft des Bodens, die Pflanzen mit Wasser und Nährstoffen zu versorgen. Die Bodenfruchtbarkeit ist demnach abhängig vom Porenvolumen und vom Nährelementgehalt des Bodens. Die Beschaffenheit des Bodens bestimmt vor allem die Korngröße des Mineralbodens (Bodenart). Sie regelt die Durchwurzelung und die Durchlüftung, die Wasserbewegung und den Lebensraum der Bodenorganismen in Abhängigkeit von der Anzahl, Größe und Verteilung der Hohlräume, dem Porenvolumen.

Das Bodenwasser. Es gelangt mit den Niederschlägen in den Boden und tritt als Sickerwasser, Haftwasser und Grundwasser auf. Das Grund- und das Sickerwasser sind von den Pflanzenwurzeln leicht aufnehmbar. Haftwasser ist nur zu einem Teil für die Pflanzen verfügbar, da die Saugkraft der Wurzeln nicht ausreicht, den Bodenteilchen alles Wasser zu entziehen. Das für die Pflanze nicht verfügbare Wasser nennt man totes Wasser. Im Bodenwasser sind die Pflanzennährstoffe gelöst.

Die Bodenarten. Sie vermögen verschieden viel Wasser aufzunehmen und zu speichern. Ein Boden mit hohem Wasserhaltevermögen lässt Wasser nur langsam durchsickern, umgekehrt ist die Wasserdurchlässigkeit sehr groß.

Die Bodenluft. Sie ist in den nicht mit Wasser angefüllten Hohlräumen des Bodens enthalten und unterscheidet sich in ihrer Zusammensetzung von der atmosphärischen Luft durch einen höheren Gehalt an Kohlenstoffdioxid. Meist ist auch der Gehalt an Wasserdampf höher. Dagegen ist der Sauerstoffgehalt etwas niedriger. Die Ursachen dafür liegen im Stoffwechsel der Bodenorganismen. Unter Sauerstoffmangel leiden die Pflanzenwurzeln und die Bodenorganismen, die chemischen Vorgänge im Boden sind gestört. Ein gut durchlüfteter Boden erwärmt sich schneller als ein schlecht durchlüfteter Boden. Man spricht deshalb von „warmen" und „kalten" Böden.

Die Bodenlebewesen. Sie zersetzen abgestorbene Pflanzen und tote Tiere zu Humus, setzen mineralische Nährstoffe frei und binden Luftstickstoff. Die meisten Bodenlebewesen halten sich in den Hohlräumen des Bodens auf, weil sie Sauerstoff und Wasser benötigen.

Die Menge der Mikroorganismen schwankt zwischen 2 Mio. und 600 Mio. in jedem Gramm Boden. Viele Bakterien scheiden schleimige Stoffe aus, die die Bodenteilchen verkitten und tragen so zur Krümelbildung bei. Kleinere Tiere und ihre Larven durchwühlen den Boden. Dabei vermischen sie die oberen und unteren Schichten und bilden feine Röhren. Größere Tiere lockern und durchmischen den Boden beim Wühlen.

Porenvolumen in Prozenten des Bodenvolumens

Bodenart	Feinporen	Mittelporen	Großporen	gesamt
Sand	5 – 15	5 – 10	30 – 40	35 – 50
Lehm	10 – 20	15 – 20	10 – 25	40 – 60
Ton	30 – 40	10 – 15	5 – 15	40 – 65

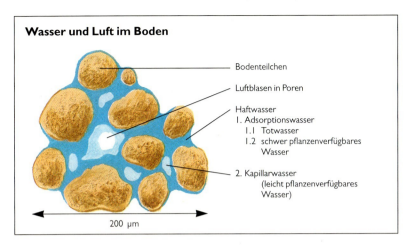

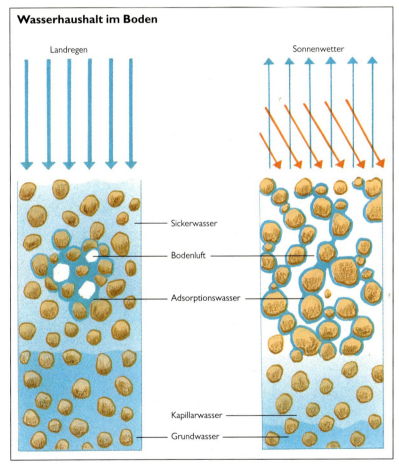

Kapillarkräfte. In den sehr schmalen Zwischenräumen der Fein- und Mittelporen des Bodens bewirken Kapillarkräfte ein gegen die Schwerkraft gerichtetes langsames Aufsteigen des Bodenwassers. Sie setzen sich aus den Kohäsions- und Adhäsionskräften zusammen. Durch Adhäsion kriechen Wassermoleküle an den Bodenteilchen aufwärts. Sie ziehen die durch Kohäsion verbundenen Wassermoleküle nach.

Bodenfruchtbarkeit: Pflanzennährelemente und Humus

Pflanzennährelemente

Die Pflanze benötigt neben Kohlenstoffdioxid und Wasser eine Reihe von Grundstoffen wie Kalium, Kalzium, Magnesium, Eisen, Stickstoff, Phosphor, Schwefel, in Spuren aber auch Mangan, Zink, Molybdän, Kupfer, Chlor. Sie stammen aus den Mineralien im Boden (Mineralstoffe) und

?
1. Erläutern Sie die Bedeutung des Porenvolumens für die natürliche Bodenfruchtbarkeit.
2. Stellen Sie in einem Modell Zusammenhänge zwischen Porenvolumen, Bodenwasser, Bodenluft, Durchwurzelung und Bodenorganismen dar.

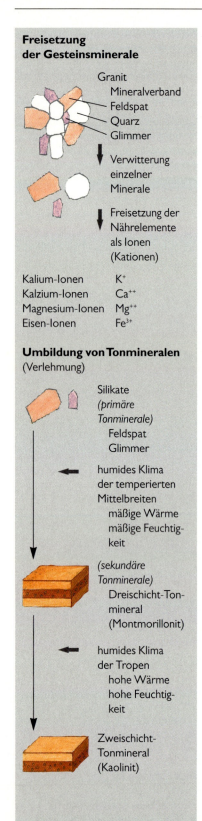

Freisetzung der Gesteinsminerale

Granit
Mineralverband
— Feldspat
— Quarz
— Glimmer

↓ Verwitterung einzelner Minerale

↓ Freisetzung der Nährelemente als Ionen (Kationen)

Kalium-Ionen K$^+$
Kalzium-Ionen Ca^{++}
Magnesium-Ionen Mg^{++}
Eisen-Ionen Fe^{3+}

Umbildung von Tonmineralen
(Verlehmung)

Silikate
(primäre Tonminerale)
Feldspat
Glimmer

← humides Klima der temperierten Mittelbreiten
mäßige Wärme
mäßige Feuchtigkeit

(sekundäre Tonminerale)
Dreischicht-Tonmineral
(Montmorillonit)

← humides Klima der Tropen
hohe Wärme
hohe Feuchtigkeit

Zweischicht-Tonmineral
(Kaolinit)

---

aus organischer Substanz. Die Pflanzenwurzeln nehmen die Nährelemente als Ionen in Wasser gelöst auf.

Da ein Teil der Nährstoffe mit dem Sickerwasser in den Boden eingewaschen wird und nicht alle Nährelemente nach dem Absterben der Pflanzen in den Boden zurückgeführt werden, muss der Nährstoffverlust ausgeglichen werden, wenn der Boden seine natürliche Fruchtbarkeit behalten soll. Der natürliche Ausgleich erfolgt auf verschiedenen Wegen:
– Durch Verwitterung an den Oberflächen der Minerale werden Nährelemente freigesetzt.
– Durch Mineralisierung abgestorbener Pflanzen und toter Tiere werden Nährelemente freigesetzt.
– Nährelemente werden im Bodenwasser gelöst und aufwärts, abwärts oder seitwärts bewegt.
– Nährelemente werden an den Kationen- und Anionenaustauschern der Tonminerale und Huminstoffe locker angelagert.

Speicherfähigkeit des Bodens

Die Speicherfähigkeit eines Bodens für Pflanzennährelemente hängt von kleinen Bodenteilchen ab, die als Austauscher wirken. Austauscher sind Tonminerale und Huminstoffe. Sie haben die Fähigkeit, Nährelemente locker zu binden.

Die Tonminerale bauen sich aus Molekülschichten auf. Wir unterscheiden Zweischicht-Tonminerale und Dreischicht-Tonminerale. Dieser Aufbau ist für die Speicherfähigkeit von Bedeutung. Die Oberflächen der Tonminerale haben negative Ladungen. Diese lagern Kationen an. Die Oberflächen der Huminstoffe können positive oder negative Ladungen haben. Deshalb binden sie entweder Anionen wie Nitrat-, Sulfat- und Phosphationen oder Kationen wie die Metallionen und das Ammoniumion.

Handelsdünger (Mineraldünger)				
Handelsname	chemische Zusammensetzung, Name	Summenformel	Kationen	Anionen
Kalidünger				
Chlorkali	Kaliumchlorid	KCl	K$^+$	Cl$^-$
Schwefelsaures Kali	Kaliumsulfat	K$_2$SO$_4$	2K$^+$	SO$_4^{2-}$
Phosphatdünger				
Superphosphat	Natriumhydrogenphosphat	NaH$_2$PO$_4$	(Na$^+$)	H$_2$PO$_4^-$
Stickstoffdünger				
Salpeter	Natriumnitrat	NaNO$_3$	(Na$^+$)	NO$_3^-$
Kalkammonsalpeter	Ammoniumnitrat	NH$_4$NO$_3$	NH$_4^+$	NO$_3^-$
	Kalziumkarbonat	CaCO$_3$	Ca^{2+}	CO$_3^{2-}$

Gesetz des Minimums. Der jeweilige in verhältnismäßig geringster Menge vorhandene Nährstoff oder Wachstumsfaktor bestimmt die Ertragsbildung der Pflanze.

Gesetz vom abnehmenden Ertragszuwachs. Der Ertrag nimmt nicht linear mit der Steigerung eines Wachstumsfaktors zu, sondern der Ertragszuwachs ist um so geringer, je größer der Wachstumsfaktor ist. Das heißt z. B., dass man mit einem kg Stickstoffdünger einen höheren Ertragsanstieg erzielt als mit einem zusätzlichen zweiten kg Stickstoffdünger.

Schichtenbau und Speichervermögen von Tonmineralen

im feuchten Boden
bei innerkristalliner Quellung

im trockenen Boden
ohne innerkristalline Quellung

Zweischicht-Tonmineral (Kaolinit)

Dreischicht-Tonmineral (Montmorillonit)

Kationenaustauschkapazität.
Sie ist die Fähigkeit eines Bodens zum Kationenaustausch. Sie wird in Milliäquivalent (mval) je 100 Gramm trockener Masse des Bodens angegeben.

Kationenaustauschkapazität (KAK)

Austauscher	KAK in mval/100 g	häufiges Vorkommen
Kaolinit	3–15	feuchte Tropen
Montmorillonit	90–150	trockene Tropen, Außertropen
Humus	150–500	verbreitet
Feldspat	1–2	verbreitet
Quarz	1–2	verbreitet

Formen und Eigenschaften von Humus

	Mull	Moder	Rohhumus
Bildung	unter Laubwald	unter Laubmischwald	unter Nadelwald
Zunahme	– Mächtigkeit, der dem Mineralboden aufliegenden Humusschicht – Zersetzung durch Pilze, Säurecharakter		
Abnahme	– Mächtigkeit, des mit Humus durchmischten Mineralbodens – Zersetzung durch Bakterien, Mineralisierungsgeschwindigkeit		

Humusbildung

tote organische Substanz
← Zerkleinerer: Regenwurm, Milbe, Assel, Larven

Pflanzenteile:
Wärme, Wasser,
← Mikroorganismen: Protozoen, Bakterien, Pilze

Huminstoffe	Farbe	Säuregrad	Löslichkeit
Fulvosäuren niedermolekular	gelb bis gelbbraun	stark sauer	gut
Huminsäuren hochmolekular	tiefbraun bis grauschwarz	mäßig bis schwach sauer	mäßig bis gering

Mineralisierung

Huminstoffe
← Wärme, Wasser, Mikroorganismen

Mineralstoffe

gasförmig: Kohlenstoffdioxid CO_2

flüssig: Wasser H_2O

als Ionen:
Kationen: Kalium (K^+), Kalzium (Ca^{++}), Magnesium (Mg^{++}), Eisen (Fe^{3+})

Anionen: Nitrat (NO_3^-), Phosphat (PO_4^{3-}), Sulfat (SO_4^{2-})

?
1. Beschreiben Sie die Bildung von Tonmineralen und Huminstoffen.
2. Erläutern Sie das Speichervermögen verschiedener Tonminerale.

Vom Rohboden zum Bodentyp

Der Bodentyp

Der Boden ist kein fertiges Produkt, sondern das Zwischenergebnis eines auch heute noch anhaltenden langen Prozesses von chemischen und biologischen Umwandlungs- und Verlagerungsvorgängen. Zu den Umwandlungsvorgängen gehören die Freisetzung der Minerale, die Neubildung der Tonminerale und die Bildung von Huminstoffen.

Die Verlagerung von Stoffen ist abhängig von den Eigenschaften der Bodenteilchen und von der Bewegungsrichtung des Bodenwassers.

Aus dem Zusammenspiel von Umwandlungs- und Verlagerungsvorgängen entwickelt sich eine Aufeinanderfolge von Schichten. Alle Schichten zusammen bezeichnet man als Bodenprofil, jede einzelne Schicht als Bodenhorizont. Böden mit übereinstimmenden Merkmalen ihres Bodenprofils fasst man zu Bodentypen zusammen.

Das Bodenprofil

Ein Bodenprofil gliedert sich in der Regel in drei Horizonte, die man als A-, B- und C-Horizont bezeichnet.

Der A-Horizont bildet die oberste Schicht. Er wird deshalb auch Oberboden genannt. Er enthält meist Humus und ist dunkel gefärbt. Im A-Horizont vollziehen sich fast alle chemischen Vorgänge sowie das Bodenleben. Seine Mächtigkeit kann sehr unterschiedlich – von einigen Zentimetern bis zu mehreren Metern – sein.

An den A-Horizont schließt sich der B-Horizont, auch Unterboden genannt, an. Er ist heller und schlechter durchlüftet. Mit der geringeren Durchlüftung vermindern sich auch Anzahl und Tätigkeit der Mikroorganismen. Die aus dem A-Horizont ausgewaschenen Stoffe werden hier angereichert. Deshalb wird der B-Horizont auch als Anreicherungs- und der A-Horizont als Auswaschungshorizont bezeichnet.

Der C-Horizont (Untergrund, Ausgangsgestein) umfasst entweder anstehendes Muttergestein wie Granit und Kalkstein oder Lockergestein wie Sand, Lehm und Ton.

Umwandlungsvorgänge

Bei der Verwitterung werden die im Ausgangsgestein enthaltenen Minerale freigesetzt. Zu ihnen zählen vor allem Quarz, Silikate wie Feldspäte und Glimmer sowie Karbonate. Aus eisenhaltigen Silikaten scheidet sich zweiwertiges Eisen ab, das mit dem in der Bodenluft enthaltenen Sauerstoff zu braunem Eisenoxid oxidiert. Da die freien Eisenoxide fein verteilte Hüllen um die Quarzteilchen bilden, kommt es zu einer Verbraunung des Boden.

Mit der Verbraunung ist die Verlehmung verknüpft. Dabei entstehen aus den Silikaten, vor allem aus den Glimmern, Tonminerale. Sie sind hellgrau gefärbt und würden dem Boden eine graue Farbe geben, aber die Verbraunung überwiegt.

Tonminerale, Eisenoxid und Huminstoffe können enge Verbindungen eingehen und bilden den Ton-Humus-Komplex. Dadurch werden die Huminstoffe gegen den Abbau durch Mikroorganismen geschützt. Dieser Vorgang ist für die Bodenfruchtbarkeit von Bedeutung, da der Ton-Humus-Komplex zu den wichtigsten Austauschern für Pflanzennährelemente zählt.

Kleine Geschichte der Bodenkunde. Es ist verständlich, dass die wissenschaftliche Erforschung des Bodens erst zu Beginn des 19. Jahrhunderts einsetzte, denn zum Verständnis der Bodenbildungsprozesse sind physikalische, chemische und biologische Kenntnisse notwendig.

Sicher wussten Bauern seit Generationen um die unterschiedlichen Erträge einer Kultur auf verschiedenen Feldern. Ihnen war auch bekannt, dass der Ertrag von Jahr zu Jahr abnimmt und dass der Boden sich durch Brachliegen erholen kann. Diese empirisch-naive Phase der Bodenkenntnis wurde in dem Maße durch wissenschaftliche Untersuchungen abgelöst, wie grundlegende naturwissenschaftliche Kenntnisse verfügbar wurden.

Die wissenschaftliche Bodenkunde setzte ein, als der deutsche Arzt und Landwirt Albrecht THAER (1752, Celle – 1828, Gut Möglin bei Wriezen a. d. Oder) ein System der Böden aufstellte, in dem Sand-, Lehm-, Ton-, Humus- und Kalkböden unterschieden werden. Etwa gleichzeitig betonte der englische Chemiker H. DAVY (1778 – 1829) die Wichtigkeit der physikalischen Bodenfaktoren. Ein anderer Pionier der wissenschaftlichen Bodenkunde ist F. A. FALLOU (1795 – 1877), ein Jurist, der erstmalig ein umfassenderes Klassifikationssystem entwickelte. Schließlich wurde um 1900 durch E. RAMANN (1851, Arnstadt – 1926, München), einem Forstwissenschaftler an der Universität München, die wissenschaftliche Bodenkunde begründet. Mit ihm entwickelten um die gleiche Zeit vor allem die russischen Bodenkundler W. DOKUTSCHAJEW, N. SIBIRZEW und K. GLINKA sowie W. E. HILGARD in den USA die Lehre von den Bodentypen.

Vom Lehmboden zur Parabraunerde

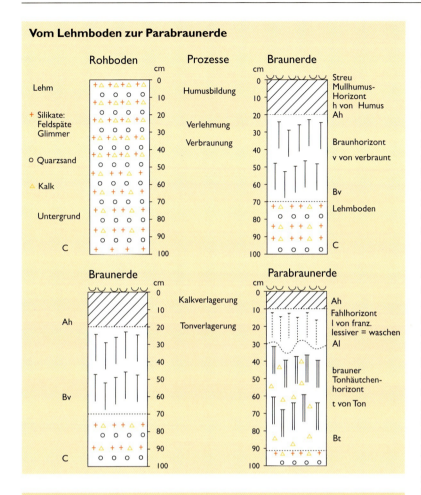

Umwandlungsvorgänge in der gemäßigten Klimazone

Verbraunung

1. chemische Verwitterung von eisenhaltigem Silikatgestein

eisenhaltige Minerale
z. B. Biotit-Glimmer
$K(MgFe)_3(AlSi_3)O_{10}(OH)_2$
$\xrightarrow{\text{Freisetzung}}$ Eisen + Bodenluft $\longrightarrow$ Brauneisen
$4Fe^{II} + 3O_2 + 2H_2O \longrightarrow 4FeO(OH)$

2. Ausfällen des Brauneisens an der Oberfläche von Sandkörnern

Quarz weiß $\longrightarrow$ Eisenhydroxidhülle ocker bis rotbraun

Verlagerungsvorgänge in der gemäßigten Klimazone

Kalkverlagerung	Bodenhorizonte	Tonverlagerung
Kalk geht in Lösung	A-Horizont	pH sinkt von 6,5–7,0 auf 4,5–6,5, Tonminerale werden beweglich
$CaCO_3 + \underbrace{CO_2 + H_2O}_{H^+ + HCO_3^-} \rightarrow Ca^{2+} + 2HCO_3^-$		

Einwaschen durch Sickerwasser

B-Horizont

Kalk fällt aus
$Ca^{2+} + 2HCO_3^- \rightarrow CaCO_3 + CO_2 + H_2O$
Kalziumion   Kalziumkarbonat

Tonminerale setzen sich ab
a) als blättchenförmige Minerale an den Porenwänden
b) als Flocken (im Untergrund)

Der Mensch als Faktor der Bodenbildung. In den dicht besiedelten Regionen Mitteleuropas befinden sich nur noch wenige Böden in ihrem natürlichen Zustand. Durch die seit Generationen andauernde landwirtschaftliche Nutzung sind als neue Bodentypen die „Kulturböden" entstanden. Diese Böden sind so stark umgestaltet, sodass die ursprüngliche Horizontfolge weitgehend verändert ist. Die mitteleuropäischen Ackerböden unterscheiden sich grundsätzlich von den natürlichen Braunerden, aus denen sie hervorgegangen sind. Durch regelmäßiges Pflügen und andere Bodenbearbeitungsverfahren wurde der A-Horizont verändert, der obere Teil des B-Horizontes zerstört und in den neu geschaffenen Ap-Horizont (p = pflügen) eingebracht. Unter dem Ap-Horizont entstand eine verdichtete Pflugsohle. Außerdem wird die Humusbildung im Ap-Horizont je nach Kulturart, Düngung und Bodenbearbeitung ständig beeinflusst. Meist entsteht ein humushaltiger Mutterboden.

Noch stärker verändert ist der Gartenboden (Hortisol). Er entstand durch jahrzehnte- bis jahrhundertelange Bodenbearbeitung. Durch regelmäßige und starke organische Düngung mit Stallmist oder Kompost, tiefgründige Bodenbearbeitung und zusätzliche Bewässerung wurde ein mächtiger, außerordentlich humushaltiger A-Horizont erzeugt.

?

1. Erläutern Sie die Bildung von Parabraunerde/Fahlerde aus einem Lehmboden.

a) Vergewissern Sie sich der heranzuziehenden Materialien auf den Seiten 28–31, indem Sie deren Darstellungsformen beschreiben.

b) Analysieren Sie zunächst die Materialien, die über die Entstehung der Braunerde Auskunft geben und dann diejenigen zur Bildung der Parabraunerde/Fahlerde.

c) Vergleichen Sie die Entwicklung zur Braunerde mit der zur Entwicklung der Parabraunerde/Fahlerde.

Naturräumliche Gliederung Europas

Naturräume

1. Nordeuropa
1.1 Inseln im Nordatlantik
1.2 Fennoskandien

2. Westeuropa
2.1 Britische Inseln
2.2 Festländisches Westeuropa

3. Mitteleuropa
3.1 Mitteleuropäisches Tiefland
3.2 Mitteleuropäisches Gebirgsland
3.3 Alpenraum
3.4 Karpatenraum

4. Südeuropa
4.1 Pyrenäen-Halbinsel und Balearen
4.2 Südfranzösisches Hügel- und Bergland
4.3 Korsardinien
4.4 Apenninen-Halbinsel
4.5 Dalmatinisch-albanische Küste
4.6 Balkan-Halbinsel

5. Osteuropa

?

1. Beschreiben Sie die Relieftypen in Europa.
2. Erläutern Sie die naturräumliche Gliederung Europas. Beachten Sie sowohl die Reliefgestalt als auch die Klimagliederung des Kontinents.

Europa ist ein stark gegliederter und vielgestaltiger Erdteil, denn Nebenmeere des Atlantik reichen weit in das Festland hinein und auf verhältnismäßig engem Raum prägen unterschiedliche Landhöhen das Großrelief. Im Westen trennen die Nordsee, die Straße von Dover sowie der Kanal die Britischen Inseln vom Festland. Im Norden begrenzen Skagerrak, Kattegat, Ostsee, Bottnischer und Finnischer Meerbusen sowie das Weiße Meer die Skandinavische Halbinsel. Außerdem gliedert im Süden das Mittelmeer zusammen mit dem Schwarzen Meer den Kontinent in drei große Halbinseln: Pyrenäen-, Apenninen- und Balkan-Halbinsel.

Betrachtet man die Höhengliederung, so überwiegt das Tiefland. Neben einigen großen Beckenlandschaften im südlichen Mitteleuropa erstreckt sich das Europäische Tiefland als breiter Streifen zonal von der Nordsee bis zum Uralgebirge. In Osteuropa nimmt es den gesamten Raum zwischen Barentssee und Schwarzem Meer ein. Gebirgsländer unterschiedlicher Höhe gestalten dagegen die südliche Mitte, den Westen, Norden und Süden des Erdteils.

Die Reliefgestalt ist ein wesentlicher Gesichtspunkt der naturräumlichen Gliederung Europas, denn in sechs Relieftypen spiegeln sich der geologisch-tektonische Bau und die Wirksamkeit exogener Kräfte wider. Bezieht man die zonale Anordnung der Landschaftsgürtel von der Tundra bis zu den Subtropen und den west-östlichen Wandel vom maritimen zum kontinentalen Klimatyp in die Betrachtung ein, so wird eine Untergliederung in die Großräume Nord-, West-, Süd-, Ost und Mitteleuropa unterstrichen. Zu unterscheiden sind das maritime West- vom kontinentalen Osteuropa sowie das kältere Nord- vom wärmeren Südeuropa. Mitteleuropa bestimmt sich somit als ein Übergangsraum im Schnittfeld des zonalen und west-östlichen Klimawandels. Mitteleuropa ist ein Großraum des mäßigen Wechsels zwischen Sommer- und Wintertemperaturen und der Abstufung des feuchteren Seeklimas in den Nordseeküstenländern zum trockneren Landklima in den Beckenlandschaften Ungarns und Rumäniens.

Fjell

Jungmoränenlandschaft

Hochgebirge

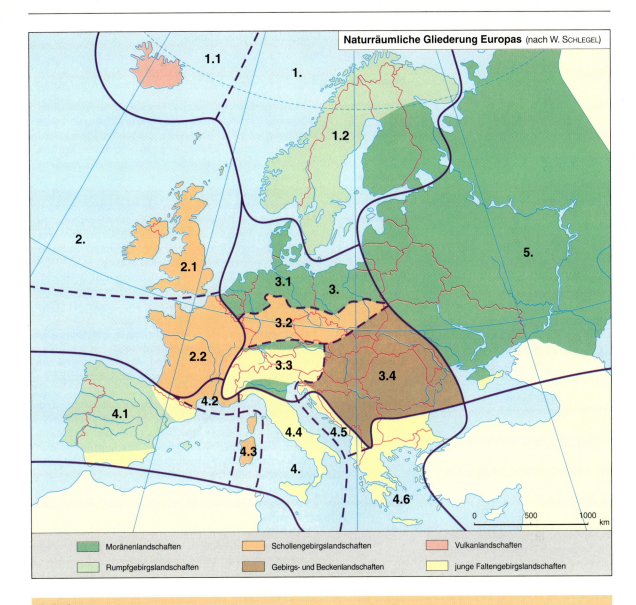

Relieftypen

Moränenlandschaften:
Während der Kaltzeiten im Eiszeitalter (Pleistozän) hinterließen Gletscher Moränenschutt und Schmelzwasserablagerungen. Es bildeten sich die Landschaftsformen der Grund- und Endmoränen, der Sander und Urstromtäler.

Rumpfgebirgslandschaften:
Erdkrustenreste der Erdfrühzeit und Gebirgsrümpfe der Erdaltzeit, die in der Erdneuzeit stark zertalt wurden. In Nordeuropa war das Inlandeis bei der Landformung wirksam. Es entstanden die Landschaftsformen des Fjells, der Fjorde und Schären.

Schollengebirgslandschaften:
Faltengebirgsrümpfe aus der Erdaltzeit und Schichtgesteine aus der Erdmittelzeit bilden Gebirgshorste, Schichttafeln und Schichtstufen, Becken und Grabenbrüche.

Gebirgs- und Beckenlandschaften:
Verzahnung von jungen Faltengebirgen und Einbruchsbecken, von Hoch- und Mittelgebirgen mit Hügel- und Tiefländern.

Vulkanlandschaften:
Vulkanismus im Bereich des Mittelatlantischen Rückens führt in der Erdneuzeit zur Entstehung von Inseln. Heiße Quellen, Geysire und tätige Vulkane zeugen auch in der Gegenwart von magmatischen Vorgängen.

Junge Faltengebirgslandschaften:
In Südeuropa hält die Hebung und Abtragung der alpiden Faltengebirge an. Je nach Höhenlage wechseln Hoch- oder Mittelgebirge, Berg- oder Hügelländer sowie von Sedimenten erfüllte Vorlandsenken einander ab.

Naturräumliche Gliederung Deutschlands

Naturräume

1. Norddeutsches Tiefland
1.1 Watten- und Marschenküste der Nordsee mit Friesischen Inseln
1.2 Nördlicher Landrücken
1.3 Brandenburgische Platten und Täler
1.4 Südlicher Landrücken
1.5 übriges Altmoränenland (Niederrheinisches Tiefland, Westfälische Bucht, Niedersächsisches Tiefland, Leipziger Bucht, Nordsächsisches und Oberlausitzer Heideland)
1.6 West-, Mittel- und Ostdeutsche Börden

2. Mitteldeutsche Gebirgsschwelle
2.1 Rheinisches Schiefergebirge
2.2 Weser-Leine-Bergland
2.3 Harz
2.4 Hessisches Berg- und Senkenland
2.5 Thüringer Becken und Randplatten
2.6 Thüringisch-Fränkisches Bergland
2.7 Sächsisches Bergland

3. Süddeutsches Gebirgsland
3.1 Oberrheinisches Tiefland
3.2 Nordpfälzer Bergland
3.3 Schwarzwald
3.4 Schwäbisch-Fränkisches Schichtstufenland
3.5 Oberpfälzer Wald und Bayerischer Wald

4. Nördliches Alpenvorland
4.1 Donau-Niederung
4.2 Iller-Lech-Platten
4.3 Niederbayerisches Hügelland
4.4 Oberbayerische Schotterplatten
4.5 Jungmoränen-Alpenvorland

5. Ostalpen
5.1 Allgäuer Alpen
5.2 Bayerische Alpen
5.3 Salzburger Alpen

Naturraumtypen	
Küstendünen	Inselsaum der Ostfriesischen und Nordfriesischen Inseln, Sandablagerungen am Rand des Wattenmeeres; Sylt und Amrum sind Düneninseln mit Geestkernen, Halligen sind Reste ehemaligen Marschlandes. Dünenzone an den Flachküsten der Bodden- und Ausgleichsküste in Mecklenburg und Vorpommern.
Marschland	Seemarschen im Meeresspiegelniveau durch Verlanden des Wattenmeeres, Flussmarschen an den von Gezeiten beeinflussten Flussabschnitten; Böden mit hoher Produktionsleistung.
Jungmoränenland	Ablagerungen der Weichselkaltzeit; Grundmoränenplatten mit Böden hoher Produktionsleistung, Endmoränenzüge (Nördlicher Landrücken) mit Böden mäßiger Produktionsleistung, Sander mit Böden geringer Produktionsleistung.
Altmoränenland	Ablagerungen der Saale- und Elsterkaltzeiten; Grundmoränenplatten mit Böden mäßiger bis guter Produktionsleistung, Endmoränenzüge (Südlicher Landrücken) und Sander mit Böden mäßiger und geringer Produktionsleistung.
Urstromtäler	Schmelzwassertalungen der Kaltzeiten, Sand- und Moorböden mit mäßiger bis geringer Produktionsleistung.
Bördenland	Ablagerungen von Schluff und Ton, Ausblasungen aus den Schotterflächen der Moränen während der Kaltzeiten, Böden mit höchster Produktionsleistung.
Schichtstufen-, Schichtkamm- und Schichttafelland	Bergland aus Sedimentgesteinen (Sand- und Kalkstein) der Erdmittelzeit über Tiefschollen des Grundgebirges; Weser- und Leinebergland zumeist kleingekammert in Mulden und Schichtkämme (Teutoburger Wald, Deister), Schichtgesteine stehen steil; Schichtstufen- und Schichttafelland im Thüringer Bergland; Böden wechselnder Produktionsleistung.
Becken und Senken	Im Tertiär entstandene Grabenbrüche (Oberrheinisches Tiefland, Hessische Senke, Leinetalgraben) oder Einbiegungen der Landoberfläche (Bodenseebecken, Gäuböden zwischen Regensburg und Passau, Limburger Becken, Thüringer Becken mit Goldener Aue); Böden wechselnder Produktionsleistung je nach Bodenart (Löss-, Lehm-, Sandböden).
Buntsandsteinland	Hochflächen des Buntsandsteins mit tief eingeschnittenen Tälern, Sandböden mit mäßiger bis geringer Produktionsleistung.
Muschelkalktafeln	Flaches Tafelland, das mit einer Schichtstufe über dem Buntsandstein ansetzt, Gliederung durch tief eingeschnittene Täler, Gäuflächen (z. B. Korngau, Bauland, Würzburger Gäu) mit Kalkmergel-, Löss- und Lehmböden hoher Produktionsleistung.
Keuperland	Keupersandsteine bilden über den Gäuflächen Schichtstufen, Gliederung durch tief eingeschnittene Täler, Sandböden von geringer bis mäßiger Produktionsleistung, am Rand der Schwäbischen und Fränkischen Alb Lehmböden des Lias und Doggers sowie Lössböden mit hoher Produktionsleistung.
Juratafeln	Pultförmiges Tafelgebirge mit ausgeprägter Schichtstufe über dem Keuperland, Albhochfläche eben und kuppig, Böden mit geringer bis mäßiger Produktionsleistung.
Grundgebirge	Bruchschollengebirge (Hochschollen) aus magmatischen Gesteinen der Erdfrühzeit und der Erdaltzeit, Böden unterschiedlicher Produktionsleistung.
Vulkangebirge	Vollformen des tertiären Vulkanismus, Böden unterschiedlicher Produktionsleistung.
Hochgebirge	Junges (alpides) Faltengebirge.

Geosystem sommergrüner Laub- und Mischwald

> „Als wir noch nicht waren, war Wald. Wenn wir nicht mehr sein werden, wird Wald sein."
> (Altpolnisches Sprichwort)

Mesothermen (meso, gr. = mittlere). Diese Pflanzen sind frostempfindlich und stehen strenge Winter nicht durch; manche Formen sind immergrün, die meisten jedoch sommergrün. Die Vegetationsperiode ist mehr oder weniger lange durch eine kältere Jahreszeit unterbrochen.

Unter **Vegetationsperiode** versteht man für die temperierten Breiten die Zeit des Jahres, in der die Tagesmitteltemperaturen über 5 °C liegen. Entscheidend für das Pflanzenwachstum sind nicht allein die Monatsdurchschnittstemperaturen, sondern auch die Temperaturextreme, die während des Jahres auftreten sowie die während der Vegetationsperiode verfügbaren Wärmesummen.

?
1. Erläutern Sie das Übergangsklima in den temperierten Breiten. Beachten Sie dabei die atmosphärische Zirkulation, insbesondere den Luftmassenwechsel und dessen Ursachen.
2. Erklären Sie das Geosystem des sommergrünen Laub- und Mischwaldes. Zeigen Sie die Anpassung der Vegetation an die Temperaturverhältnisse und an den Wasserhaushalt auf.

Die sommergrünen Laub- und Mischwälder gedeihen in den temperierten Breiten äquatorwärts der borealen Nadelwälder auf den West- und Ostseiten der Kontinente. Unter den vergleichsweise günstigen klima-ökologischen Bedingungen sind die Pflanzengesellschaften dieser Waldformation vielfältig entwickelt. Selbst in den seit Jahrtausenden waldfreien Kulturlandschaften Mitteleuropas würde der natürliche Wald die Nutzfläche zurückerobern, sobald der Mensch seine Tätigkeit einstellt.

Das Übergangsklima der temperierten Breiten zeichnet sich durch warme feuchte Sommer und kühle feuchte Winter, bei einer Jahresamplitude von 15 bis 20 °C, aus. Die Übergangsjahreszeiten Frühjahr und Herbst sind gut ausgebildet.

Unterschiedlich warme ozeanische Luftmassen, die von den in der Westwindströmung wandernden Zyklonen vom Atlantik herangeführt werden, bestimmen über die Hälfte des Jahres die Witterung. Der Niederschlag ist deshalb im Ganzen gleichmäßig über alle Monate verteilt. Verhältnismäßig niederschlagsarme Monate sind Februar und März, im Juli fällt der meiste Niederschlag. An knapp der Hälfte aller Tage jeden Monats regnet es, Schneefall ist selten. Eine geschlossene Schneedecke bildet sich nur vorübergehend aus.

Frosteinbrüche gehen auf maritime oder kontinentale Polarluft zurück. Sie treten regelmäßig im Vorwinter (Ende November), im Frühwinter (Mitte Dezember), im Hoch- und Nachwinter (Januar und Februar/März) sowie gelegentlich in der ersten Maihälfte (Eisheilige) auf. Andererseits liegt unter dem Einfluss maritimer oder kontinentaler Tropikluft das mittlere Temperaturmaximum in den Sommermonaten bei 30 °C.

Der verhältnismäßig artenreiche, mehrschichtige, mittelhohe Wald ist durch eine dicht schließende Baum- und Strauchschicht sommergrüner Gehölze gekennzeichnet. In der geschlossenen Vegetationsdecke der Kraut- und Bodenschicht wachsen Stauden, Gräser, Pilze, Flechten und Moose.

Sonnenscheindauer und Sonnenhöhe ermöglichen einen jahreszeitlichen Laubfall bei den holzigen Pflanzen. Der jährliche Neuaufbau der Blätter ist notwendig, weil die Winterkälte sowie die Frosttrockenheit das Laub schädigen würden. Daher wächst der sommergrüne Laub- und Mischwald dort, wo die Monatsmitteltemperaturen an mehr als 150 Tagen über 5 °C liegen. Außerdem müssen die Niederschlagssummen in der Vegetationsperiode über 250 mm liegen.

Station Magdeburg (Temperaturen in °C, Niederschlag in mm)

	J	F	M	A	M	J	J	A	S	O	N	D	Jahr
mittlere Temperatur	-0,5	-0,1	4,0	8,8	13,4	16,4	18,5	18,3	14,9	9,7	4,8	1,2	9,2
mittleres Max. der Temperatur	9,8	11,0	16,8	22,8	27,5	29,9	31,6	31,4	27,7	21,1	14,0	10,7	21,2
mittleres Min. der Temperatur	-12,8	-12,4	-7,1	-2,2	1,2	5,5	8,5	7,9	3,3	-1,2	-4,4	-10,1	-2,0
absolutes Max. der Temperatur	12,7	16,6	22,3	29,0	32,7	34,3	36,6	37,2	33,6	25,4	18,2	16,7	37,2
absolutes Min. der Temperatur	-29,6	-25,4	-17,4	-5,6	-2,9	3,6	5,2	4,4	-0,5	-6,3	-11,0	-22,6	-29,6
mittlere relative Feuchte in %	84	82	76	70	67	67	70	71	74	79	85	87	76
mittlerer Niederschlag	36	31	29	35	49	58	64	57	38	43	40	33	513
maximaler Niederschlag 24 h	24	25	24	24	48	67	49	53	24	32	21	23	67
Tage mit Niederschlag > 0,1	17	15	13	14	13	14	13	12	14	16	15		169
Sonnenscheindauer in h	56	73	142	178	221	231	212	200	174	103	50	39	1679

Formen der Anpassung sind:
- an den humiden Wasserhaushalt durch mittelgroße, meist weiche Blätter, auf deren Unterseite die Spaltöffnungen liegen;
- an die Wärmesummen und Beleuchtungsverhältnisse durch Blattwurf der holzigen Pflanzen, Absterben oberirdischer Sprossteile bei krautigen Pflanzen und Überdauern mit Zwiebel, Knolle oder Samenzustand.

Produktionsleistungen des sommergrünen Laub- und Mischwaldes

Biomasse pro ha	370 t
Primärproduktion pro ha und a	13 t
absterbende Biomasse pro ha und a	9 t
Netto-Zuwachs pro ha und a	4 t

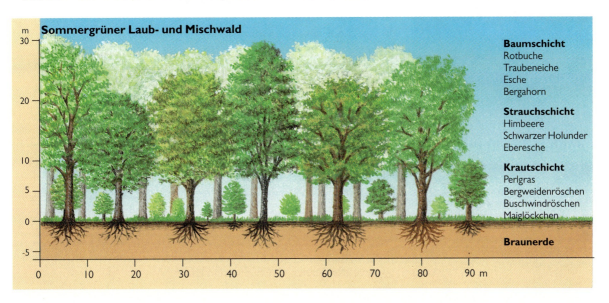

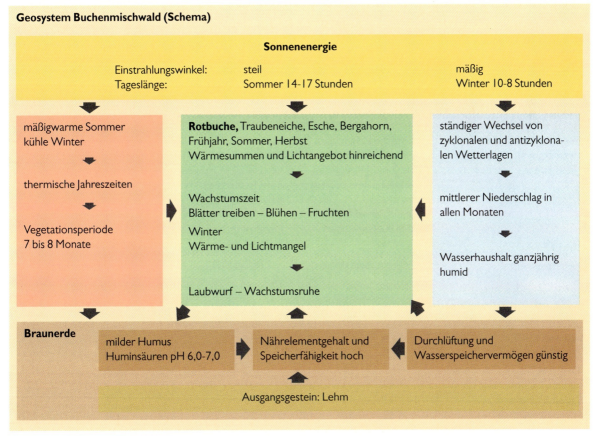

> In den Tiefländern am Amur ist der breitblättrige Laubwald der vorherrschende Vegetationstyp. Es ist denkbar, dass das Seja-Bureja-Tiefland einst vor der landwirtschaftlichen Erschließung von Wald bedeckt war. Er breitet sich überall dort aus, wo der Mensch ihn nicht fern hält. So stellt die „Chankasteppe" ohne Zweifel ein Gebiet dar, das einst Waldbedeckung trug und vor mehr als 1 000 Jahren gerodet wurde.
>
> (L. S. BERG: Die geographischen Zonen der Sowjetunion. Leipzig 1958. Bd. I, S. 284)

West-östlicher Formenwandel des sommergrünen Laub- und Mischwaldes

Mit zunehmender Kontinentalität des Klimas stellt sich eine West-Ost-Gliederung des Laub- und Mischwaldes ein. Man unterscheidet atlantische Eichenwälder im Einflussbereich des Seeklimas in Westeuropa von subatlantischen Buchenwäldern im Übergangsklima Mitteleuropas und kontinentalen Stieleichen-Winterlinden-Mischwäldern des kühlen Kontinentalklimas in Osteuropa. Obwohl die Rotbuche *(Fagus sylvatica)* an milde ozeanische Klimate gebunden ist, fehlt sie häufig in Westeuropa, denn der Baum beansprucht kalkhaltige Böden. Wegen der hohen Niederschläge sind aber in Westeuropa die Braunerden durch Kalkverlagerung weitgehend zu Parabraunerden/Fahlerden degradiert.

Als Baum des ozeanischen Klimas und Übergangsklimas erreicht die Rotbuche zusammen mit der Traubeneiche, dem Bergahorn und der Sommerlinde auf einer Linie, die von Ostpreußen östlich der Weichsel zu den Karpaten verläuft, ihre kontinentale Grenze. Östlich der Buchengrenze beginnt die Vorherrschaft der Hainbuche *(Carpinus betulus)*. Sie wird ihrerseits östlich des Dnjepr durch die Stieleiche *(Quercus robur)* abgelöst. Stieleiche, Spitzahorn, Winterlinde und Wildobstarten dringen bis zum südlichen Uralgebirge vor. Zugleich nimmt in Osteuropa der Anteil an Nadelholzarten, meistens Kiefern, zu.

An der Ostseite Eurasiens erstreckt sich der ozeanische Einfluss nur auf einen verhältnismäßig schmalen Küstenstreifen, denn die Luftmassen der Westwindströmung sind nach ihrem langen Weg über den Kontinent wasserdampfarm und die Zyklonen lösen sich in aller Regel über Westsibirien auf. Außerdem entwickelt sich im Winter über Ostsibirien ein bodennahes Kältehoch, aus dem sehr trockene kalte Luft abfließt. Dieser Wintermonsun bringt wenig Schnee. Dagegen entsteht im Sommer über der Mongolei bei ständig aufsteigender Luft ein bodennahes Hitzetief. Dahinein strömen feucht-warme Luftmassen des Sommermonsuns vom Pazifik und dessen Randmeeren. Ergiebigere Niederschläge fallen aber erst, wenn die feucht-

?
1. Erläutern Sie die folgenden Klimate der temperierten Breiten: Seeklima der Westseiten, kühles Kontinentalklima, Ostseitenklima. Ziehen Sie dazu die Zirkulation in der Troposphäre an der Westseite und an der Ostseite Eurasiens heran.
2. Erklären Sie den west-östlichen Wandel der Waldgesellschaften des sommergrünen Laub- und Mischwaldes.

Klimate und Waldgesellschaften der temperierten Breiten in Eurasien (Temperaturen in °C)

	atlantische Eichenmischwälder Westeuropas: viele immergrüne Arten, z. B. Stechpalme, Nieswurz, Efeu; nur auf kalkhaltigen Braunerden Buchenwälder	kontinentale Stieleichen-Hainbuchen-Winterlinden-Mischwälder Ostmittel- und Osteuropas: zum Teil erheblicher Nadelholzanteil (Eichen-Kiefern-Mischwälder und Kiefernwälder)	sommergrüne Laubmisch- und Mischwälder Ostasiens: Eichen, Ulmen, Ahorne, Linden, Hainbuchen, zum Teil erheblicher Nadelholzanteil, aber auch Götterbaum, Ginkgo, Flieder, Gleditsche, Zaubernuss
Waldgesellschaften des sommergrünen Laub- und Mischwaldes			

Klimastationen	Aberystwyth (Wales)			Moskau (Russland)			Harbin (China)		
	Januar	Juli	Jahr	Januar	Juli	Jahr	Januar	Juli	Jahr
mittlere Temperatur	4,5	14,9	9,6	-10,3	17,8	3,6	-20,1	23,3	3,3
mittleres Max. der Temperatur	11,2	23,7	17,7	-0,1	29,4	16,3	-2,2	33,3	18,9
mittleres Min. der Temperatur	-4,0	8,0	1,6	-29,4	7,6	-9,1	-33,9	12,2	-10,4
absolutes Max. der Temperatur	13,9	31,1	31,1	4	37	37	1,4	39,1	39,1
absolutes Min. der Temperatur	-11,1	6,1	-11,1	-42	4	-42	-41,4	9,6	-41,4
mittlere Niederschläge (mm)	97	99	1 051	31	74	575	4	167	577
Tage mit Niederschlag	21	19	220	17	16	187	5	16	109
Sonnenscheindauer (h)	55	156	1 455	30	258	1 597	197	267	2 722

warme Luft auf kältere aufgleiten kann. Da sich der Grenzbereich beider Luftmassen verlagert, ergeben sich in Ostasien von Jahr zu Jahr starke Unterschiede in den Niederschlagsmengen.

Wälder in Deutschland

In den mitteleuropäischen Wäldern herrschte vor ihrer Kultivierung die Buche vor. Der Baum bevorzugt das humide und ausgeglichene Übergangsklima. Gegen Spätfröste, die in die Zeit des Knospentriebes fallen, ist die Buche genauso empfindlich wie gegen sommerliche Dürre und kalte Winter.

Da auch das Übergangsklima der temperierten Mittelbreiten die Wachstumsbedingungen schon recht deutlich einschränkt, haben Unterschiede in der Bodengüte auf die Zusammensetzung der Waldgesellschaften einen größeren Einfluss. Je nach Bodenart treten Buchenmischwälder, Eichen-Birkenwälder oder kiefernreiche Mischwälder auf.

Buchenwälder bevorzugen kalkreiche Böden der Jungmoränenlandschaften des Nördlichen Landrückens und des Berglandes. Dagegen wachsen Eichen-Birkenwälder auf nährstoffarmen sandigen Böden des Südlichen Landrückens und des Niedersächsischen Tieflandes. Bei zunehmender Kontinentalität setzt sich auf den nährstoffarmen Sandböden in Mecklenburg, Brandenburg und Sachsen schließlich die Kiefer durch.

Eine weitere Abwandlung erfährt der sommergrüne Laub- und Mischwald durch die Höhenstufung, denn die Abnahme der Temperatur mit der Höhe schränkt in den temperierten Breiten schon in mäßiger Höhenlage das Wachstum ein.

Die Höhengrenzen, wie Waldgrenze und Baumgrenze, fallen in Mitteleuropa etwa mit der 10°-Juli-Isotherme zusammen. Sie liegen in den Bayerischen Alpen 1 500 – 1 600 m, im Schwarzwald 1 200 m, im Thüringer Wald und im Harz 900 – 1 000 m hoch.

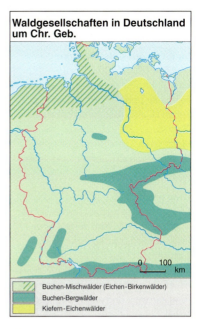

?

1. Erklären Sie die Verbreitung von Buchen, Eichen und Kiefern in Deutschland.
2. Begründen Sie das Absinken der Waldgrenze von den Alpen zum Harz.

Buchenwald in Norddeutschland

Zur Geschichte der Landwirtschaft in Mitteleuropa

Jungsteinzeit = Neolithikum
(8 000 v. Chr.–3 200 v. Chr.)
ab 5 000 v. Chr. neolithische Revolution, Feldbauer und Viehhalter (Bandkeramikkultur, Kultur von Rössen);
Geräte:
Holzspaten, später Hacke oder einfacher Haken aus Geweih oder Holz, Steinsichel, Steinaxt.

Bronzezeit (3 200 v. Chr.–1 000 v. Chr.)
(Trichterbecherkultur, Glockenbecher- und Streitaxtkulturen, Hügelgräberkultur, Urnenfelderkultur)
Geräte:
hölzerner Hakenpflug (Jochsohlenhaken), zunächst von Hand, später vom Rind gezogen, Rad und Wagen, Bronzesichel.
Kulturpflanzen:
Getreide – Einkorn, Emmer, Zwergweizen, Gerste, Hirse; Linse, Erbse, Ackerbohne, Lein, Mohn;
Obstarten – Apfel, Birne, Süßkirsche, Schlehe, Weinrebe, Walnuss

Eisenzeit (1 000 v. Chr.–450 n. Chr.)
(Hallstattkultur, Germanen)
Geräte:
hölzerner Haken durch Eisenscharen bewehrt (eiserne Pflugschar); Rind als Zugtier für Wagen und Pflug, eiserne Sichel.
Kulturpflanzen:
Roggen, Hafer, Dinkel erlangen Bedeutung;
Obstarten (zu römischer Zeit eingeführt) – Sauerkirsche, Pflaume, Aprikose, Pfirsich, Esskastanie; auch Himbeere, Holunder, Haselnuss, Möhre, Runkelrübe, Feldsalat, Hanf.

Entwicklung der Bodennutzung in Deutschland

Vom Wildbeuter- zum Feldbauerntum

Das Vordringen des Menschen nach Mitteleuropa reicht tief in die Altsteinzeit zurück. Vorwiegend leben die Jäger und Sammler während der Warmzeiten des Eiszeitalters in diesem Großraum. Auch in den ersten Jahrtausenden nach der Eiszeit besiedeln wenige Rentierjägerhorden in schweifender Lebensweise die Tundren. Zahlenmäßig gering und in ihrer Wirtschaftsweise vollständig in das Geosystem eingepasst, können die Wildbeuter auch die um 8 000 v. Chr. einsetzende Waldentwicklung nicht beeinflussen.

Erst um 5 000 v. Chr. vollzieht sich in Mitteleuropa der grundlegende wirtschaftliche Umbruch von der Aneigungs- zur Produktionswirtschaft, von der alt- und mittelsteinzeitlichen Jäger- und Sammlerwirtschaft zum jungsteinzeitlichen Feldbauerntum, das auf die Erzeugung landwirtschaftlicher und handwerklicher Güter gerichtet ist. Zu den umwälzenden wirtschaftlichen Errungenschaften zählen die Sesshaftigkeit und die Anlage dauerhafter Siedlungen und Behausungen, die Züchtung von Getreide und anderen Nutzpflanzen, Rodungen und der Feldbau auf bearbeiteten Flächen sowie die Zähmung und Züchtung von Haustieren.

In Mitteleuropa gehören die ersten Feldbauer- und Viehhaltergruppen der bandkeramischen Kulturepoche an. Sie siedeln in den lichten Eichen-Mischwäldern der Bördelandschaften auf kleinen Brandrodungsinseln.

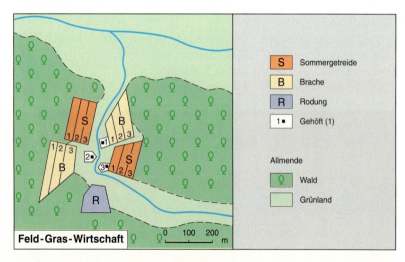

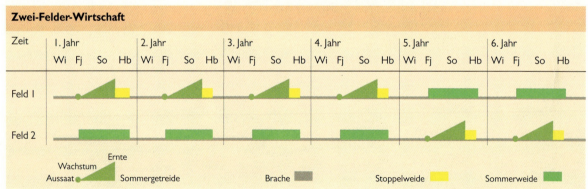

Der ausschließliche Getreideanbau führt selbst auf den nährstoffreichen Braunerden der Bördezonen zu nachlassenden Erträgen, denn die Getreidesorten sind noch wenig leistungsfähig und die Anbaumethoden einfach. Diesem Raubbau kann bei ausreichendem Landvorrat durch Landwechsel begegnet werden. So entwickelt man bereits gegen Ende der Jungsteinzeit eine Zwei-Felder-Wirtschaft, den zunächst ungeregelten Flächenwechsel des Getreideanbaus als Feld-Gras-System mit Anbaufeld und Brachfeld.

Von der Feld-Gras-Wirtschaft zur Dreifelderwirtschaft

Nach einem Abschnitt leichter Abkühlung und höherer Niederschläge zwischen etwa 300 und 900 n. Chr. führt ein Temperaturanstieg seit Anfang des 11. Jahrhunderts zur hochmittelalterlichen Wärmezeit im 13. Jahrhundert. In Wechselwirkung zu den Klimaschwankungen entwickelt man zur Merowingerzeit zwischen dem 5. und 8. Jahrhundert die Dreifelderwirtschaft. Mit diesem leistungsfähigeren Bodennutzungssystem kann der witterungsbedingte Ertragsrückgang nicht nur ausgeglichen, sondern zu Beginn der Karolingerzeit bei einsetzender Erwärmung die Getreideproduktion derart gesteigert werden, dass eine erhebliche Zunahme der Bevölkerung möglich wird. Auf dieser Grundlage zunehmender Ackernahrung

Zur Geschichte der Landwirtschaft in Mitteleuropa

Hochmittelalter (11.–13. Jahrhundert)
Geräte:
Pflug erhält ein eisernes Schollen wendendes Streichbrett (Streichbrettpflug) und zwei Räder (Räder- oder Karrenpflug), Egge, eiserne Harke, Spaten und Schaufel, Sense, eisenbeschlagener Dreschflegel, bessere Anspannung der Zugtiere, Nutzung der Pferdekraft, vierrädriger Wagen.
Kulturpflanzen:
Vorherrschen des Roggens, im Süden Mitteleuropas Dinkel.
Viehhaltung:
Schwein, Rind, Schaf, Ziege; Ochse als Zugtier unter Verwendung des Jochbalkens.

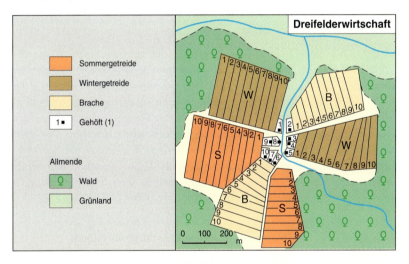

?
1. Erklären Sie die Bezeichnung „neolithische Revolution".
2. Stellen Sie das Flächenwechselsystem der Feld-Gras-Wirtschaft in einem Fließdiagramm dar.

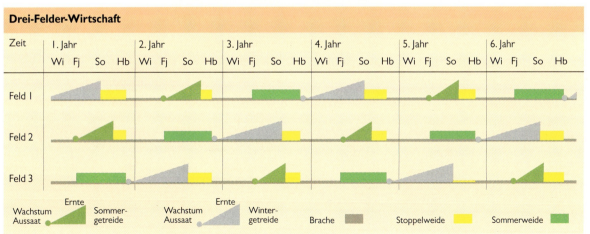

entfaltet sich das mittelalterliche Städtewesen. Außerdem kommt es im 9. Jahrhundert zur ersten Rodungsperiode des Mittelalters, die mit großflächiger Rodungs- und Siedlungstätigkeit in bis zu dieser Zeit noch dünn besiedelten oder siedlungsleeren Räumen verbunden ist.

In der karolingisch-ottonischen Zeit setzt sich die Dreifelderwirtschaft im germanischen Siedlungsraum durch. Das neue Betriebssystem bringt eine Verbesserung der landwirtschaftlichen Betriebsweise. Bei knapper werdenden Landreserven wird der Landwechsel zurückgenommen und statt dessen der Fruchtwechsel, der sich aber auf Sommer- und Wintergetreide beschränkt, eingeführt. Die Brache ist nun zeitlich auf ein Jahr und räumlich auf ein Drittel der Feldflur begrenzt. Die Ernteerträge liegen etwa beim Dreifachen der Aussaat.

Die Bauern eines Dorfes bilden eine Genossenschaft, die sich einer Gewannverfassung mit Flurzwang unterwirft. Die Feldflur wird in Gewanne, das sind von zwei Pflugwenden begrenzte Feldstücke, eingeteilt. Jeder Bauer ist mit einer als Hufe bezeichneten Betriebsparzelle bzw. Besitzparzelle an den Gewannen beteiligt. So ergibt sich die Gemengelage der Parzellen. Weil jedes Gewann in Absprache aller Teilhaber einheitlich bewirtschaftet und die Brache gemeinsam von den Dorfgenossen als Ackerweide genutzt wird, müssen die Termine der Feldarbeiten und die Fruchtfolge durch eine Flurordnung geregelt werden.

Fruchtwechsel statt Landwechsel

Gegen Ende des 13. Jahrhunderts setzt in Mitteleuropa eine Klimaverschlechterung ein. Deren kühlere und feuchtere Witterung im Sommer sowie deutlich kältere und längere Winter führten auch zur Absenkung der Waldgrenze im Gebirge. Diese „kleine Eiszeit" erreicht ihren Höhepunkt im 16. und 17. Jahrhundert. Außerdem stellt sich insbesondere auf sandigen Böden ein Schwinden der natürlichen Bodenfruchtbarkeit ein. Der ständige Anbau von Reinkulturen führt zur Bodenermüdung durch Strukturzerstörung, einseitigen Nährstoffentzug, schädlichen Einfluss von Stoffwechselprodukten bestimmter Bakterien und anderer Stoffumsetzungen sowie gehäuftes Auftreten pflanzlicher und tierischer Schädlinge.

?

1. Erläutern Sie das Bodennutzungssystem der Dreifelderwirtschaft.
a) Beschreiben Sie das Kartenbild eines Dorfes mit Gewannflur.
b) Analysieren Sie die Darstellung zur Betriebsorganisation der Dreifelderwirtschaft.
2. Vergleichen Sie die Feld-Gras-Wirtschaft mit der Dreifelderwirtschaft unter folgenden Gesichtspunkten: Flächenbedarf, Feldbau, Viehhaltung und Produktivität.
3. Erläutern Sie die Unterschiede zwischen Betrieben der Dreifelderwirtschaft und der Fruchtwechselwirtschaft.

Neuerungen in der Landwirtschaft im 18. Jahrhundert

J. C. Schubart (1734–1787) führt auf seinem Gut bei Zeitz die Bebauung der Brache mit Rotklee und Futterrüben sowie die Sommerstallhaltung des Rindviehs ein und macht so die Unkrautweide überflüssig.

Der Arzt A. D. Thaer (1752–1828) gilt als Begründer der wissenschaftlichen Landwirtschaftslehre. Er setzt sich für die Fruchtwechselwirtschaft ein, fördert den Futterpflanzen- und Kartoffelanbau sowie die Schafzucht und entwickelt und propagiert die Humuswirtschaft.

Seit der Mitte des 17. Jahrhunderts wird die aus Südamerika eingeführte Kartoffel in einigen deutschen Ländern, vornehmlich in botanischen Gärten kultiviert. Vor allem Friedrich II. von Preußen (1712–1786) bemüht sich um die Verbreitung dieser Hackfrucht im Feldbau. Ab 1750 setzt sich der Kartoffelanbau in Deutschland durch.

Erst zu Beginn des 19. Jahrhunderts kultiviert man die Runkel- oder Futterrübe als weitere Brachfrucht. Der Apotheker und Chemiker A. S. Marggraf (1709, Berlin-1782, Berlin) weist 1747 die chemische Identität des Rübenzuckers mit dem Rohrzucker nach. Sein Schüler, der Chemiker F. C. Achard (1753, Berlin–1821, Kunern/Schlesien), züchtet aus der weißen schlesischen Rübe (Runkelrübe) die Zuckerrübe und gründet 1801 in Kunern die erste Zuckerfabrik.

1828: C. v. Wulffen (1785–1853) baut als erster die Weiße Lupine als Gründüngung auf seinem Gut Pietzbuhl bei Magdeburg an.

1840: J. v. Liebig (1803, Darmstadt–1873, München) stellt die Theorie von der mineralischen Ernährung der Pflanzen auf.

Stagnierende oder zurückgehende Getreideerträge sind die Folge. So kommt es bei geringerer Bevölkerungszunahme zu einem bis zu Hungersnöten führenden Getreidemangel bei ständiger Unterversorgung an Tierprodukten. Ganze Dörfer, deren Gemarkungen auf ertragsarmen Böden liegen, werden aufgelassen. Bis über 30 % der Siedlungen fallen dieser spätmittelalterlichen Wüstungsperiode zwischen 1250 und 1550 anheim.

Die Mängel der Dreifelderwirtschaft zeigen sich deutlich. Sie bestehen vor allem in der Beschränkung auf den Getreideanbau, obwohl die Runkelrübe, aber auch Bohnen und Mohrrüben bekannt sind. Aus der Vergetreidung resultiert schließlich die unzureichende Futtergrundlage für eine dem Bedarf angemessene Viehhaltung. Bei geringem Wiesenertrag und Sommerweide auf der Grünbrache sowie später auf der Getreidestoppel fehlt besonders das Winterfutter.

Kärglich mit wenig Heu, Stroh und Baumlaub über den Winter durchgehungert, müssen die Rinder im Frühjahr am Schwanz auf eine Schleppe gezogen und dann auf die Weide gebracht werden. Solches „Schwanzvieh" liefert nur wenig Fleisch und kaum Milch.

Erst im 18. und 19. Jahrhundert gelingt der allmähliche Übergang zur verbesserten Dreifelderwirtschaft. Sie zeichnet sich durch Verzicht auf die Brache, die Erhaltung und Verbesserung der Bodenfruchtbarkeit durch Fruchtwechsel sowie die nun mögliche Ausweitung der Viehhaltung aus.

Der Anbau von Futterpflanzen und Hackfrüchten auf der früheren Brache bringt einen grundsätzlichen Wandel in der Bodennutzung. Gegenüber dem Raubbau der ursprünglichen Getreidemonokultur wirken die Futterleguminosen durch biologische Stickstoffbindung und verstärkten Anfall von Pflanzenrückständen, die Hackfrüchte auf Grund der organischen Düngung und der Hackpflege bodenbereichernd und -verbessernd. Daraus ergeben sich wiederum höhere Getreideerträge.

Da die Gewannverfassung um die Wende des 18. und 19. Jahrhunderts ohnehin in Auflösung begriffen ist, liegt es im Wesen der aufkommenden Marktwirtschaft, den Ackerbau weitgehend zu rationalisieren und deswegen den Blattfrüchten (Hackfrüchte und Futterpflanzen) mehr als Ein-

?

Erläutern Sie die Unterschiede zwischen Betrieben der Dreifelderwirtschaft und der Fruchtwechselwirtschaft.

Drittel-Anteil der ursprünglichen Brache einzuräumen. Daraus ergeben sich als Merkmale der Fruchtwechselwirtschaft gleiche Anbauteile für Halm- und Blattfrüchte innerhalb der Fruchtfolge (Rotation). Die Fruchtwechselwirtschaft setzt sich erst an der Wende zum 20. Jahrhundert zunächst auf den Braunerden der Lösszone und des Jungmoränenlandes durch.

Agrarräume in Deutschland

Die Landwirtschaft ist mehr als andere Wirtschaftszweige von natürlichen Produktionsbedingungen einer Landschaft abhängig. Die Geofaktoren Reliefgestalt, Bodenverhältnisse, Temperaturen und Wasserhaushalt bestimmen weitgehend die Art der landwirtschaftlichen Nutzung und beeinflussen den ökonomischen Erfolg eines Betriebes. Sie geben jedem landwirtschaftlichen Betrieb einen Rahmen, in dessen Grenzen produziert werden kann. Darüber hinaus sind von den Landwirten weitere außerbetriebliche und innerbetriebliche Faktoren bei der Entscheidung für eine Produktionsrichtung zu beachten.

Futterbaubetriebe sind durch das maritime Klima begünstigt. Der Futterbau der Voralpen sowie der Mittel- und Hochgebirgslagen wird ebenfalls durch ein niederschlagsreiches Klima gefördert; außerdem bieten sich

Entwicklung der Hektarerträge in Deutschland (in dt/ha)

Roggen		
16. Jahrhundert auf guten Böden in Südniedersachsen		7,5
Deutsches Reich	1881–1885	9,8
	1911–1913	18,4
BR Deutschland	1955	23,7
	1987	42,8
DDR	1955	21,8
	1987	34,9
Deutschland	1991	46,8
Weizen		
Deutsches Reich	1881–1885	12,8
	1911–1913	22,3
	1934–1938	24,6
BR Deutschland	1955	28,8
	1987	63,1
DDR	1955	30,3
	1987	54,0
Deutschland	1991	59,9

Landwirtschaftliche Betriebsformen

innerbetriebliche Faktoren

Arbeitsausgleich: Arbeitskräfte und Geräte verursachen den höchsten Kapitalbedarf. Der Landwirt muss sich zwischen zwei Wegen zur Senkung der Arbeitskosten entscheiden:
1. Er wird die Arbeitskräfte möglichst gleichmäßig über das Jahr verteilt einsetzen. Alle Produktionszweige haben aber Arbeitsspitzen und Arbeitstäler, die Viehhaltung ausgenommen. Deshalb ist eine gleichmäßige Auslastung der Arbeitskräfte nur bei Vielseitigkeit der Produktionsrichtungen möglich.
2. Er wird Arbeitskräfte durch wenige Maschinen ersetzen, um sowohl die Arbeitskosten, wie auch die Kosten für Betriebsmittel zu senken. Das führt zur Ausrichtung auf eine oder wenige Produktionsrichtungen (Spezialisierung), denn Vollerntemaschinen sind Spezialmaschinen.

Ausgleich der Bodenanforderungen:
Um die Bodenfruchtbarkeit zu erhalten, sind Fruchtfolgen sowie Düngergaben notwendig.

Risikoausgleich:
Den Erzeugungs- und Preisschwankungen sowie dem Marktrisiko wird man durch eine vielseitige Produktionsausrichtung begegnen wollen.

Produktionsrichtung der Betriebe

Marktfruchtbetriebe
– Hackfruchtbetriebe
– Getreidebaubetriebe

Futterbaubetriebe
– Milchviehbetriebe
– Rindermastbetriebe

Veredlungsbetriebe
– Schweinemastbetriebe
– Geflügelbetriebe

Dauerkulturbetriebe
– Obstbaubetriebe
– Weinbaubetriebe
– Hopfenbetriebe

Gemischtbetriebe (ohne Hauptproduktionsrichtung)

außerbetriebliche Faktoren

natürliche Produktionsbedingungen:
Die klima-ökologischen Bedingungen und die Reliefformen geben der Landwirtschaft einen Rahmen, in dessen Grenzen produziert werden muss.

Bevölkerungsstruktur:
Bei hoher Bevölkerungsdichte wird die landwirtschaftliche Nutzfläche knapp und teuer, es muss flächenintensiv produziert werden.

Lage auf den Agrarmärkten:
Nachfrage und Angebot auf den Agrarmärkten beeinflussen die Agrarpreise und die Produktionsrichtung.

Lage zu den Agrarmärkten (Verkehrslage):
Steigende Marktentfernung führt zu steigenden Transportkosten. Die Verkehrsentwicklung kann auf diesen Zusammenhang dämpfend wirken.

Verhältnis zwischen Agrarpreisen und Kosten der Betriebsmittel:
Bei höheren Preisen und geringeren Kosten wird eine Intensivierung möglich, umgekehrt erzwingen geringere Agrarpreise und höhere Kosten für Betriebsmittel extensivere Produktionsweisen.

diese Gebiete durch eine kürzere Vegetationszeit und durch Hanglagen kaum für den Ackerbau an. Da Ackerbau auf kleinen Flächen kein ausreichendes Einkommen bietet, haben sich vor allem kleine Betriebe auf Futterbau und Viehhaltung eingestellt.

Betriebe mit überwiegendem Getreide- und Hackbau finden sich auf Böden sehr unterschiedlicher natürlicher Bodenfruchtbarkeit. Die Betriebe sind gewöhnlich durch ihre überdurchschnittliche Größe gekennzeichnet. Ein ausreichendes Betriebseinkommen wird bei einer Größe von 80 bis 100 ha erzielt. Diese Fläche kann von zwei Arbeitskräften bewirtschaftet werden. Voraussetzung sind allerdings große Parzellen und nicht zu steile Hanglagen.

Die arbeitsintensivsten landwirtschaftlichen Betriebe sind diejenigen mit Baum- und Strauchkulturen sowie anderen Sonderkulturen. Darüber hinaus sind Wein- und Obstbau mehr noch als Futterbau klimagebunden. Soweit die Temperaturen ausgeglichen sind und Spätfröste selten auftreten, dringt Obstbau auch in kühlere Lagen vor.

Kulturarten der temperierten Breiten

Hackfruchtbau:
Zuckerrüben, Kartoffeln, Futterhackfrüchte (Futterrüben), Feldgemüse, Tabak

Getreidebau:
Weizen, Roggen, Gerste, Hafer, Mähdruschblattfutter (Raps, Druschleguminosen, Körnermais)

Futterbau:
Feldbaufutter (Klee, Luzerne, Silomais), Dauergrünland (Wiesen, Weiden)

Sonderkulturen:
Baum- und Strauchkulturen (Obst, Beeren, Wein, Hopfen), Heil- und Gewürzpflanzen, Gemüse

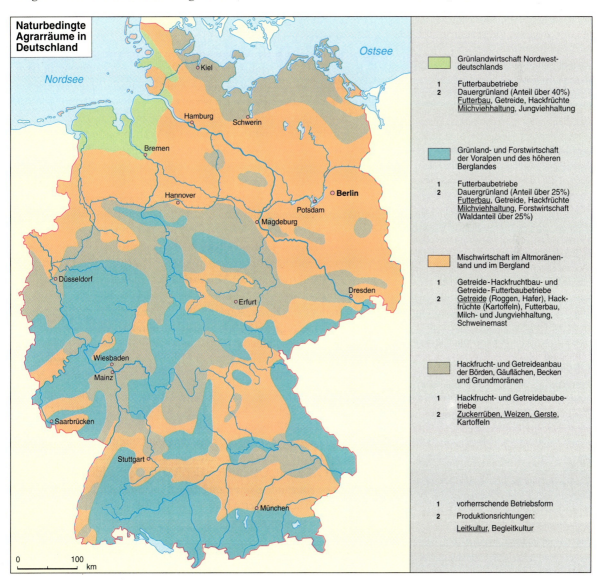

Naturbedingte Agrarräume in Deutschland

Grünlandwirtschaft Nordwestdeutschlands
1 Futterbaubetriebe
2 Dauergrünland (Anteil über 40%) Futterbau, Getreide, Hackfrüchte Milchviehhaltung, Jungviehhaltung

Grünland- und Forstwirtschaft der Voralpen und des höheren Berglandes
1 Futterbaubetriebe
2 Dauergrünland (Anteil über 25%) Futterbau, Getreide, Hackfrüchte Milchviehhaltung, Forstwirtschaft (Waldanteil über 25%)

Mischwirtschaft im Altmoränenland und im Bergland
1 Getreide-Hackfruchtbau- und Getreide-Futterbaubetriebe
2 Getreide (Roggen, Hafer), Hackfrüchte (Kartoffeln), Futterbau, Milch- und Jungviehhaltung, Schweinemast

Hackfrucht- und Getreideanbau der Börden, Gäuflächen, Becken und Grundmoränen
1 Hackfrucht- und Getreidebaubetriebe
2 Zuckerrüben, Weizen, Gerste, Kartoffeln

1 vorherrschende Betriebsform
2 Produktionsrichtungen:
Leitkultur, Begleitkultur

Waldwirtschaft in Deutschland

Die ersten Eingriffe des Menschen in die natürlichen Waldlandschaften Mitteleuropas setzen in der Jungsteinzeit mit dem Übergang zur sesshaften Lebensweise der Feldbauern und Viehhalter ein. Bis gegen Ende der agrargesellschaftlichen Epoche bleibt das Roden des Waldes eine kräftezehrende und zeitaufwendige Tätigkeit, die nur in der Gemeinschaft einer Siedlergruppe zu leisten ist. Das gilt insbesondere für den vorgeschichtlichen Menschen, der anfangs auf Steinwerkzeuge, später auf Eisenwerkzeuge minderer Qualität angewiesen ist. Deshalb wird man von Anfang an auch das Feuer zur Rodung eingesetzt haben.

Zunächst beschränkt sich die Rodungstätigkeit notgedrungen auf die unmittelbare Umgebung der aus wenigen Familien bestehenden Siedlergruppen. Deshalb bedeckt auch nach der germanischen und slawischen Landnahme im 3. bis 6. Jahrhundert beiderseits der Elbe-Saale-Linie noch 70 bis 80 % der Fläche Deutschlands fast unberührter Urwald. Jede Sippe kann nach Bedarf roden. Später regeln Landesherren die Orte und den Umfang der Rodungen.

Infolge des Übergangs von der Feld-Gras-Wirtschaft zur Dreifelderwirtschaft beginnt in der Karolingerzeit um 900 die mittelalterliche Rodungsperiode, die bis in das 15. Jahrhundert anhält. Seitdem bleibt die Waldfläche in Deutschland mit knapp 30 % der Gesamtfläche nahezu gleich. Zusammenhängende Wälder stehen nach wie vor auf den ärmeren Sandböden des Tieflandes und in den höheren Lagen des Berglandes.

Die ursprüngliche Zusammensetzung der Wälder verändert sich jedoch aufgrund ihrer vielfältigen und zunehmend räuberischen Nutzung. Bis in das 13. Jahrhundert erfolgt die Holznutzung im Plenterbetrieb. Danach greift die mit dem Niederwaldbetrieb verbundene Raubwirtschaft in den Bauernwäldern um sich. An Orten, an denen sich Holz verarbeitende Gewerbe wie Salzsiedereien, Bergbau und Metallverhüttung sowie Glashütten niederlassen, kommt es zu Waldverwüstungen. Durch Niederwaldwirtschaft kann zu Beginn der Neuzeit der Bedarf an Bau und Grubenholz sowie für Schiffsmaste nicht gedeckt werden. So setzt sich im 15. und 16. Jahrhundert von Frankreich her die Mittelwaldwirtschaft durch.

Der Grundsatz der Nachhaltigkeit, den Wald so zu bewirtschaften, dass nicht nur in der Gegenwart, sondern auch in der Zukunft gleicher Nutzen gezogen werden kann, gewinnt erst im 18. Jahrhundert Allgemeingültigkeit. Große Aufforstungen kahler und verlichteter Waldflächen mit Fichten und Kiefern führen zur Forstwirtschaft im Hochwaldbetrieb mit überwiegend großflächigen, gleichförmigen, dicht bewachsenen, gleichaltrigen Nadelholzreinbeständen. Erst in der Gegenwart gewinnt eine standortgerechte Forstwirtschaft, die dem Umweltschutz und der Landschaftspflege verpflichtet ist, an Bedeutung.

Noch im 18. Jahrhundert gehörte die Tanne mit ihrem geraden Wuchs des Stammes und dem hohen Lebensalter in unseren Mittelgebirgen zu den wichtigsten Holzarten. Dann setzte der Bergbau ein, Hüttenbetriebe und Glasbläsereien entstanden. Die Tanne wurde rücksichtslos geschlagen; denn eine wissenschaftlich fundierte Forstwirtschaft gab es damals noch nicht.

Die Entdeckung der Papierherstellung aus Holz warf die Frage nach dem wirtschaftlichen Nutzen auf. Den schnellsten Gewinn versprach die Fichte. Sie wurde zum Inbegriff der rentablen Holzwirtschaft. „Holzfabriken" traten an die Stelle des Waldes: die eintönige „Fichtenwüste".

Kleine Geschichte der Waldwirtschaft

7.–15. Jahrhundert: Germanische und slawische Landnahmezeit sowie mittelalterliche Rodungsperiode. Es entsteht Eigentum an Wald; siedlungsnaher Wald wird als Allmende Eigentum der Dorfgenossenschaft (Markgenossenschaft) angesehen. Übrige Waldungen kommen in die Verfügungsgewalt des Königs, später der Landesherren.

16. Jahrhundert: Landesherren erlassen als Ausdruck ihrer Landeshoheit Forstordnungen, in denen die Bewirtschaftung und Nutzung des Waldes geregelt werden.

17. und 18. Jahrhundert: Die Mehrzahl noch bestehender Markgenossenschaften wird aufgeteilt. Reste bestehen bis ins 20. Jahrhundert.

18. Jahrhundert: Anfänge einer geregelten Waldwirtschaft.

19. Jahrhundert: Der Grundsatz der Nachhaltigkeit gewinnt Allgemeingültigkeit. Begründung der modernen Forstwirtschaft durch Heinrich COTTA (1763, bei Meiningen –1844, Tharandt), Georg-Ludwig HARTIG (1744, bei Marburg –1837, Berlin) = Organisator des preußischen Forstwesens.

1811: COTTA gründet die forstliche Lehranstalt Tharandt (1816 Forstakademie).

1830: Friedrich Wilhelm Leopold PFEIL (1783, Rammelburg/Harz –1859, Warmbrunn) gründet die Höhere Forstlehranstalt Eberswalde (1868 Forstakademie).

1843: Erfindung des Holzschliffs durch Friedrich Gottlob KELLER (1816, Hainichen/Sachsen –1895, Krippen b. Bad Schandau).

1886: Karl GAYER (1822–1907), Professor der forstlichen Produktionslehre in München, tritt nachdrücklich für den Mischwald ein und wendet sich gegen Nadelholzreinbestände.

?
1. Informieren Sie sich über Köhlerei, Harz- und Gerbstoffgewinnung.
2. Vergleichen Sie die Waldnutzung in vorgeschichtlicher Zeit mit der im Mittelalter, in der frühen Neuzeit, im ausgehenden 19. Jahrhundert und in der Gegenwart.

Forstliche Betriebsformen

Der *Niederwaldbetrieb* besteht aus Wurzel- und Stockausschlägen ausschlagfähiger Laubhölzer wie Erle, Eiche, Weide. Die Gehölze werden in kurzen Umtriebszeiten von 12 bis 25 Jahren durch Abhieb kurz über dem Boden genutzt.

Der *Mittelwaldbetrieb* bildet die Zwischenform von Niederwald und plenterartig behandeltem Hochwald. Deshalb weist er eine Schichtung auf. Das Unterholz besteht überwiegend aus ausschlagfähigen Holzarten. Es liefert Brennholz. Das hochstämmige Oberholz geht aus Kernwüchsen hervor. Es liefert Bauholz.

Beim *Hochwaldbetrieb* erfolgt die Walderneuerung durch Samen. Die Nutzung der Stämme findet nach entsprechender Pflege meist in hohem Alter statt. Die Produktionsdauer beträgt bei einheimischen Holzarten 80 bis 120 Jahre. Während Pappeln in kürzerer Zeit zur Schlagreife heranwachsen, stehen Fichten bis zu 250 Jahren.

Man unterscheidet:
Schlagweiser Hochwald zeichnet sich durch räumliche Trennung einzelner verschieden alter Bestände aus. Walderneuerung und Nutzung werden auf mehr oder weniger großen Flächen schlagweise durchgeführt (Kahlschlagbetrieb und künstliche Verjüngung). Der *Plenterwald* ist ein ungleichmäßiger, einzel-, trupp- und gruppenweise gemischter Wald mit ununterbrochener Walderneuerung. Besondere Verjüngungsflächen fehlen (natürliche Verjüngung).

Waldnutzung in Deutschland seit dem Mittelalter

agrargesellschaftliche Epoche (bis ca. 1850) Niederwaldbetrieb und Mittelwaldbetrieb		industriegesellschaftliche Epoche Hochwaldbetrieb	
Bewirtschaftung	Folgen	Bewirtschaftung	Folgen
Waldweide: Rinder, Schweine, Ziegen	→ Zertreten und Verbiss des Jungwuchses → Bodenverdichtung → Bodenerosion	seit ca. 1850 große Aufforstungen kahler und verlichteter Waldflächen mit schlagweisen Monokulturen: im Tiefland Kiefern, im Bergland Fichten. Nutzung als Bau-, Schwellen-, Grubenholz, für Masten, Zellstoff und Papier	→ vollbestockte, massereiche Waldbestände: Kahlschlagbetrieb → Verzicht auf biologisch-ökologische Vielfalt
Waldgras- und Waldstreunutzung	→ Abnahme der natürlichen Bodenfruchtbarkeit, Podsolierung		
Sammeln von Wildobst, Honig und Kräutern; Jagen von Hochwild und Niederwild		seit ca. 1960 Übergang zum standortgerechten Waldbau	→ Herstellung biologisch-ökologischer Vielfalt → Femel- und Plenterschlagbetrieb
Entnahme von Brennholz und Bauholz; Köhlerei; Harzgewinnung aus Kiefern- und Fichtenholz; Gerbstoffgewinnung aus Nutzrinde	→ im Umkreis der Städte, in der Lüneburger Heide: Versorgung der Saline in Lüneburg → im Westerwald und im Siegerland: Erzbergbau und Metallgewinnung → im Harz: Erzbergbau, Salinewirtschaft → im Erzgebirge: Erzbergbau, Metallgewinnung, Glashütten → in der Niederlausitz: Glashütten	Landschaftspflege und Naturschutz: Einrichtung von Naturparks, Wander- und Erholungseinrichtungen	→ Sicherung der landschaftlichen Eigenart → Sicherung des Erholungswertes
Raubwirtschaft und Sammelwirtschaft		*nachhaltige Waldwirtschaft / Sozialfunktion des Waldes*	

Folgen agrargesellschaftliche Epoche: Waldzerstörung und Verheidung; Ruinierung des Waldes

Geosystem winterkalte Steppe

Der Gürtel der winterkalten Steppen, der Begriff ist von dem russischen Namen *stepj* abgeleitet, erstreckt sich als ein von Natur aus baumfreies Grasland über große Teile der gemäßigten Klimazone.

In Europa und Asien bilden die Steppen einen breiten Gürtel vom nördlichen und östlichen Vorland der Karpaten durch die Ukraine und die südlichen Don- und Wolgagebiete bis in das südliche Sibirien. Östlich des Jenissej lösen sie sich im Gebirgsland in einzelne Steppeninseln auf. In der Kaspischen Senke und im nördlichen Kasachstan gehen sie in trockene Steppen und schließlich in Halbwüsten über. Die mittel- und innerasiatischen Trockengebiete stellen sich als Halbwüsten und Wüsten dar. Dieser Gürtel zieht sich vom Kaspischen Meer durch das Tiefland von Turan bis zum Balchaschsee, von dort durch die Dsungarei und das Tarimbecken bis zur Gobi. Im nördlichen Zentralasien, in der Mongolei und in China treten wiederum Steppen auf.

In Nordamerika werden die winterkalten Steppen Prärien genannt. Hier ordnen sich die einzelnen Steppenarten in meridionaler Richtung an, da die Niederschläge von Osten nach Westen abnehmen. Am Rande der Rocky Mountains liegen Trockensteppen (Kurzgrasprärie), die nach Osten zu in Grassteppen (Langgrasprärie) und nach Süden, bei abnehmender Winterkälte, in Hochgrassteppen übergehen.

Auf der Südhalbkugel sind wegen der geringen Landmasse in der gemäßigten Zone vor allem in Argentinien Steppen ausgebildet. Man nennt sie Pampa.

Das Klima in der winterkalten Steppe hat kontinentale und aride Züge. Die Jahrestemperatur schwankt stark. Die Winter sind kalt und schneearm, weil aus dem festländischen Kältehoch ausgekühlte und trockene Luft abfließt. Dagegen wird es im Sommer sehr warm. Niederschlagsspender sind in Eurasien die Zyklonen, die in abgeschwächter Form feuchte Luftmassen über den Kontinent transportieren. Im Sommer spenden Gewitter gelegentlich Niederschlag, wenn subtropische feucht-warme Luft nach Norden gelangt.

1 Asiatische Trollblume
2 Fleischfarbenes Birnkraut
3 Ruthenische Schwertlilie
4 Großblumige Pfingstrose
5 Gelbe Kuhschelle

„Im Frühjahr, sobald der Schnee verschwindet, gewöhnlich aber nicht später als Mitte April, ist am Boden inmitten vertrockneter Grashalme das helle Grün des Mauerdrehzahnmooses zu sehen. Ende April erscheinen die ersten Frühjahrsblüher: die der Gartentulpe sehr ähnliche gelbe und rote Steppentulpe und die Heidekuhschelle sowie die schwarze Kuhschelle; nach diesen blüht der Tatarenmeerkohl, dann folgen die blau, gelb und violett blühende Zwergschwertlilie, Frühlingsteufelsauge und andere. Mitte Mai blüht an den Hängen die dunkelrote Pfingstrose. Mitte Juni überzieht sich die Steppe mit einem geschlossenen blauen Teppich aus Salbei, und bald darauf bedeckt sie sich mit dem silberschimmernden Federgras.

Abgesehen vom Federgras, besteht die Hauptmasse der Vegetation aus Gräsern, wie Schwingel und Schillergras, die einzelne Büschel bilden und die den Boden nicht völlig bedecken; ein geschlossener, zusammenhängender Rasen wie in der Waldsteppe ist in der Steppe nicht ausgebildet. Am Ende des Sommers überwiegt das haarförmige Pfriemengras. Nach den Herbstregen erscheinen dann von neuem die ersten Vorboten der Frühlingsflora."

(TANFILJEW, 1898; in L. S. BERG: Die geographischen Zonen der Sowjetunion. Bd. II, Leipzig 1959, S. 33)

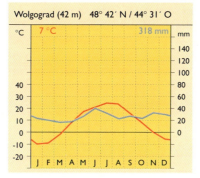
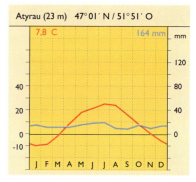

Klimadiagramme der Stationen Saporoshje, Wolgograd und Atyrau

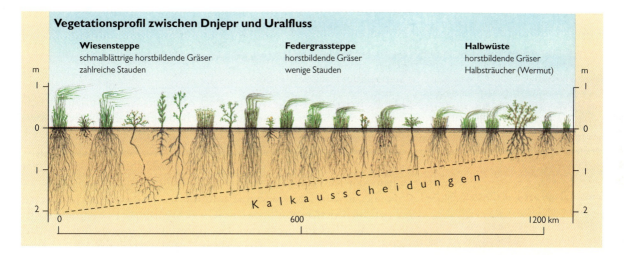

Wasser als begrenzender Faktor

Bei ausreichendem Licht-, Wärme- und Wasserangebot wächst ohne menschliche Eingriffe ein Wald. In der Steppe fehlt natürlicherweise jeder Baumbestand, denn die Böden leiden im Sommer unter Wassermangel. Begrenzend wirken vor allem die häufigen Trockenjahre (Dürrejahre). Selbst für Steppenpflanzen ist dann der Wasservorrat im Boden erschöpft und die oberirdischen Pflanzenteile vertrocknen völlig. Im Gegensatz zu Bäumen überstehen die Steppenpflanzen aber aride Zeiten.

Bäume können ihren Wasserhaushalt zwar kurzfristig durch Einschränkung der Verdunstung und periodisch durch Laubwurf regulieren, aber selbst in der Vegetationsruhe haben Äste und Knospen einen geringen Wasserbedarf, der zum Überleben gedeckt werden muss. Für die Wasserversorgung der krautigen Pflanzen ist jedoch deren Wurzelsystem entscheidend. Gräser besitzen ein feinverzweigtes und dichtes System, das bis in 1 m Tiefe reichen kann, häufig auch dicht unter der Bodenoberfläche entwickelt ist. Dagegen begnügen sich Stauden oft mit der Ausbildung einer Pfahlwurzel, die allerdings bis in 2 m Tiefe getrieben werden kann. Die Wurzeln der verschiedenen Steppenpflanzen ordnen sich also in Stockwerken an. Dadurch wird die Wurzelkonkurrenz gemildert. Die tiefwurzelnden Arten haben ihre Blütezeit im Spätsommer, wenn bei flachwurzelnden Arten die oberirdischen Sprossteile verdorrt sind. Flachwurzelnde Gräser und Stauden können auch geringe Niederschlagsmengen schnell und vollständig nutzen.

Wurzeltiefe und Halmhöhe in der Steppe

Steppengürtel	Wurzeltiefe	Halmhöhe
Wiesensteppe	160 cm	100 cm
Federgrassteppe	70 cm	60 cm

?

1. Beschreiben und erklären Sie die Verbreitung der winterkalten Steppe über die Erde.
2. Vergleichen Sie die klimatischen Bedingungen für Laubmischwald und Steppen in den temperierten Breiten.
3. Begründen Sie die Anpassung der Steppenvegetation an die kontinentalen Klimabedingungen.

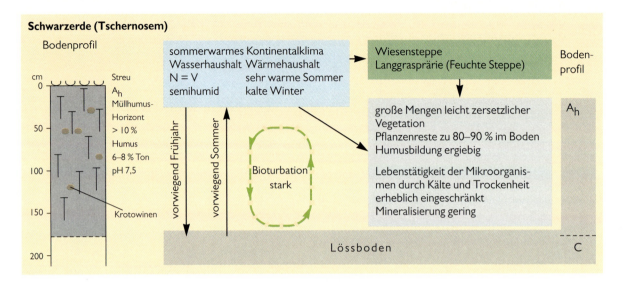

Bioturbation. Durch die Tätigkeit der Bodenwühler (z. B. Ziesel) einerseits und die intensiven und tiefreichenden Wurzelsysteme der Steppenpflanzen andererseits wird der Humus fast gleichmäßig auf das gesamte Bodenprofil verteilt.

Ziesel. Tagaktive Erdhörnchen, die zur Ordnung der Nagetiere gehören, leben in Kolonien zusammen. Im Winterhalbjahr halten mehrere Exemplare gemeinsam in einem Nestkessel Winterschlaf. Die Zieselbauten sind über 8 m lang und reich verzweigt. Sie weisen flache Schlupf- und senkrecht abfallende, schlotartige Falllöcher auf. Verlassene Bauten heißen Krotowinen. Sie füllen sich mit Humus.

Ziesel

Steppen- und Halbwüstenböden

Die **Schwarzerde** (russ. Tschernosem) hat ihren Namen nach der tiefschwarzen Farbe des Humusanteils. Das Bodenprofil gliedert sich in zwei Horizonte, den bis zu 1,80 m mächtigen A_h-Horizont und den mehrere Meter mächtigen gelben Löss (C-Horizont). Die Ausbildung des Tschernosem (Tschernosemierung) ist von einem kalkhaltigen Boden und vor allem vom Klima abhängig. Eine mäßige Durchfeuchtung, sehr warme Sommer, in denen der Boden tief austrocknet, und kalte Winter, in denen er tief durchfriert, begünstigen eine üppige Frühjahrsvegetation und reichlichen Anfall an Pflanzenresten. Der Abbau dieser organischen Substanz wird im Sommer durch Trockenheit, im Winter durch langen Frost gehemmt. Es reichern sich große Mengen an Humus an.

Die **Kastanienerde** (Kastanosem) bildet sich im semiariden Bereich des sommerwarmen Kontinentalklimas. Der Name wird vom Farbton der Esskastanie abgeleitet. Aufgrund des hohen Anteils an braunen Huminsäuren an den Huminstoffen ist die Bodenfarbe im A_h-Horizont kastanienfarben. Infolge der längeren Trockenheit sind das Pflanzenwachstum und die Tätigkeit der Bodenwühler geringer als beim Tschernosem. Das bedingt einen geringeren Humusanteil in einem bis zu 50 cm mächtigen A_h-Horizont. Der Kalziumkarbonat-Horizont zeigt an, dass die aufsteigenden Wasserbewegungen die Sickerbewegungen überwiegen (Kastanosemierung).

Den **grauen Boden der Halbwüste** (Serosem) kennzeichnet Humusmangel und ein hoher Kalkgehalt im Ober- und Unterboden. Das bedingt die helle, fahlgraue Bodenfarbe. Die Trockenheit begrenzt auch das Wachstum von Steppenpflanzen erheblich. Bodenwühler finden nicht mehr genügend Nahrung. So bildet sich nur wenig Humus in einem flachen A_h-Horizont. Dagegen wird im darunterliegenden Karbonathorizont durch aufsteigendes Kapillarwasser nach der Schneeschmelze und dem Frühjahrsniederschlag Kalk ausgefällt (Serosemierung).

„Über die natürlichen Bedingungen der Grassteppen ist ein hartnäckiger wissenschaftlicher Streit geführt worden, der dadurch verwickelt wurde, dass man damit die Frage der Anbaufähigkeit verquickte und die eine Partei, indem sie die Grassteppen mit den Wüstensteppen in einen Topf warf, die Möglichkeit des Anbaus

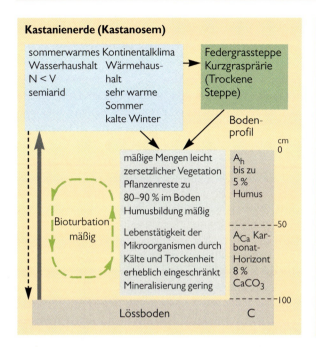
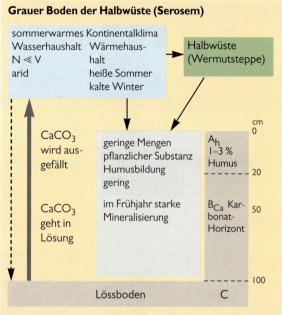

von Getreide ohne Bewässerung bestritt, während gerade unsere Getreidearten von Natur Gewächse der Grassteppen sind. Die heftigsten Gegner dieser Auffassung rechneten die Steppen umgekehrt zu den Waldländern und sahen in der Steppennatur eine Wirkung der Entwaldung. Aber warum sollen diese Gebiete so vollständig entwaldet sein? Der Mensch mag der Steppe eine größere Ausdehnung gegeben haben – namentlich die Grasbrände, die er zur Verbesserung der Weide in der Trockenzeit anzündet, scheinen diese Folge zu haben –; aber er hat damit nur den Charakter der Steppe verschärft, hat sie nicht geschaffen.

Die eigentliche wissenschaftliche Streitfrage bezieht sich darauf, ob die Beschaffenheit des Bodens oder das Klima die maßgebende Ursache des Steppencharakters ist."

(HETTNER, A.: Vergleichende Länderkunde, Bd. IV. Leipzig 1935)

?

1. Charakterisieren Sie Einzelaspekte der sogenannten Steppenfrage, wie sie von A. HETTNER 1935 dargelegt wurde.
2. Erörtern Sie die Fragestellung, ob der Boden oder das Klima die maßgebende Ursache der Entwicklung des Geosystems Steppe ist.

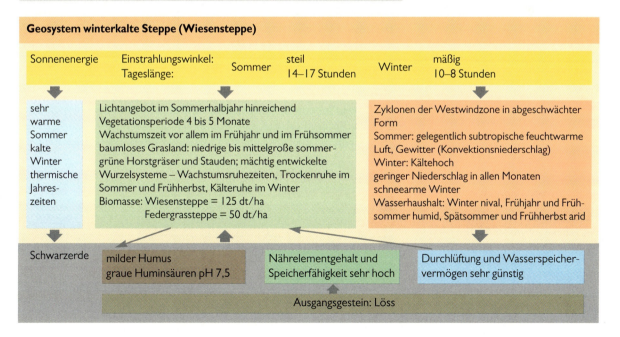

Prärie

Indianer auf Bisonjagd

Von der Prärie zur Kultursteppe

Umgestaltung der Prärie

Die Prärien waren schon seit etwa 10 000 v. Chr. Lebensraum der Folsomjäger (Folsomkultur, eine Steinzeitkultur Nordamerikas). Diese Indianer lebten von der Jagd auf Elch, Hirsch und Bison. Erst Anfang des zweiten Jahrtausends waren die Wachstumsbedingungen für Büffelgras so günstig, dass die Bisonherden auf über 50 Millionen Tiere anwuchsen. Sie durchzogen in Nord-Süd-Richtung im Rhythmus der Jahreszeiten die Steppe. Als von New Mexico und Texas aus das Pferd in die Prärie kam, entwickelte sich in seinem Gefolge um 1750 die kurzlebigste, aber berühmteste Indianerkultur. Der Bison sicherte nun die Lebensgrundlage der Jäger, er gab alles Notwendige zur Ernährung und Bekleidung, für Zeltbau und Geräte.

Im 19. Jahrhundert, als weiße Siedler in die Prärie vordrangen und Eisenbahnen bauten, wurden die Bisonherden in wenigen Jahren vernichtet. Die Jägerkultur der Prärieindianer endete abrupt. Die Prärien wurden zum Weideland der Rinder- und Pferdeherden. Zunehmender Bedarf im industrialisierten Osten der USA und verbesserte Transportmöglichkeiten ließen eine Ranchwirtschaft entstehen.

Gegen Ende des 19. Jahrhunderts stieg der Nahrungsmittelbedarf in den USA rasch an. Nun drangen Farmer in die Prärien ein. Zwischen Ranchern und Farmern kam es zu schweren Auseinandersetzungen um Land und Wasser. Aufgrund der Fruchtbarkeit der Schwarzerdeböden in den Langgrasprärien, der beginnenden Mechanisierung des Feldbaus und steigender Weizenpreise setzten sich aber die Farmer durch. Sie entwickelten Teile des Weidelandes zum Weizengürtel der USA.

Umwertung des Weidelandes

Innovationsschübe in der Landwirtschaft wie Mechanisierung und Chemisierung sowie kompliziertere Anbautechniken erforderten seit Beginn der 50er Jahre zunehmend mehr Betriebskapital. Die Folge war ein Konzentrationsprozess, bei dem viele kleinere Farmen (family farm) ihren Betrieb aufgeben mussten. Agrarindustrielle Unternehmen (Agribusiness) scheinen aufgrund ihrer Betriebsgröße und Kapitalausstattung durch Management und Vermarktungsstrategien im scharfen Wettbewerb bestehen zu können.

Agribusiness entwickelte sich insbesondere in der Tierproduktion. Dieser Strukturwandel von der Ranchwirtschaft, einer stationären Weidewirtschaft, zur Fütterungswirtschaft (Feedlots) führte auch zur räumlichen Verlagerung von Mastbetrieben in die südlichen, wintermilden Great Plains.

Stationäre Weidewirtschaft

Marktproduktion von Fleisch, Wolle und Häuten auf großen Flächen mit verhältnismäßig wenigen Arbeitskräften. Auf Standweiden bleibt das Vieh auf einer Weidefläche, bei Umtriebsweiden werden die Flächen regelmäßig gewechselt. Neben Naturweiden werden Kunstweiden angelegt.

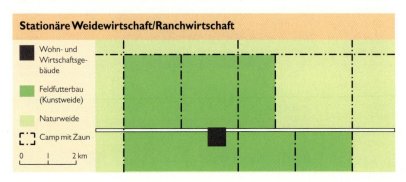

Nutzungswandel in den Prärien der USA

Zeit	Innovation	Raumtyp / Wirtschaftsform
		Naturraum der Prärien winterkalte und subtropische Steppen
um 10 000 v. Chr.	Einwanderung indianischer Bevölkerung	*Aneignungswirtschaft* Jägertum der Folsom-Kultur
um 1750	verwildertes Pferd aus dem Südwesten	Bisonjägerkultur spezialisiertes Jägertum der Prärieindianer
	Umgestaltung der Prärien	*Kulturraum der Great Plains*
um 1850	weiße Siedler Eisenbahnbau Vernichtung der Bisonherden	*Produktionswirtschaft* Selbstversorgung Erlöschen der Bisonjägerkultur Gründung bäuerlicher Mischbetriebe
um 1870	Industrialisierung und Verstädterung im Osten der USA Eisenbahnbau	Marktproduktion Ranchwirtschaft extensive Rinder-, Pferde- und Schafhaltung
um 1890	landwirtschaftliche Maschinen steigende Weizenpreise Schwarzerden	Farmwirtschaft Weizenmonokulturen Weizengürtel
	Umwertung von Weideland	
um 1950	Mechanisierung Bewässerung Chemisierung Hybridisierung Organisation	Intensivierung der Landwirtschaft agrarindustrielle Großbetriebe Fütterungswirtschaft

Vieh auf Naturweide

Feedlot (Vieh in Mastbuchten)

Fütterungswirtschaft/Veredlungswirtschaft

Legende:
- Verwaltung, Futterwerk, -silo, Verladeeinrichtung
- Mastbuchten mit Futtertrögen und Sammelbecken für Gülle (Feedlots)
- Feldfutterbau (Kunstweide)
- Naturweide
- Ackerbau (Mais)
- Farm

0 1 2 km

Fütterungswirtschaft

Bei dieser intensiven Form der stationären Weidewirtschaft wird auf kleinen Flächen durch Futterveredlung bei großem Kapitaleinsatz ein hoher Ertrag erzielt. Die Erzeugung des Viehfutters nimmt große Teile der Ackerfläche in Anspruch. Im wintermilden Steppenklima der Subtropen wird die Tierhaltung in offenen Ställen oder Pferchen mit Fütterungseinrichtungen (Feedlots) möglich.

Degradierung des Bodens

Der Weizengürtel in den USA – ein labiles Ökosystem

Die Steppe ist ein stabiles Geosystem. Sobald man aber deren dichte Grasdecke großflächig durch Umpflügen aufbricht, wird das System instabil. Bei einer Dauernutzung durch einjährige Kulturpflanzen – wie Weizenmonokulturen – bleibt der Boden über mehrere Monate im Jahr ohne einen schützenden Wurzelfilz. Bodenbearbeitung sowie Pflug- und Saatfurchen verstärken die Erosionsgefährdung.

Zu den destabilisierenden Faktoren gehören in den amerikanischen Prärien auch Winde und Starkregen. Die Prärien liegen in den Zugstraßen starker Stürme, der Blizzards von Norden und der Tornados von Süden. Hinzu kommen trockene Fallwinde vom Felsengebirge. Die jährlichen Niederschlagsmengen schwanken nicht nur stark, Niederschläge gehen häufig auch als Starkregen nieder.

Diese labilen klimatischen Bedingungen der Prärien und das damit verbundene Ernterisiko konnten und wollten die landhungrigen Pioniersiedler nicht erkennen. Sie kamen aus humiden Klimagebieten, dem Osten der USA und aus West- und Mitteleuropa. Außerdem waren die 20er Jahre in den Prärien verhältnismäßig niederschlagsreich.

Bodenabtragung durch Wind

Die Trockengrenze des Feldbaus liegt dort, wo der Anbau (Regenfeldbau) infolge geringer Niederschläge und hoher Verdunstung nicht mehr möglich ist. In den Prärien verläuft sie im langjährigen Mittel in etwa 98° westlicher Länge.

Schluchtenbildung im Ackerland

Mai 1934: Der Dust Bowl entsteht – eine Naturkatastrophe

Im Jahre 1934 tobten mehrmals Stürme mit über 100 km/h über die endlose Prärie. Die „schwarzen Blizzards" wirbelten gelbgraue Staubwolken auf, verfinsterten die Mittagssonne auf 1 % des Tageslichtes und trieben den Boden über die breite Ebene des Mississippi hinweg bis zum 3 000 km entfernt liegenden Atlantischen Ozean.

Als todbringender Staubsturm wehte der fruchtbare Boden aus der „Staubschüssel des Westens". 3 000 Millionen t Boden wurden fortgeblasen. Allein in Kansas und Oklahoma verloren 165 000 Menschen ihre Felder, ihren Besitz, ihre Lebensgrundlage.

Anderwärts bedeckte Sand dezimeterhoch Felder und Saaten. Menschen erstickten. 100 000 Rinder verendeten, der Verkehr kam zum Erliegen. Nachfolgende Starkregen vermehrten das Unheil. Das Wasser drang nicht in den ausgetrockneten Boden ein, es riss tiefe Runsen in die Felder und trug die Schwarzerde als dunkle Schlammflut fort.

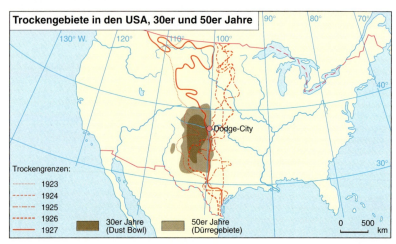

Bodenschutzmaßnahmen in den Great Plains

Das alarmierende Ausmaß der Bodenzerstörungen, die die Dürre der 30er Jahre zur Folge hatten, veranlasste die Regierung der USA 1935 zur Errichtung des Soil Conservation Service. Dessen Hauptaufgabe ist die Beratung der Farmer in der Anwendung geeigneter Bodenschutzmaßnahmen. Wesentliche Grundlage der Regierungsprogramme sind finanzielle Leistungen an die betroffenen Farmer und die Umwandlung von Ackerland in Grasland bzw. Wald über langfristige Verträge.

Maßnahmen ökologisch angepasster Bodennutzung

Dry Farming (Trockenfeldbau). Das System ermöglicht den Regenfeldbau noch bei 200 bis 300 mm Jahresniederschlag. Die zweijährige Rotation von Feldbau und Brache auf zwei Feldern entspricht dem Winterfeldbau in den Subtropen des Mittelmeerraumes.

Strip Cropping

Feldarbeiten zur Anreicherung von Bodenwasser während der Brache		
Jahreszeit	Wasserhaushalt	Feldarbeiten
Winter und Frühjahr	humid	Pflügen (mehrfach): Boden lockern, Regenwasser sickert ein, Grundwasser steigt Jäten: Wachstum der Unkräuter wird gestört, verminderter Wasserverbrauch
Sommer	arid	Eggen: Wachstum der Unkräuter wird abermals gestört, Bodenkapillaren werden zerstört, Verdunstung an der Bodenoberfläche nimmt ab
Herbst	humid	Aussaat

Strip Cropping: Der Feldbau erfolgt nicht in Monokultur, sondern als Fruchtwechsel. Auf parallel verlaufenden Feldern in langen Streifen (Strip Farming) werden im Wechsel entweder dichtere Kulturen (Futtergräser, z. B. Klee) und weniger dichte Kulturen (z. B. Weizen) angelegt oder Anbau und Brache gewechselt (Dry Farming).

Contour Ploughing. Das Pflügen parallel zu den Hängen (entlang der Höhenlinien) verhindert die Bodenabspülung, weil jede Furche einen kleinen Damm bildet.

Contour Ploughing

Maßnahmen gegen Winderosion

– Anlage von Windschutzstreifen (windbreaks) in West-Ost-Richtung (senkrecht zur Hauptwindrichtung),
– Aufforsten erosionsgefährdeter Hänge,
– Ausrichtung der Felder quer zur Hauptwindrichtung,
– Einsatz des Flügelgrubbers (siehe S. 59).

Bodenverluste von einem Hektar Feldfläche bei mittlerer Reliefneigung	
Ergebnisse eines Feldversuchs zur Bodenerosion im Staate Missouri	
gepflügtes Brachland	280 t
bei Anbau von: Mais	185 t
Weizen, Mais, Klee im Fruchtwechsel	25 t
Luzerne	1 t

Windschutzhecke

„Bei der Erschließung des Neulandes hatten wir das Ziel, nicht einfach nur Getreide, sondern mehr Weizen zu beschaffen. Dieses Ziel ist erreicht worden. 1953 gab es in Kasachstan rund 300 Sowchosen, heute sind es über 2 000."

(D. KUNAJEW, Erster Sekretär des Zentralkomitees der Kommunistischen Partei Kasachstans im März 1984)

Sowchose: Staatlicher Landwirtschaftsbetrieb in der Sowjetunion, Neulandsowchosen bis zu 40 000 ha Betriebsfläche

Neulandaktion im Steppengürtel Südsibiriens und Nordkasachstans

	1950	1955
Getreidefläche (in Mio. ha)		
Sowjetunion	68	123
Neulandgebiete	6	44
Getreideproduktion (in Mio. t)		
Sowjetunion	45	107
Neulandgebiete	5	28

Neulandgewinnung in Kasachstan kultivierter Steppenboden

1954/1955	18 Mio. ha
1956–1961	7 Mio. ha

zum Vergleich:
Fläche der BRD (1990) 35,7 Mio. ha

1954/1955
400 000 Siedler, zunächst primitive Zelt- und Barackenlager, später neue Agrostädte in Plattenbauweise

Einsatz von	4 000 Raupenschleppern
	2 800 Lastkraftwagen
	1 200 Mähdreschern
	4 700 Pflügen

zum Vergleich:
BRD um 1980 180 000 Mähdrescher

Bevölkerung der kasachischen Neulandgebiete

1950 1,9 Mio.
1965 3,7 Mio. (davon 10% Deutsche)

Umgestaltung der Steppen Kasachstans

„Bevor Russland Kasachstan in Besitz nahm, trieben die Kasachen auf dem größten Teil des Territoriums nomadische Viehwirtschaft. Die Winterlager befanden sich im Süden am Aralsee, am Syr-Darja oder im Gebirgsvorland des Südostens. Im Frühling zogen die Großfamilien mit ihrem abgemagerten Vieh und ihren tragbaren Wohnzelten aus Filz (Jurten) nach Norden auf die saftigen Wiesenweiden der Tobol-, Ischim- und Baraba-Steppe oder auf die Bergweiden der Kasachischen Schwelle. Im Herbst kehrte man zu den Winterlagern zurück. Das Vieh (Pferde und Schafe) war das ganze Jahr über auf der Weide. Auf der Winterweide scharrte es die spärlichen Grasreste unter dem Schnee hervor. Ackerbau wurde nur in geringem Umfang betrieben. Man bebaute bestenfalls kleine Parzellen in der Nähe der Winterlager mit Luzerne und Hirse. Das Vieh lieferte Nahrung und Kleidung.

Mit der Besitznahme Kasachstans durch Russland kamen russische Kolonisten. Die zaristische Regierung wies den Bauern die fruchtbaren Landstriche im Nordosten zu. Dadurch wurden den Nomaden zunehmend ihre Sommerweiden entzogen. Die nomadische Viehwirtschaft wurde in weniger günstige Gebiete im Innern Kasachstans abgedrängt. Die Zahl der Tiere verminderte sich, der Nomadismus ging zurück.

Die erste Eisenbahnlinie, die Kasachstan berührte, war die Ende des 19. Jahrhunderts gebaute Transsibirische Eisenbahn. Etwas später wurde im Westteil des Landes die Bahnstrecke von Orenburg nach Taschkent angelegt."

(N. N. BARANSKI: Die ökonomische Geographie der UdSSR. Berlin 1957, S. 384)

„Die Russifizierung, Industrialisierung und Agrarisierung Kasachstans, das noch anderthalb Jahrzehnte nach der Revolution (1917) vorwiegend Nomadenland gewesen war, hatte schon in den 30er Jahren eingesetzt; aber das Tempo dieser Entwicklung ist außerordentlich verschärft worden, als Anfang 1954 beschlossen wurde, riesige Weidegebiete für den Getreideanbau zu erschließen. Den Anstoß hierzu gab CHRUSTSCHOW (Generalsekretär der Kommunistischen Partei der Sowjetunion, KPdSU) in seiner Rede vor dem Zentralkomitee der KPdSU Ende Februar 1954. Mit eigenen Augen zu sehen, wie sich dieser Beschluss auswirkte, war der Hauptgrund meiner Reise nach Kasachstan im Frühjahr 1956. Mit Spannung hatte ich während des Frühjahrs 1954 durch die Presse die Verpflanzung Hunderttausender von Menschen aus dem europäischen Russland nach Nordkasachstan verfolgt. Die ganze Aktion jenes Jahres lässt sich hinsichtlich des Einsatzes von Menschen und des Transports dieser Massen und der für sie notwendigen Maschinen nur mit einer Kriegshandlung großen Stils vergleichen. Es war eine der größten Aktionen, welche die Sowjetregierung je unternommen hat, die größte nach STALINS Tod. Im Zuge dieser Kampagne wurden bis Ende 1955 insgesamt rund 30 Millionen Hektar erschlossen, die fast durchweg nie unter dem Pflug gewesen waren.

‚Zelina' (von zelyj = ganz unversehrt) ist das russische Wort für Neuland, und für die Menschen, die sich mit dem Erschließen dieser Zelina befassen, hat sich im Volksmund das Wort Zelinik herausgebildet. Nun sah ich die ‚Zeliniki' bei der Arbeit und in ihren Häusern. Fragte ich sie, was sie auf die Zelina geführt habe, so antworteten sie stereotyp: ‚Wir folgen dem Appell der Partei und des Komsomol'; während sie das sagten, neigten sie dazu, ihren Worten einen heroischen Unterton zu geben. Man kann den Menschen nicht ins Herz blicken und ich vermag nicht zu sagen, wie weit ich hier wirklich nur idealistische Zelina-Freiwillige vor mir hatte.

"Wir fuhren mit dem Jeep ein Stück weit hinaus in die Felder. Von dort sah man weit ins Land, wie auf ein Meer. In der Ferne zogen die Traktoren ihre Bahn. Der Acker war so groß, dass es ziemlich lange dauerte, ehe der Traktor, der gerade am jenseitigen Ende, weit am Horizont, gewendet hatte, bei uns anlangte. Es ist zwar eine spaßhafte Übertreibung, wenn einem gesagt wird, manche Äcker seien so lang, dass der Traktorist, der nach dem Frühstück losfährt, erst zum Mittagessen das Ende erreicht und nicht vor dem Abendessen an seinem Ausgangspunkt anlangt; aber es gibt Äcker, die über einen Kilometer lang sind."

(K. MEHNERT: Asien, Moskau und wir. Deutsche Verlagsanstalt, Stuttgart 1958)

Nutzungswandel in den Steppen Kasachstans

Zeit	Innovation	Raumtyp / Wirtschaftsform
um 10 000 v. Chr.	seit dem Paläolithikum einige Gebiete spärlich, seit dem Neolithikum ständig besiedelt	Naturraum der winterkalten Steppen und Halbwüsten Kasachstans Aneignungswirtschaft, Steppenjägertum
um 1 000 v. Chr.	**Umgestaltung der Steppen** Übergang zur Weideviehhaltung	Kulturraum der kasachischen Steppen Produktionswirtschaft Selbstversorgung Nomadismus der Massageten u. Saken
15./16. Jh.	nach dem Zerfall der Goldenen Horde formiert sich die Völkerschaft der Kasachen endgültig: Kasachenbund	Nomadismus der Kasachen Weidetiere zur Versorgung: Schaf, Pferd, Rind; Kamel als Lasttier jahreszeitlicher Wechsel von Sommer- und Winterweide Fischfang an Kaspi-, Aralsee und an Flüssen Behausung: Jurte; Filzherstellung, Webstuhl, gelegentlich Feldbau
ab 18. Jh. 19. Jh.	Kontakt zu russischen Bauern Eindringen von Kosakenarmeen Annektion durch Russland	Verdrängen der Hirtennomaden durch russische Siedler in Nordkasachstan weiterhin Nomadismus der Kasachen
1930er und 1940er Jahre	Sowjetherrschaft: Russifizierung hält an, zwangsweise Kollektivierung, Deportationen, 1 000 000 Hungertote	Einrichtung von Viehwirtschaftskolchosen; Kasachen werden unter Widerstand sesshaft ansatzweise Übergang zum Feldbau
1950er Jahre	**Umwertung von Weideland** Neulandprogramm der KPdSU: Kultivierung großer Gebiete in der Wiesensteppe, planmäßig militärisch ablaufende Großaktionen durch Russen, Organisation, Mechanisierung und Chemisierung der landwirtschaftlichen Produktion, Aufbau einer Infrastruktur	Marktproduktion Neulandgebiet etwa 600 000 km² (Deutschland: 356 733 km²) Sowchoswirtschaft Gründung von rd. 500 Sowchosen Getreidemonokultur (Sommerweizen) in Großblockflur (Parzellen 2 km x 2 km) Infrastrukturnetz Gründung von Städten (Hauptort: Zelinograd = Neulandstadt) mit Agrosiedlungen; Bau von Straßen und Bahnlinien, Elektrifizierung

Agrotechnik auf dem Feld

Agrosiedlung

Kasachenfamilie vor einer Jurte

> Die wichtigsten Probleme, mit denen sich der Ackerbau auf dem Neuland Ende des ersten Jahrzehnts konfrontiert sah, liefen darauf hinaus, dass die Hektarerträge und die Bruttoernten bei Getreide auf den urbar gemachten Flächen zurückgingen und sich die windbedingte Bodenerosion mit unheimlicher Geschwindigkeit ausbreitete. Das hatte in erster Linie eine Fluktuation der Arbeitskräfte in den neuen Landwirtschaftsbetrieben zur Folge. In dieser Zeit hatten wir ungenügend Erfahrungen beim Getreideanbau in der kasachischen Steppe.
>
> (nach F. MORGUN, 1975)

Destabilisierung des Geosystems Steppe durch Weizenmonokulturen

Die Agrarkolonisation in den Steppen Nordkasachstans führte bereits nach wenigen Jahren infolge falscher Bodennutzung zur Destabilisierung des Geosystems und somit zu starken Ertragseinbrüchen sowie in den Jahren 1963 und 1965 zu verheerenden Missernten. Erfahrungen der Farmer in den Weizenprovinzen der Great Plains der USA mit den spezifischen agrarökologischen Bedingungen der winterkalten Steppen waren in der UdSSR entweder nicht bekannt oder sie wurden von der Partei- und Staatsführung verdrängt. Erst 1956 errichtet die Partei in Zelinograd ein Forschungsinstitut für Getreidebau. Später bereisten sowjetische Agrarexperten die USA, um sich mit den vom Soil Conservation Service in den 30er Jahren entwickelten Bodenschutzmaßnahmen vertraut zu machen. Seitdem in Kasachstan ein an die ökologischen Verhältnisse angepasstes Anbausystem praktiziert wird, konnte man die Flächenproduktivität erhöhen und die Hektarerträge, den ökologischen Rahmenbedingungen entsprechend, stabilisieren.

Steppensturm (Buran)

Temperaturen und Niederschläge in Kustanai (Kasachstan)

Einsatz des Flügelgrubbers. Das pflugähnliche Gerät durchschneidet mit horizontal angeordneten Messern den Boden in 10 bis 15 cm Tiefe und kappt die Wurzeln aller Pflanzen. Die Getreidestoppeln bleiben als Windbremse stehen. Oberirdische Sprossteile der Unkräuter vertrocknen. Sie entziehen dem Boden weder Nährstoffe noch Wasser. Durch dieses Mulchen (Stubble mulching) wird auch die Bodenverdunstung reduziert.

Neben dem Stoppel-Mulchen, dem Streifenanbau, dem Trockenfeldbau, der Anlage von Windschutzstreifen wird heute in Kasachstan statt der Weizenmonokultur überwiegend Fruchtwechselwirtschaft betrieben.

Destabilisierende Faktoren der winterkalten Steppe

Hektarerträge für Weizen in Kasachstan (in dt/ha)

Jahr	Ertrag	Jahr	Ertrag
1955	5	1978	11
1965	3	1971–1975	9
1977	7	1976–1980	11

Zum Vergleich (1985):
UdSSR 15   BRD 46
USA   26   DDR 53

Bodenzerstörung in Kasachstan

1954 und folgende Jahre:
20–40 % Humus- und Nährstoffverlust

1963 durch Winderosion:
über 80 % des Ackerlandes geschädigt,
auf 1 Mio. ha Saaten vernichtet

?

1. Interpretieren Sie die Daten zur sowjetischen Getreideproduktion.
2. Erläutern Sie Ursachen der Bodenzerstörung in Kasachstan.
3. Erklären Sie Methoden ökologisch angepasster Bodennutzung in winterkalten Steppen.

Zwischen Jenissej und Lena erlangt dann die Lärche, der eigentliche Charakterbaum der Taiga, überragenden Einfluss. Die nadelabwerfende Lärche kann auch auf Dauerfrostboden fortkommen und sogar die ostsibirische Kälte überstehen.

(Nach: H. Bauer. Der grüne Ozean. Leipzig 1963,)

„Vielleicht wissen nur die Zugvögel, wo sie (die Taiga) endet. Am ersten Tage schenkt man ihr wenig Aufmerksamkeit, am zweiten und dritten Tage verwundert man sich und am vierten und fünften ist einem zumute, als fände man sich nie wieder aus diesem Waldungeheuer heraus. Man steigt auf einen hohen Hügel, der mit Wald bedeckt ist, blickt nach Osten in die Richtung der Straße und sieht unten Wald, dann einen Hügel, der wieder mit Wald bedeckt ist, hinter ihm einen anderen, ebenfalls mit Wald bedeckten Hügel, hinter ihm einen dritten, und so ohne Ende. Nach einem Tage sieht man wieder von einem Hügel nach vorn – und wieder dasselbe Bild."

(A. Tschechow, Sibirisches Tagebuch)

Geosystem borealer Nadelwald

Der boreale Nadelwald (griech. boreas = Nordwind) gehört zu den immergrünen Waldformationen der Erde. In Sibirien wird der Wald Taiga (jakutisch = Bergurwald) genannt. Der Gürtel umspannt die gesamte Nordhalbkugel und erreicht vor allen anderen Landschaftsgürteln die größte Ausdehnung. Seine polaren und äquatorialen Grenzen verlaufen keineswegs parallel zu den Breitenkreisen. Sie liegen auf der Westseite der Kontinente deutlich nördlicher als auf der Ostseite, weil warme Meeresströmungen und die Luftmassen der Zyklonen der Westwindzone die Westseiten klimatisch begünstigen.

Fichte im Westen, Lärche im Osten

Die Taiga wird von Nadelwäldern beherrscht, die nur teilweise von Espen und Birken aufgelockert werden. Im europäischen Teil dominiert die Fichte, an zweiter Stelle folgt die Kiefer. Im Kampf dieser beiden Baumarten hat die anpassungsfähige und viel Schatten vertragende Fichte gegenüber der lichtbedürftigen Kiefer erhebliche Vorteile. Ihrem noch kräftigeren Vordringen ist aber ein Riegel vorgeschoben: sie wird in höherem Maße als ihre dickborkige Konkurrentin von Waldbränden in Mitleidenschaft gezogen. Zwischen Jenissej und Lena wird die Lärche zum Charakterbaum der Taiga. Sie gedeiht auch auf Dauerfrostboden in der ostsibirischen Kälte.

Teilgebiete des borealen Nadelwaldes

ozeanisches Gebiet		kontinentales Gebiet		hochkontinentales Gebiet
Verbreitung: pazifische Küste Alaskas, nordnorwegische Küste		Verbreitung: südlicher Teil Kanadas, westlicher Teil Eurasiens bis Jenissej und Angara sowie an der Pazifikküste		Verbreitung: Nordkanada vom Mackenzie bis zur Hudsonbay, Mittel- und Ostsibirien
Vegetationsperiode: 120-180 Tage		Vegetationsperiode: 100-150 Tage		Vegetationsperiode: 90-140 Tage
Holzarten				
Nordamerika	Eurasien	Nordamerika	Eurasien	Mittel- und Ostsibirien
Sitkafichte	Gemeine Fichte	Schwarzfichte	Sibirische Fichte	–
Bankskiefer	Gemeine Kiefer	Bankskiefer	Gemeine Kiefer	Gemeine Kiefer, Zwergkiefer
Balsamtanne	–	Balsamtanne	Sibirische Tanne	Sibirische Tanne
Amerikanische Lärche	–	Amerikanische Lärche	Sibirische Lärche	Dahurische Lärche
Kanubirke	Moorbirke	Kanubirke	Hängebirke	Haarbirke, Ermansbirke
Balsampappel	Zitterpappel	Balsampappel	Zitterpappel	–

Narvik (40 m) 68° 25′ N / 17° 23′ O 2,7 °C 758 mm

Syktywkar (96 m) 61° 40′ N / 50° 51′ O 0,3 °C 492 mm

Jakutsk (100 m) 62° 05′ N / 129° 45′ O −10,2 °C 213 mm

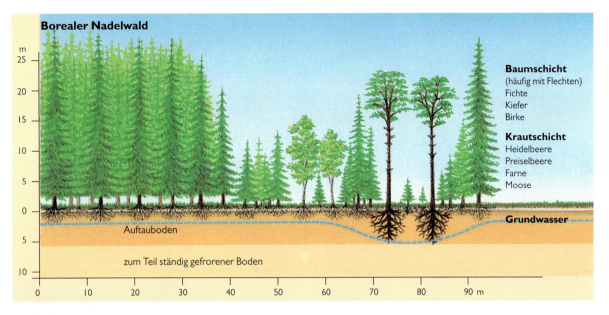

Borealer Nadelwald in Alaska

„Der jakutische Lärchenwald ist kümmerlich. Vorzeitig gealtert, bedeckt von bärtigen Flechten, mit spärlichem, gelblichem Grün auf wenigen lebenden Schösslingen, mit vertrockneten, oft abgebrochenen Spitzen zieht er sich in einem breiten, aber lichten, trostlosen Streifen längs der nördlichen Waldgrenze hin. Schwächliche, verkrüppelte Bäume, 4 bis 6 Meter hoch, mit einem Durchmesser von 10 bis 16 cm sind mit einer Unzahl von kleinen Ästen, Zweigen und vertrockneten einjährigen Trieben bedeckt, die längs des Stammes gleichsam wie Dornen hervorstehen. Wenige Stellen sind frisch begrünt. Die Bäume geben nahezu keinen Schatten und bieten keinen Schutz. In einem derartigen Wald sieht man überall den Himmel über sich und ringsumher Lichtungen. Aller 8 m, selten einmal aller 4 m kommen wir an einem kleinen Bäumchen vorbei."

(L. S. BERG: Die geographischen Zonen der Sowjetunion. Leipzig 1958)

„Es ist nicht möglich, die feierliche Unheimlichkeit zu beschreiben, welche unter der Herrschaft jener fürchterlichen Kältegrade im Freien obwaltet. Das Quecksilber ist längst zu festem Metall erstarrt, das Eisen wird spröde und Beile zerspringen wie Glas; das Holz wird nach Maßgabe der in ihm enthaltenen Feuchtigkeit härter als Eisen und widersteht der Axt. Weit vernehmbar knarrt jeder Tritt im spröde gewordenen Schnee, hell krachend platzen mit mächtigen Schüssen ringsum die Bäume des Urwaldes, ihnen antwortet gleich dem Kanonendonner ferner Batterien ein dumpf nachtönendes unterirdisches Knallen, das die Erde erschüttert. Dieses Knallen rührt vom Bersten des gefrorenen Bodens her. Man möchte nicht glauben, dass Pflanzen und Tiere eine so entsetzliche Wärmeentziehung ungefährdet zu ertragen vermögen."

(A. v. MIDDENDORF, Leipzig 1865)

?

1. Beschreiben Sie die Verbreitung des borealen Nadelwaldes über die Erde.
2. Erläutern Sie das Klima im Bereich des borealen Nadelwaldes. Beachten Sie dabei Veränderungen von West nach Ost sowie von Süd nach Nord.

Podsolierung

1. Unter Nadelwald bildet sich eine mehrere Zentimeter mächtige Nadelstreuschicht.
2. Die Nadelstreu ist sehr schwer zersetzbar, Rohhumus entsteht.
3. Im Verlauf von Humifizierungsvorgängen bilden sich niedermolekulare, gelb bis gelbbraune, stark saure, gut wasserlösliche Fulvosäuren.
4. Fulvosäuren:
   – lösen Humusstoffe,
   – zerstören Tonminerale, lösen deren Eisen- und Aluminiumionen,
   – zerstören die Eisenhydroxidhüllen der Sandkörner,
   – bilden mit Eisen- und Aluminiumionen komplexe Verbindungen (Chelate), die ebenfalls wasserlöslich sind.
5. Die Fulvosäuren und die gelösten Stoffe werden mit dem Sickerwasser in den Boden eingewaschen.

Podsol

Das Wort Podsol („unter Asche", Ascheboden) stammt aus dem Russischen. Kennzeichnend ist der fahlgraue bis graue Asch- oder Bleichhorizont. Deshalb wurde der Bodentyp in Deutschland auch Bleicherde genannt.

Das Bodenprofil ist viergeteilt. Über dem Mineralboden liegt eine bis zu 10 cm mächtige Rohhumusauflage aus unzersetzter Nadelstreu, aus einer Vermoderungsschicht von in Zersetzung befindlichen Pflanzenresten und aus einer Humusschicht. Der Humus wird von den Bodentieren bis in etwa 10 cm Tiefe in den Mineralboden eingearbeitet. So entsteht der humushaltige dunkel gefärbte A_h-Horizont. Darauf folgt der Aschhorizont (Bleichhorizont), ein Auswaschungshorizont. Der sich nach unten anschließende Anreicherungshorizont (Illuvialhorizont, lat. = einschwemmen) ist wiederum zweigeteilt. Dessen oberer Teil ist von Humusstoffen dunkel gefärbt (Humushüllenhorizont). Er geht nach unten in den etwas lichteren, durch Ausfällungen von Eisen- und Aluminiumverbindungen rotbraun gefärbten Rosthüllenhorizont über. Bei extremer Podsolierung sind die ausgefällten Oxide und Hydroxide zu Ortstein verfestigt. Im Bereich alter Wurzelröhren, wo die Sickerwasserführung begünstigt ist, können tiefreichende Ortsteinzapfen oder -zöpfe entstehen. Der Übergang zum Untergrund (C-Horizont) ist deshalb unscharf.

Die Pflanzenreste des Nadelwaldes sind wegen ihres Zellulose- und Harzgehaltes schwer zersetzbar. Die strenge Winterkälte und hohe Säuregrade verschlechtern zudem die Lebensbedingungen der Bodenlebewesen. So entsteht eine Rohhumus-Auflage. Außerdem bilden sich die stark sauren Fulvosäuren. Sie sind wasserlöslich und verursachen die Umwandlungs- und Verlagerungsvorgänge der Podsolierung. Die Verlagerungsvorgänge werden durch den humiden Wasserhaushalt der kaltgemäßigten Klimate gefördert. Während der frostfreien Zeit können mehr oder weniger starke Sickerwasserbewegungen lösliche oder bewegliche Teilchen in den Boden einwaschen. Sandige Böden mit einer großen Filtrationstätigkeit verstärken die Verlagerungsvorgänge.

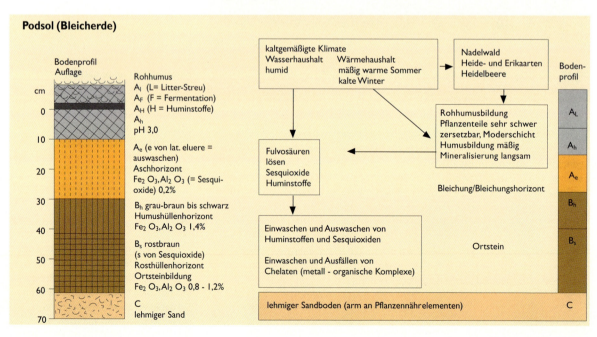

Ökologie des borealen Nadelwaldes

Die klima-ökologischen Bedingungen im nördlichen Gürtel der temperierten Breiten engen die Entfaltung des Pflanzenlebens erheblich ein, wobei der Wärmehaushalt ausschlaggebend ist. Die jährliche Wärmesumme der Sonneneinstrahlung ermöglicht noch das Wachstum von immergrünen Nadelhölzern (Mikrothermen). Sie können die volle Wachstumszeit des Sommers zur Assimilation nutzen. Die Reduktion der Blattspreite zu Nadeln und eine Wachsschicht über der Blattoberhaut verringern die Verdunstung, sodass die Bäume bei gefrorenem Boden im Winter nicht vertrocknen.

Der artenarme, einschichtige, mäßig hohe Wald ist durch einen überwiegend lichten Wuchs der Gehölze gekennzeichnet. In der geschlossenen Bodenschicht sind Moose üppig ausgebildet. Oft erreichen sie eine Mächtigkeit von 30 bis 40 cm.

Dagegen ist die Krautschicht wegen der starken Wurzelkonkurrenz der Gehölze auffallend gering entwickelt. Im lichten Wald bestimmen nicht die Lichtverhältnisse, sondern viel stärker das Nährstoffangebot der Podsolböden die Zusammensetzung der Krautschicht. Deshalb kommen viele Arten vor, die auch in Mitteleuropa in Nadelwäldern sandiger Standorte zu finden sind.

Das Wachstum der Gehölze wird aber auch durch die feuchten, kalten und nährstoffarmen Böden eingeschränkt.

Die Bodengefrornis und die Ortsteinschicht vermindern den Durchwurzelungsraum. Sie stauen das Sickerwasser und beeinflussen den Bodenluft- und Bodenwärmehaushalt. Im Sommer verhindert die hohe Durchfeuchtung der Böden das Eindringen der Wärme. Dagegen dringt die Kälte bei einsetzendem Winter im gefrorenen Boden sehr rasch bis in große Tiefen vor.

Bei höherem Grundwasserstand und im Überflutungsbereich der Flüsse während der Schneeschmelze nimmt die Rohhumusdecke an Mächtigkeit zu. Bei zunehmendem Anteil an Torfmoosen entwickeln sich Hochmoore.

Mikrothermen (mikro, griech. = klein, gering). Die Pflanzen sind an kühlere Sommer und lange strenge Winter angepasst. Sie können längere Frostperioden ohne Schäden durchhalten. Liegen die Monatsmitteltemperaturen an mehr als 100 Tagen über 5 °C, so kann sich geschlossener Nadelwald entwickeln.

Sumpflandschaft in der borealen Nadelwaldzone

?

Erklären Sie das Geosystem des borealen Nadelwaldes.

Waldfläche der Erde

Gesamtfläche 41 Mio. km²; davon
Europa (ohne Russland)	4 %
Russland	19 %
Nordamerika	18 %
Lateinamerika	20 %
Afrika	21 %
Asien (ohne Russland)	16 %

Holzvorräte der Erde

gesamt 303 Md. m³; davon
Europa (ohne Russland)	5 %
Russland	25 %
Nordamerika	13 %
Lateinamerika	30 %
Afrika	12 %
Asien (ohne Russland)	13 %

Waldländer der Erde

(nach der Waldfläche in Mio. ha)
Russland	900
Brasilien	570
Kanada	326
USA	284
Zaire	176
China	128
Indonesien	121
Australien	106
Peru	70
Indien	67
Deutschland	10

Produktion von Papier und Pappe

(1990; in Mio. t)
USA	71 965
Japan	28 088
Kanada	16 466
China	15 336
Deutschland	12 999
GUS	10 388
Finnland	8 780
Schweden	8 426
Frankreich	7 049

?

1. Erläutern Sie Vorzüge und Nachteile einer ausbeuterischen Nutzung der borealen Nadelwälder.
2. Beschreiben Sie nach einer Atlaskarte die geographische Lage von Zellstoff- und Papierfabriken in Kanada, Nordeuropa und Russland.

Holzwirtschaft im borealen Nadelwald

Nutzbarkeit der Nadelwälder

Die riesigen Waldflächen und die gewaltige Holzmenge der Nadelwälder in der kaltgemäßigten Klimazone der Nordhalbkugel täuschen einen unerschöpflichen Holzvorrat vor. Tatsächlich unterliegen die borealen Nadelwälder hinsichtlich ihrer Nutzung jedoch beträchtlichen Einschränkungen, denn die Nutzbarkeit hängt von zwei ökonomischen Faktoren ab. Einerseits ist der mittlere jährliche Zuwachs des Holzes, der seinerseits vom Klima und vom Boden abhängt, zu beachten. Als nutzbar gilt dasjenige Waldland, in dem Bäume von verwertbarer Größe in 80 bis 100 Jahren heranwachsen können. Andererseits ist die Zugänglichkeit des Waldgürtels, das heißt dessen Erschließung durch Straßen und Eisenbahnen oder Wasserwege, und die Lage der Holzeinschlaggebiete zu den Absatzmärkten von Bedeutung.

Lage der Holzeinschlaggebiete

Nach dem Umfang der Holznutzung lassen sich drei Teilgebiete unterscheiden.
1. Im Übergangssaum zwischen arktischer Tundra und borealem Nadelwald ist die holzwirtschaftliche Nutzung unbedeutend. Die Bestände haben wegen der kurzen Vegetationsperiode einen zu geringen jährlichen Zuwachs und die Transportkosten zu den Absatzgebieten wären zu hoch.
2. Im südlich sich anschließenden Gürtel begünstigen zwar die Klimaverhältnisse das Holzwachstum. Aber in den weitverbreiteten Sumpf- und Moorgebieten bleibt der jährliche Zuwachs für eine Nutzung dennoch zu gering. Außerdem sind die Transportbedingungen wegen der Bodenverhältnisse schwierig. Der Bau von Verkehrswegen würde hohe Kosten erfordern. Die Ströme entwässern zudem in das Polarmeer.
Großflächige Holzeinschlaggebiete liegen im Westsibirischen Tiefland an der Bahnlinie nach Njagan zum unteren Ob und am mittleren Ob bei Surgut sowie in Ostsibirien im Gebiet Jakutsk.
3. Die südlichen Gebiete des Nadelwaldgürtels sind verhältnismäßig gut durch Verkehrslinien erschlossen. Der jährliche Zuwachs erlaubt eine dauerhafte Holznutzung. Deshalb liegen im südlichen Nadelwald die Haupteinschlaggebiete Kanadas. Am intensivsten erfolgt die Waldnutzung in Skandinavien sowie im europäischen Teil Russlands, aber auch in Sibirien am Tobol und am Irtysch sowie entlang der Transsibirischen Eisenbahn. Auch am Amur wird die Taiga dauerhaft genutzt.

Zellulose- und Papierherstellung in Finnland

Ausbeuterische Holzwirtschaft

In Russland und in Kanada gibt es gegenwärtig, von wenigen Ausnahmen abgesehen, keine nachhaltige Forstwirtschaft. Nur in den borealen Nadelwäldern Nordeuropas werden zur Sicherstellung des Holzbedarfs die Kahlschlagflächen wieder aufgeforstet. In Kanada und in Russland bleiben die Kahlschlagflächen sich selbst überlassen. Auf ihnen wachsen in der ersten Generation Pappeln und Birken nach. Diese Raubwirtschaft spart zwar Kosten. Sie beruht aber neben dem Gewinnstreben auf der falschen Annahme, dass die Holzvorräte der natürlichen Wälder unbegrenzt seien.

Für Kanada bedeutet die Raubwirtschaft, dass der derzeitig verfügbare Holzvorrat in etwa 50 Jahren erschöpft sein wird. Für Russland liegen bisher keine Angaben vor. Hier dürften die Verhältnisse ähnlich sein, denn in der mittleren und südlichen Taiga sind wegen des starken Einschlags seit Beginn des 20. Jahrhunderts kaum noch nutzbare Bestände vorhanden. Auf vielen ehemaligen Kahlschlagflächen sind inzwischen natürliche Birken- und Pappelbestände nachgewachsen.

Einschlagmuster Alberta, Aufforstung

Maßnahmen zur Behebung der Raubwirtschaft

Notwendig wäre der unverzügliche Einstieg in die nachhaltige Forstwirtschaft. Das setzte den Aufbau einer Forstverwaltung, die Bereitstellung von Fachkräften und die baldmögliche Aufforstung voraus. Das notwendige Know-how ist in Mitteleuropa, insbesondere im deutschen Forstwesen, sowie an einschlägigen Hoch- und Fachschulen vorhanden. Außerdem wäre die Erschließung der Holzreserven in den bisher unzugänglichen Gebieten anzustreben, um den Bestand in den genutzten Arealen nicht weiter zu ruinieren. Dabei wäre jedoch zu beachten, dass die nördlichen Waldgebiete ökologisch sehr anfällig sind.

Pappel-Fichten-Sukzession

Umweltbelastung durch Holzwirtschaft

Nadelwald ist ein unentbehrlicher Rohstoff für die Papierherstellung. Als Zwischenprodukt gewinnt man Zellstoff, wobei die im Holz enthaltenen Bestandteile Lignin, Harz und Fett von der Zellulose abgetrennt werden müssen. Dazu bedient man sich verschiedener chemischer Aufschlussverfahren.

In den Zellulose- und Papierfabriken wird nicht nur viel Brauchwasser benötigt, es fallen auch große Abfallmengen an. Unabhängig vom chemischen Aufschlussverfahren bleiben Feststoffe wie Holz und Borke zurück. Außerdem entstehen durch Schadstoffe stark belastete Abwässer, zumal bei der Papierherstellung zum Bleichen der Zellulose Chlor eingesetzt wurde. Seit Ende der 80er Jahre wird deshalb das Bleichen mit Chlor zunehmend durch ein Sauerstoffverfahren ersetzt. Bis in die 80er Jahre leitete man die Feststoffe und die Abwässer ungereinigt in Seen und Flüsse oder direkt in das Meer. Die organischen Stoffe werden zwar von Mikroorganismen abgebaut, aber die Organismen verbrauchen dabei soviel Sauerstoff, dass andere Wassertiere, vor allem Fische, bedroht sind.

Seit Anfang der 90er Jahre setzt sich in den nordeuropäischen Staaten der Umweltschutzgedanke durch. Bei der Abwasserreinigung entstehen aber Schlämme. Deren Beseitigung durch Kompostieren und Verbrennen schafft neue Probleme.

Kahlschlagfläche in Quebec

Geosysteme der Subtropen

Der **Hartlaubwald** ist an das Winterregenklima an den Westseiten der Kontinente im Gürtel der warmgemäßigten Subtropen gebunden. Das Mittelmeergebiet ist wegen seiner räumlichen Nähe zu Deutschland an erster Stelle zu nennen. Im Kapland ist der Hartlaubwald auf den äußersten Südwesten beschränkt. Im pazifischen Nordamerika ist dieser Landschaftsgürtel am besten im kalifornischen Küstenbereich zwischen Vancouver und Niederkalifornien entwickelt. Dem kalifornischen Hartlaubgebiet entspricht fast in der gleichen Breitenlage ein ähnliches Gebiet in Mittelchile von 31° bis 37° südlicher Breite. Auch in Australien wächst Hartlaubwald, nämlich im Südwesten und Südosten fast auf der gleichen Breite des Kaplandes.

Der **Lorbeerwald** tritt an den Südostseiten der Kontinente im Bereich des ständig feuchten subtropischen Klimas auf, so wachsen entsprechende Formationen in Florida, Santa Catarina (Brasilien), Natal, Australien, Neuseeland, aber vor allem in China. Doch auch am Westrand Eurasiens gibt es inselhafte Lorbeerwälder, so auf den atlantischen Inseln oder im Feuchtluftstau am Westrand des Kaukasus in der Kolchis.

> „Was uns am fremdartigsten berührt, wenn wir die Alpen, oder noch mehr, wenn wir den Apennin überschritten haben, was den Hauptreiz der Natur für uns Mitteleuropäer ausmacht, das ist vor allem diese Mediterranvegetation, die ganz von der heimatlichen abweicht; denn wie ein Zauberschlag öffnet sich die Fülle des Südens."
>
> (Nach: A. Philippson: Das Mittelmeergebiet. Leipzig/Berlin 1914, S. 145)

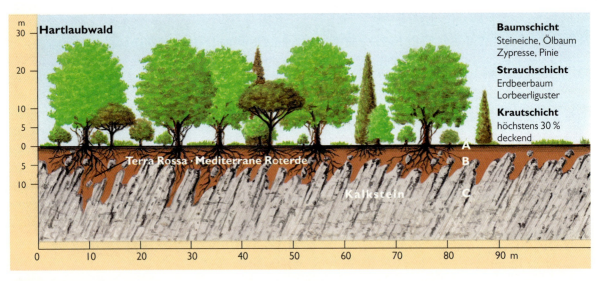

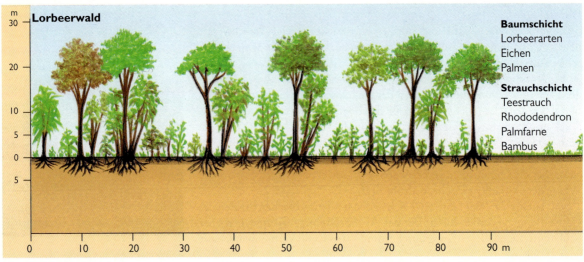

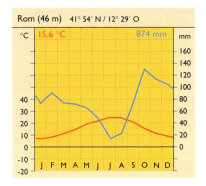
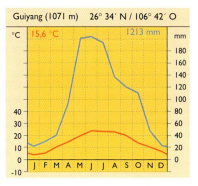
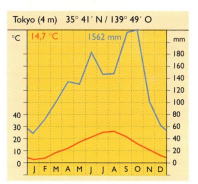

Im Sommer steht Japan unter dem Einfluss des Südostmonsuns. Er führt vom Pazifik feuchtwarme Luft gegen die Südostseite der Inseln und bringt äußerst ergiebige Steigungsregen. Im Juni können innerhalb 24 Stunden bis zu 278 mm Niederschlag fallen. Ein zweites Niederschlagsmaximum liegt in den Monaten September und Oktober. Dann führt der Nowaki, ein aus dem Aleutentief wehender Wind, feucht-kühle Luft nach Japan. Demgegenüber fließt im Winter mit dem Nordwestmonsun Kaltluft aus dem innerasiatischen Hoch. Über dem Japanischen Meer nimmt dieser Kogarashi Wasserdampf auf. An der Nordwestküste Japans bringt er gewaltige Schneemengen. Zur gleichen Zeit scheint in den Leelagen der Südost- und Ostküste die Sonne. Bei nächtlicher Ausstrahlung können von Dezember bis März Fröste auftreten. Bleibt der Kogarashi aus, bestimmt feuchtwarme subtropische Meeresluft mit ergiebigen Regenfällen das Wetter.

Das Klima von Kapstadt hat die Merkmale eines Winterregenklimas vom Mittelmeertyp. Nach den in Griechenland regelmäßig zwischen Juni und Oktober wehenden Nordwinden wird es auch Etesienklima genannt. Die Sommer sind sehr warm und im mäßig warmen bis kühlen Winter liegt das Minimum im Juli bei nur 10 °C. Kennzeichnender als der Temperaturgang ist die Niederschlagsverteilung während des Jahres. Im Winter liegt Kapstadt in der Westwindzone. Dann bringen die feuchten Luftmassen der Zyklonen ergiebige Regenfälle, sodass die kühle Jahreszeit mit der humiden zusammenfällt. In den Sommermonaten bestimmt das subtropische Hochdruckgebiet mit trockener Luft die Witterung. Der Sommer bleibt deshalb bis auf die Gewitterregen ohne Niederschlag. Bei der hohen Verdunstung kommt es zur Ausbildung einer ariden Jahreszeit.

Klimadiagramme der Stationen Rom, Guiyang, Tokyo und Kapstadt

Pinien in der Toskana

"Die Kräuter, Stauden und Gräser sind in ihrem Leben auf die feuchte Jahreszeit beschränkt. Wenn im Herbst die Regen begonnen haben, sprießen sie auf und bedecken den Boden mit einem grünen Schimmer. Der milde Winter unterbricht ihr Wachstum kaum, nur wird ihre Entwicklung mit sinkenden Temperaturen verlangsamt, um dann im Frühjahr wieder ein schnelleres Tempo einzuschlagen. Dann, im April und Mai, ist die Pflanzenwelt auf dem Höhepunkt ihrer Entwicklung angelangt; ein prächtiger Blütenflor schmückt die grünen Auen. Aber wenn die Sommerdürre vorschreitet, sinken die zarten Stauden und Kräuter dahin, verdorren zu natürlichem Heu. Die Holzpflanzen dagegen, die Bäume und Sträucher, können weder die Sommerwärme für ihre Lebensvorgänge entbehren, da ihnen die Temperatur des Winters nicht genügt, noch die Feuchtigkeit der Regenzeit. Deshalb haben sie am Mittelmeer keine Ruhepause, sie sind zumeist immergrün. Dieses immergrüne Laub aber muss gegen die starke Verdunstung während der Sommerdürre geschützt sein; es besitzt daher eine starre, dunkelgrüne, oft metallisch glänzende Überhaut; es sind Hartlaub-Gewächse."

(Nach: PHILIPPSON, S. 146)

Ökologie des Hartlaubwaldes

Der Hartlaubwald ist durch seine geringe Wuchshöhe und einen verhältnismäßig weiten Abstand der Bäume zueinander gekennzeichnet. Unter der lichten Baumschicht stehen immergrüne Hartlaub- und Rutensträucher. Das Winterregenklima ist das einzige Klima der Erde, bei dem die von Wärme abhängige Vegetationszeit mit einer Trockenzeit (aride Jahreszeit) zusammenfällt. Sowohl die verhältnismäßig niedrigen Wintertemperaturen, als auch die Trockenheit des Sommers hemmen das Wachstum. Nach den besonderen Anpassungserscheinungen der Pflanzen spricht man von Hartlaubvegetation.

Viele Pflanzen haben nur eine kurze Vegetationsdauer im Frühjahr und Frühsommer. Die ausdauernden Arten schützen sich gegen starke Verdunstung. Sie haben entweder kleine, zum Teil mit einem Haarkleid (Filz) überzogene Blätter oder scheiden auf der Blattoberfläche ätherische Öle aus. Für viele Bäume ist eine dicke Borke kennzeichnend. Großblättrige Arten besitzen einen wachsartigen Überzug der Blätter, die dadurch lederartig dick und hart erscheinen (Xerophyten).

Für die Winterregengebiete der Subtropen sind Gelb- und Roterden (Terra rossa, lat.-ital. = rote Erde) sowie Braunlehme (Terra fusca, lat. = braune Erde) kennzeichnend. Die Böden haben ein A-B-C-Profil. Der B-Horizont der Terra rossa, der bis zu 2 m mächtig sein kann, ist durch seinen hohen Anteil an Eisen-(III)-Oxid leuchtend rot gefärbt. Er liegt unter einem schwarzen Humushorizont mit aufliegender Streuschicht. Bei Ackerböden sind die oberen Schichten zumeist entfernt, sodass die rote Farbe des B-Horizonts direkt zutage tritt.

Die Gelb- und Roterden bilden sich im wechselfeuchten subtropischen Klima über Kalkgestein. Der Kalkstein verwittert zu Tonmineralen sowie Eisen- und Aluminiumoxiden. Der Anteil an Kalziumkarbonat bleibt hoch.

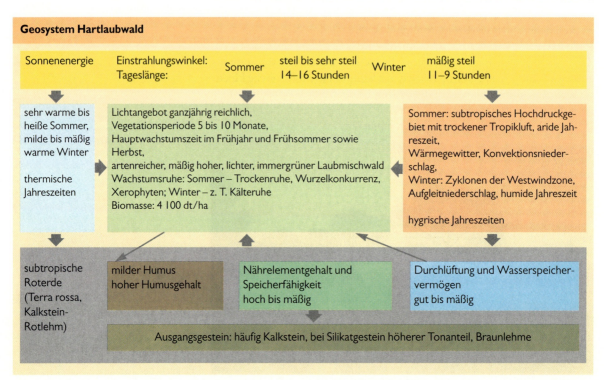

Degradationsstufen des Hartlaubwaldes

Die ursprüngliche Vegetation des Mittelmeerraumes, der immergrüne Hartlaubwald, ist seit der Antike durch verschiedene Wirtschaftsweisen nahezu vollkommen vernichtet. Man spricht von einer Degradation (lat. „Herabsetzung"). Eichen waren für die Menschen ziemlich nutzlos, denn alte Stämme waren schwer spaltbar. Lediglich Brennholz konnten sie liefern. Dafür waren aber etwa 20jährige Stockausschläge geschätzt. Die Bauern schlugen die Eichen deshalb in Bodennähe ab, sodass aus dem Stumpf neue Triebe schießen konnten, die nach etwa 20 Jahren Armdicke erreichen. Infolge dieser Niederwaldwirtschaft entstand aus dem Wald die Macchie.

Um ausreichende Weideflächen zu erhalten, brannten die Bauern die Macchie in den trockenen Sommermonaten im Abstand von einigen Jahren immer wieder großflächig ab. Es bildete sich nun eine Pflanzendecke aus Gräsern und Stauden. Durch die Beweidung nehmen jedoch mit der Zeit giftige und dornige Pflanzen stark zu. So entstand aus der Macchie die Garigue (franz. „Heideland"). Zur Vernichtung der vom Vieh verschmähten Sträucher und Stauden brannte man die Garigue ebenfalls regelmäßig ab. Der Boden war nun der Erosion schutzlos ausgesetzt. Die Regengüsse der Wintermonate spülten ihn vor allem an den Hängen ab. Das Endstadium der Veränderungen vom Hartlaub bis zum nackten Fels war erreicht.

> „Reisende aus dem Norden vermissen in Griechenland oft die Gefühlswerte, die der sattgrüne Waldpelz unserer mitteleuropäischen Landschaft verleiht. Sie nennen daher die griechischen Berge trostlos kahl. Solange das Gefühl der Verödung vorherrscht, kann das Wesen einer griechischen Landschaft kaum erfasst werden. Gerade die Waldlosigkeit der argolischen Berge bedingt den ästhetischen Reiz, der in der plastischen Körperlichkeit liegt."
>
> (Nach: H. Lehmann, in Zeitschrift „Die Erde", Jg. 1955)

Macchie

Garigue

? Erklären Sie die Degradation und Regeneration des Hartlaubwaldes.

Stufen der Degradation und Regeneration des Hartlaubwaldes

Hartlaubwald: immergrüner bzw. fast immergrüner Laubmischwald
　　　　　　　Artenvielfalt
　　　　　　　lichter Wuchs (Wurzelkonkurrenz bei fehlender Feuchtigkeit)

- Regeneration fraglich
- Niederwaldwirtschaft: mäßige Nutzung
- Rodung und Abbrennen
- Abbrennen

Macchie	Garigue	Weide
immergrüne Gebüschvegetation, Hartlaubgehölze	Zwergstrauchvegetation, kümmerliche Sträucher, Gräser und Kräuter	Hartlaubgehölze (Bäume und Sträucher), Gräser und Kräuter

- Regeneration in weiten Gebieten möglich
- dauernde Beweidung
- Regeneration nur stellenweise möglich
- Abbrennen
- Überweidung

Felsflur: Zwergsträucher, Gräser und Kräuter vereinzelt in Felsspalten

Fels: nacktes Gestein, im Mittelmeerraum häufig Kalkstein

Landschaftswandel im Mittelmeerraum

Viele hunderttausend Jahre durchstreiften Sammler- und Jägergruppen einer vorindogermanischen Bevölkerung die lichten Hartlaubwälder. Sie waren als Nahrungssucher in das Ökosystem eingepasst und veränderten die Landschaft nicht. Erst als vor rund 7 000 Jahren sesshafte Feldbauern und Viehhalter diese Räume besiedelten, setzte der Landschaftswandel ein. Mit der Landnahme im 1. Jahrtausend v. Chr. durch indoeuropäische Bevölkerungen, z. B. der Italiker auf der Apenninen-Halbinsel, der Illyrer, der Thraker und Griechen auf der Balkan-Halbinsel, nahmen die Brandrodungen zu. Mit dem Entstehen der antiken Hochkulturen wuchs der Bedarf an Siedlungs-, Acker- und Weideland. Die Roterden und Braunlehme der Niederungen und des Hügellandes sind seitdem Ackerland.

Mit zunehmendem Bevölkerungsdruck drangen bäuerliche Siedler auch in das höhere Bergland vor. In der Höhenstufe des sommergrünen Laubmischwaldes war noch Feldbau möglich. Dagegen blieben die Nadelwaldstufe und die alpinen Matten in über 2 000 m Höhe der Weidenutzung überlassen.

So bildeten sich drei Bodennutzungssysteme heraus, der Winterfeldbau im subtropischen Winterregenklima des Tieflandes, der Sommerfeldbau in der Stufe der sommergrünen Laubmischwälder und die Fernweidewirtschaft (Transhumanz). Mit der Fernweidewirtschaft war es den Bauern möglich, die futterintensive Stallhaltung zu umgehen. Indem das Vieh periodisch in zwei klimatisch verschiedenen Höhenstufen geweidet wurde, konnten die ökologischen Nachteile des Mittelmeerklimas umgangen werden.

Erst mit dem Einbruch islamischer Araber im 8. Jahrhundert in die Pyrenäen-Halbinsel von Afrika aus kam auch der Bewässerungsfeldbau als viertes Bodennutzungssystem nach Südeuropa.

Erblühte die Antike zu Lasten der Natur?

Auch das antike Griechenland hat einen weitgreifenden Raubbau an der Natur betrieben: Die kahlen, verkarsteten Hänge, die heute das Bild um die Akropolis in Athen und an vielen anderen ehemaligen Kulturzentren des Hellenismus prägen, waren ursprünglich bewaldet. Erst der ständig wachsende Bedarf an Kulturland einer Hochkultur hat die Wälder allmählich schrumpfen lassen.

Außerdem war der Bedarf an Holz nahezu unbegrenzt: Holz war nicht nur Baustoff, sondern fast der einzige Energieträger. Vor allem verschlang das Flottenbauprogramm Athens im 5. Jahrhundert v. Chr. die Wälder. Ausschwemmungen und Winderosion ließen von dem einst fruchtbaren Waldboden nur noch blanken Fels übrig. Jedes Jahr spülten Starkregen im Herbst und im Winter mehr Boden in die Talauen und Küstenebenen. Dort kam es zu Überschwemmungen. Die Felder der Bauern waren nach jeder Flut zentimeterdick mit Schlamm bedeckt. Allmählich gingen die Ernteerträge zurück.

Die kulturelle Blüte des klassischen Athens wurde nicht nur mit einer Zerstörung der Naturlandschaft erkauft, sie verursachte schließlich selbst den wirtschaftlichen Niedergang durch ökologische Schäden, die bis heute irreparabel blieben. Ein Umweltbewusstsein kannte man nicht. Die Natur galt als weitgehend unerschöpflich und ihre Nutzung durch den Menschen als eine kulturelle Leistung.

In der Mattenregion

Stockwerkanbau (Ölbäume, Zitrusbäume, Gemüsefenchel)

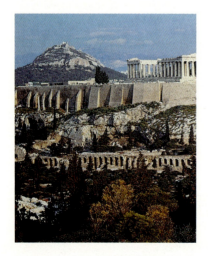

Akropolis mit verkarsteten Hängen

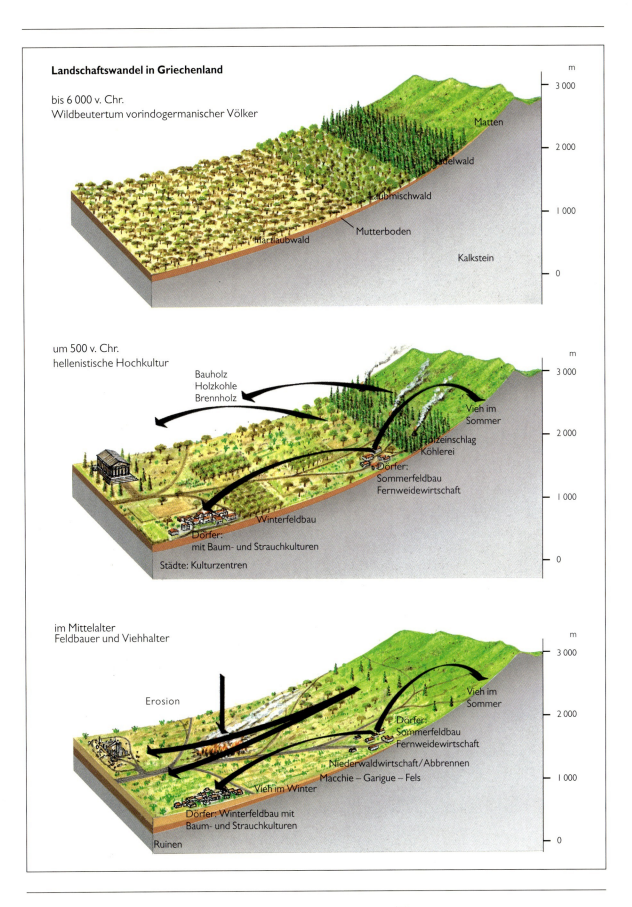

Regenfeldbau im Mittelmeerraum

Der Ölbaum (Olivenbaum) ist ein Kulturbaum des Mittelmeerraumes. Von alters her gilt er als Symbol des Friedens. Die Bibel erwähnt ihn neben Wein und Getreide als Sinnbild des Wohlstandes. Seine immergrünen schmalen Blätter sind an der Unterseite behaart und glänzen silbern. Diese Blätter und das mächtige Wurzelgeflecht ermöglichen es dem Baum, die sommerlichen Trockenzeiten zu überstehen. Die Früchte des Ölbaums sind die Oliven. Sie enthalten Olivenöl, das als Speiseöl geschätzt wird und für Öllampen benutzt wurde. Das Olivenöl hat einen hohen Nährwert. Es enthält wertvolle Vitamine und wird nur schwer ranzig.

Zur Überwindung der sommerlichen Trockenheit entwickelte man ein System von Winterfeldbau und mehrjährigen Baum- und Strauchkulturen als Stockwerkanbau.

Die mehrjährigen Gehölze überdauern mit ihren tiefreichenden Wurzeln die aride Jahreszeit. Die Dauerkulturen wie Ölbaum, Mandelbaum, Weinrebe sowie Feigen-, Walnuss-, Maulbeerbaum und Haselnussstrauch haben auch den Vorzug, dass sie bei entsprechender Pflege hohe Erträge abwerfen. In der klassischen Mischkultur des Stockwerkanbaus bilden Getreide und Hackfrüchte die Unterkultur, Bäume und Sträucher die Oberkultur.

Olivenbaum

Betriebssystem des Winterfeldbaus (Regenfeldbau in den trockenen Subtropen Tunesiens)

Monat	Jan.	Febr.	Mrz.	Apr.	Mai	Juni	Juli	Aug.	Sept.	Okt.	Nov.	Dez.
Temperatur (in °C)	6	7	10	13	16	21	26	25	21	15	10	6
Niederschlag (in mm)	37	40	46	51	50	22	2	8	25	43	39	46
Tage mit Niederschlag	6	7	8	8	7	3	1	1	3	6	6	7

Arbeitskalender des Getreidebaus auf Feld 1

Wasserhaushalt im Boden	Sickerwasser / Grundwasserspiegel steigt	aufsteigendes Kapillarwasser / Grundwasserspiegel fällt	Sickerwasser / Grundwasserspiegel steigt
Feldarbeiten im ersten Jahr	Trockenbrache: Pflügen, Pflügen, Jäten	Trockenbrache: Eggen	Aussaat, Wachstum
Wasserhaushalt im Boden	Sickerwasser / Grundwasserspiegel steigt etwas	aufsteigendes Kapillarwasser / Grundwasserspiegel fällt stark	Sickerwasser / Grundwasserspiegel steigt
Feldarbeiten im zweiten Jahr	Wachstum	Ernte	Grünbrache – Schafweide, Dung

Arbeitskalender des Getreidebaus auf Feld 2

Wasserhaushalt im Boden	Sickerwasser / Grundwasserspiegel steigt etwas	aufsteigendes Kapillarwasser / Grundwasserspiegel fällt stark	Sickerwasser / Grundwasserspiegel steigt
Feldarbeiten im ersten Jahr	Wachstum	Ernte	Grünbrache – Schafweide, Dung
Wasserhaushalt im Boden	Sickerwasser / Grundwasserspiegel steigt etwas	aufsteigendes Kapillarwasser / Grundwasserspiegel fällt	Sickerwasser / Grundwasserspiegel steigt
Feldarbeiten im zweiten Jahr	Trockenbrache: Pflügen, Pflügen, Jäten	Trockenbrache: Eggen	Aussaat, Wachstum

Bewässerungsfeldbau im Mittelmeerraum

In den subtropischen Winterregengebieten stellt das Wasserdargebot den begrenzenden Faktor des Pflanzenwuchses dar. Wegen der günstigen Wärme- und Lichtverhältnisse lassen sich durch Bewässerung mehrere Ernten pro Jahr erzielen. Bewässerungsfeldbau setzt aber orographisch geeignete Flächen und günstig erschließbares Wasser voraus. Betriebswirtschaftlich erfordert Bewässerungsfeldbau einen in der Landwirtschaft überdurchschnittlich hohen Aufwand an Technik, Organisation und Arbeit. Deshalb muss das potenzielle Bewässerungsland intensiv genutzt werden.

Das geschieht traditionell durch Stockwerkanbau und Dauerfeldbau. Hinzu kommt gegenwärtig bei zunehmender Konkurrenz ein erhöhter Kapitaleinsatz für eine wasser- und arbeitsparende Technik, für die Chemisierung des Anbaus und die Vermarktung der Produkte, dem die Kleinbauern in den Huertas (*Hortus*, lat.: Garten) durch Zusammenschluss in Kooperativen begegnen.

Bewässerungsverfahren
1. Traditionelle Verfahren mit hohem Wasserverbrauch durch Verdunstungs- und Versickerungsverluste
   1.1 Stauverfahren: Durch Überflutung eingeebneter Felder kommt das Wasser zum Stillstand und kann einsickern. Man unterscheidet Flächenüberstau, Beckenbewässerung, Furcheneinstau.
   1.2 Rieselverfahren: Das Wasser fließt in 1-3 cm Schichtdicke bei mäßiger Geschwindigkeit über leicht geneigte Flächen (Landstreifenbewässerung) oder durch Furchen (Furchenrieselung).
2. Moderne Verfahren mit einem sparsamen Wasserverbrauch und reduzierter Versalzung bei höherem Kapital- und geringerem Arbeitsaufwand
   2.1 Beregnung: Geeignet bei gelegentlicher Zufuhr kleiner Wassermengen, zum Risikoausgleich bei Dürre.
   2.2 Tropfbewässerung: Über mit feinen Düsen versehene Plastikschläuche wird das Wasser direkt zum Wurzelbereich der Kulturpflanzen geleitet.

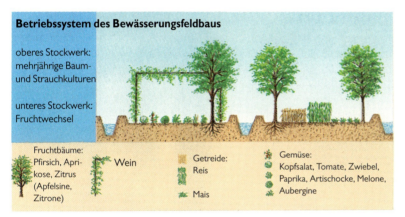

Bewässerungskanal in der Türkei (links), Tropfbewässerung (unten)

Betriebssystem des Bewässerungsfeldbaus in den trockenen Subtropen Tunesiens (Arbeitskalender für ein Feld)

Monat	Jan.	Febr.	Mrz.	Apr.	Mai	Juni	Juli	Aug.	Sept.	Okt.	Nov.	Dez.
Temperatur (in °C)	9	11	14	18	22	27	20	29	26	21	15	10
Niederschlag (in mm)	15	14	20	18	11	6	2	6	12	21	20	15
Tage mit Niederschlag	3	3	4	3	2	1	1	1	2	3	3	3
Feldarbeiten	PA	J	EPA	J	EPA	J	EPA	J	EPA	JE		
Fruchtfolge		Blattgemüse		Paprika		B o h n e n			T o m a t e n			Zwiebeln
Bewässerung		▲	▲	▲	▲	▲	▲	▲	▲	▲	▲	

▲ stärkere Wassergabe   ▲ geringere Wassergabe   P: Pflügen   A: Aussaat, Pflanzen   E: Ernten   J: Jäten

Geowissenschaftler haben errechnet, dass bei einer jährlichen Wassermenge von 600 mm mit einem Salzgehalt von 3g/Liter 1,8 t Salz auf eine Bewässerungsfläche von 1 000 m² transportiert werden.

Maßnahmen zur Überwindung der Bodenversalzung

1. Entwässerungsmaßnahmen (Melioration). Bei zu hohem Grundwasserstand muss das Grundwasser soweit abgesenkt werden, dass das aufsteigende Kapillarwasser nicht mehr die Bodenoberfläche erreicht. Dazu ist die Anlage von Entwässerungskanälen notwendig.
2. Verbesserung des Bewässerungssystems. Ein gezielter und sparsamer Wassereinsatz könnte der Versalzung entgegenwirken.
3. Anlage von Windschutzgürteln. Durch Windschutzgürtel wird die austrocknende Wirkung des Windes verringert und durch Schattenwurf die Verdunstung herabgesetzt.
4. Fruchtwechsel. Mit einem Wechsel der Anbaupflanzen wird versucht, der Versalzung entgegenzuwirken. Reis verlangt im Sommer eine starke Bewässerung, die Salze werden ausgespült. Bei Kleeanbau im Winter entfällt die Bewässerung. Die Züchtung salzverträglicher Kulturpflanzen steht am Anfang.

Bodenversalzung auf einem ehemaligen Baumwollfeld

?

1. Erläutern Sie, warum sich die Überflutungsbewässerung als ein Bumerang erweisen kann.
2. Stellen Sie Maßnahmen zur Überwindung der Versalzung in Fließdiagrammen (Pfeildiagrammen) dar.

Bewässerung und Bodenversalzung

Unter ariden Klimabedingungen kann es in allen Feldbaugebieten zur Versalzung des Ackerbodens kommen, wenn der Mensch unsachgemäß bewässert. Salz in und auf Ackerböden mindert die Bodenfruchtbarkeit, behindert das Wachstum der Kulturpflanzen und kann zu völligem Ernteausfall und somit unter Umständen zur Hungersnot führen. Zahlreiche gut gemeinte Bewässerungsprojekte fordern immer wieder ihren Tribut, weil bei der Planung der wasserwirtschaftlichen Erschließungsmaßnahmen häufig die Wechselwirkungen von Wasser, Boden und Klima nicht genügend berücksichtigt werden.

Die Ursache der Bodenversalzung liegt in dem Trugschluss begründet, man müsse dem unverbrauchten Boden in Trockengebieten lediglich Wasser zuführen, und das würde bei dem günstigen Dargebot an Wärme und Licht einen ertragreichen Anbau gestatten. Die verbreitete Maßnahme ist daher die Bewässerung durch Überflutung der Felder. Das zugeführte Wasser enthält im Gegensatz zum Regenwasser jedoch gelöste Salze. Sie werden in den Boden eingeschwemmt und die ohnehin im Boden enthaltenen Salze werden gelöst. Bei anhaltender Trockenheit und starker Erwärmung der Bodenoberfläche steigt das Kapillarwasser nach oben. Es führt die gelösten Salze mit. Sie reichern sich im Oberboden an, weil das Wasser an der Bodenoberfläche verdunstet.

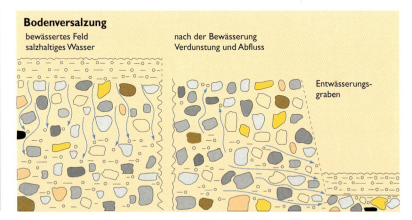

Arbeitsanregungen
zum Lehrbuchkapitel „Der Gürtel der temperierten Breiten"

1. Topographie der Landschaftsgürtel

    1.1 Beschreiben Sie die Verbreitung des Gürtels der temperierten Breiten über die Erde.
    1.2 Beschreiben Sie nacheinander die Lage der Hartlaubwälder, der Lorbeerwälder, der winterkalten Steppen, der Halbwüsten und Wüsten, der sommergrünen Laub- und Mischwälder, der borealen Nadelwälder. Verwenden Sie zur Kennzeichnung Begriffe der orographischen Großgliederung der Kontinente.
    1.3 Vergleichen Sie die Lage der Landschaftsgürtel. Unterscheiden Sie dabei niedere und höhere temperierte Breiten sowie Westseiten und Ostseiten der Kontinente.

2. Außertropische Zirkulation und Klimagliederung der temperierten Breiten

    2.1 Erläutern Sie die außertropische Zirkulation in ihren Grundzügen.
    2.2 Erklären Sie die Klimagliederung der temperierten Breiten in Eurasien anhand der außertropischen Zirkulation.
    2.3 Vergleichen Sie die Klimagliederung in Nordamerika mit der in Eurasien.

3. Bodenbildung und Böden in den temperierten Breiten

    3.1 Beschreiben Sie die Verwitterungsvorgänge des Gesteins. Beachten Sie die Mitwirkung von Temperatur, Luft, Wasser und Bodenorganismen. Unterscheiden Sie physikalische, chemische und chemisch-biologische Verwitterung.
    3.2 Stellen Sie den Zusammenhang der Faktoren, die die natürliche Bodenfruchtbarkeit beeinflussen, in einem Fließdiagramm dar, und erläutern Sie Ihr Modell der Bodenfruchtbarkeit.
    3.3 Erläutern Sie die von der Regierung der Bundesrepublik Deutschland vorgegebene Definition des Bodens (vgl. S. 24).

4. Geosystem der temperierten Breiten

    4.1 Stellen Sie den raumzeitlichen Wandel der Landnutzung in Mitteleuropa durch Innovationen von der neolithischen Revolution bis in die Gegenwart in einem Verlaufsdiagramm dar.
    4.2 Erläutern Sie die Gliederung Deutschlands in naturbedingte Agrarräume. Unterscheiden Sie Gunst- und Ungunsträume der landwirtschaftlichen Produktion.
    4.3 Vergleichen Sie die Waldwirtschaft im sommergrünen Laub- und Mischwald Mitteleuropas mit der im borealen Nadelwald Eurasiens.
    4.4 Beurteilen Sie die Inwertsetzung des Hartlaubwaldes in Griechenland zur Zeit der Antike und der winterkalten Steppe in Kasachstan zur Zeit der Sowjetunion.
    4.5 Begründen Sie eine Zweiteilung der Geosysteme in Waldländer und Graslländer. Beachten Sie die Wachstumsfaktoren Wärme, Wasser und Nährstoffe sowie die Wurzelkonkurrenz der Pflanzen.
    4.6 Erläutern Sie die natürliche Produktionsleistung der Bodentypen in den temperierten Breiten.

Der kalte Gürtel

Der kalte Gürtel umfasst im Nord- und Südpolargebiet die polaren Kältewüsten und die Tundra. In der polaren und subpolaren Klimazone herrschen zwischen den Polen und den Polarkreisen im Sommer der Polartag, im Winter die Polarnacht. Ihre Dauer wächst von den Polarkreisen mit zunehmender geographischer Breite und beträgt am Nord- und Südpol ein halbes Jahr.

Bei sehr flachen Einstrahlungswinkeln bleiben im polaren Eisklima selbst im Sommer die Mitteltemperaturen der wärmsten Monate unter 0 °C. Der Niederschlag fällt in den polaren Kältewüsten fast immer als Schnee.

Die sich an die Kältewüsten randlich anschließende Frostschutzzone weist eine etwas höhere Sommerwärme auf. Aber auch hier bleiben im polaren Klima die wärmsten Monatsmittel unter 6 °C.

Eiswüste, Kältewüste. Inlandeisgebiete in der Antarktis und auf Grönland, Meereis im Nordpolarmeer und den Randmeeren und Buchten in der Antarktis.

Abenteuer in der Arktis wurden bereits in der ersten Hälfte des 19. Jahrhunderts zum beliebten literarischen Thema.
Maler bannten dramatische Szenen auf die Leinwand. Sie basierten meist auf unbeholfenen Skizzen von Forschern und entsprangen der Phantasie von Künstlern. So schuf CASPAR DAVID FRIEDRICH (geb. Greifswald 5. 9. 1774, gest. Dresden 7. 5. 1840) sein Gemälde „Eismeer" vermutlich nach Anregungen, die er aus einem Bericht über die Forschungsreise PARRYS in die Arktis 1819–1823 erhalten hatte.

Klima und Vegetation der Polargebiete

polare Eisklimate	Eiswüsten
polare Klimate wärmstes Monatsmittel unter 6 °C	Frostschutzzone
subpolare Tundrenklimate kühle Sommer (6 bis 10 °C) kalte Winter (unter -8 °C)	Tundren und subpolare Wiesen, sommergrüne Sträucher
subpolare ozeanische Grasklimate kühle Sommer (5 bis 12 °C) und schneearme Winter, jährliche Temperaturschwankung meist unter 10 °C	subpolare Wiesen und sommergrüne Sträucher, Tussok-Gräser auf subarktischen Inseln

TROLL/PAFFEN 1963, SCHMIDTHÜSEN 1976

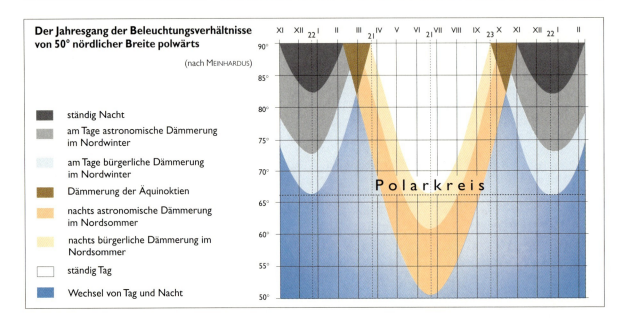

Der Jahresgang der Beleuchtungsverhältnisse von 50° nördlicher Breite polwärts (nach MEINHARDUS)

- ständig Nacht
- am Tage astronomische Dämmerung im Nordwinter
- am Tage bürgerliche Dämmerung im Nordwinter
- Dämmerung der Äquinoktien
- nachts astronomische Dämmerung im Nordsommer
- nachts bürgerliche Dämmerung im Nordsommer
- ständig Tag
- Wechsel von Tag und Nacht

Fläche und Volumen des Eises auf der Erde

Polareis

Festland	Fläche		Volumen	mittlere Dicke	maximale Höhe	Seespiegel-anstieg
	10⁶ km²	%	10³ km³	m	m	m
Grönland	1,81	83	2,2	1 210	3 230	+6,5
Antarktis (mit Schelf)	13,9	97	26,0	1 880	> 4 600	+67,0[1]
Antarktisschelf	1,4	100	0,5	380	–	–
N. Kontinente Eiszeit	33,6	33 (→50)	~1000	~4 000		~100 (→ 140)

Ozeane	Fläche			Volumen	mittlere Dicke	Lebenszeit
	Sommer	Winter	Jahr			Jahre
	10⁶ km²			10³ km³	m	
Arktis [2]	7,1	11,4	9,8	22,5	2,3	5–10
Subantarktis	2,5	22,0	12,0	~15,0	1–1,5 [3]	< 1

1 Westantarktis allein 5 m
2 Polynyas: August 20 %, März 2,5 %, Jahr 6 %
3 ohne Tafeleisberge ~300 m (zu 90 % unter Wasser)

(nach verschiedenen Quellen; neueste Daten UNTERSTEINER in Houghton 1984)

Albedo. Rückstrahlungsvermögen von nicht spiegelnden Oberflächen. Je dunkler die Oberfläche, desto geringer wird die Albedo.

Meereis. Bildet sich auf dem Meer selbst, zum Teil aber auch aus Gletschern und Inlandeis, Eisbergen und Schelfeis.

Packeis. Zu mehreren Metern in der Arktis und Antarktis hoch aufgetürmtes Meereis.

Meinungen erster Polarforscher über die Eisberge der Polarmeere.
Admiral RICHARD E. BYRD (geb. Winchester, Va. 25. 10. 1888, gest. Boston, Mass. 12. 3. 1957) 1928: „Schlachtschiffe aus Eis, weit größer als sämtliche Flotten der Welt, die elend und ohne Hoffnung durch dunstiges Grau ziehen."
JOHN MUIR (Naturforscher des 19. Jhs.) 1880: „Dinge von unbeschreiblicher Schönheit, in denen die reinsten Töne des Lichtes flirren und funkeln, herrlich und ohne Makel wie nichts sonst auf der Erde oder am Himmel."
ISAAK HAYES (geb. Chester, Pa. 5. 3. 1832, gest. New York 7. 12. 1881) 1860 bei einem Sonnenuntergang vor Grönland: „… gleich Gebilden aus lauterer Flammen oder blankem Metall…."

Die Arktis

Auf der Nordhalbkugel ist das über 4 000 m tiefe Nordpolarmeer fast das ganze Jahr über mit Meereis bedeckt. Die Eismächtigkeit ist gering und beträgt im Durchschnitt nur 2 bis 3 m.

Durch die Gezeiten, durch Meeresströmungen und Wellen wird die Eisdecke in Schollen zerlegt. Treibeis driftet in Schollen weit nach Süden bis zur maximalen Treibeisgrenze. Die Treibeisdecke besitzt eine sehr geringe Wärmedurchlässigkeit und isoliert das wärmere Ozeanwasser von der viel kälteren Luft. Als Packeis bezeichnet man um mehrere Meter übereinander geschobenes Meereis. Durch Eispressungen kann es 20 bis 30 m mächtig werden. Das polare Eis ist fast ganzjährig von einer dünnen Schneedecke überdeckt, die eine hohe Albedo (75 bis 95 %) besitzt. Nur von Mitte Juni bis Ende August tritt für etwa 10 Wochen in der zentralen Arktis eine Schmelzperiode ein. Die Albedowerte betragen dann 40 bis 70 %, über dem offenen Ozeanwasser nur 6 bis 19 %.

Auf Grönland ist in der Arktis die größte zusammenhängende Inlandeismasse der Nordhalbkugel ausgebildet. Das maximal etwa 3 200 m mächtige Eis ist im polaren Klima durch Metamorphose (Umwandlung) aus Schnee entstanden. Die Umwandlung wird durch drei Phasen gekennzeichnet:
1. Verdichtung der Neuschneedecke,
2. Umwandlung von Schnee zu Firn und Firneis,
3. Umwandlung von Firn und Firneis zu Gletschereis.

?

Begründen Sie die unterschiedliche Lage der äußersten Treibeisgrenze im Europäischen Nordmeer und am Rande der Labradorsee.

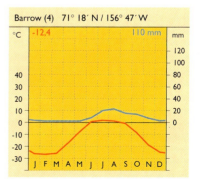

Barrow (4) 71° 18′ N / 156° 47′ W

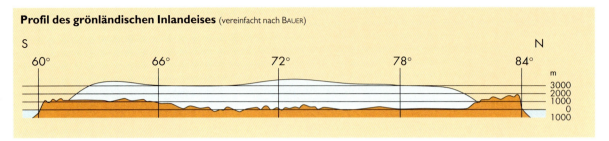

Profil des grönländischen Inlandeises (vereinfacht nach BAUER)

Am Rande des Inlandeises

Die Eisoberfläche erhebt sich in Form eines flachen Schildes, der von den Rändern steil bis zu einer Höhe von 3 231 m über dem Meeresspiegel ansteigt, im Inneren Grönlands aber fast eben ist. Der Felsuntergrund wird nur an den Rändern sichtbar, wo höhere Erhebungen als Nunataker die Eisoberfläche durchragen.

Am Rande Grönlands dringt das Eis in Tälern als Gletscher ins Meer. Die Fließgeschwindigkeit der Grönlandgletscher ist im Bereich der steil herabfallenden Gletscherzungen sehr groß und kann 20 bis 40 m am Tage erreichen. Regelmäßig treiben an der Gletscherstirn Eismassen ab, der Gletscher „kalbt". Die abgestürzten Massen werden zum großen Teil als riesige Eisberge durch Meeresströmungen nach Süden geführt. Die Eisdrift reicht an der Ostküste von der Grönlandsee, an der Westküste von der Davis-Straße zur Labradorsee bis zum Nordatlantik. Eisberge sind im Frühjahr und Sommer bis in 36° nördlicher Breite gesichtet worden und stellen für die Schifffahrt eine sehr große Gefahr dar (Untergang der TITANIC am 14. April 1912).

Die erste deutsche Grönlandexpedition leitete 1930 Alfred WEGENER. Es wurden neben meteorologischen Beobachtungen Eisdicke- und Höhenmessungen durchgeführt, bei 71° nördlicher Breite die Forschungsstation „Eismitte" aufgebaut. Durch exakte wissenschaftliche Arbeit schuf WEGENER neue Grundlagen für die Polarforschung.

Im November 1930 starben WEGENER und sein grönländischer Begleiter Rasmus WILLEMSEN auf dem Inlandeis, 189 km vom Lager an der Westküste entfernt.

Inlandeis. Eismassen, die aus Schnee entstanden sind, ausgedehnte Festlandflächen bedecken und deren Relief vollständig verhüllen.

Eisberge. Im Meerwasser schwimmende Eismassen, die nur zu 1/9 ihres Gesamtvolumens aus dem Wasser herausragen. Entstanden durch Lostrennung von Gletschern, vom Inland- oder Schelfeis („Kalben").

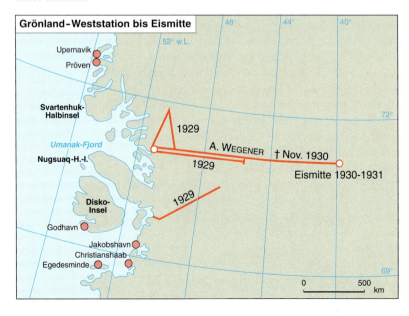

Die Tundra

Zwischen den polaren Eiswüsten und den borealen Nadelwäldern ist als nördlichste Zone die Tundra in der gesamten Arktis anzutreffen.

Die eurasische Tundra zieht sich in einem bis zu 200 km breiten Streifen vom nördlichen Europa entlang der sibirischen Nordpolarmeerküste bis zur Beringstraße. Allein in Eurasien umfasst die Tundra eine Fläche von etwa 3,25 Millionen km^2.

In Nordamerika erstreckt sie sich von Alaska bis Labrador und nimmt im Umkreis der Hudson Bay große Flächen, die „Barren grounds", ein. Zahlreiche Fjorde an den Küsten Grönlands und vorgelagerte Inseln tragen Tundravegetation. Auch die Inseln im Europäischen Nordmeer und Island gehören zur Tundra.

Auf der Südhalbkugel beginnt die baumlose Tundra schon ab 55° südlicher Breite in Feuerland und auf den Kerguelen, den Macquarie-Inseln und den Antipodeninseln südlich von Neuseeland.

Der Name „Tundra" wird von dem finnischen Wort „tunturi" abgeleitet und bedeutet „unbewaldeter Hügel, flacher, waldloser Gipfel". Auf der Halbinsel Kola bezeichnen die Einwohner waldlose Berggipfel als Tundra, aber auch andere waldfreie Areale mit einer ähnlichen Pflanzendecke. Bäume treten in ihr nur längs von Flüssen in den Flussauen auf.

Am Südrand der Tundra bildet die Waldtundra den Übergang zum geschlossenen borealen Wald. Hier treten auch außerhalb der Talauen flächenhaft ausgebreitet Waldbestände und in weiter Ausdehnung Torfmoore auf.

Auf der Nordhalbkugel ist die Südgrenze der Tundra identisch mit der Südgrenze der subpolaren Klimazone und entspricht etwa der 10°-Juli-Isotherme. Bei einem Julimittel von weniger als 10 °C wird der Baumwuchs verhindert.

Das subpolare Tundraklima zeichnet sich durch kühle Sommer (wärmste Monatsmittel zwischen +6 und weniger als +10 °C) und sehr kalte Winter (kälteste Monatsmittel unter -8 °C) aus.

Etwas wärmer sind die Sommer im ozeanisch subpolaren Klima Islands, wo kühle Sommer (Monatsmittel +5 bis +12 °C) und mäßig kalte Winter

Tundra. Baumloser Vegetationstyp in der polaren und subpolaren Klimazone. Kurze, kühle Sommer (wärmste Monatsmitteltemperaturen unter 12 °C) und lange, sehr kalte Winter (Schneebedeckung 250 bis 300 Tage) sowie kräftige Winde und Permafrost verhindern den Baumwuchs.

Die unverwüstlichen Moose und Flechten

Manche Pflanzen der Tundra lernt man am besten kennen, wenn man sich auf Knie und Hände niederlässt. Die Mühe lohnt sich, denn die Flechten und Moose sind hier wunderschön bunt. Aber das sieht man nur aus der Nähe, weil sie sich an den Boden schmiegen und einige von ihnen winzig klein sind. Das müssen sie auch.

Nur diese robusten überdauernden Pflanzen und einige Seggen und Gräser überleben in der Tundra. Ihr Wurzelgeflecht breitet sich im Boden über dem Permafrost aus. Sie machen sich den Permafrost sogar zunutze, denn das Eis verhindert ein Versickern der Feuchtigkeit.

In der Tundra fällt gewöhnlich nicht viel Schnee und die dünne Schneedecke wird oft genug auch noch vom Wind verweht. Hinzu kommt, dass der Schnee bei extremer Kälte trocken, körnig und scharf ist. Doch die Flechten und Moose schmiegen sich in Felsspalten, Mulden und Löcher und werden mit der ersten Wärme des neuen Sommers wieder lebendig.

Tundra in der Arktis

(kälteste Monatsmittel -8 bis +2 °C) auftreten. Der Niederschlag kann in der Tundra in allen Monaten als Schnee fallen. Am seltensten treten Niederschläge im August auf. Infolge der geringen Niederschlagsmengen bleibt die Schneedecke dünn, wird aber von kräftigen Winden zum Teil stark verweht.

Die arktische Tundra schiebt sich am weitesten gegen die Pole vor und besteht aus Flechten und Moosen. Daneben finden sich Polsterpflanzen (Steinbrech), Horstgräser und als Holzgewächse flach über den Erdboden kriechende Polarweiden.

Südwärts schließt sich die artenreichere Zwergstrauch-Tundra an. In ihr lässt sich deutlich neben der Flechten- und Moosschicht eine Kraut- und Strauchschicht unterscheiden. Es treten zahlreiche Ericaceen, wie die Rosmarinheide und die Schönheide mit der Rausch- und Preiselbeere, auf. Als niedrige Sträucher sind die Zwergbirke und die Polarweide verbreitet.

In der Torf- und Erdhügeltundra treten häufig 2 bis 4 m hohe Kuppen und Hügel auf. Sie sind durch Frosthebung und in Hohlräume eindringendes Schmelzwasser entstanden, das die Eislinsen im Kuppeninneren ständig vergrößert. Die Oberfläche der Kuppen wird von Torfmoosen, Seggen, Wollgräsern und Zwergsträuchern bedeckt.

1 Arktische Brombeere
2 Rentierflechte
3 Schneeflechte

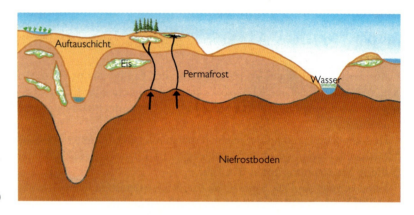

Schematisches Profil der Frostbodenerscheinungen in Sibirien

(in Anlehnung an FICKELER aus SCHOSTAKOWITSCH)

Permafrost (ewige Gefrornis)

Permafrost ist zirkumpolar in der eurasischen und nordamerikanischen Tundra ausgebildet. Nur im Sommer bildet sich eine mehr oder weniger mächtige Auftauschicht, deren Tiefe von der Dauer des Sommers, von der Sommerwärme, der Schneedecke und der Bodenart abhängt. Unter Torfschichten ist die Auftautiefe gering und beträgt nur einige cm. Sandböden tauen 1 bis 1,5 m tief auf.

Sehr weit nach Süden dringt der Permafrost in Sibirien vor. Extrem niedrige Wintertemperaturen und eine sehr dünne Schneedecke sind die Ursachen. Der Permafrost ist als Relikt der Weichselkaltzeit aufzufassen. Genaue Altersdatierungen mithilfe erhaltener Mammutkadaver, die im sibirischen Permafrost eingefroren sind, ergeben ein absolutes Alter von 44 000 bis 11 450 Jahren vor der Gegenwart.

In den sommerwärmeren Gebieten Alaskas und Sibiriens taut der Permafrost bis zu mehreren Metern auf. Die sommerliche Auftauschicht ist stark wassergetränkt und in Hanglagen sehr beweglich. Neben der Tundrenvegetation wächst hier in der Waldtundra auch hochstämmiger Wald.

1 Isländisches Moos
2 Zottiges Zackenmützenmoos
3 Alpenbeerentraube

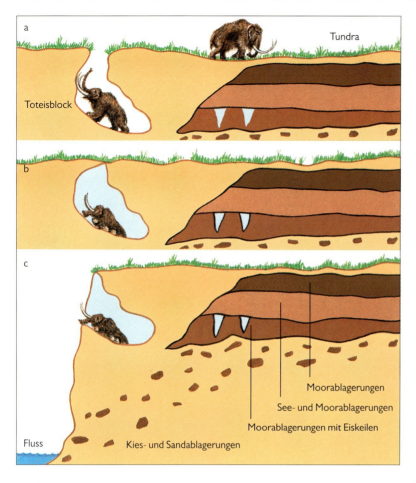

Erhaltung eines Mammutkadavers im Permafrost Sibiriens:
a) Mammut bricht in Toteisspalte ein
b) Kadaver gefriert; Bedeckung von Eis und von Staub
c) Anschnitt des Toteisblockes durch Seitenerosion eines großen Flusses. Kadaver wird am Steilufer 10 bis 15 m über dem Wasserspiegel sichtbar.

(Quelle: KAHLKE, H. 1981, Das Eiszeitalter, S. 68, Urania Verlag Leipzig, Jena, Berlin)

Strukturböden

In Gebieten mit häufigem Frostwechsel – also in eisfreien periglazialen Bereichen – entwickeln sich in der Auftauschicht die sogenannten Frostmusterböden.

Abhängig vom Relief treten dabei verschiedene Strukturen auf:
– Steinringe und Steinnetze auf Verebnungen,
– Steinstufen und Steinellipsen an Hängen.
Zwischen den Steinen befindet sich Feinerde.

?
Erläutern Sie die Entstehung von Frostmusterböden (Strukturböden) in der Frostschuttzone des kalten Gürtels. Beachten Sie die Gesteinszertrümmerung und Gesteinssortierung durch häufiges Auftauen und Gefrieren des Bodens sowie das Bodenfließen an Hängen.

Bodenartige Formen arktischer und anderer Kaltgebiete (nach SCHÄFER aus GANSSEN 1965)

Steinringböden

Steinellipsenböden

Steinnetzböden

Steinstreifenböden

In ebenen Lagen kommt es zu echten Bodenbildungen. Verbreitet sind in der Tundra vor allem Tundragleye (Gelic Gleysols). An der Oberfläche bilden sich Rohhumus oder Torfhorizonte aus. Da unter der wenig mächtigen Auftauschicht der Permafrost als Staukörper wirkt, kommt es zur Reduktion der Eisenoxide (bläulich graue Bodenfarben).

Die Horizontfolge besteht aus unzersetzter Streu (A_L), vermodernder Streu (A_F) und einer Humusauflage (A_H) als dem Mineralboden aufliegenden Humushorizonten sowie einem vom Grundwasser beeinflussten Reduktionshorizont (G).

Profile von vier häufigen Bodentypen der Tundra

Bodentyp	Ort der Aufnahme	Horizonte	Humusgehalt (% org. C)	KAK mval/100 g	pH	max. Auftautiefe (cm)
Gelic Regosol	Queen Elisabeth Islands, Kanada 76–78 °N	A	2,1	19,0	7,1	36
		C	0,9	25,0	7,1	
Gelic Cambisol	dito	A	3,4	17,0	6,1	
		B	1,2	9,0	5,8	43
		C	–			
Gelic Gleysol	Tareya, Russland 77 °N	O	78,0	–	4,6	
		H	48,0	68,0	5,5	
		G	1,5	17,0	6,8	38
Gelic Gleysol (mit H-Horizont)	dito	H 1	40,0	39,0	4,3	
		H 2	32,0	51,0	4,2	
		H 3	37,0	58,0	4,3	55

(nach EVERETT et al. 1981)

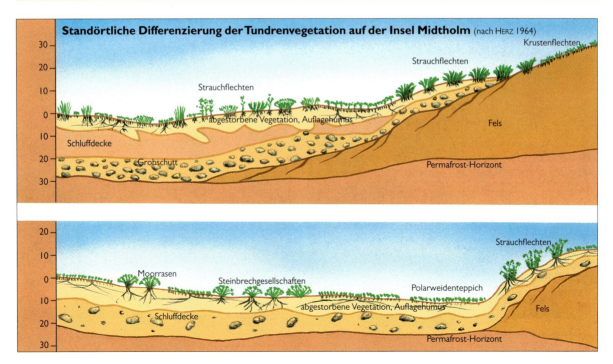

Standörtliche Differenzierung der Tundrenvegetation auf der Insel Midtholm (nach HERZ 1964)

Die Arktis als Lebensraum

Die Zahl der Arktisbewohner ist gering und beträgt knapp 250 000 Menschen.

Der größte Teil der arktischen Inseln und Grönlands ist nicht besiedelt. Auf der europäisch-asiatischen Seite leben Lappen, Nenzen, Ostjaker, Tungusen, Jakuten, Tschuktschen und andere kleine Völker. Im nördlichen Kanada, auf den Aleuten, in Alaska und an den Küsten Grönlands Eskimos.

Naturgegebene Wirtschaftsformen dieser Polarvölker sind Jagd auf Robben und Pelztiere sowie der Fischfang. Bodenschätze werden auf Spitzbergen (Kohle) und Grönland (Kryolith, Graphit, Blei und Zink) abgebaut.

Die Eskimos bezeichnen sich selbst als „Inuit" (Menschen) und Grönland als „Kalaallit Nunaat" (Land der Menschen). Früher lebten sie nur von der Jagd und dem Fischfang. Gejagt wurden Meeressäuger und Pelztiere. Rohes Robbenfleisch war meistens das einzige Nahrungsmittel. Die Felle der Robben lieferten Material für Kleidungsstücke, Schuhe, Decken und Bootshüllen. Därme und Sehnen wurden zu Riemen, Schnüren und Hundeleinen verarbeitet. Aus Robbenknochen bestanden Geräte und Waffen. Fett diente als Tran für Lampen in Iglus, den aus Schneeblöcken gebauten Wohnungen. Im Kontakt mit Europäern und Nordamerikanern wurden Pelze vom Polarfuchs und vom Eisbär gegen Gewehre und Munition, im 20. Jahrhundert gegen Motorboote und Motorschlitten getauscht.

Heute leben auf Grönland Eskimos und Grönlander (meistens aus Ehen von Eskimos und Europäern) in Holzhäusern, in Städten auch in Wohnblocks mit Fernheizung.

Durch starken Rückgang der Robbenbestände spielt die Robbenjagd nur eine untergeordnete Rolle. Es erfolgte eine Umstellung auf Fischfang und Fischverarbeitung. Seit den siebziger Jahren wird die eisfreie Westküste Grönlands im Sommer für den Tourismus erschlossen.

Die Rentierwirtschaft der Lappen

Das frei lebende Rentier wurde in der europäischen und nordasiatischen Tundra schon zur Jahrhundertwende fast ausgerottet. Die Karibus in Nordamerika wurden nicht domestiziert.

Von den Lappen gezähmte Rentiere werden im Sommer und Winter als Zug-, Last- und Reittiere genutzt. Eine Lappenfamilie braucht zum Lebensunterhalt 200 bis 300 Tiere. Die Lappen bezeichnen sich selbst als Samen (Sumpfleute). Ihr Lebensraum ist im Norden Skandinaviens die Zwergstrauch-Tundra. Als Nomaden zogen sie bis zur Mitte des 20. Jahrhunderts mit ihren Rentierherden von Weide zu Weide. Die meisten Lappen leben in Norwegen (rd. 40 000) und Schweden (rd. 15 000), in Finnland leben nur noch knapp 2 000.

Die Nahrung des Rentiers besteht aus Flechten und Moosen. Die Rentierflechte wächst im Jahr etwa 1 bis 5 mm. Nach der Beweidung benötigt die Tundravegetation mindestens 10 Jahre zur Erneuerung. Im Sommer frisst das Rentier die Blätter der Polareiche und Polarbirke, auch Gräser, Beeren und Pilze. Im Winter leben die Tiere im lichten Birken- und Nadelwald der Waldtundra. Unter der dünnen Schneedecke finden sie Moose und Flechten, die sie mit den Hufen freischarren.

Die Herden bestehen meistens aus mehreren hundert Tieren. Sehr große Herden (1 000 bis 2 500 Tiere) werden heute von Hubschraubern aus überwacht. Im April und Mai kalben die Rentiere. Rentiermilch wird von den

Bevölkerung der Arktis 1993
(ohne ehemalige Sowjetunion)

Alaska	85 700	Eskimos
Kanada	27 300	Eskimos
Grönland	55 600	Eskimos und Grönländer
Norwegen	40 000	Lappen
Schweden	15 000	Lappen
Finnland	1 730	Lappen
insgesamt	225 330	Menschen

Quelle: FISCHER Weltalmanach, 1994, Frankfurt (Main) 1993.

Erwerbstätige und Berufsgruppen auf Grönland

Einwohner:
56 000 Grönländer und Eskimos,
etwa 8 000 andere Europäer
davon sind:

22 000	Beamte, Ärzte, Beschäftigte in Dienstleistungen
9 500	Bergbauarbeiter
6 500	Industrie- und Bauarbeiter
6 000	Fischer und Arbeiter in der Fischverwertung
5 000	Beschäftigte im Verkehr und im Nachrichtendienst
2 000	Robbenjäger

?

Stellen Sie den Nutzungswandel im arktischen Lebensraum der Eskimo in einem Verlaufsschema dar.

Rentiere in der nordamerikanischen Tundra

Die Karibus Alaskas sind für ihre rauhe Umgebung besonders gut ausgerüstet. Ihr dichtes Fell gehört zu den wärmsten in der Tierwelt. Ihre breiten Hufe tragen sie über tückisches Gelände – morastige Mulden und steinige Hänge – sowie über weichen Schnee. Sie haben auch das Problem gelöst, ihren Hunger in Gebieten mit meist spärlicher Vegetation zu stillen. Karibuherden wechseln jährlich zwischen Winter- und Sommerweiden hin und her. Von November bis März äsen die Tiere in den bewaldeten Gegenden weiter südlich, wo sie die dünne Schneedecke wegscharren, um Flechten und Seggen freizulegen, die sie am liebsten fressen. Im April brechen die Herden zu den Hunderte von Kilometern entfernten Sommerweiden auf den windigen, baumlosen North Slope auf, wo sie sich von den Tundrenpflanzen ernähren. Nach Brunft und Paarung ziehen sie sich Ende Oktober beim Nahen des Winters wieder in die Wälder des Südens zurück.

Schelfeis. Mehrere hundert Meter mächtiges Eis am Rande des antarktischen Inlandeises. Überdeckt – zum Teil im Meere schwimmend – den bis rd. 200 m tiefen Schelf.

Lappen zu Butter und Käse verarbeitet. Ein begehrtes Nahrungsmittel ist das Rentierfleisch. Das Fell wird zur Herstellung von Bekleidung und Schuhen genutzt. Die Rentierkleidung ist leicht und warm. Rentierfelle bleiben auch bei starkem Frost weich und elastisch. Geweihe und Knochen des Rentiers liefern Material für Geräte und Waffen.

Vorm Aufsuchen der Winterweiden werden die Herden in Gehege zusammengetrieben und gezählt. Schlachtreife Tiere werden ausgesondert und vor Beginn der Winterweide geschlachtet.

An warmen Tagen im Polarsommer leiden Menschen und Tiere unter der Mückenplage. Es ist dann fast unmöglich, die Tiere zu treiben. Der Stechmückenreichtum erklärt sich mit aus der Tatsache, dass die Mückenweibchen auch von Pflanzensäften – also ohne Blutsaugen – leben können.

Neben den Rentieren sind Schneehase, Polarfuchs und Moschusochse sowie Lemming weitere kennzeichnende Wirbeltierarten. Lemminge können bei Massenvermehrung die Tundravegetation durch Wurzelverbiss weitgehend zerstören (Reduktion der Tundra-Produktion um über 20 %). Von den Lemmingen leben der Polarfuchs und Raubvögel, wie Rauhfußbussard und Schnee-Eulen.

Die Antarktis

Im Südpolargebiet ist die Oberfläche des antarktischen Kontinents nahezu völlig vom Inlandeis bedeckt. Der Scheitel einer flachgewölbten Eishaube liegt in etwa 81° südlicher Breite 3 719 m hoch über dem Meeresspiegel. Das Eis ist hier fast 3 000 m mächtig, erreicht aber seine maximale Mächtigkeit in der Nähe des geomagnetischen Südpols (in der Nähe der russischen Forschungsstation WOSTOK) mit 4 665 m.

Das Inlandeis schiebt sich vom Scheitel der zentralen Eishaube nach allen Seiten zum Weltmeer. Seine Oberfläche dacht sich nach außen allmählich auf 1 000 m ab, am Rand liegt die Eisoberfläche nur noch 40 bis 20 m über dem Meeresspiegel.

Schelfeis tritt am Rande des Eisschildes auf. Es handelt sich um flächenhaft ausgedehnte Tafeleismassen, die vorwiegend im Meer schwimmen.

An der Kalbungsfront zu den Ozeanen ist das Schelfeis noch 100 bis 200 m mächtig. In das Meer abbrechende Eismassen treiben als Eisberge in den

Ozeanen. Die tafelförmigen Eisberge der Antarktis ragen bis zu 30 m über die Meeresoberfläche. Nach Schätzungen ließen sich mit nur 10 % der Eisberge 6 bis 10 Millionen ha Land bewässern. Das riesige Antarktiseis (13 Mio. km² Inlandeis, 1 Mio. km² Schelfeis) kühlt die gesamte Troposphäre, insbesondere die bodennahe Luftschicht stark ab. Es bildet sich eine nach oben durch eine Inversion abgegrenzte Kaltluftschicht, die auf der Erdoberfläche die niedrigsten Mitteltemperaturen aufweist (Monatsmittel rund -70 °C, absolute Tiefstwerte häufig unter -88 °C).

Die antarktische Troposphäre ist viel kälter als die arktische, da über dem Festlandeis – im Gegensatz zum arktischen Treibeis – eine Wärmezufuhr von unten her wegfällt. Wegen der höheren Albedowerte im Sommer (Antarktis-Albedo 84 bis 86 %) und der fehlenden bzw. sehr dünnen Bewölkung wird über den Inlandeisflächen der Antarktis doppelt so viel kurzwellige Strahlung vom Eis reflektiert wie über der Arktis.

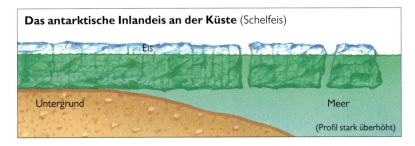

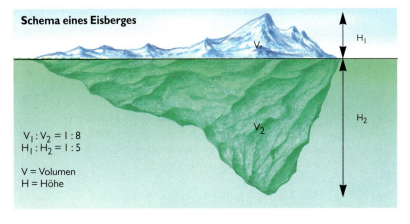

links: Schelfeisabbruch auf den Süd-Shetland-Inseln
rechts: Eisberg in der Antarktis

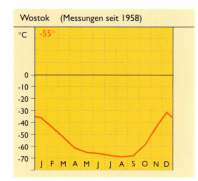

Wostok (Messungen seit 1958)

Vergleichswerte Arktis – Antarktis

absolute Tiefstwerte	
Eismitte/Grönland	-66,1 °C
Inlandeisplateau/ Antarktis (Juli 1957)	-73,0 °C
Südpol/US-Forschungsstation (Winter 1958)	-79,9 °C
Wostok/Sowj./Russ. Forschungsstation (Winter 1958)	-87,4 °C

Mitteltemperaturen am Nord- und Südpol

(in °C; 2 m über der Bodenoberfläche)

	Winter	Sommer	Jahr
Nordpol (Eisdriftstation > 84°N)	-33,7	-1,0	-19,2
Südpol	-58,2	-32,3	-49,3

Quelle: Flohn, 1988

Aus der Entdeckung und Erforschung der Polargebiete

Arktis

10. Jh.	erste europäische Besiedlung Grönlands (Erik der Rote)
16. Jh.	Suche nach der Nordwest-Passage
1903/1906	Amundsen gelingt die Nordwest-Passage (5800 km)
1878/1879	Nordenskjöld gelingt die Nordost-Passage (6 500 km)
1891/1893	Expedition an die Westküste Grönlands mit von Drygalski
1893/1896	Drift der „Fram" unter Nansen bis 86° 4' nördlicher Breite
1909, 6. 4.	Peary am Nordpol
1912/1913	erste Grönlanddurchquerung durch Koch und Wegener
1929/1931	erste „Deutsche Grönlandexpedition" mit Wegener
1937/1938	Eisschollendrift vom Pol nach Süden mit Papanin
1958	US Atom-Unterseeboot „Nautilus" unter dem Meereis zum Nordpol
1977	SU-Eisbrecher „Arktika" zum Nordpol

Antarktis

1578	Drake beschreibt antarktische Tafeleisberge südlich vom Kap Hoorn
1772/1773	Cook erreicht 71° südlicher Breite
1903/1904	von Drygalski erforscht die Ostantarktis
1908/1909	Shakleton erreicht 88° 23' südlicher Breite
1911/1912	Filchner im Weddelmeer
1911, 14.12.	Amundsen und
1912, 18.1.	Scott erreichen den Südpol
1938/1939	Byrd überfliegt den Südpol
1957/1958	Fuchs und Hillary durchqueren die Antarktis mit Raupenschneefahrzeugen vom Weddelmeer über den Südpol zum Rossmeer
1959	SCAR-Vertrag (Scientific Committee on Antarctic Research); 1987 von 37 Staaten unterzeichnet
1972	Konvention zum Schutz der Robben
1988/89	48 Forschungsstationen (Überwinterungsstationen) von 18 Staaten
	Wostok, SU (1958)
	US-Südpolarstation (1958)

Wichtige Vereinbarungen im Rahmen des SCAR-Vertrages waren 1964 das Abkommen über die Erhaltung der antarktischen Flora und Fauna, 1972 die Konventionen zum Schutze der Robben und 1980 zum Schutz der marinen Ressourcen.

Forschungsschwerpunkte sind neben Fragen zur Klimageschichte der Antarktis vor allem die Erkundung des geologischen Baues und die Suche nach Bodenschätzen.

1988 wurde eine Vereinbarung zur Rohstoffgewinnung erzielt. Die bisherige Lagerstättenerforschung fand Kohle, Eisenerze, Kupfer, Nickel und Chrom.

Arbeitsanregungen zum Lehrbuchkapitel „Der kalte Gürtel"

1. Topographie der Landschaftsgürtel

    1.1 Beschreiben Sie die Verbreitung des kalten Gürtels über die Erde.
    1.2 Beschreiben Sie nacheinander die räumliche Lage der polaren Kältewüsten und der Tundren. Verwenden Sie zur Kennzeichnung Begriffe der orographischen Großgliederung der Kontinente.
    1.3 Vergleichen Sie die räumliche Lage der Landschaftsgürtel an den Westseiten und Ostseiten von Nordamerika und Eurasien sowie innerhalb beider Kontinente.

2. Außertropische Zirkulation sowie Klimagliederung des kalten Gürtels

    2.1 Beschreiben Sie die Beleuchtungsverhältnisse und klimatischen Jahreszeiten des kalten Gürtels.
    2.2 Erklären Sie die Klimagliederung des kalten Gürtels anhand der außertropischen Zirkulation.

3. Bodenbildung und Böden im kalten Gürtel

    3.1 Beschreiben Sie die Vorgänge der Bodenbildung von Tundragley und entwickeln Sie dazu ein Bodenprofil.
    3.2 Erklären Sie die Entstehung von Frostmusterböden in der Frostschutzzone.
    3.3 Erläutern Sie den Verlauf der Permafrostgrenze in Nordeuropa und Eurasien.

4. Geosystem des kalten Gürtels

    4.1 Erläutern Sie Anpassungen der Tundrenvegetation an die Bedingungen von Beleuchtung, Wärme, Wasserhaushalt und Boden.
    4.2 Erklären Sie die Bildung von Mooren in der Tundra.
    4.3 Stellen Sie das Geosystem der Tundra modellhaft dar.
    4.4 Belegen Sie, in welcher Weise das Bodennutzungssystem des Rentiernomadismus an die klima-ökologischen Rahmenbedingungen der arktischen Tundra und des borealen Nadelwaldes angepasst war.

Referate

1. Forschungsreisen in der Arktis und Antarktis
2. Raumzeitlicher Wandel in der Lebensweise der Eskimos

Der tropische Gürtel

Allgemeine Merkmalskennzeichnung der Tropen

Die Tropen bilden den flächengrößten Gürtel, der etwa 40 % der Landfläche der Erde einnimmt. Mathematisch-astronomisch begrenzen die beiden Wendekreise den Tropenraum. Hier steht die Sonne, mit Ausnahme der Wendekreise, zweimal im Jahr im Zenit, die Tageslängenschwankung variiert zwischen 0 Stunden am Äquator (Tageslänge ganzjährig 12 Stunden) und 3 Stunden an den Wendekreisen (maximale Tageslänge 13,5 Stunden, minimale Tageslänge 10,5 Stunden). Die Tropen zeichnen sich durch eine intensive Sonneneinstrahlung aus, ein Sachverhalt, der auch andere Klimaelemente, vor allem Niederschlag und Lufttemperatur bestimmt.

Durch die Kontinent-Ozean-Verteilung und die planetarische Zirkulation ist der Tropengürtel auf den Festländern unterschiedlich räumlich ausgebildet.

Als gemeinsames Merkmal aller tropischen Naturräume hebt sich die das ganze Jahr über gleichmäßige Wärmeversorgung der Erdoberfläche ab – der Tropenraum kennt nicht den jahreszeitlichen Wechsel von Sommer und Winter. An die Stelle des thermischen Jahreszeitenklimas, wie es uns aus den Mittelbreiten vertraut ist, tritt das thermische Tageszeitenklima.

Die Diagramme für Belém und Quito zeigen, dass Temperaturunterschiede im Jahresgang (Abszisse) nahezu fehlen, dass das Jahr ein weitgehend einheitliches Temperaturregime besitzt. Man bezeichnet dies als Isothermie. Dagegen zeigt der Tagesgang der Lufttemperaturen (Ordinate) deutlich Unterschiede zwischen der nächtlichen Abkühlung und der Erwärmung im Tagesverlauf. Diese Feststellungen gelten für alle Höhen-

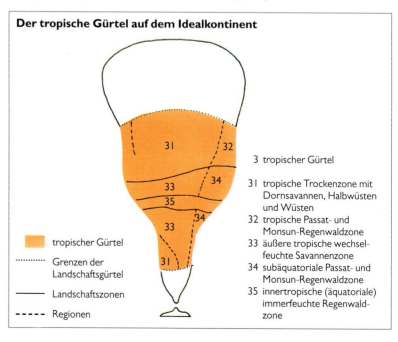

Der tropische Gürtel auf dem Idealkontinent

- tropischer Gürtel
- .... Grenzen der Landschaftsgürtel
- ——— Landschaftszonen
- ----- Regionen

3 tropischer Gürtel
31 tropische Trockenzone mit Dornsavannen, Halbwüsten und Wüsten
32 tropische Passat- und Monsun-Regenwaldzone
33 äußere tropische wechselfeuchte Savannenzone
34 subäquatoriale Passat- und Monsun-Regenwaldzone
35 innertropische (äquatoriale) immerfeuchte Regenwaldzone

lagen in den Tropen, wie ein Vergleich der Diagramme für Belém und Quito zeigt. Nimmt man noch die Frostfreiheit hinzu, dann ergibt sich eine Unterscheidung in Warmtropen (frostfrei, Jahresmittel des wärmsten Monats höher als 18 °C) in den Tiefländern und in Kalttropen, wo in den Höhenstufen der tropischen Gebirge Fröste regelmäßig auftreten.

Bei ganzjährig hoher Wärmeversorgung beruht die Untergliederung der Tropen auf der differenzierten Feuchteversorgung, den hygrischen Jahreszeiten. Diese finden ihren Ausdruck in der jahreszeitlichen Verteilung, Andauer und Höhe der Niederschläge.

So nimmt vom Äquator zu den Wendekreisen die Anzahl der ariden Monate deutlich zu und im Zusammenhang damit auch die erzwungene Trockenruhe der Vegetation und der Bodenbildungsvorgänge. Das findet in der zonalen Differenzierung der Pflanzenformationen und der Bodenbildungen einen deutlichen Ausdruck. Dabei trennt die klimatische Trockengrenze – eine Linie, an der die Jahressumme der Niederschläge der potentiellen Landschaftsverdunstung entspricht (N = pLV) – die Feuchttropen von den Trockentropen.

Thermoisoplethendarstellungen. Mit Hilfe von Isoplethen ist eine flächenhafte Isoliniendarstellung möglich.

Ein Sachverhalt, wie z. B. die Lufttemperatur, kann gleichzeitig unter zwei Bezügen, dem täglichen und dem jährlichen Gang, dargestellt werden. So sind für die Thermoisoplethen auf der Abszisse die Jahresabschnitte (Monate) und auf der Ordinate die Tagesstunden eingetragen.

Isoplethendarstellungen können auch für andere Sachverhalte, z. B. Luftdruck oder Bodenfeuchte, verwendet werden.

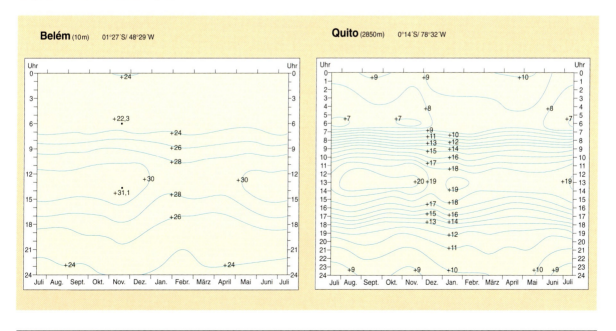

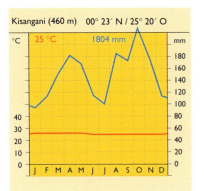 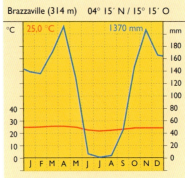 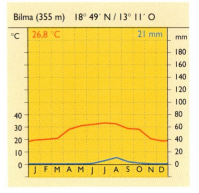

Klimadiagramme der Stationen Kisangani (innere immerfeuchte Tropen), Brazzaville (äußere wechselfeuchte Tropen) und Bilma trockene Randtropen)

Landschaftszonen des Tropengürtels				
Landschaftszone	Einordnung in Jahreszeitenklimate nach TROLL/PAFFEN	Vegetationsformation	Wasserhaushalt	Verbreitung
innere immerfeuchte Tropen (Regenwaldzone)	V/1	tropische immergrüne Regenwälder der Niederungen, Gebirgswälder (Nebelwälder)	ganzjährig Niederschlag, doppelte Regenzeit (Zenitalregen), mehr als 2 000 mm, 12–10 humide Monate	hauptsächlich im äquatorialen Raum zwischen 10° N und 10° S, Amazonasbecken, westliches Äquatorialafrika, Südostasien und Ozeanien, etwa 8,0 % der Festlandsfläche (Feuchttropen)
äußere wechselfeuchte Tropen (Savannenzone)	V/2	tropische halbimmergrüne Regenwälder, regengrüne Monsunwälder, Feuchtsavannen	einfache, kurze Trockenzeit, mehr als 1 500 mm Niederschlag, Sommerregen, 10–7 humide Monate 9,5–7 humide Monate	zwischen Regenwäldern auf der Äquatorialseite und den Wüsten an den Wendekreisen mit dem Hauptflächenanteil auf der Südhalbkugel in Südamerika, Afrika und Australien
	klimatische Trockengrenze			
	V/3	tropische Trockenwälder und Trockensavannen	Trockenzeit, 750-1 000 mm Niederschlag, 7–4,5 humide Monate	etwa 15 % der Festlandsfläche
	V/4	tropische Dornbaum- und Sukkulentenwälder, Dornsavannen	lange Trockenzeit, 300–750 mm Niederschlag, hohe Variabilität, 4,5–2 humide Monate	(Trockentropen)
trockene Randtropen	V/5	tropische Halbwüsten und Wüsten	weniger als 300 mm Niederschlag, episodische Niederschläge (> bei Sonnenhöchststand), 2–0 humide Monate	etwa 18 % der Festlandsfläche, Sahara, Arabien, Zentralaustralien, Küstenwüsten in Südkalifornien, der Atacama und der Namib

Die naturlandschaftlichen Ausstattungseigenschaften der tropischen Landschaftszonen widerspiegeln sehr genau die hier wirkenden Gesetzmäßigkeiten der atmosphärischen Zirkulation einschließlich der damit verbundenen Luftdruck- und Windsysteme sowie die großräumige Temperaturverteilung.

Die tropischen Geosysteme werden maßgeblich durch folgende Teilbereiche der allgemeinen Zirkulation der Atmosphäre bestimmt:

immerfeuchte innere Tropen	ganzjährig **äquatoriale Zirkulation** mit Westwinden geringer Richtungsstabilität und konvektiven Niederschlägen im Bereich der innertropischen Konvergenzzone (ITC)
wechselfeuchte äußere Tropen	Wechsel der wirksamen Zirkulationsbereiche im Jahresgang. Sommer: ITC mit äquatorialen Westwinden und Schauerniederschlägen. Regenzeit. Winter: Passatzirkulation mit trockenen Luftströmungen. Trockenzeit. **Monsunregime** als Ausdruck des regelmäßigen Richtungswechsels von Strömungen und Luftmassen.
randtropische Trockenzone	ganzjährig **Passatzirkulation** mit Winden hoher Richtungsstabilität und ausgeprägter klimatischer Trockenheit über den Kontinenten, an deren Westseite bis an die Küsten reichend. Ostseiten der tropischen Kontinente mit ganzjährig feuchtem Passatklima.

Die immerfeuchte Regenwaldzone

Das Klima der immerfeuchten Regenwaldzone

Die Karte (vgl. Abb. Seite 89) zeigt drei große Verbreitungsgebiete dieser Landschaftszone. Den größten Raum nimmt sie im Amazonasbecken bis zu den Osthängen der Anden ein. Ein weiteres, stark aufgelöstes Areal bildet der indo-malaiische Raum, der ostwärts Neuguinea und den Melanesischen Archipel einschließt. Das dritte Gebiet erstreckt sich in Afrika an der Guineaküste und im nördlichen Kongobecken. Einige kleine Vorkommen kennzeichnen Gebiete in Mittelamerika und in Madagaskar. Insgesamt macht der Festlandsanteil der immerfeuchten Regenwaldzone 12,5 Millionen km^2 aus.

Kennzeichnende klimatische Merkmale zeigen die Klimadiagramme. Zuerst sei auf das Tageszeitenklima verwiesen. Aus dem Thermoisoplethendiagramm Belém (vgl. Abb. Seite 89) erkennt man an den nahezu waagerecht verlaufenden Linien, dass die Jahresschwankungen der Lufttemperatur mit etwa 2 °C sehr gering sind. Die gleiche Feststellung gilt auch für Quito (vgl. Abb. Seite 89), das in 2 850 m Höhe in den Anden liegt. Dieses thermische Regime kennzeichnet man mit dem Begriff „Isothermie".

Temperaturunterschiede zwischen Tag und Nacht sind vorhanden, mit 6 °C–11 °C sind sie aber nicht sehr hoch. Man spricht von einem thermischen Tageszeitenklima. In der mit Wasserdampf gesättigten Luft führt die rasche Erwärmung am Vormittag zu kräftiger Konvektion, mächtige Gewittertürme (Cumulonimbus) quellen rasch auf und bedecken den

?

1. Erläutern Sie am Thermoisoplethendiagramm von Belém den Begriff des thermischen Tageszeitenklimas. Vergleichen Sie Quito mit Belém.
2. Werten Sie die Klimadiagramme von Brazzaville (vgl. S. 90), Kano und Timbuktu (vgl. S. 105) aus.
Kennzeichnen Sie den Jahresgang des Niederschlages und die Andauer der humiden Zeit.
Begründen Sie die Unterschiede.
Ordnen Sie die Klimadiagramme den Savannentypen zu.

Schema der Konvektion mit Cumulonimbus-Bildung (Cb)

(verändert nach GOSSMANN 1988)

blauen Himmel. Sie reichen von der Grundschicht bis in Höhen von 12 bis 16 km. Dort sind sie von einem weißen Eiswolkenschirm (Amboss) gekrönt. Die Cumuluswolken bilden Cluster von Hunderten von Quadratkilometern Fläche, die nahezu ortsfest sind.

Aus den Gewitterwolken fallen täglich gewittrige Schauer (tropische Starkregen), oft mit Sturmböen verbunden. Die Gewitterregen haben eine hohe Ergiebigkeit. Tageswerte von 100 mm werden häufig überschritten.

Der Jahresgang zeigt ganzjährig hohe Niederschläge mit Jahressummen von 2 000 bis 3 000 mm. Lageeffekte, wie Stauexposition, können lokal deutlich Abweichungen von diesen Werten hervorrufen, z. B. am Südwest-Fuß des Kamerunberges 10 500 mm im Jahr.

Die Niederschlagskurve besitzt zwei Maxima, die im Anschluss an den Zenitstand der Sonne im März/April bzw. September/Oktober auftreten und die kennzeichnend für den Äquatorialtyp des Jahresganges der Niederschläge sind (vgl. Klimadiagramm Kisangani, S. 90).

Zum Verständnis des Klimas der immerfeuchten Tropen gehört die ausgeprägte Gleichförmigkeit des Witterungsablaufes zwischen Sonnenaufgang und Sonnenuntergang. Gegen 6.00 Uhr erhebt sich die Sonne über die Horizontlinie, der Himmel ist tiefblau, und am Vormittag herrscht eine intensive Einstrahlung, dann quellen rasch die Gewitterwolken auf und bedecken den Himmel. Die mit Wasserdampf gesättigte Luft ist schwül und die unvermittelt losbrechenden Tropengewitter schaffen keine Abkühlung. Gegen 18.00 Uhr verschwindet die Sonne unter der Horizontlinie. 20 bis 30 Minuten später ist es Nacht. Die Luft kühlt sich ein wenig ab und es kommt zum Taufall.

Ein klimatisches Merkmal der immerfeuchten Tropenzone sind die Wirbelstürme, die über den Meeresgebieten auftreten und an den Küsten oft große Schadwirkungen hervorrufen.

Verwitterung, Relief und Bodenbildung

In der immerfeuchten Regenwaldzone ist die Verdunstung hoch. Etwa 50 % der Niederschläge werden auf diesem Wege wieder der Atmosphäre zugeführt. Der verbleibende Rest speist den oberirdischen und den unterirdischen Abfluss. Besonders letzterer ist für die Verwitterung und Bodenbildung in den inneren Tropen sehr wichtig, weil fast der gesamte Niederschlag, der durch das vielfältig gestaffelte Kronendach der Regenwälder den Boden erreicht, hier auch zur Versickerung kommt. Die Böden sind deshalb ganzjährig feucht. Bei gleichfalls ganzjährig hohen Bodentemperaturen kommt es zu intensiver hydrolytischer Verwitterung, zu einem tiefreichenden Zersatz der Gesteine. Häufig sind die Verwitterungsdecken mächtiger als 20 m.

Bei lebhaftem oberirdischen Abfluss in einem dichten Gewässernetz kommt es zur Zerschneidung und Tiefenerosion, die besonders in den Randbereichen der Gebirge, z. B. in Neuguinea, ein ausgeprägtes Kerbtalrelief geschaffen haben. Frische Abrissnischen und Schlammströme gliedern oft die Hänge und weisen auf intensive Rutschungsprozesse in den Verwitterungsdecken hin.

Die Flussbetten sind felsig und wenig eingetieft, besitzen ein relativ steiles Böschungsgefälle und sind häufig durch Wasserfälle und Stromschnellen gegliedert. Auch dieser Sachverhalt findet zumindest teilweise seine Erklärung durch die starke chemische Verwitterung, die sich in einer sehr geringen Schotterführung äußert und damit den Fluss seiner Erosionswaffen beraubt.

Intensive chemische Verwitterung als Ergebnis ständig hoher Bodenfeuchte und -temperatur, ganzjährig wirkende Versickerung und Auswaschung von Nährstoffen (N, Ca, P) und von Kieselsäure sowie die Anreicherung von Oxiden des Eisens und des Aluminiums bestimmen die zonalen Eigenschaften der Böden in den immerfeuchten Regenwaldgebieten. Sie werden zusammenfassend als Ferralite (ferrum – Eisen; al – Aluminium) bezeichnet und sind äußerlich häufig durch ihre kräftige dunkelrote Farbe (hervorgerufen durch Hämatit), gekennzeichnet. Humusmangel und Nährstoffarmut sind weitere Merkmale.

Bei manchen Böden ist die Anreicherung von Eisen- und Aluminiumoxid so stark, dass sich nach Austrocknung Krusten bilden. Man spricht dann von Laterit. Ein anderer verbreiteter Boden innerhalb der Ferralite sind die Rotlehme.

Neben den ferralitischen Böden haben in den großen Becken- und Flussauenlandschaften der inneren Tropen Moore und Gleye eine weite Verbreitung. Auch die Gesteine bestimmen sehr deutlich die Bodenbildung. So entwickeln sich auf jungvulkanischen Gesteinen, z. B. auf Java oder in Afrika am Kilimandscharo nährstoffreiche Böden, die intensiv landwirtschaftlich genutzt werden.

Die große Mächtigkeit der ferralitischen Böden weist darauf hin, dass diese auch ein beträchtliches Entstehungsalter haben. Seit dem Tertiär haben sie sich unter ähnlichen klimatischen Bedingungen entwickelt.

Ferralite. Bodenbildungen der Tropen und Subtropen, die sich besonders durch Fe- und Al-Oxidbildung auszeichnen und deswegen eine kräftige Rotfärbung aufweisen. Der relativen Anreicherung der Oxide steht die Auswaschung von Kieselsäure, Alkalien und Erdalkalien gegenüber.

Laterit. Abgeleitet von lat. later = Ziegel. Kennzeichnet in tropischen Böden die starke Anreicherung von Fe- und Al-Oxiden, die bei Luftzutritt an der Erdoberfläche verhärten und schlackeartige Krusten bilden. Lateritisierung ist besonders für die wechselfeuchten Tropen kennzeichnend.

Der immergrüne tropische Regenwald

Der immergrüne tropische Regenwald ist die üppigste Vegetationsformation der Erde in Bezug auf pflanzliche Primärproduktion und Artenfülle. Besonders reichhaltig ist die Flora im indo-malaiischen Raum, wo 450 000 Arten sich auf 3 000 Gattungen verteilen (zum Vergleich: Mitteleuropa zählt 5 000 bis 6 000 Arten). Fast drei Viertel der tropischen Gattungen sind endemisch, treten also nur in relativ engbegrenzten Gebieten auf.

Das Lebensformenspektrum ist eng. Bäume haben einen Anteil von reichlich 70 %. Hohe pflanzliche Primärproduktion und Nährstoffarmut der Böden in weiten Teilen der Regenwaldzone bilden nur scheinbar einen Widerspruch. Der Abbau der Streu erfolgt im feucht-heißen Milieu rasch, u. a. durch Termiten, Blattschneiderameisen und – weniger intensiv – durch Regenwürmer. Besonders stark am Streuabbau sind Pilze beteiligt, die symbiotisch mit den Baumwurzeln im Boden leben. Sie bewirken maßgeblich den Abbau der organischen Substanz. Die Pilzfäden (Hyphen) nehmen die Nährstoffe auf und leiten sie ihren Wirtspflanzen über deren dichte, oberflächennahe Wurzelmatte zu.

Die immerfeuchten Regenwälder haben einen kurzgeschlossenen Nährstoffkreislauf. Kalium, Kalzium, Magnesium und Natrium werden fast ausschließlich aus der Biomasse freigesetzt, nur Stickstoff und Phosphor sind zu größeren Teilen im Boden enthalten. Der Regenwald ist damit ein höchst effizienter Nährstoffspeicher. Flüsse und Bäche, die die Waldgebiete verlassen, führen so reines Wasser, dass es der Qualität von destilliertem Wasser entspricht.

Die klimatisch optimalen Bedingungen haben zu einer großen Vegetationsvielfalt in den Regenwaldgebieten geführt. Wichtige Gestaltmerkma-

Termitenhügel

le sind aber überall in gleicher Weise zu finden. Dazu zählt die Einzelmischung, oft kommen 50 bis 100 Arten/ha vor, es handelt sich ausschließlich um Laubhölzer, nur in Bergwäldern treten vereinzelt Nadelgehölze auf.

Ein weiteres wichtiges Merkmal ist der Stockwerksaufbau, der sich aus dem Kampf um das Licht, den Minimumfaktor im Regenwald, ergibt. Die Schichtung ist sehr unterschiedlich ausgebildet, oft ist sie auch wenig deutlich. Die unten stehende Abbildung zeigt schematisch die Etagen eines Regenwaldes und die damit verbundene, vertikale Differenzierung des Mikroklimas dieser Wälder. Das Bild zeigt zunächst das Stockwerk der wenigen Baumriesen, die Wuchshöhen von 50 bis 60 m erreichen. Darunter eine geschlossene Baumschicht, die durch das Kronendach der mittelhohen Bäume gebildet wird, oft noch intern gegliedert ist und Höhen zwischen 20 und 25 m erreicht. Der Stammraum ist oft ebenfalls vom aufstrebenden Jungwuchs ausgefüllt. Die Bodenvegetation wird durch die Strauch- und Krautschicht gebildet, die auf den Lichtmangel, in dieser Etage kommt nur 0,1–1,0 % des Sonnenlichtes an, eingestellt ist und deshalb besonders von Schattenpflanzen (Banane) bestimmt wird. Üppig sind Kraut- und Strauchschicht auf Blößen oder unter Lücken im Kronendach.

Die Stämme der Bäume sind schlank und glatt, erst im oberen Drittel verzweigt; die Kronen klein, schirm-, kegel- oder spindelförmig gestaltet. Dem Holz fehlen Jahresringe, nur Feuchtemangel markiert sich schwach. Der Laubwechsel erfolgt individuell, von Baum zu Baum, teilweise von Ast zu Ast verschieden. Die Blätter sind relativ groß, oft ganzrandig und mit

Die Stockwerke des tropischen Regenwaldes und an sie geknüpfte Veränderungen der ökologischen Bedingungen

(nach BOURGERON)

m	CO_2-Gehalt	rel. Luftfeuchte	Temperatur	Verdunstung	Lichteinfall
25	mäßige Zunahme	Tagesschwankungen nehmen ab		starke Abnahme	100 %
18		schwacher Anstieg			25 % an der Obergrenze
12				schwache Abnahme	14 % an der Obergrenze
6		starker Anstieg			10 % an der Obergrenze
2,5	starke Zunahme v. 6 auf 1 m			starke Abnahme	fast keine Tagesschwankungen
1	sehr hoch	(fast) konstant hoch			

Träufelspitzen ausgestattet. Im Kronenraum, wo wegen der hohen Strahlung Dürrestress auftreten kann, haben die Blätter oft einen dicken Schutz der Oberhaut. Im geschützten Stammraum dominieren weiche, großflächige Schattenblätter.

Nach der Ruhepause entfaltet der Baum oder Zweig sehr schnell sein Laub, er „schüttet es aus". Erst wenn das Laub nach wenigen Tagen voll entwickelt ist, bilden sich Blütenknospen, die oft leuchtend rot oder orange gefärbt sind und ganzjährig durch Vögel oder Fledermäuse bestäubt werden. Verbreitet ist deswegen auch die Anlage von Blüten und Früchten am blattlosen Stamm, z. B. beim Kakaobaum.

Die Samen der Tropenbäume haben überwiegend eine kurze Keimfähigkeit, allgemein erfolgt unter einem Baum keine direkte Verjüngung. Stirbt also einer der Baumriesen wegen Alter, Dürre oder Blitzschlag ab, dann wird die Lücke von 300 oder 500 m^2, die er hinterlässt, von anderen Arten rasch eingenommen. So entsteht aus der natürlichen Dynamik heraus das kennzeichnende Vegetationsmosaik dieser Wälder.

Die hochgewachsenen, schlanken Bäume ruhen auf Brett- oder Stelzwurzeln, die einen sicheren Stand gewährleisten, im Boden ist das Wurzelsystem der Nährstoffsituation entsprechend flach ausgebildet.

Der Anteil der wertvollen Edelhölzer am Artenbestand ist gering, selten kommen mehr als 2–5 derartiger Bäume je Hektar vor. Viele Fruchtbäume, wie Mango, Brotfrucht, Melonenfrucht oder Feigenarten, kennzeichnen die Regenwälder.

Ausdruck des ökologischen Wettbewerbs im Regenwald sind die Lianen, deren Arten sich zu 90 % hier konzentrieren. Sie sind im Boden verwurzelt und streben im Kampf um das Licht in das Kronenstockwerk. Das erfolgt in unterschiedlicher Weise, z. B. als Spreizklimmer, die in das Zweigsystem anderer Pflanzen hineinwachsen und sich dort wie die Rotang-Palme, mit Stacheln und Dornen festhalten, oder wie die Vanille als Wurzelkletterer oder als Winde- bzw. Rankepflanzen, die sich mit verholzenden Ranken an anderen Pflanzen festhalten.

Lianen sind besonders an Waldrändern und Flussufern weit verbreitet, da sie hier vollen Lichtgenuss haben. Zusammen mit den Bäumen bilden sie ein undurchdringliches Dickicht. Die Epiphyten wurzeln in der Kronenschicht des Waldes. Da sie nicht parasitisch leben, ist hier ihre Wasser- und Nährstoffversorgung zeitweise problematisch. Sie vermögen deshalb, die Verdunstung zu drosseln und Wasser zu speichern, die Nährstoffversorgung ist hochspezialisiert. Die meisten tropischen Orchideen sind Epiphyten.

Weitere Lebensformen bilden Moose und Flechten, die auf den Blättern und Zweigen der Bäume siedeln.

Die ökologischen Prozesse des Stoffumsatzes werden ganz entscheidend durch die pflanzlichen Lebensformen bestimmt. Demgegenüber treten die tierischen deutlich zurück. Damit wird deutlich, dass die Konsumentenrolle eingeschränkt ist, der kurze Stoffkreislauf vollzieht sich unmittelbar zwischen Produzenten und Destruenten.

Brettwurzeln eines Baumes im tropischen Regenwald. Die „Bretter" setzen sich unter der Oberfläche nicht fort. Sie bilden vielmehr eine kammartige Reihe von kleineren, in den Boden führenden Wurzeln.

Lianen. Typische Lebensformen der äquatorialen Regenwälder. Pflanzen keimen am Boden, benötigen für die zunächst schwachen Stengel eine Stützpflanze. Lianen umranken, umwinden die Stützpflanze oder halten sich auf andere Art fest.

Epiphyten. Auf Pflanzen lebende, nicht-parasitäre Aufsiedler. Epiphyten leben im Kronenraum bei günstigen Lichtverhältnissen und ungünstiger Wasser- und Nährstoffversorgung. Epiphyten nehmen Feuchtigkeit durch Vegetationskörper (z. B. Moose) oder über Luftwurzeln (Orchideen) auf.

Die Nutzung der tropischen Regenwälder – lokale und globale Folgen

Wanderfeldbau (Shifting cultivation). Form der Landnutzung in den Tropen (Landwechsel). Da die Nährstoffvorräte der tropischen Böden nach wenigen Anbaujahren erschöpft sind, werden die Ackerflächen und oft auch die Siedelplätze verlegt. Durch Brandrodung werden neue Freiflächen für Felder und Siedlungen geschaffen. Entsprechend seiner weiten Verbreitung in den feuchten Tropen ist Wanderfeldbau an vielfältige Erscheinungsformen gebunden.

In der Zone der innertropischen, immerfeuchten Regenwälder ist weltweit die Bevölkerungsdichte sehr gering. In Amazonien leben verbreitet weniger als 1 Einwohner/km^2, in den anderen Großräumen zwischen 1 und 10 Einwohnern/km^2. Diese Wälder sind Refugien für Völker, wie die Pygmäen, die durch Sammeln und Wildbeute, Teil des Ökosystems geblieben sind.

Dennoch vollziehen sich gerade hier gewaltige Landschaftsveränderungen. Von reichlich 14 Millionen km^2 Regenwaldfläche um 1960 hat sie sich auf rund 7 Millionen km^2 verkleinert. Die Rodungsfläche beträgt etwa 250 000 km^2/Jahr.

Kennzeichnende Wirtschaftsform in den Regenwaldgebieten ist der Wanderfeldbau. Dabei werden sowohl Wirtschaftsflächen als auch die Siedlung in einem Langzeitrhythmus verlegt. Bezieht sich der Wechsel nur auf die Anbauflächen, spricht man von Landwechselwirtschaft. Beide Wirtschaftsformen werden unter der Sammelbezeichnung „Shifting cultivation" zusammengefasst. Sie wird in vielen Varianten praktiziert, lässt sich aber auf ein Grundmuster zurückführen.

Ein Waldstück wird gemeinsam mit Buschmessern gerodet, anfallende Äste, Zweige und Buschwerk werden zusammengetragen und vor dem Einsetzen der Regenzeit verbrannt. Größere Bäume werden durch Abschälen der Rinde (Ringeln) zum Absterben gebracht.

Das Verbrennen bewirkt eine Aschedüngung und die einmalige Bereitstellung von Nährstoffen. In den weichen, mit Asche bedeckten Boden bringt man mit Grabstock oder Hacke Setzlinge ein oder man sät darin aus. Über mehrere Jahre wird in dieser Weise auf der Fläche Ackerbau betrieben. Ohne Düngung sinken dabei die Erträge rasch, schon im 3. Anbaujahr oft um 50 % und mehr.

Nach der Einstellung der Nutzung entwickelt sich auf den Brachflächen über zahlreiche Zwischenstadien ein artenärmerer Sekundärwald, der nach

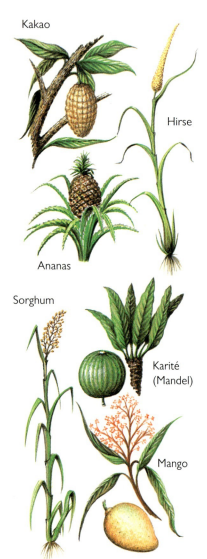

Kakao
Hirse
Ananas
Sorghum
Karité (Mandel)
Mango

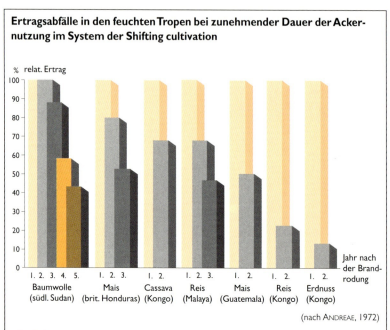

(nach ANDREAE, 1972)

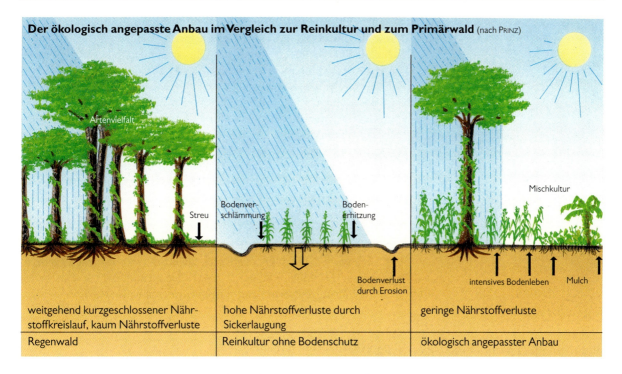

15 bis 25 Jahren erneut gerodet werden kann. In der Aufeinanderfolge von Nutzungsintervallen sinkt der Nährstoffstatus dieser Fläche so stark ab, dass ihre Nutzbarkeit versiegt.

Adlerfarngesellschaften oder Hartgräser zeigen diese Standortdevastierung an.

Mit Wanderfeldbau ist ein hoher Flächenbedarf und eine geringe Bevölkerungstragfähigkeit verbunden, die bei 2–5 Einwohnern/km² liegt. Steigende Bevölkerungszahlen und wachsender Nahrungsbedarf erzwingen deswegen in den Regenwaldgebieten eine zunehmende Rodung. Das Kulturlandschaftsbild nähert sich dem einer Savanne.

Die Problemlösung liegt im ökologischen Landbau. Ein Beispiel dafür ist die Mischkultur, die in der oben stehenden Abbildung vergleichend dargestellt wird.

Andere Ansätze für nachhaltige Nutzung sind Baumkulturen, wie der Plantagenanbau von Kautschuk, Kakao oder des Ölbaums sowie die Entwicklung einer Forst- und Holzwirtschaft in Übereinstimmung mit der hohen biotischen Diversität der Regenwälder. In Afrika und im indo-malaiischen Raum hat die Forst- und Holzwirtschaft bereits einen Anteil von etwa 10 % am Nationaleinkommen.

Jährliche Tropenholzexporte (nach Warengruppen, in m³)

	Schnittholz	Furniere, Sperrholz	Holzfertigwaren	Stammholz
Südamerika	122 000	23 000		
West- und Zentralafrika	9 000		4 156 000	
Südostasien	3 113 000	1 373 000		20 093 000

Empfängerländer von Tropenhölzern (in %, nach BRUENIG, 1994)

Nordamerika	4,0
Westeuropa	21,0
Naher Osten	2,3
China	21,0
Japan	51,0
Australien	0,5

Klimatische Trockengrenze. Sie ist ein Bereich, der durch das Gleichgewicht von Niederschlag und Verdunstung gekennzeichnet ist. Sie entspricht in den Tropen etwa einer Jahressumme von 800 mm Niederschlag. Jenseits der klimatischen Trockengrenze zeigt die Vegetation Anpassung an den allgemeinen Feuchtemangel. Die klimatische Trockengrenze kennzeichnet einen unterschiedlich breiten Grenzraum.

Wanderfeldbau steht auch in enger Beziehung zu lokalen und regionalen Umweltproblemen. Dazu zählt, wie bereits dargestellt, die Bodenerosion als Schadprozess. Besonders im Amazonasbecken und in Süd- und Südostasien ist die Sedimentbelastung der Flüsse sehr hoch.

Eine weitere Schadwirkung, die direkt mit der Entwaldung verbunden ist, betrifft die Niederschlagsbildung. Etwa drei Viertel der Niederschläge über dem Regenwaldgebiet entstammen dem kleinen Wasserkreislauf, der durch die Transpiration über den Wäldern geschlossen wird. Nur ein Viertel des Wasserdampfes wird mit den Passaten in die Regenwaldzone transportiert. Mit der Reduzierung der Waldflächen steigt einerseits der erosionswirksame Oberflächenabfluss, andererseits sinkt die Niederschlagsbildung. Nur bei einer großflächigen Regenwalderhaltung bleibt dieses Klimasystem funktionsfähig.

Die Brandrodungsvorgänge in den Regenwaldgebieten stehen auch in einem Zusammenhang mit dem CO_2-Problem. Durch den Brand werden jährlich etwa 1–2 GT CO_2 freigesetzt, 20 % der anthropogenen Gesamtfreisetzung. Dadurch und durch die Kohlendioxidbindung der vitalen Regenwälder ergeben sich Beziehungen zum Treibhauseffekt.

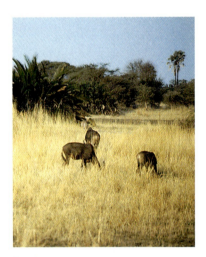

Feuchtsavanne

Die wechselfeuchte Savannenzone

Die wechselfeuchte Savannenzone schließt sich beiderseits des Äquators an die immerfeuchte Regenwaldzone an. Sie erstreckt sich auf beiden Halbkugeln bis zu den Wendekreisen und bildet die äußeren Tropen.

Kennzeichnende Gemeinsamkeit dieses Raumes ist der Wechsel von Regen- und Trockenzeit, damit wird das Saisonverhalten des Wasserhaushalts zum Regulator für den Landschaftshaushalt. Das findet seinen Ausdruck in den Böden, besonders aber in der Vegetation. Diese wird mit dem Begriff „Savanne" zusammenfassend bezeichnet. Darunter versteht man eine geschlossene Tropengrasflur, in der unzusammenhängend Gehölze auftreten.

Entsprechend der Andauer der sommerlichen Regenzeit ergibt sich eine interne Zonierung der Savanne. Diese äußert sich in zonalen Vegetationsformationen, die durch die Zahl der humiden/ariden Monate abzugrenzen sind:

Feuchtsavanne	2,5 – 5,0 aride Monate	Feuchttropen
	- - - - - - - - - -	Trockengrenze
Trockensavanne	5 – 7,5 aride Monate	Trockentropen
Dornsavanne	7,5 – 10,0 aride Monate	

Die Savannenzone nimmt etwa 15 % der Festlandsfläche der Erde ein, ihre Hauptverbreitungsgebiete liegen auf der Südhalbkugel in Südamerika, Afrika und Australien in unterschiedlichen Florenreichen.

So ist es verständlich, dass eine Vielzahl von Vegetationstypen die Savannenformationen kennzeichnen.

Die stark wechselnden Anteile von Gräsern und Holzgewächsen werden durch die standörtlichen Bedingungen ebenso geprägt, wie durch die Einflüsse der Landnutzung, besonders durch die Wirkung der Savannenbrände.

Trockensavanne

Das Klima der Savannenzone

Der Regenzeit-Trockenzeitrhythmus der wechselfeuchten äußeren Tropen erklärt sich aus der planetarischen Zirkulation der Atmosphäre. Der Zenitstand der Sonne ändert sich im Jahresgang, damit verlagert sich auch die ITC auf der jeweiligen Sommerhalbkugel in Richtung auf die Wendekreise. Entsprechend des zweimaligen Zenitstandes der Sonne am Äquator ist dort eine doppelte Regenzeit ausgebildet, weiter vom Äquator entfernt eine einfache Regenzeit. Mit zunehmender Entfernung vom Äquator nehmen die Niederschläge ab, sie werden unregelmäßig und zeigen eine hohe Variabilität.

Die Temperaturen haben einen nur geringen Einfluss auf den Landschaftshaushalt. Das Maximum liegt vor dem Einsetzen der Regenzeit, die Temperaturkurve zeigt die charakteristische Doppelwelle des indischen Typs. Der klimatisch bedingte Saisonrhythmus drückt sich in Vegetation, Wasserhaushalt und Böden deutlich aus. In der Trockenzeit verdorren die Gräser, die Bäume werfen das Laub und selbst größere Flüsse versiegen.

Dornsavanne

Klima und Böden der Feuchtsavanne

Die Feuchtsavanne umfasst alle Räume in den äußeren Tropen, in denen während 7–9,5 Monaten so hohe Niederschläge fallen, dass die Verdunstungsverluste übertroffen werden. Solche Monate bezeichnet man als hu-

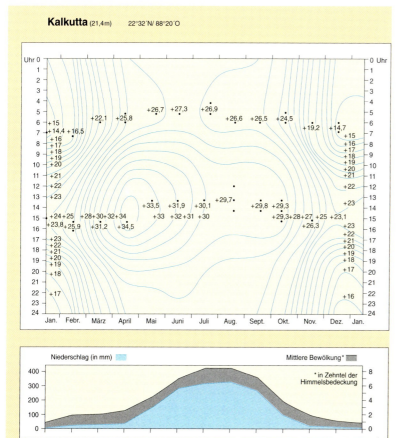

Niederschlagsvariabilität. Durchschnittliche Abweichung der Niederschlagshöhe vom langjährigen Mittelwert. Besonders für die Sahelzone ist eine hohe Niederschlagsvariabilität von etwa 30 % so charakteristisch, dass sie als Abgrenzungskriterium verwendet wird.

?
1. Erklären Sie unter Verwendung der Wasserhaushaltsgrundgleichung die Begriffe arid und humid.
2. Erläutern Sie den Begriff „Niederschlagsvariabilität". Nutzen Sie dafür die Niederschlagswerte einer von Ihnen ausgewählten Station.

mid. Weitere klimatische Kennzeichen sind aus dem Klimadiagramm Brazzaville und dem Thermoisoplethendiagramm Kalkutta abzuleiten. Die Isoplethendarstellung zeigt schon einen deutlichen Jahresgang der Lufttemperatur mit heißem Frühjahr, warmem Sommer und kühlerem Winter, dennoch ist der Unterschied zwischen Tag und Nacht im Temperaturgang noch bestimmend. Das wird auch durch den Temperaturgang an der Station Brazzaville bestätigt (vgl. Seite 90).

Für den Landschaftshaushalt ist der Niederschlagsgang entscheidend. Die Hauptmenge des Regens konzentriert sich auf die wärmste Zeit im Jahr, ein Sachverhalt, der entscheidend für das Pflanzenwachstum ist. Dagegen ist die kühlere Zeit niederschlagsarm oder auch niederschlagslos. Jahressummen zwischen 1 300 bis 2 000 mm kennzeichnen die Niederschlagsmenge.

Die Feuchtsavanne zählt zu den Feuchttropen. Sie wird durch die klimatische Trockengrenze von der Trockensavanne geschieden (vgl. unten stehendes Schema).

In der Feuchtsavanne spielen die Reliefverhältnisse für den Wasserhaushalt eine entscheidende Rolle. Hanglagen und Bergformen werden nur in der Regenzeit durchfeuchtet. In Senken und Mulden sammelt sich Wasser, das bei sandigen Böden auch in der Trockenzeit den Pflanzen zur Verfügung steht.

Da die sommerlichen Niederschläge als Starkregen fallen, sind sie besonders am Anfang der Regenzeit durch kräftigen Abfluss, oft in Form von Schichtfluten gekennzeichnet. Damit ist eine starke Abtragung verbunden.

Vegetation und Landnutzung (verändert nach MANSHARD 1968)

humide Monate	TROPEN – Vegetationsgürtel und Vegetationsformation	Anbau und Viehhaltung	SUBTROPEN – Vegetationsgürtel und Vegetationsformation	aride Monate
12	**immergrüner tropischer Regenwald und Bergwald**	geringe Viehhaltung, meist Kleinvieh (Asien: Wasserbüffel) / Shifting cultivation, Gartenbau, bäuerliche Pflanzungen, Plantagen usw. / Viehhaltung vorwiegend in gemischt-bäuerlichen und Farmbetrieben	subtropische u. temperierte Feuchtwälder	0
11				1
10		nur Subtropen: z. T. Getreidebau		2
9	═ Feuchtgrenze d. Weidewirtschaft ═			3
8	**Feuchtsavanne** Grasflur: Hochgrassavanne mit Galeriewäldern Feuchtwald	zunehmende Großviehhaltung, (z. T. seuchengefährdet, z. B. Tsetse) / nur Savanne: Jahreszeitenfeldbau und Pflugbau / winterhumid: Mediterrankulturen; sommerhumid: vorw. subtropischer Getreidebau (z. T. bewässert) / winterhumid: bäuerliche Viehhaltung, z. T. Transhumanz, (Neue Welt: Viehfarmen) sommerhumid: starke Viehhaltung aller Typen	winterhumid (feuchtes) Hartlaubgehölz / sommerhumid subtropische Grassteppe (z. B. Pampa)	4
7				5
6	**Trockensavanne** Grasflur: Kurzgrasflur Gehölzflur: regengrüner Trockenwald	*klimatische Trockengrenze* verschiedene Anbauformen Weidewirtschaft herrscht vor	(trockenes) Hartlaubgehölz	6
5				7
4	═══ agron. Trockengrenze (Grenze d. Regenfeldbaues) ═══			8
3	**Dornsavanne** Scrub	Neue Welt: Viehfarmen / Alte Welt: Nomaden { Dry Farming, Anbau m. künstl. Bewässerung (Oasen)	Dornsteppe Dorn- u. Sukkulentensavanne	9
2				10
1	**Halbwüste** (Dorn-, Strauch- u. Sukkulentenhalbwüste)	═ Trockengrenze d. Viehhaltung ═ episodisch Nomaden, Jäger u. Sammler	Halbwüste (Wüstensteppe)	11
0	**Wüste**	═ Trockengrenze d. Ökumene ═	Wüste	12

Oberflächenabfluss und Erosion bei unterschiedlicher Vegetationsdecke in Teilen Afrikas (nach CHARREAU)

Ort	durchschnittlicher jährlicher Niederschlag (in mm)	Gefälle (in %)	jährlicher Oberflächenablauf (in %)		Erosion (in t/ha und Jahr)	
			a	b	a	b
Ouagadougou (Burkina Faso)	850	0,5	2,5	2–32	0,1	0,6–0,8
Sefa (Senegal)	1 300	1,2	1,0	21,2	0,2	7,3
Bouake (Côte d´Ivoire)	1 200	4,0	0,3	0,1–26	0,1	1–26
Abidjan (Côte d´Ivoire)	2 100	7,0	0,1	0,5–20	0,03	0,1–90
Mpwapwa (Tansania)	≈ 570	6,0	0,4	26,0	0	78

a: Wald oder unbeweidetes Buschland
b: Feldfruchtanbau

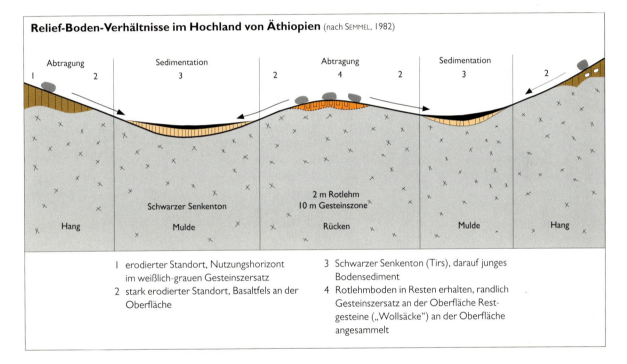

Relief-Boden-Verhältnisse im Hochland von Äthiopien (nach SEMMEL, 1982)

1 erodierter Standort, Nutzungshorizont im weißlich-grauen Gesteinszersatz
2 stark erodierter Standort, Basaltfels an der Oberfläche
3 Schwarzer Senkenton (Tirs), darauf junges Bodensediment
4 Rotlehmboden in Resten erhalten, randlich Gesteinszersatz an der Oberfläche Restgesteine („Wollsäcke") an der Oberfläche angesammelt

Diese Gesetzmäßigkeiten von Erosion und Akkumulation bestimmen die Böden in der Feuchtsavanne. An den Hängen beherrscht die rote Farbe die Bodendecke, in den Senken das Schwarz der Sedimente.

Durch Ackerbau und Beweidung wird dieser Prozess verstärkt, Bodenerosion ist ein ernstes Problem der Landbewirtschaftung in den Feuchtsavannengebieten (vgl. auch oben stehende Tabelle). Das entstehende Standortmosaik zeigt die oben stehende Abbildung an einem Beispiel aus dem Hochland von Äthiopien.

Die Pflanzengesellschaften der Feuchtsavanne

Die landwirtschaftliche Nutzung hat in Afrika und zunehmend auch in Südamerika die Feuchtsavannenzone erfasst und eine agrare Kulturlandschaft entstehen lassen, deren Vielfalt sie deutlich von den geschlossenen Regenwäldern unterscheidet. Ohne Nutzungseingriffe gäbe es keine scharfe Grenze zwischen Wald und Offenland, sondern einen allmählichen Wandel vom immergrünen zum halbimmergrünen und schließlich zum regengrünen Wald der Feuchtsavanne.

Der Savannenbegriff, eine Tropengrasflur mit darin verstreuten Gehölzen, beschreibt nur die äußeren Merkmale. Die Ausbildung der Vegetationstypen innerhalb der Formationen der Feucht-, Trocken- oder Dornsavanne wird durch den ökologischen Wettbewerb der Gräser und der Holzpflanzen um das Wasser am Standort entschieden.

Typische Savanne, also eine gemischte (Holz, Gras), mehrschichtige (Baum/Kraut bzw. Gras) Vegetation tritt nur auf überschwemmungsfreien Standorten auf, die einen tiefgründigen lehmig-sandigen Boden besitzen und häufig an flache Hänge gebunden sind. Hier herrscht ein Wettbewerbsgleichgewicht zwischen Gräsern und Gehölzen.

Holzpflanzen
- höhere Niederschläge (mindestens 300–400 mm/Jahr).
- Boden muss auch während der Trockenzeit Restwasser enthalten, um eine geringe Transpiration zu gewährleisten.
- extensives, tiefreichendes Wurzelsystem für grobkörnig steinige Böden mit geringer Wasserkapazität besonders geeignet.

Gräser
- geringere Jahresniederschläge (> 1 000 mm kein natürliches Grasland).
- kein Restwasser, in Trockenzeit keine Wasseraufnahme möglich.
- intensives, flaches Wurzelsystem, das ein kleines Bodenvolumen erfüllt, Wasservorrat wird während der Vegetationszeit aufgebraucht.

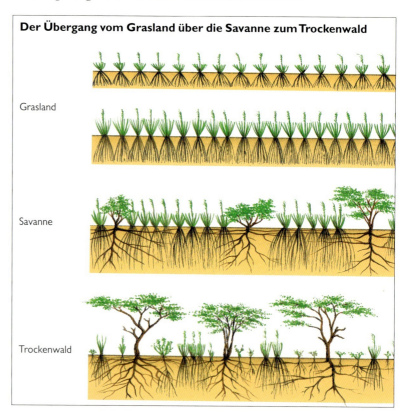

Der Übergang vom Grasland über die Savanne zum Trockenwald

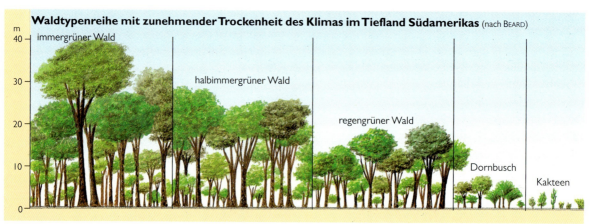

Waldtypenreihe mit zunehmender Trockenheit des Klimas im Tiefland Südamerikas (nach BEARD)

Vegetationstypen der Feuchtsavanne im Rift Valley Ostafrikas

Das räumliche Anordnungsmuster ist durch die Wasserverteilung im Boden und das Bodensubstrat bestimmt.

1 Feuchtwald
2 typische Savanne
3 Grasland im Überschwemmungsbereich

Vegetationstypen der Feuchtsavanne

1. Feuchtsavannenwald

Er umfasst die Monsunwälder, die Wuchshöhen von 30 – 40 m erreichen und Wälder auf ärmeren Standorten, die etwa 15 m hoch werden. Die Bäume verlieren in der Trockenzeit ihr Laub, der Unterwuchs ist überwiegend immergrün.
Diese Wälder haben eine große räumliche Verbreitung. In Afrika umgeben sie zwischen dem Südrand der Sahara und dem Kunene und Sambesi das äquatoriale Zentralafrika. Sie bestimmen Süd- und Südostasien und die trockeneren Räume des indo-malaiischen Archipels. In Südamerika nehmen sie östlich der Anden den größten Teil des Kontinents ein.

2. Typische Feuchtsavanne

Hochgrasflur mit einzeln stehenden Bäumen. Diese werden mittelhoch, der Wuchs ist oft knorrig. Die Blätter sind ganzrandig und ledrig. Sie werden in der Trockenzeit abgeworfen. Außerdem sind die Blätter teilweise behaart oder sie besitzen Wachsüberzüge.

3. Überschwemmungssavanne (Llano)

In der Regenzeit stehen die weiten Talmulden und Beckenlandschaften oft monatelang unter Wasser. Damit verbunden ist die Ablagerung von tonigem Schlick, der dicht und luftundurchlässig ist. Er trocknet nach der Regenzeit vollkommen aus, wird steinhart und rissig.
An derartig extreme Feuchteverhältnisse sind Gräser am besten angepasst, die als Horste diese Flächen bedecken und Wuchshöhen von 0,5 bis 1,0 m erreichen. Gelegentlich sind einzelne Palmen (*Borassus*) eingemischt. Oft komplizieren Krustenbildungen im Boden die Standortverhältnisse. Das gilt ganz besonders für die Überschwemmungssavanne, aber auch für die Feuchtsavanne insgesamt.

Standortbedingungen der Llanos im zentralen Venezuela (nach WALTER)

Grundwasserstand am Ende der Regenzeit: 3,85 m
Grundwasserstand vor Beginn der Regenzeit: 5,85 m

?

1. Erklären Sie anhand der Wechselwirkungen zwischen Wasserhaushalt und Wurzelkonkurrenz den Übergang vom Grasland über die Savannen zum Trockenwald in der tropischen Zone.
2. Erläutern Sie die Ausprägung von Waldformationen im tropischen Südamerika als Anpassung an den sich ändernden Wasserhaushalt.

Umwandlung natürlicher Vegetation in Agrarflächen (in Mio. ha)		
	1860–1919	1920–1978
Afrika	15,9	90,5
Südamerika	34,4	65,0
Südasien	49,9	66,7
Südostasien	18,2	39,0

Brandrodung. Art der Gewinnung von Anbau- und Siedlungsflächen im Zuge des Wanderfeldbaus. Dabei werden Waldflächen gerodet und meist am Ende der Trockenzeit abgebrannt. In die mit Asche bedeckten Böden werden, oft mit der Hacke, Reis und andere Nahrungspflanzenarten eingebracht.

Die kulturlandschaftliche Überprägung der Feuchtsavanne

Durch Brandrodungs-Wanderfeldbau sind innerhalb der Feuchtsavannenzone die halbimmergrünen und die regengrünen Wälder in ihrem Flächenanteil reduziert worden. Die Folge der Umwandlung der Wälder in landwirtschaftliche Nutzflächen war, ähnlich wie in den Regenwäldern, mit starker Bodenerosion verbunden, Verminderung der Leistungskraft der Böden und Aufgabe der Nutzfläche nach wenigen Anbaujahren.

Als Ersatzgesellschaften auf den Brachflächen bilden sich Grasländer mit einzeln stehenden Bäumen heraus. Diese sind oft gegen Savannenfeuer resistent. Neben die natürlich-standörtlich bedingten typischen Savannen tritt also eine durch die Landnutzung hervorgerufene Vegetationsformation, die nur äußerlich der typischen Savanne gleicht.

Insgesamt ist das natürliche Potential in der Feuchtsavanne für die Landnutzung hoch. Länge und Ergiebigkeit der Regenzeit gestatten den Regenfeldbau zahlreicher Nutzpflanzen. Oft sind zwei Ernten möglich. Bestimmend im Anbau sind Getreidearten, wie Mais und Hirse sowie Knollenfrüchte (Batate, Yams, Maniok). Für den Weltmarkt wird die Erdnuss sowie die Baumwolle (Bewässerung) angebaut.

Zum Ackerbau kommt in der Feuchtsavanne zunehmend die Großviehhaltung. Sie konzentriert sich auf das natürliche Grasland der Überschwemmungsgebiete. Die Eignung der Feuchtsavanne für die Großviehhaltung wird eingeschränkt durch die Tsetsefliege, die die Schlafkrankheit überträgt und damit auch Rinder infiziert.

Feuchtsavannen als parkartige Offenlandschaften sind besonders in Afrika die natürlichen Lebensräume von Großtierherden. Deren Lebensformenspektrum kennzeichnen Läufer, Springer und Späher, denen eine Vielzahl von Tierarten zuzuordnen ist.

Besonders die zu den Läufern zählenden Huftierherden geraten zunehmend in Konflikt mit der Großtierhaltung und deren wachsendem Flächenbedarf.

Beziehungen zwischen natürlicher Produktivität, Tragfähigkeit und Flächenbedarf für Weidevieh und Wildtiere				
	oberirdische pflanzliche Produktion (t ha^{-1} a^{-1})	Tragfähigkeit f. Weidevieh (kg Lebendgewicht ha^{-1} a^{-1})	Mindestweideflächen (ha/ Großvieheinheit – 500 kg Lebendgewicht	mittlerer Wildbesatz (kg Lebendgewicht ha^{-1} a^{-1})
Feuchtsavanne (> 1 200 mm N)	6–20	150–500 während der Vegetationsperiode	3,30	100,0
Trockensavanne	1–8	80–125 (160–250 während der Vegetationsperiode)	4–6,25	66,0
Dornsavanne (> 500 mm N)	0,2–5	50	10,00	28,2

? Stellen Sie den Brandrodungs-Wanderfeldbau in einer geeigneten graphischen Form dar.

Die Bevölkerungszunahme hat auch in den Feuchtsavannengebieten zur Ausweitung des Ackerlandes und zur Erhöhung des Viehbestandes geführt. Dadurch wird das natürliche landschaftliche System überlastet und es werden Schadprozesse ausgelöst. Dazu zählen die bereits mehrfach genannte Bodenerosion, die Freilegung von Krusten im Boden und die Zerstörung der Grasnarbe durch das Vieh.

Natürliche Ausstattungseigenschaften der Trocken- und Dornsavannenzone

Die Feuchtsavanne geht an ihrer polwärtigen Grenze allmählich in die Trockensavanne über, an die sich bis zu den tropischen Wüsten die Dornsavanne anschließt. Trocken- und Dornsavanne gehören zu den Trockentropen.

Trocken- und Dornsavannenzone nehmen den größten Raum in Afrika ein, den indischen Subkontinent bedecken sie nahezu vollständig, und in Australien sind sie im Norden des Kontinents bestimmend. Relativ gering ist ihr Flächenanteil in Mittel- und Südamerika.

Der planetarische Formenwandel zwischen den Regenwäldern und den Wüsten drückt sich eindrucksvoll in den klimatischen Bedingungen aus. Das Thermoisoplethendiagramm Timbuktu (Dornsavanne) zeigt das für die Tropen kennzeichnende thermische Tageszeitenklima mit einer Amplitude von 14 bis 18 °C, die Jahrestemperaturamplitude beträgt 13,1 °C Kano, reichlich 5 Breitengrade südlicher, hat nur eine Jahresamplitude von 8,9 °C.

Es ist ein deutlicher Jahresgang der Lufttemperatur ausgebildet, das sommerliche Maximum wird zum polwärtigen Rand der Savannenzone immer deutlicher. Die Regenzeit ist auf 3 bis 4 Monate begrenzt. In dieser Zeit fallen 300 bis 1 000 mm Niederschlag. Es sind Zenitalregen, die auf Konvektion in der mächtigen Äquatorialluft zurückzuführen sind. Besonders am polwärtigen Rand der Savannenzone in der Dornsavanne ist die Niederschlagsvariabilität mit 30 % hoch. Diese prägt deutlich die Landschaftsdynamik dieses Raumes. Den Zusammenhang mit der tropischen Zirkulation für Afrika veranschaulicht die Abbildung auf S. 106 oben.

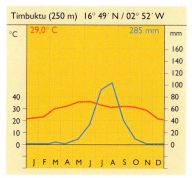

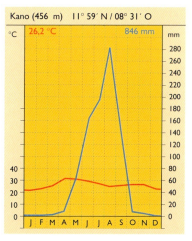

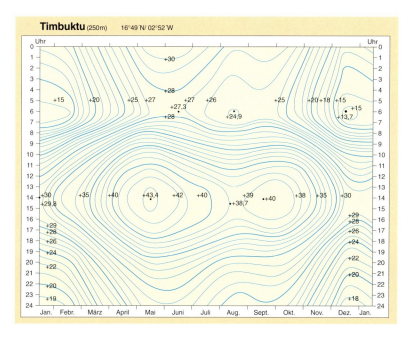

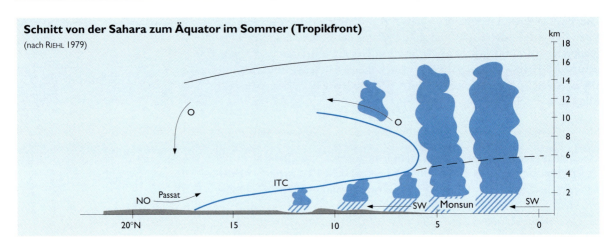

Schnitt von der Sahara zum Äquator im Sommer (Tropikfront)
(nach RIEHL 1979)

Die Böden der Trocken- und Dornsavannen unterscheiden sich deutlich von denen der Feuchtsavanne. Sie sind flachgründiger, der Skelettanteil ist höher. Da auch die Auswaschung gering ist, sind die Böden relativ nährstoffreich. Zugleich kommt es zum kapillaren Aufstieg von Salzen und Karbonaten, in vielen Böden durch Krusten belegt. Die pflanzliche Produktivität wird durch das pflanzenverfügbare Wasser bestimmt.

Neben diesen zonalen Bodenbildungen nehmen, stärker noch als in der Feuchtsavanne, Schwarze Senkentone in den großen Beckenlandschaften einen weiten Raum ein.

Damit wird ein weiterer Aspekt der Landschaft in diesem Raum deutlich. Wegen periodischer Abflussbildung und einer allgemein schütteren Vegetation treten hohe Abspülungsleistungen auf. Neben die zonalen Böden treten die Sedimentdecken der Ebenen und Becken sowie die Gesteinsrohböden der Abtragungsgebiete.

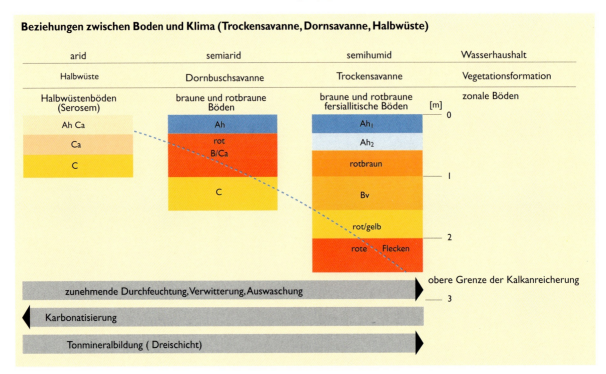

Beziehungen zwischen Boden und Klima (Trockensavanne, Dornsavanne, Halbwüste)

Die Vegetation wird durch die Formationen der Trockensavanne, einerseits regengrüner laubwerfender Trockenwald, andererseits niedrigere Grasfluren mit laubwerfenden Bäumen, bestimmt.

In den Dornsavannen treten Dorngehölze und viele Sukkulenten auf sowie regengrüne Kurzgrasfluren mit einzelnen Dornbäumen oder Dornbüschen.

Klimatisch bedeutsam ist, dass bei Niederschlagswerten um 400 bis 600 mm ein labiles ökologisches Gleichgewicht zwischen Gräsern und Holzpflanzen besteht, sich also eine klimatisch bedingte Savanne entwickeln kann. Insgesamt sind die Ausprägungsformen sehr unterschiedlich.

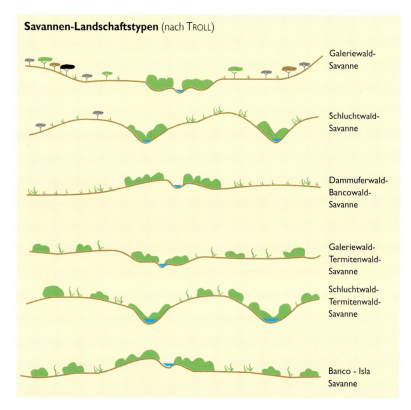

Banco. Flusstäler mit Dammufern. Wegen der hohen Sedimentation liegt die Flusssohle über dem Niveau der Aue.

?

Erklären Sie, warum die Böden der Trocken- und Dornsavannen im allgemeinen nährstoffreicher sind als die Böden der Feuchtsavannen und des tropischen Regenwaldes. Beachten Sie die Bildung von Dreischicht- und Zweischichttonmineralen, die Humusbildung und den Wasserhaushalt.

Trockensavannenwälder treten in Afrika als Miombo, in Südamerika als Tipa- oder Zebilwälder auf riesigen Flächen auf. Sie erreichen 15–20 m Wuchshöhe, die knorrigen, gedrehten Stämme haben eine dicke, rissige Borke. In der Trockenzeit, besonders nach Bränden, wirken die Wälder kahl und braun. Die Bäume stehen weitständig und haben dornige Schirmkronen und häufig fiederblättriges Laub. Einschränkung der Transpiration ist eine entscheidende ökologische Anpassungsstrategie an die lange Trockenzeit.

In den Dornsavannenwäldern ist der Wassermangel Ursache für die Ausbildung von wasserspeichernden Organen bei den Holzpflanzen (Sukkulenten). Daneben sind Blatt- und Sprossorgane zu Dornen umgewandelt. Das riesige Verbreitungsareal in Afrika soll am Beispiel des Affenbrotbaumes, des Baobab, exemplarisch verdeutlicht werden.

In Nordostbrasilien ist der Dornsavannenwald als Caatinga ausgebildet, ein 6-10 m hoher Gehölzbestand mit vielen sukkulenten Bromelien, Aloearten und Kakteen, in Australien als scrub, einer Strauchformation mit Akaziengebüschen.

Charakteristische Lebensformen der Dorn-Sukkulenten-Savanne

(nach TROLL)

a dornige Feinfiederlaub-Schirmbäume
b stammsukkulente Kerzen- oder Kandelaberbäume
c sukkulent- und dornblättrige Schopfpflanzen
d sukkulent- und dornblättrige Schopfbäume
e wasserholzige, tonnenstämmige Falllaubbäume
f Bäume mit Dornblattspitzen
g Falllaubbäume
h Büsche und Baumsträucher
i stammsukkulente, niedere Gewächse
k Gräser

Eine weitere Gehölzformation ist der Galeriewald, der die Ufer der Flüsse begleitet. Die Bäume erreichen mit ihren Wurzeln das Grundwasser, sind damit nicht von den Niederschlägen abhängig. Deswegen enthalten diese Wälder viele immergrüne Arten. Satellitenbilder, die während der Trockenzeit aufgenommen werden, zeigen eindrucksvoll das feinverzweigte, grüne Geäder dieser Wälder in der graubraunen, ausgetrockneten Landschaft.

Bei Niederschlagsmengen zwischen 200 bis 400 oder 600 mm sind offene Grasländer in den Trocken- und Dornsavannen weit verbreitet. Die Gräser erreichen Wuchshöhen zwischen 0,3 m bis 1,0 m, bilden Horste und bedecken den Boden zu etwa 40 %. Sie durchwurzeln eine flache Bodenschicht intensiv, ihre Transpiration vermögen sie nicht zu drosseln, so beginnen sie bei Wassermangel rasch zu gilben. Innerhalb weniger Tage „brennt die Savanne aus". Nur der Vegetationskegel überdauert die Trockenzeit und beginnt nach Wiederbefeuchtung schnell auszuschlagen.

Trocken- und Dornsavannen werden durch arten- und individuenreiche Lauftierherden (Antilopen, Zebras, Giraffen) bestimmt. Hinzu kommen Büffel und Nashörner sowie Elefantenherden. Eine wichtige Regulationsfunktion haben die Raubtiere und Aasfresser.

Ganz besonders gut an das Ökosystem der Trocken- und Dornsavannen sind die Termiten angepasst, die als Graber mit ihren Bauten das Standortsystem in manchen Teilen der Savanne prägen (Termitenwaldsavanne). Hinzu kommen Ameise und Wanderheuschrecke, letztere bildet große Schwärme.

Der Lebensrhythmus der Savanne und die Ausbildung der Vegetationstypen wird stark durch die Savannenfeuer bestimmt. Blitzschläge und andere Formen der Selbstentzündung sind oft Brandursache. Da der Anteil der Nutzflächen hoch ist, wurden Feuer auch zur Felddüngung gelegt. Wegen der hohen Schadwirkungen ist dies seit Jahren verboten. In der Folge haben sich besonders Dornbüsche stark verbreitet und den Weidewert solcher Flächen eingeschränkt. Diese „Verbuschung" betrifft schon große Gebiete. Angesicht des Brennholzbedarfs der wachsenden Bevölkerungs-

?

1. Beschreiben Sie Formen der Anpassung von Gehölzen an den Wasserhaushalt der Trocken- und Dornsavanne.
2. Erklären Sie die Ausbildung von Galeriewäldern in den Savannen.
3. Begründen Sie das Verhältnis von Artenzahl und Individuenanzahl der Großsäugetiere im Regenwald und in der Savanne.

zahl werden die Buschformationen gerodet und damit der Boden seines natürlichen Schutzes beraubt. Die Folge ist eine verstärkte Bodenerosion auf derartigen Standorten.

Landnutzung und Landnutzungsprobleme in den Trocken- und Dornsavannen

Auf Karten der Bevölkerungsdichte heben sich die Trockensavannen z. B. in Westafrika durch höhere Werte deutlich ab. Ursache dafür ist die gestiegene Leistungskraft der Böden. Ackerbau kann bis zur agronomischen Trockengrenze, bei etwa 400 mm Niederschlag, betrieben werden. Dabei kommen unterschiedliche Anbauformen zur Anwendung. Die Selbstversorgung basiert auf dem Anbau von Mais, Gerste und Hirsearten, im Regenfeldbau ist eine Ernte möglich. Bewässerungskulturen sind Erdnüsse, Baumwolle und teilweise Zuckerrohr, die für den Export erzeugt werden. Risikofaktor für den Ackerbau ist die Wasserversorgung. Neben dem Ackerbau steigt mit zunehmender Trockenheit der Anteil der Viehwirtschaft.

In der Trockensavanne werden überwiegend Rinder gehalten. Sie sind hier nicht mehr durch die Tsetsefliege gefährdet. In der Dornsavanne kommen Schafe, Ziegen und Kamele hinzu. Hier, jenseits der agronomischen Trockengrenze, ist neben der Weidewirtschaft nur Bewässerungsfeldbau sinnvoll.

Weidewirtschaft wird in Afrika als Wanderviehwirtschaft betrieben, als Hirtennomadismus. Diese Wirtschafts- und Lebensform ist mit Transhumanz, weiten Wanderungen im Rhythmus von Regen- und Trockenzeit, verbunden. Frauen und Kinder leben in Dauersiedlungen in der Nähe von Wasserstellen. Sie betreiben dort einen auf Subsistenz gerichteten bescheidenen Feldbau.

Wegen des geringen Niederschlags ist die Bioproduktion besonders in der Dornsavanne niedrig, entsprechend groß ist der Flächenbedarf der Weidetiere. Bei einem Jahresniederschlag von 200–400 mm benötigt eine Großvieheinheit (500 kg Lebendgewicht) 10–15 ha. Jede Vergrößerung des Viehbestandes führt zu Schadwirkungen im landschaftlichen System.

In den Trocken- und Dornsavannengebieten Mittel- und Südamerikas dominiert die Farmhaltung des Viehes. Hier wird als moderne Form exten-

Agronomische Trockengrenze. Ordnet sich unter dem Landnutzungsaspekt in die klimatische Trockengrenze ein. Sie kennzeichnet die Grenze des Regenfeldbaues. In den tropischen Sommerregengebieten sind dafür mindestens 400–500 mm Niederschlag, konzentriert auf etwa 4 Monate erforderlich. Die agronomische Trockengrenze wird auch durch sozialökonomische Faktoren bestimmt.

Ranching. Moderne Form der extensiven Weidewirtschaft, die von europäischen Siedlern in Südamerika und Australien entwickelt wurde und von dort auf das südliche Afrika übertragen wurde.

Merkmale des Ranching sind sehr große Betriebe (bis 100 000 ha), dem Vieh stehen fast ausschließlich Naturweiden zur Verfügung, teilweise werden Futtergräser eingesät, und die Beweidung erfolgt in großen eingezäunten Koppeln.

Viehwirtschaft in der Trockensavanne

?

Erklären Sie die Begriffe „klimatische Trockengrenze" und „agronomische Trockengrenze".
Kennzeichnen Sie den Verlauf dieser Grenzen in Afrika.

siver Weidewirtschaft das Ranchingsystem für sehr großflächige Betriebe entwickelt (bis 100 000 ha Fläche), das auch im südlichen Afrika zur Anwendung kommt.

Trocken- und Dornsavannen zeichnen sich durch ein labiles Ökosystem aus. Ackerbau und Viehhaltung in Verbindung mit einer ständig wachsenden Bevölkerung führen zu Störprozessen, die in einem engen Zusammenhang mit der hohen Niederschlagsvariabilität stehen. Unter dem Begriff Desertifikation sind diese Vorgänge, das „Wüstmachen" (engl. man made

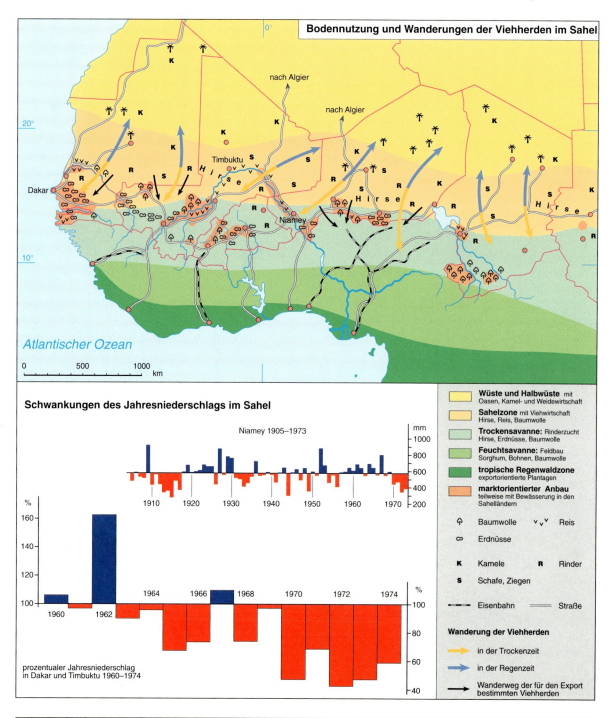

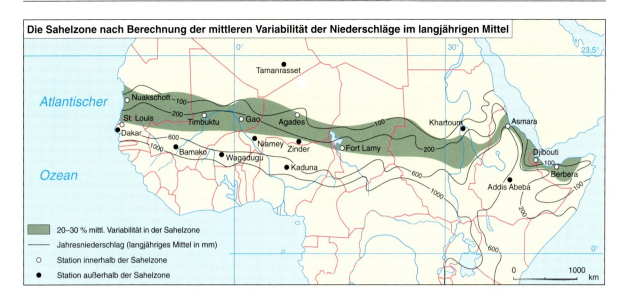

desert) ein globales Problem geworden, dem jährlich weltweit etwa 6 Millionen ha Land zum Opfer fallen. Besonders intensiv verlaufen Desertifikationsprozesse im afrikanischen Sahel, dem Grenzraum zwischen Wüste und Savanne. Er ist durch Altdünenfelder, Beckenlandschaften an Niger und Senegal sowie im Westen durch weite Lateritplateaus gekennzeichnet.

Die Nutzung konzentriert sich auf Dünenfelder und Beckenlandschaften. Die Vegetation entspricht der Dornsavanne mit Dornbäumen (Akazien), Dornsträuchern und einer Kurzgrasflur mit Kräutern. Dieses Natursystem ist an Trockenheit angepasst, an die Niederschlagsvariabilität von 20–30 %, maximal 50 %. Es schließt Dürren ein. Die traditionelle Landnutzung war auf Gunstgebiete in Flusstälern mit dem Hirseanbau ausgerichtet. Haupterwerbszweig war Viehhaltung, die halb- und vollnomadisch betrieben wurde. Bevölkerungsdichte und Viehbesatz entsprachen der geringen natürlichen Tragfähigkeit.

Zwischen 1950 und 1966, in einer andauernden Feuchtphase, wurde der Getreideanbau (Hirse) etwa 150 km über die agronomische Trockengrenze ausgedehnt. Zugleich wuchs bei den Nomaden der Viehbestand, neben Rindern hauptsächlich Kamele und Ziegen. Dadurch entstand ein Konfliktpotential, das nach der Aufeinanderfolge von Dürren ab 1970 zur Dürre- und Hungerkatastrophe im Sahel zwischen 1968 und 1973 führte und sich auch im konkurrierendem Landanspruch von Ackerbauern und Viehzüchtern äußerte. Die Folge sind Geosystemschäden, die die Regenerationsfähigkeit der Dornsavannen einschränken.

- Übersandung von Feldern im Zuge des Hackbaus.
- Verstärkte Erosionswirkung sommerlicher Starkregen.
- Hohe Staubbelastung der Luft in den Ackerbaugebieten.
- Veränderung der Artenzusammensetzung der Savannenvegetation durch die Überweidung, die ungenießbare Pflanzen ausspart und damit den Weideflächenbedarf vergrößert.
- Gefährdung der Wasserversorgung durch zu dichte Brunnenanlagen und Absenkung des Grundwasserspiegels. Herausbildung von Desertifikationsringen um Wasserstellen. Auch um die Siedlungen legen sich deutliche Desertifikationsringe.
- Unkontrollierte Zerstörung des Baumbestandes für Bauzwecke und als Brennmaterial.

So verbraucht in Darfur (Republik Sudan) eine Familie 194 Bäume in einem Jahr.

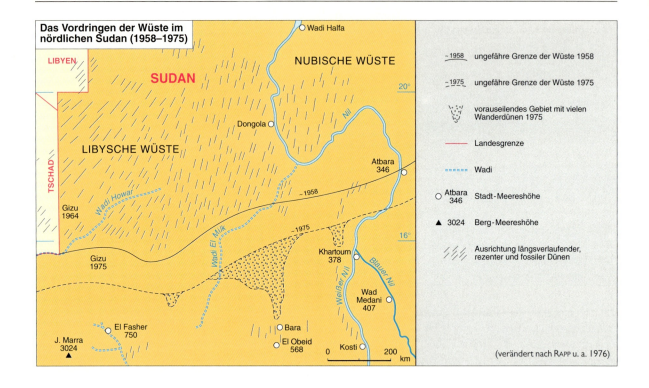

Tropische Wüsten und Halbwüsten

Klima, Vegetation und Böden

Der tropische Gürtel wird durch den scharfen Gegensatz zwischen der Lebens- und Artenfülle der immerfeuchten Regenwaldzone und der lebensbegrenzenden Trockenheit der Wüstenzone unter den Wendekreisen bestimmt.

Als Abgrenzungsmerkmal der Wüsten und Halbwüsten eignen sich besonders die Niederschläge. Äquatorseitig gehen die Dornsavannen bei weniger als 250 mm in die Halbwüste über, polseitig wird die Grenze zu den winterfeuchten Steppen durch < 200 mm Niederschlag bestimmt. Es treten höchstens zwei humide Monate auf.

Die Halbwüsten und Wüsten nehmen 18 % der Festlandsfläche der Erde ein. In Nordamerika gehören dazu die kakteenreiche Sonora beiderseits des Golfes von Kalifornien, in Südamerika die Atacama an der Küste Perus und Chiles. Sahara, Arabische Wüste, die Wüsten im persischen Hochland und die Tharr bilden den riesigen afro-asiatischen Wüstenraum, dem auf der Südhalbkugel die Küstenwüste Namib, die Karru und die zentralaustralischen Halbwüsten gegenüberstehen.

Auf der polwärtigen Seite haben die ariden Räume ein subtropisches Klimaregime, auf der äquatorwärtigen ein tropisches. Trotz dieser Unterscheidung zeigen sie eine Reihe von Gemeinsamkeiten, die für das Geosystem bestimmend sind:
– relativ hohe Mitteltemperaturen im Winter,
– heiße, trockene Sommer,
– ganzjährig extremer Feuchtemangel, der das hydrologische System, die Bodenbildungsprozesse, die Vegetation und die Reliefdynamik prägt.

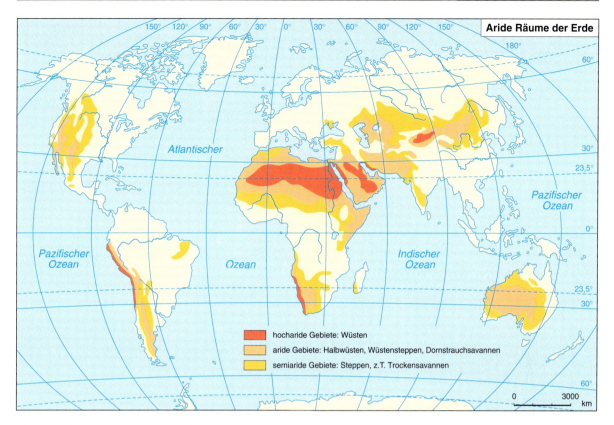

Aride Räume der Erde

hocharide Gebiete: Wüsten
aride Gebiete: Halbwüsten, Wüstensteppen, Dornstrauchsavannen
semiaride Gebiete: Steppen, z.T. Trockensavannen

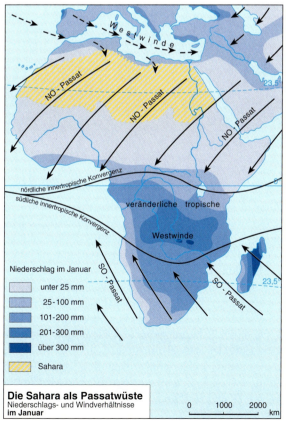

Die Sahara als Passatwüste
Niederschlags- und Windverhältnisse
im Januar

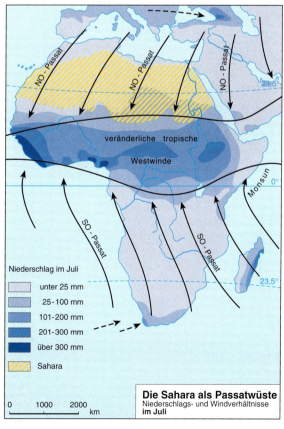

Die Sahara als Passatwüste
Niederschlags- und Windverhältnisse
im Juli

Die tropischen Wüsten sind zudem durch Frostfreiheit, Jahresamplituden < 12 °C, die auf ein abgeschwächtes Jahreszeitenklima hinweisen und erhöhte Niederschlagswahrscheinlichkeit im Sommer gekennzeichnet.

Warum sind diese Räume (fast) regenlos? Die Antwort liegt in der allgemeinen Zirkulation der Atmosphäre, hier der tropischen Passatzirkulation. Die subtropisch-randtropischen Hochdruckzellen (z. B. Azorenhoch) haben absteigende, am Boden divergierende Luftbewegung, die zur Erwärmung und Austrocknung führt, Wolken lösen sich auf. Dieser Grundprozess wird durch die geographischen Lageeigenschaften modifiziert. Kontinentales Kernpassatklima bestimmt die Binnenwüsten (Sahara, Arabische Wüste, zentralaustralische Wüsten), maritimes Kernpassatklima die Küstenwüsten (Sonora, Atacama und Namib) der Westseiten der Kontinente.

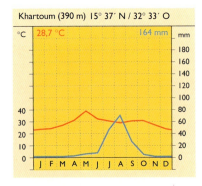

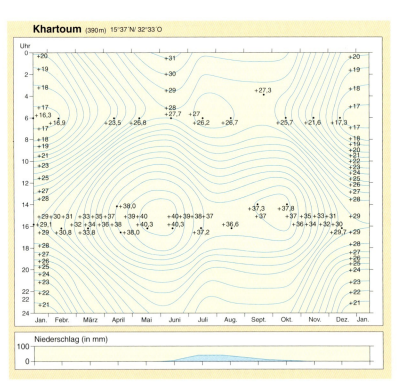

Das Klimadiagramm von Kairo ist zum Vergleich dargestellt. Es zeigt Werte, die für ein subtropisches Trockenklima typisch sind. Auch hier sind alle Monate arid, es ist aber ein deutliches Winterregenregime erkennbar.

?

Stellen Sie unter Verwendung der Klimadiagramme von Khartoum und Kairo allgemeine Merkmale des Wüstenklimas zusammen. Leiten Sie dabei Unterschiede zwischen tropischen und subtropischen Wüsten ab.

Aus den Klimadiagrammen sind die kennzeichnenden thermischen und hygrischen Merkmale des trockenen Tropenklimas zu erkennen: Die Jahresamplitude ist mit knapp 11 °C nur wenig kleiner als die Tagesamplitude der Lufttemperatur (knapp 13 °C). Die Niederschläge sind extrem gering, sie fallen im Sommer. Alle Monate sind arid.

Die extremen thermischen und hygrischen Bedingungen führen zu intensiver physikalischer Verwitterung. Da eine schützende Pflanzendecke fehlt, sind besonders an der Gesteinsoberfläche die täglichen Temperaturschwankungen erheblich. Auch durch Salzsprengung und Hydration wird der Gesteinszerfall gefördert. Es bildet sich viel grober, kantiger Gesteinsschutt, der sich, der Schwerkraft folgend, am Hangfuß und um Bergformen herum ablagert. Oftmals sind diese Gesteinsfragmente vom Wüstenlack schwarz gefärbt (Ausscheidung von Fe und Mn) und geben der Wüste ein düsteres Bild.

Dünenrelief in der Sahara (südlich von Mursuk)

Pilzfelsen in Nordamerika (USA / Bundesstaat Utah)

Abflussbildung mit fluviatiler Erosion und Akkumulation ist ein episodisches Ereignis, das aber dennoch dauerhafte Formen, z. B. Schwemmfächer, schafft. Das Haupttransportmittel ist der Wind. Sein ständiges Wirken prägt das Dünenrelief der Sandwüste, Staubstürme sind relativ häufig.

Der ständige Windschliff formt bizarre Felsgestalten – Pilzfelsen, bläst den Sand, Schluff und Ton aus den Schuttdecken und schleift in die Steinoberflächen Facetten, sodass Windkanter entstehen.

Auffällig reich sind die Wüsten an Vorzeitformen, besonders das Talnetz (Wadis) verdankt seine Anlage älteren landschaftlichen Zuständen, die in Afrika insbesondere während der Pluvialzeit (zeitgleich mit den pleistozänen Kaltzeiten) wirksam waren.

Unter den Bedingungen einer überwiegend physikalischen Verwitterung sind weite Bereiche der extrem ariden Räume frei von Bodenbildungen, in den Randbereichen sind Gesteinsrohböden entwickelt. Hinzu kommen in Hohlformen Salz- und Kalkkrusten.

Merkmale von Dauerpflanzen

- Reduzierung der transpirierenden Oberfläche durch Verdornung von Blättern und Sprossen (Xeromorphie),
- Speicherung von Wasservorräten in Blättern, Stengeln oder Wurzeln (Sukkulenz),
- Anpassung an Standorte mit hohem Salzgehalt (Halomorphie),
- Knollen- und Zwiebelpflanzen, die Wassermangelzeiten mit einem weit verzweigten Wurzelsystem überstehen (Geophyten).

Die Vegetation reagiert auf die extremen Umweltbedingungen in den tropischen Wüsten mit strukturellen Anpassungsformen. Annuelle Arten überdauern jahrelang im Samenstadium und kommen nach einem Niederschlagsereignis rasch zur Entwicklung. Die Flora ist äußerst vielgestaltig und vermag in wenigen Tagen den Vegetationszyklus zu vollziehen.

Die Sahara – größte Binnenwüste der Erde

Die Sahara erstreckt sich über einen riesigen, subkontinentalen Raum in Nordafrika. 6 000 km West-Ost-Erstreckung zwischen Atlantik und Rotem Meer, 2 000 km von Nord nach Süd sind Maßgrößen dieser Wüste schlechthin.

Neben der Kennzeichnung als Binnenwüste ist ihr klimatisches Merkmal der Passat. Die Abbildungen „Sahara als Passatwüste" (vgl. S. 113) zeigen, dass ganzjährig der trockene Nordostpassat mit kontinentaler Tropikluft bestimmend ist. Wolkenarmut oder Wolkenlosigkeit führen dazu, dass in der nördlichen Sahara die höchste Globalstrahlung auf der Erde erreicht wird. Im Mittel werden in der Zentralsahara 11 Sonnenscheinstunden, in der Randsahara 9 Stunden täglich gemessen.

Klimatisch sind drei Großregionen der Sahara zu unterscheiden:

1. Nordsahara mit Lufttemperaturen im Mittel von 20–22 °C und Niederschlägen überwiegend im Winter. Hier liegt der sommerliche Hitzepol der Erde mit Extremwerten über 50 °C.
2. Zentralsahara mit 24–25 °C und weniger als 5 mm Niederschlag. Es gibt nur episodische Regenfälle, besonders trocken ist die östliche Sahara.
3. Südsahara mit 28–30 °C, einem den Tropen entsprechenden ausgeglichenen Jahresgang und Sommerregen.

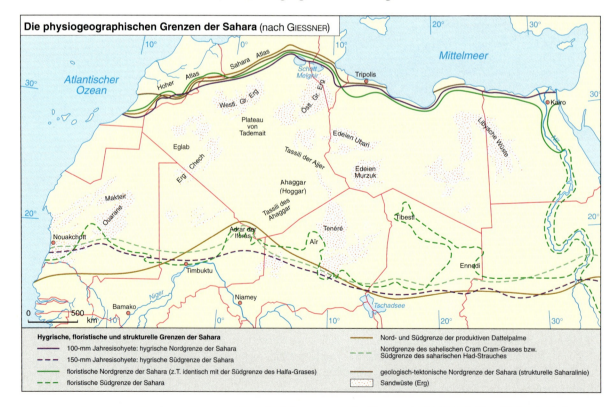

In den drei saharischen Hochgebirgen Hoggar, Tibesti und Air sind klimatische Höhenstufen ausgebildet, Fröste treten regelmäßig auf. Der durch die Verwitterung geschaffene Gesteinsschutt kann wegen des fehlenden Abflusses nicht transportiert werden. Er bildet an Unterhängen und Gebirgsrändern Schutthalden. Gesteinsschutt füllt viele Hohlformen aus, die Gebirge ertrinken im Schutt.

Darüber erheben sich markante, durch Abtragung geschaffene Bergformen, oft aus Basalt. Die Reliefformung wird durch den Wind bestimmt. Er bewirkt auch die Sortierung der Lockersedimente.

Die unten stehende Karte zeigt exemplarisch das räumliche Anordnungsmuster der Wüstentypen.

Regelhaft angeordnete Wüstentypen der Sahara
- Felswüste (Hamada):
  In der Sahara am weitesten verbreitete Wüstenform.
- Kies- oder Geröllwüste (Serir):
  Bedeckt Hochflächen oder füllt Täler aus; besonders lebensfeindlich.
- Sandwüste (Erg):
  Bestimmt mit ihren Dünenfeldern etwa 20 % der Fläche der Sahara; füllt große Beckenlandschaften aus.
- Salztonebene (Sebcha):
  Markiert die tiefsten Beckenbereiche.

Steinwüste am Rande des Hoggar

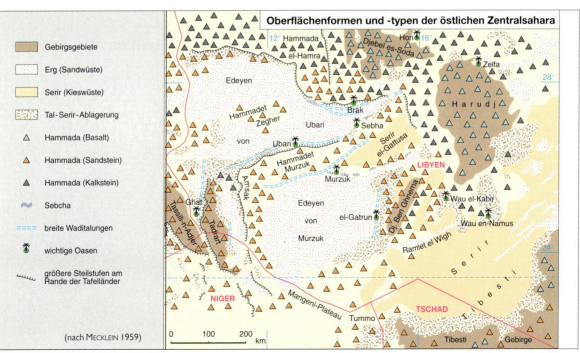

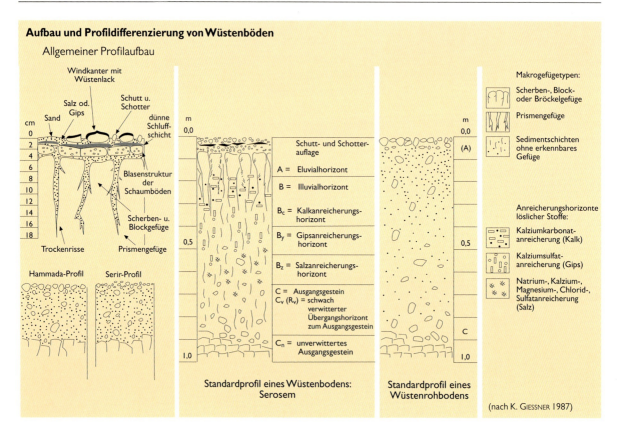

Extreme Hitze, Niederschlagslosigkeit und potenzielle Verdunstungswerte bis 5 Meter im Jahr unterstreichen die Bedeutung des Bodenwasserhaushaltes für Bodenbildung und Lebensvorgänge in der Wüste. Die wichtigsten Bodenbildungen sind in der Abbildung zu den Wüstenböden zusammengefasst.

Geringer Humusgehalt, Skelettreichtum und grobes Gefüge sowie die Tendenz zur Kalk- und Salzanreicherung umreißen grob die Bodeneigenschaften.

Neben dem Boden ist die Verteilung des Grund- und Bodenwassers in der Wüste entscheidend.

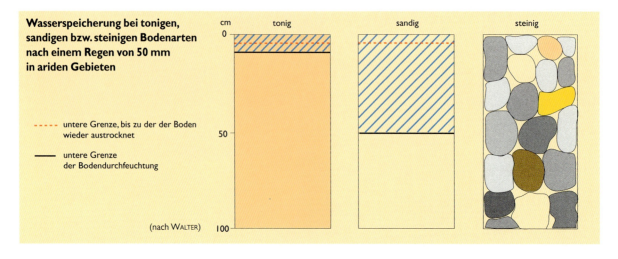

Die nachstehende Tabelle lässt dabei die Rolle des Reliefs deutlich werden. Daneben steuert besonders die Bodenart die Wasserspeicherung. Sandige und steinige Substrate enthalten höhere Wasservorräte als tonige.

Bevorzugte Standorte sind die Sandgebiete, besonders die festliegenden Dünenfelder und die Wadiböden.

Wasservorräte in der Wüste			
	keine Wasservorräte	geringe, flache Wasservorräte	tiefe, ergiebige Wasservorräte
Relief	Bergformen, Plateaus	Talböden, Wadis	Schichtstufen, Beckenlandschaften
Wasserbewegung	Abfluss	Zufluss, Speicherung	Zufluss von tiefem Grundwasser, überwiegend fossil
Gesteine/Prozesse	Blöcke, Steine, Abtragung	Sande, Verschüttung	poröse Speichergesteine
Vegetation	vegetationsfrei	kontrahierte Vegetation	Oasen

Die Vegetation hat unter den gegebenen extremen Klima- und Bodenbedingungen zwei Anpassungsstrategien:
1. Die Ausbildung von Wuchs- und Lebensformen, die an die Trockenheit angepasst sind.
2. Die Reduzierung der pflanzlichen Produktion durch Verringerung der Arten und Individuenzahl. Je trockener ein Raum ist, um so weiter rücken die Pflanzen auseinander. Gleichzeitig werden die oberirdischen Organe reduziert und die Wurzelsubstanz vergrößert.
80 % der Biomasse findet sich hier. Auf diese Weise ergibt sich eine diffuse Vegetation in der nördlichen und südlichen Sahara.
Nimmt die Trockenheit weiter zu, dann konzentriert sich der Pflanzenbestand nur noch auf Tiefenlinien, wo Restwasser erreichbar ist. So ergibt sich das Bild der kontrahierten Vegetation, das besonders für die zentrale Sahara bestimmend ist.

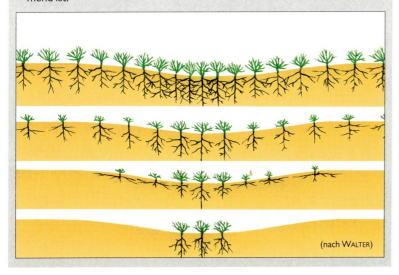

(nach WALTER)

?
1. Beschreiben Sie den allgemeinen Profilaufbau eines Wüstenbodens.
2. Erklären Sie, warum Wüstenböden durch geringen Humusgehalt, Skelettreichtum und grobes Gefüge sowie Kalk- und Sandanreicherung gekennzeichnet sind.

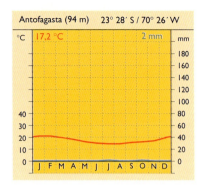

Die Küstenwüsten – Feuchtluftwüsten ohne Regen

An den Westseiten der Kontinente sind in den Tropen Küstenwüsten ausgebildet. Diese unterscheiden sich in den klimatischen Bedingungen deutlich von denen in den Binnenwüsten. Sie sind hocharid, haben einen ausgeprägten Niederschlagsmangel – an manchen Stationen der Atacama z. B. wurde noch kein Regen gemessen, in ihrem thermischen Regime (vgl. Klimadiagramm Antofagasta) fallen die niedrigen Monats- und Jahresmittel der Lufttemperatur sowie die geringe Jahresamplitude auf.

Besonders markant sind die Küstenwüsten in Südamerika (Atacama) und Südwestafrika (Namib) ausgebildet.

Beide Wüsten werden durch hoch aufragende Gebirgszüge vom Binnenland abgeschirmt. Der Passat an der Ostseite der subtropisch-randtropischen Hochdruckzellen weht ablandig. Vor der Küste setzen kalte Meeresströmungen äquatorwärts, und zusätzlich führt der Wind zur Bildung von Auftriebwasser, das den Unterschied zwischen kaltem Meer und wärmerer Luft verstärkt.

So bildet sich in der stabil geschichteten Luft häufig Nebel, der mit dem Seewind gegen die Küstengebirge geführt wird. Diese Garua-Nebel der Atacama sind besonders im Winter nahezu täglich ausgebildet und in Höhen von 500–700 m kondensiert die Feuchte zu größeren Wassertropfen. An Hindernissen wird diese Feuchte ausgeschieden und steht den Pflanzen zur Verfügung.

Es bildet sich eine Nebelkräuterflur, in der auch Bäume (Eucalyptus) vorkommen, die als Loma bezeichnet wird. Die Wassermenge, die unter Bäumen festgestellt wurde, liegt zwischen 450 und 650 mm im Jahr. Moderne Entwicklungsstrategien in Südamerika nutzen diesen Effekt für die agrarische Erschließung.

Die extremsten Wüstenstandorte liegen in der schmalen Küstenebene, wo die Trockenheit nur Tillandsien, wurzellose Pflanzen, gedeihen lässt, die einen sehr geringen Deckungsgrad haben.

Ähnliche Verhältnisse wie in der Atacama herrschen in der Namib. Die Charakterpflanze der Namib ist die Welwitschia mirabilis, die nur hier vorkommt.

Welwitschia mirabilis. Zu den Nacktsamern gehörende Pflanze; im Pflanzensystem völlig isoliert stehend; mächtige bis 1,5 m tief reichende Wurzel; kurzer, dicker wenig über den Boden tretender Stamm mit zwei großen, lederartigen, ständig weiterwachsenden Laubblättern.

?

1. Welche Bedeutung haben Nebelbildungen für das Ökosystem der Küstenwüsten?
2. Stellen Sie die Entstehung einer tropischen Küstenwüste in einem schematischen Profil graphisch dar. Beachten Sie Meeresströmungen, Passat sowie Feuchtigkeit, Temperatur der Meeresluft und der Passatluft.

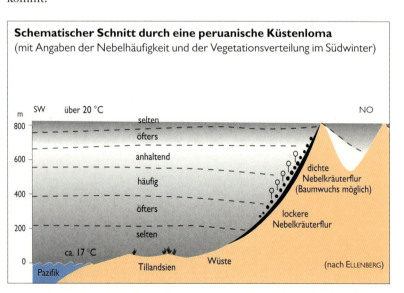

Schematischer Schnitt durch eine peruanische Küstenloma
(mit Angaben der Nebelhäufigkeit und der Vegetationsverteilung im Südwinter)

Oasen – Inseln des Lebens in der Wüste

Wasser ist für die Lebensvorgänge in der Wüste der Minimumfaktor. Da Licht, Wärme und Nährstoffe vorhanden sind, kann sich überall wo Wasser verfügbar ist, auch pflanzliches und tierisches Leben entfalten. So sind die Voraussetzungen für Siedlungen und Wirtschaft gegeben. Die größeren Räume liegen aber jenseits der Trockengrenze der Ökumene. Sie sind also für eine nachhaltige landwirtschaftliche Nutzung ungeeignet. Kennzeichnend für die Wüsten sind die Oasen, die entsprechende Wirtschaftsform ist die Oasenwirtschaft.

Ein altes Bewässerungsverfahren ist die Heranführung des Wassers über Stollen, die als Foggara bezeichnet werden. Diese Foggara können gegenwärtig noch benutzt werden.

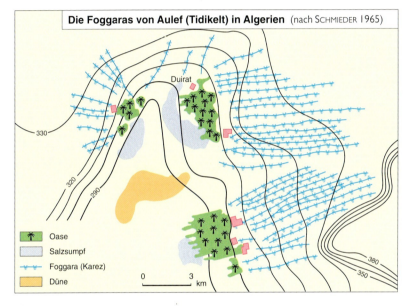

Oasen sind inselhafte Räume innerhalb von Wüsten und Halbwüsten, die sich durch reichen Pflanzenwuchs auszeichnen. Sie verfügen über nutzbare Wasservorräte, die die Grundlage für einen intensiven Bewässerungsfeldbau bilden.

Der Anbau umfasst Getreide, Obst und Gemüse. Die Charakterpflanze in Nordafrika ist die Dattelpalme.

Oasen umfassen stets die Feldfluren und einen oder mehrere Siedlungskerne. Sie sind oft sehr alte Kulturzentren.

Nach der Art der Wasserbeschaffung gibt es unterschiedliche Oasentypen
1. Flussoase: Ein Fremdlingsfluss liefert über Kanäle das Bewässerungswasser.
2. Grundwasseroase: Das Pflanzenwachstum ist auf einen hohen Grundwasserstand oder flache Brunnen eingestellt. Oft erreichen die Dattelpalmen das Grundwasser mit ihren Wurzeln.
3. Quelloase: Sie ist eng mit der Grundwasseroase verwandt. An geologischen Schichtgrenzen bilden sich Quellhorizonte.
4. Tiefbrunnenoase: Tiefbrunnen und Pumpen sind die modernsten technischen Verfahren der Wassergewinnung. In geologischen Becken lagern gewaltige Vorräte fossilen Wassers, die während der Pluvialzeit gebildet wurden. Sie werden aus 100–200 m Tiefe gefördert und zur Bewässerung eingesetzt. Diese Wasservorräte sind nicht erneuerbar.

Die Oase Tozeur (Tunesien) am Rande der Salzwüste wird von rund 200 Grundwasserquellen gespeist, die über ein kompliziertes Verteilersystem etwa 400 000 Dattelpalmen versorgen.

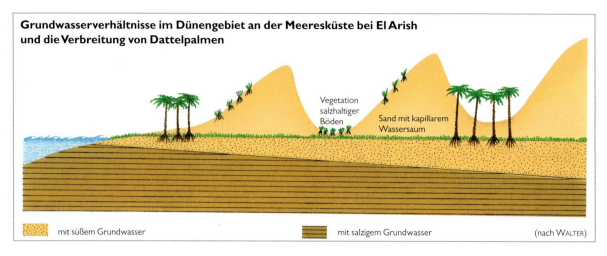

Grundwasserverhältnisse im Dünengebiet an der Meeresküste bei El Arish und die Verbreitung von Dattelpalmen

mit süßem Grundwasser — mit salzigem Grundwasser (nach WALTER)

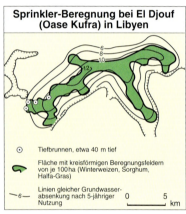

Sprinkler-Beregnung bei El Djouf (Oase Kufra) in Libyen

- Tiefbrunnen, etwa 40 m tief
- Fläche mit kreisförmigen Beregnungsfeldern von je 100 ha (Winterweizen, Sorghum, Halfa-Gras)
- Linien gleicher Grundwasserabsenkung nach 5-jähriger Nutzung

Der Bewässerungsfeldbau erfordert eine sorgfältige Organisation, ein funktionierendes Gemeinwesen. Das Nutzungsprinzip wird in der folgenden Abbildung dargestellt. Weltweit wird gegenwärtig der Erfolg der Oasenwirtschaft durch Bodenversalzung und Übersandung beeinträchtigt. Außerhalb der Oasen sind besonders in den Halbwüsten extensive Weidewirtschaft und Nomadismus verbreitet.

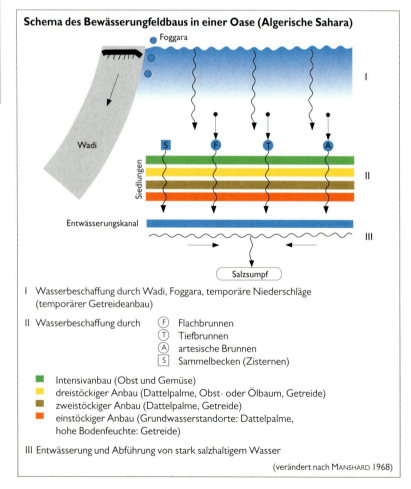

Schema des Bewässerungsfeldbaus in einer Oase (Algerische Sahara)

I Wasserbeschaffung durch Wadi, Foggara, temporäre Niederschläge (temporärer Getreideanbau)

II Wasserbeschaffung durch
- F Flachbrunnen
- T Tiefbrunnen
- A artesische Brunnen
- S Sammelbecken (Zisternen)

- Intensivanbau (Obst und Gemüse)
- dreistöckiger Anbau (Dattelpalme, Obst- oder Ölbaum, Getreide)
- zweistöckiger Anbau (Dattelpalme, Getreide)
- einstöckiger Anbau (Grundwasserstandorte: Dattelpalme, hohe Bodenfeuchte: Getreide)

III Entwässerung und Abführung von stark salzhaltigem Wasser

(verändert nach MANSHARD 1968)

?

1. Welche Voraussetzungen müssen erfüllt sein, damit Oasen entstehen können?

2. Foggaras und Tiefbrunnen kennzeichnen Tradition und Fortschritt in der Wasserbereitstellung für die Oasenwirtschaft.
Kennzeichnen Sie beide Systeme, bewerten Sie diese nach Wirtschaftlichkeit und natürlichem Risiko.

3. Kennzeichnen Sie den Prozess der Versalzung im Zusammenhang mit der Bewässerungswirtschaft.
Stellen Sie Beispiele für Kulturlandverluste durch Versalzung zusammen.

Arbeitsanregungen
zum Lehrbuchkapitel „Der tropische Gürtel"

1. Topographie der Landschaftsgürtel

    1.1 Beschreiben Sie die räumliche Verbreitung der Tropen anhand des Verlaufes der polseitigen Tropengrenze.
    1.2 Geben Sie nacheinander einen Überblick über die räumliche Verbreitung der immerfeuchten Regenwälder, der wechselfeuchten Savannen sowie der tropischen Wüsten und Halbwüsten auf der Erde.
    1.3 Vergleichen Sie die räumliche Verbreitung der tropischen Regenwälder in Südamerika und Afrika.

2. Tropische Zirkulation und Klimagliederung des tropischen Gürtels

    2.1 Erläutern Sie die tropische Zirkulation in ihren Grundzügen.
    2.2 Erklären Sie die Klimagliederung Afrikas anhand der tropischen Zirkulation.
    2.3 Ordnen Sie die Begriffe „innere Tropen", „äußere Tropen" und „Randtropen" in die Klimazonengliederung der Erde ein.
    2.4 Erklären Sie, warum in Südamerika und Südafrika die Savannen nicht bis an die Westküsten reichen. Verwenden Sie den Begriff des Passatklimas.
    2.5 Setzen Sie sich mit dem Begriff „tropischer Monsun" auseinander.
    2.6 In Südasien reicht die Savannenzone bis an den Südfuß des Himalaya. Begründen Sie diesen Sachverhalt.
    2.7 Erklären Sie die wesentlichen Ursachen für die Ausbildung der schmalen Küstenwüsten in Südamerika und Südafrika.

3. Bodenbildung und Böden in den Tropen

    3.1 Beschreiben Sie die Unterschiede bodenbildender Prozesse zwischen den temperierten Breiten und den Tropen.
    3.2 Erläutern Sie den Zusammenhang zwischen Klima, Bodenbildung und Nährstoffgehalt im immerfeuchten Regenwald.
    3.3 Stellen Sie für Feucht-, Trocken- und Dornsavanne die Informationen zur Länge der Regenzeit, zu den Verwitterungsprozessen und der Bodenbildung sowie den Vegetationsformen in einer Tabelle zusammen.

4. Geosysteme des tropischen Gürtels

    4.1 Stellen Sie die Geosysteme immerfeuchter Regenwald, Feucht-, Trocken- und Dornsavanne sowie Halbwüste modellhaft dar.
    4.2 Erläutern Sie den Erneuerungsrhythmus des Geosystems immerfeuchter Regenwald.
    4.3 Erörtern Sie Vorzüge und Nachteile des Wanderfeldbaus. Berücksichtigen Sie die Umweltverträglichkeit und die Bevölkerungstragfähigkeit.
    4.4 Analysieren Sie die Wirkung von Savannenfeuern, des Wanderfeldbaus und der Weidewirtschaft auf die Geosysteme der Savannen.
    4.5 Begründen Sie das Auftreten von Dürren und Dürrekatastrophen in der Trocken- und Dornsavannenzone.
    4.6 Stellen Sie die strukturellen Anpassungsformen der Vegetation an die Wachstumsbedingungen in den tropischen Wüsten in einem Fließdiagramm dar.
    4.7 Erläutern Sie Systemzusammenhänge zwischen Wasserhaushalt und Betriebssystem in nordafrikanischen Oasen.

Die Landschaft des Hochgebirges – das azonale Verteilungsmuster

Hochgebirge zählen zu den faszinierendsten Landschaften der Erde, dabei ist in Mitteleuropa die Vorstellung weitgehend durch die vertraute Bergwelt der Alpen bestimmt.

Hochgebirge ist aber ein Landschaftstyp, der auf der Erde weltweit verbreitet und deswegen auch in den mannigfaltigsten Erscheinungsformen ausgebildet ist. Hochgebirge nehmen etwa 13 % der Festlandsfläche ein. Das erschwert die Vergleichbarkeit.

Etwa 10 % der Weltbevölkerung lebt in Hochgebirgen, 40 % hängen direkt oder indirekt von den Ressourcen der Hochgebirge ab, die Erze, Nahrungsmittel, Holz oder Wasser liefern. Sie verkörpern aber auch ein Gefahrenpotenzial, das z. B. über Hochwasserbildung weit in das Umland wirkt. Die geographische Betrachtung ist deswegen auf das durch enge Nachbarschaftsbeziehungen bestimmte System Gebirge – Umland gerichtet. Himalaya und Gangestiefland oder die ostafrikanischen Gebirge mit den umgebenden Savannen sind Beispiele für dieses System.

Was ist ein Hochgebirge?

Es war schon darauf hingewiesen worden, dass die landschaftliche Vielfalt der Hochgebirge groß ist. Deswegen ist es schwer, diese als Landschaftstyp zu kennzeichnen. Geographen, Kartographen, Botaniker und Alpinisten haben geholfen, oft unter großen Opfern, die Hochgebirge zu erforschen und ihr Wesen zu erfassen:
– Hochgebirge zeichnen sich durch große Höhe und eine hohe Reliefenergie, auch gegenüber dem Gebirgsvorland, aus.

Hochgebirgslandschaft in den Alpen. Deutlich ist die Waldgrenze zu erkennen.

- Hochgebirge erheben sich über die Wald- und Baumgrenze und weisen in ihren oberen Stockwerken Stufen auf, die auch durch Frostprozesse und -formen bestimmt werden.
- Hochgebirge überragen die Schneegrenze und weisen deshalb einen glazialen Formenschatz auf.

Steilheit, Höhe und Reliefgliederung bestimmen die geoökologische Stufung im Hochgebirge, meistens ist der Hochgebirgscharakter erst oberhalb der Waldgrenze prägnant.

Es ist schwierig, der einheitlichen Hochgebirgsstruktur eine einheitliche Hochgebirgskultur gegenüberzustellen. Die montane Umwelt findet zwar überall ihren Ausdruck in Höhengrenzen von Siedlung, Anbau und Beweidung, aber das Wertesystem der Menschen in den Gebirgen ist sehr unterschiedlich.

Der hypsometrische Formenwandel

Innerhalb der Landschaftszonen der Erde sind die Gebirge in ihrer Klima- und Bodenausbildung deutlich vom Normhaushalt der jeweiligen Zone verschieden. Sie haben deshalb auch eine andere Vegetation, ein anderes Ökosystem. Dieses Ökosystem verändert sich zusammen mit dem Klima in vertikaler Richtung, es entsteht eine Höhenstufung.

Im Zusammenhang mit den Landschaftszonen haben wir den geographischen Eigenschaftenwandel in der Horizontalen, den planetarischen Formenwandel vom Äquator zu den Polen und den peripher-zentralen Formenwandel zwischen den ozeanisch bestimmten Küsten und den kontinentalen Binnenräumen kennengelernt. Nun kommt, innerhalb der Landschaftszonen, bei den Hochgebirgen der vertikale (hypsometrische) Formenwandel hinzu. Dieser bezieht sich nicht nur auf die Eigenschaftenänderung von Böden, Vegetation oder geomorphologischen Prozessen, sondern betrifft auch die vertikale Ordnung von Siedlung, landwirtschaftlicher Nutzung und Tourismus.

In den Hochgebirgen nimmt die Temperatur um 0,5 °– 0,65 °C pro 100 m Höhe ab.

Die Niederschläge nehmen mit der Höhe bis zum Hauptwolkenstockwerk zu, darüber sinken sie rasch. In den Außertropen liegt dieses Niveau in 3 500 – 4 000 m Höhe, in den Tropen deutlich niedriger.

Steigungsregen bilden die Erklärung für dieses Niederschlagsverhalten. Hochgebirge sind Inseln hohen Niederschlages. Die direkte Sonnenstrahlung ist sehr hoch, die diffuse Strahlung nimmt dagegen ab. Dadurch steigt die Bedeutung der Exposition.

Bei allen thermischen Klimaten sinkt mit der Höhe die Andauer der Vegetationsperiode, in den tropischen Hochgebirgen ist sie thermisch im Jahresgang nicht eingeschränkt.

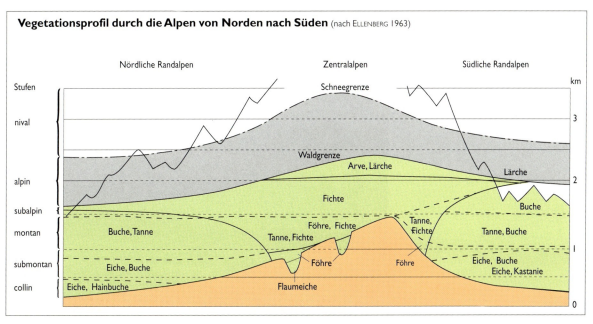

Vegetationsprofil durch die Alpen von Norden nach Süden (nach ELLENBERG 1963)

Polares Hochgebirge (Westspitzbergen)

Hochgebirge in den gemäßigten Breiten (Alpen; Großglockner)

Hochgebirge in den immerfeuchten Tropen (Anden)

Das azonale Anordnungsmuster der Hochgebirge

Die Hochgebirge der Erde sind räumlich in drei großen Gürteln angeordnet:
– in den mediterranen Gürtel, der Europa und Asien umfasst,
– in den pazifischen Gürtel, der den größten Ozean auf beiden Seiten umgibt,
– in den ostafrikanischen Gürtel.

In diesem Raummuster spiegeln sich die geologisch-tektonischen Bedingungen der Hochgebirge wider, die die landschaftlich-zonale Ordnung durchbrechen, die azonale Verteilung bedingen.

Aus plattentektonischer Sicht lassen sich die Hochgebirge zu drei Gruppen zusammenfassen:

1. Hochgebirge, die durch Plattenkonvergenz bestimmt sind.

   Sie umfassen sowohl die Konvergenz ozeanischer und kontinentaler Platten, die z. B. im Andensystem dominieren, als auch die Bewegung ausschließlich kontinentaler Platten im eurasischen Orogengürtel.

2. Hochgebirge, die an Grabenbrüche gebunden sind.

   Die notwendige Höhenspanne entsteht hier zwischen gehobenen Grabenrändern und Grabensohle. Solche Gebirge sind Libanon und Antilibanon, Gebirge in Äthiopien und Ostafrika.

3. Hochgebirge, die an Vulkanismus gebunden sind.

   Überwiegend handelt es sich um die Formen des Intraplatten-Vulkanismus über Hot spots. Vulkanische Prozesse bewirken die Aufhöhung bis zur Hochgebirgshöhe und oft die markante Form. Tibesti- und Hoggargebirge in der Sahara gehören ebenso zu dieser Gruppe wie die Vulkane auf Hawaii.

Die Höhenstufen der Hochgebirge der gemäßigten Mittelbreiten

Aussagekräftiger als die geologisch-tektonische Position der Hochgebirge ist ihre klimatische Einordnung. Sehr grob kann zwischen tropischen und außertropischen Hochgebirgen unterschieden werden. Während tropische durch ein Tageszeitenklima bis in die Gipfellagen bestimmt werden, zeigen außertropische Hochgebirge thermisches Jahreszeitenklima.

Die Werte zeigen im Temperatur- und Niederschlagsverlauf sowie in den Amplituden eine deutliche Beziehung zur geographischen Lage im Gebirge sowie zur Oberflächenhöhe. Besonders klar sind die Unterschiede

?
1. Nennen Sie Beispiele für polare und tropische Hochgebirge.
2. Ordnen Sie die in der Tabelle gegebenen Werte in ein topographisches Nord-Süd-Profil durch die Alpen ein. Begründen Sie die Variation von Temperatur und Niederschlag.

Nord-Süd-Temperatur- und Niederschlagsprofil durch die Ostalpen						
	Vorland	Kalkalpen	Kalkalpen	Rheintal	Zentralalpen	Zentralalpen (Gipfelstation zum Vergleich)
	Friedrichshafen	Gäbris	Säntis	Chur	San Bernardino	Sonnblick
Höhe (m)	408	1 250	2 496	633	2 073	3 106
N (mm)	966	1 687	2 785	633	2 595	1 466
T (°C)	8,5	5,1	-2,4	8,1	0,5	-6,4
Ampl. (°C)	18,3	15,7	14,6	18,7	16,4	14,6

(nach BRAMER 1982)

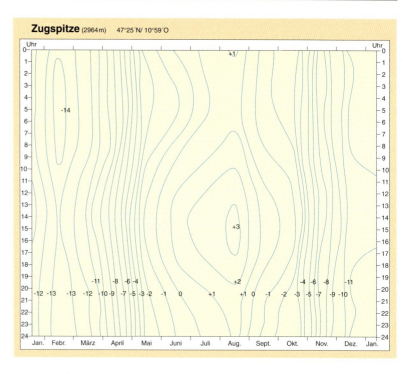

> **?**
> Vergleichen Sie die Thermoisoplethendiagramme von Quito (Lehrbuch, S. 89) und der Zugspitze.
> Stellen Sie die grundlegenden Unterschiede der thermischen Verhältnisse beider Hochgebirgsstationen heraus.

zwischen den Rändern und dem Zentrum der Gebirge, wo die Höhengrenzen deutlich angehoben werden.

Mit dem vertikalen Wandel des Klimas ändern sich auch Wasserhaushalt, Boden und Reliefdynamik sowie die Vegetation. Dabei hat jedes Gebirge eine individuelle Ausprägung von Höhenstufen. Bei der Verallgemeinerung ging man von dem am besten bekannten Hochgebirge aus und unterschied Höhenstufen, die in der Tabelle für die Ötztaler Alpen zusammengefasst werden.

Die Tabelle zeigt neben den Merkmalskorrelationen für die Höhenstufen auch die wichtigsten Höhengrenzen, hier Waldgrenze, Baumgrenze und klimatische Schneegrenze. Ihre Höhenlage wird durch die Exposition kleinräumig differenziert, auf Nordhängen können diese Grenzen bis 300 m tie-

Höhenstufengliederung der Ötztaler Alpen (nach BRAMER 1982)

Höhenstufe	Vegetation	Böden
nivale Stufe	*klimatische Schneegrenze* Moose und Flechten	
subnivale Stufe bis 3 150 m	Krummseggenrasen und Polsterpflanzen	Gesteinsschutt-Rohboden
obere alpine Stufe	Grasheiden	Rasenbraunerden
untere alpine Stufe bis 2 900 m	Zwergstrauchheiden (Rhododendron, Wacholder, Preiselbeere, Moosbeere) *Baumgrenze bei 2 500 m*	Alpenhumus
subalpine Stufe bis 2 500 m	Kiefern-Fichten-Kampfwald *Waldgrenze bei 2 200 m*	Podsole, Rohböden
hochmontane Stufe bis 2 200 m	Fichten-Lärchen-Wald	Podsole
montane Stufe bis 1 800 m	Fichten-Tannen-Buchen-Wälder	Fahlerden, Posdole, Rendzina
submontane Stufe bis 1 200 m	Eiche, Buche, Ahorn, Eberesche	Fahlerden, Rendzina
colline Stufe bis 600 m–800 m	Eiche, Hainbuche, Kastanie	Braunerden, Rendzina

fer liegen als auf Südhängen. Besonders die Baum- und Waldgrenze ist durch Rodungen und Holzbedarf für die Almwirtschaft sowie den Weideverbiss durch das Vieh um etwa 200 m herabgedrückt.

Die tropischen Hochgebirge – Gebirge ohne Winter

Die Hochgebirge der Tropen erstrecken sich von der feuchten oder wechselfeuchten Fußzone bis in Höhenlagen, in denen sich Schnee- und Firnfelder sowie Gletscher ausbilden. Die Nevados der Anden, die Schneeberge Afrikas, verkörpern eindrucksvoll diesen Landschaftstyp. Frühere Darstellungen der Höhenstufung, ihre Entdeckung überhaupt, gehen auf ALEXANDER VON HUMBOLDT zurück, der von 1799 bis 1804 Südamerika bereiste und in einer pflanzengeographischen Darstellung die vertikale Abfolge der Vegetation der Anden zeichnete. Seit jener Zeit werden die Höhenstufen der tropischen Gebirge manchmal als eine verkürzte Wiederholung der Landschaftszonen zwischen Äquator und den Polen dargestellt. Dabei entsprechen etwa 100 km in meridionaler Richtung 100 Höhenmetern, auf denen sich die Temperatur um 0,6 °C verringert.

A. v. HUMBOLDT (1769–1859), deutscher Entdeckungsreisender und Naturforscher; Bahnbrecher der wissenschaftlichen Erforschung der Erde

Ausschnitt aus A. v. HUMBOLDTs Darstellung der vertikalen Vegetationsabfolge in den Anden

In Wirklichkeit unterliegen die tropischen Hochgebirge bis in die Gipfellagen dem thermischen Tageszeitenklima mit ganzjährig hoher Strahlungsbilanz. So sind zwar die Formationen, z. B. der Zwergstrauchtundra mit dem tropischen Paramo in den Wuchsformen vergleichbar, in der Vergesellschaftung der Arten aber gänzlich verschieden.

Die Hochgebirge der inneren Tropen haben ganzjährig ausreichende Feuchte, besonders Gebirgsränder erhalten sehr hohe Niederschläge, z. B.

Temperaturgradient in verschiedenen Landschaftsgürteln (Sommer)	
Polargebiete	0,6 °C/100 m
gemäßigte Breiten	0,6 °C/100 m
tropische Wüsten	0,8 °C/100 m
innere Tropen	0,5 °C/100 m

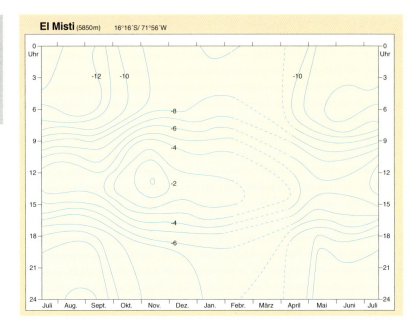

in Assam mehr als 10 000 mm. Thermische Jahreszeiten sind nicht ausgebildet und der vertikale Temperaturgradient ist gering. Die Frostgrenze liegt bei etwa 3 000 m über NN (Kalttropen). Die klimatische Schneegrenze reicht in Nepal bis 4 400 m, am Ruwenzori liegt sie in 4 600 bis 4 700 m, in den tropischen Anden in 4 800 m Höhe. Die Höhenstufenfolge ist viel weniger deutlich als in den Außertropen, nur die obere Waldgrenze (Wärmemangelgrenze) markiert sich klar.

Die Bezeichnungen der Höhenstufen tropischer Gebirge bringen die Betonung der Temperaturabnahme zum Ausdruck.

Höhenstufung tropischer Gebirge

	Höhengrenze (m)	Vegetation	mittlere Jahrestemp.	
Tierra nevada (Schneeland)	über 4 500–5 000	Frostschutt, aufgelöste Vegetation (einzelne Polster)	0–2 °C	Kalttropen
	S c h n e e g r e n z e		0–1 °C	
Tierra helada (Eisiges Land)	3 200–4 500	Paramo	< 6 °C	
	W a l d g r e n z e , regelmäßig Frost		6–10 °C	
Tierra fria (Kaltes Land)	3 000–3 500	Nebelwald (Ceja)	10–17 °C	
Tierra templada (Gemäßigtes Land)	1 800–2 000	Bergregenwald (immergrün), Kulturvegetation	16–18 °C	Warmtropen
Tierra caliente (Heißes Land)	800–1 000	Tieflandsregenwald (immergrün), Kulturvegetation	26–28 °C	

?
Kennzeichnen Sie Unterschiede zwischen Tieflandsregenwald und den Berg- und Nebelwäldern.
Stellen Sie Beispiele für Bergregenwaldgebiete zusammen.

Nebelwald

Eine kennzeichnende Formation der tropischen Gebirge ist der Nebelwald, der bis etwa 3 500 m Höhe anzutreffen ist. Hier summieren sich hohe Niederschläge und Nebelnässe. So entwickeln sich im Bereich des Hauptwolkenstockwerkes auf der Luvseite des Gebirges 5–15 m hohe, immergrüne Wälder mit lorbeerblättrigem Laub, mit kugelschirmförmiger Krone und zahllosen Epiphyten. Besonders Moose und Flechten sind bestimmend. Hinzu kommen Bambus, hohe Gräser und großblättrige Stauden, die diese Wälder zu undurchdringlichen Dickichten werden lassen. In den Anden werden diese Wälder als Ceja de la Montaña, die Augenbraue des Gebirges, bezeichnet.

Das Paramo ist die Vegetation der Helada-Stufe in den inneren feuchten Tropen. Ganzjährig Frostwechsel und Temperaturen um den Gefrierpunkt, Niederschläge und geringe Verdunstung, häufig Nebel kennzeichnen einen Witterungstyp, der an den März der gemäßigten Breite erinnert. In den Anden setzt die Paramovegetation mit Auftreten von Erikagewächsen ein. Zwischen 3 500 und 4 100 m folgt dann das Grasparamo, in dem noch einzelne Steineiben-Bäume vorkommen können und darüber, bis zur Schneegrenze, folgt eine aufgelöste Vegetationsdecke innerhalb der Frostschuttstufe.

Paramovegetation

Frostschutt in den Anden

Wegen des Tageszeitenklimas ist kein Permafrost entwickelt. Die Formen der Froststrukturen in der subnivalen Stufe (Tageszeitensolifluktion) sind klein. Die Möglichkeit des Schneefalls ist ganzjährig in dieser Hochgebirgsstufe gegeben, allerdings tauen Schneedecken im Laufe des Tages wieder ab. Nur während der Äquinoktien (Tagundnachtgleiche) können sich in den Hochgebirgen der inneren Tropen Schneedecken ausbilden.

Diese Höhengliederung lässt sich gut in den Anden Ecuadors und Kolumbiens, in Afrika am Kamerunberg, am Ruwenzori und den Virunga-Vulkanen sowie in den Gebirgen Neuguineas und an einzelnen Vulkanbergen Sumatras und Javas erkennen.

Hochgebirge – sensible Naturräume

Hochgebirge sind Naturräume, die sich durch Steilheit, hohe Reliefenergie und eine, durch Höhengrenzen bestimmte geoökologische Vertikalgliederung auszeichnen. Zudem ändern sich die landschaftlichen Bedingungen kleinräumig in Abhängigkeit von Gestein und Lagerung sowie der Exposition zur Sonneneinstrahlung. In den höchsten Gebirgsstufen sind Frost, Schnee und Eis maßgeblich an den Prozessabläufen beteiligt. Diese verknüpfen die Berg- und Gipfellagen mit den Talböden und Becken.

Lawinen, Muren, Hangrutschungen, Fels- und Bergstürze sowie schnelle Hochwasserbildung sind Ausdruck der Dynamik im Hochgebirge.

Hochgebirge sind im Verlaufe der Kulturlandschaftsentwicklung zum Siedlungsraum des Menschen geworden. Die außertropischen Hochgebirge besitzen gegenüber den Vorländern eine vergleichsweise geringe Bevölkerungsdichte. Sie sind ein markantes Höhen- und Reliefhindernis.

Hochgebirge der Tropen sind in den montanen Stufen deutlich dichter besiedelt als die Vorländer. Höhere Niederschläge, günstige thermische Verhältnisse und leistungsfähige Böden sind dafür Ursachen. Menschen leben dauernd bis etwa 5 000 m Meereshöhe. Ackerbau wird in den Anden bis 4 750 m, in den Alpen bis 1 750 m über NN betrieben.

Jüngste Kulturlandschaftsveränderungen und ihre Wirkungen sollen am Beispiel der Alpen gezeigt werden. Grundlage der alpinen Kulturlandschaft ist die Landwirtschaft. Sie entwickelte sich historisch in drei Schritten:
1. Anlage von Hochweiden (Almen) für die saisonale Nutzung (Sommer) oberhalb der Waldgrenze. Rodungen im Bereich der natürlichen Waldgrenze.
2. Anlage von Dauersiedlungen in Rodungsinseln auf Schwemmfächern über dem Talboden, Erhaltung des Bergwaldes als Schutzwald.
3. Erschließung der versumpften Talböden und Regulierung der Alpenflüsse.

Die Flächenauswahl erfolgte nach Eignung, die Bewirtschaftung war standortgerecht. Schäden, die durch Lawinen, Wildbäche oder Schneeschurf ausgelöst wurden, konnten im Bewirtschaftungsprozess beseitigt werden. Die Berglandwirtschaft trug zur Geosystemstabilisierung bei.

Inzwischen ist die Landwirtschaft in den Alpen in eine Krise geraten, die mit ihrer viel zu geringen Produktivität im Zusammenhang steht. Brachflächen in Hanglagen nehmen zu. Die Almwirtschaft ist wegen zu geringer Rentabilität verbreitet aufgegeben worden, weil produktivere Flächen auf

---

Lawine. An Gebirgshänge gebundene Massenbewegung von Schnee oder Eis. Lawinenbildung wird begünstigt durch Hangneigungen um 20°, große Schneemächtigkeit bei geringem Zusammenhalt der Schneeteilchen, ungünstige Schichtung des Schnees und Wasserdurchtränkung. Lawinen werden oft durch Skifahren oder andere geringe Erschütterungen ausgelöst. Durch Waldschäden im Gebirge wird die Schadwirkung von Lawinen verstärkt.

Mure. Schlamm- und Gesteinsstrom im Gebirge, der durch Wasserübersättigung mobilisiert wird und ein hohes Gefährdungspotential für die menschlichen Lebensräume im Gebirge darstellt.

den Talböden für den Futterbau genutzt werden können. Viele Almen verbuschen.

Mit der Aufgabe des traditionellen Nutzungskonzeptes ist auch die ökologische Stabilität in Frage gestellt.

Nutzungskonzentration auf Talsohlenflächen bis 1 600 m über NN in Südtirol:
85 % der Wohnsiedlungen,
90 % der landwirtschaftlichen Wertschöpfung,
95 % der gewerblichen Wertschöpfung.

Schadstoffbelastung an der Brennerautobahn bei Schönberg (1990):
1,5 Mio. Schwerlastfahrzeuge,
20 Mio. PKW.

Schadstoffe im Jahr:
57 t Kohlenmonoxid,
50 t Stickoxide,
10 t Kohlenwasserstoffe,
70 t Auftausalze (Brennerpass).

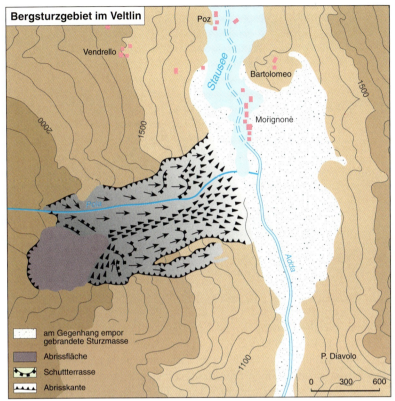

Bergsturzgebiet im Veltlin

	Anteil des Abflusses am Niederschlag (%)	Bodenabtrag t/ha
Mischwald	5	0,01
Fichtenreinbestand	6	0,13
Ackerflächen	21	2,10
Almen, Wiesen	30	0,18
Erosionsfläche	56	105,50
Skiabfahrten	80	10,60

(nach BÄTZING 1991)

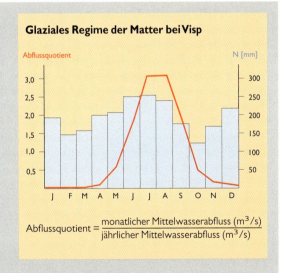

Glaziales Regime der Matter bei Visp

$$\text{Abflussquotient} = \frac{\text{monatlicher Mittelwasserabfluss (m}^3\text{/s)}}{\text{jährlicher Mittelwasserabfluss (m}^3\text{/s)}}$$

Im Wallis (Schweiz) erstreckt sich zwischen Zermatt und Visp das Mattertal. In den 80er Jahren ging bei dem Ort Randa ein gewaltiger Felssturz nieder.

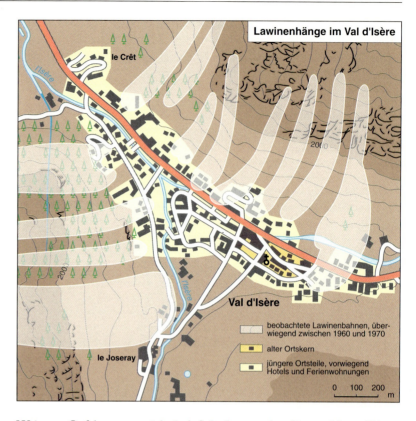

Lawinenhänge im Val d'Isère
- beobachtete Lawinenbahnen, überwiegend zwischen 1960 und 1970
- alter Ortskern
- jüngere Ortsteile, vorwiegend Hotels und Ferienwohnungen

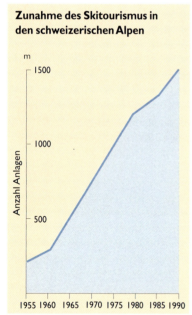

Zunahme des Skitourismus in den schweizerischen Alpen

Weiteres Gefahrenpotential sind Schäden an den Bergwäldern. Diese, auf Höhen zwischen 800 und 1 750 m konzentriert, zeigen eine Entwicklung vom stabilen Mischwald zum Fichtenreinbestand, dessen flaches Wurzelsystem nur geringe Standfestigkeit besitzt und der die Schutzfunktion kaum noch wahrnehmen kann. Hinzu kommen Waldschäden, die auf etwa 50 % der Fläche auftreten und ursächlich mit dem Kraftfahrzeugverkehr und der damit verbundenen Schadstoffemission zusammenhängen. Zur ökologischen Destabilisierung trägt auch ein zu hoher Wildbestand bei.

Seit 1950 ist die Alpenregion das größte Tourismusgebiet in Europa geworden. Neben den wirtschaftlichen Impulsen ist damit auch eine Belastung des Geosystems verbunden.

1990 besuchten ca. 100 Millionen Tagestouristen den Alpenraum. Es wurden 300 Millionen Übernachtungen gezählt. 10 000 Skilifte stehen den Wintersportlern zur Verfügung. Im Zusammenhang damit haben Skipistenbau, Anlage von Seilbahntrassen, Einsatz von Schneekanonen und der Sommerskibetrieb auf den Gletschern besonders gravierende Wirkungen. Diese betreffen hauptsächlich die Abflussvorgänge und die Reduzierung der Wasserspeicherleistungen im Boden.

Viele Schadprozesse, deren Intensitätszunahme in den letzten Jahren mit Besorgnis festzustellen ist, haben in der Störung des Wasserhaushaltes ihre Ursachen. An den meisten Hochgebirgen haben mehrere Staaten Anteil. Das erschwert wirkungsvolle, abgestimmte Nutzungsstrategien. In der Alpenkonvention, die sieben Anrainerstaaten am 6. November 1991 in Salzburg unterzeichnet haben, ist erstmalig über die Ländergrenzen hinweg ein gemeinsames Konzept des Schutzes der Alpen und ihrer Kulturlandschaften entwickelt worden.

**Arbeitsanregungen zum Lehrbuchkapitel
„Die Landschaft des Hochgebirges – das azonale Verteilungsmuster"**

1. Erklären Sie den Anstieg der Schneegrenze vom Äquator zu den Wendekreisen.

2. Erläutern Sie spezifische Formen des Naturrisikos in den Hochgebirgen.

> Diese fruchtbaren Regionen, welche die Eingeborenen tierras calientes nennen, produzieren Zucker, Indigo, Baumwolle und Bananen im Überfluss. Wenn aber nicht akklimatisierte Europäer sie für längere Zeit aufsuchen, wenn sie sich in volkreichen Städten vereinigen, werden dieselben Gegenden zur Landschaft des gelben Fiebers. Der Hafen Acapulco, die Täler von Papagayo und Peregrino gehören zu den Orten der Erde, wo Luft beständig am heißesten und ungesündesten ist.
>
> Auf dem Hang der Kordilleren herrscht in der Höhe von 1 200 bis 1 500 Metern dauernd eine milde Frühlingstemperatur, die nur um 4 bis 5° schwankt. Das ist die Region, welche die Eingeborenen tierras templadas nennen, in der die mittlere Jahrestemperatur 20 bis 21° beträgt. Das ist das schöne Klima von Jalapa, von Taxco und von Chilpancingo, dreier Städte, die durch die außergewöhnliche Gesundheit ihres Klimas und durch den Überfluss an Obstbäumen berühmt sind.
>
> Noch bleibt uns, von der dritten Zone zu sprechen, die mit dem Namen tierras frias bezeichnet wird. Sie umfasst die Hochebenen, die mehr als 2 200 Meter über dem Meeresspiegel aufragen und deren mittlere Temperatur unter 17° liegt. In der Hauptstadt Mexiko hat man mehrfach das hundertteilige Thermometer bis auf einige Grade unter den Gefrierpunkt sinken sehen; aber diese Erscheinung ist sehr selten. Meistenteils sind die Winter ebenso gelinde wie in Neapel.
>
> Aber die Hochebenen, die höher als das Tal von Mexiko-Stadt liegen, haben unter den Wendekreisen ein rauhes Klima. Solcher Art sind die Höhen von Guchilaque, wo die Luft sich während eines großen Teiles des Tages nicht über 6 oder 8° erwärmt.
>
> Alle diese kalt genannten Regionen haben eine mittlere Temperatur von 11 bis 13° wie Frankreich und die Lombardei. Diese beständige Gleichheit, dieses Fehlen einer großen vorübergehenden Hitze gibt dem Klima der äquinoktialen (zwischen den Wendekreisen) Höhen einen besonderen Charakter.
>
> Diese allgemeinen Betrachtungen über die physikalische Einteilung Neu-Spaniens stellen ein großes politisches Interesse dar. In Frankreich, ja selbst im größten Teil Europas, hängen der Anbau und die landwirtschaftliche Aufteilung fast ganz von der geographischen Breite ab; in den Äquinoktial-Regionen Perus und Mexikos werden Klima, Beschaffenheit der Erzeugnisse, das Aussehen, ich wage zu sagen: die Physiognomie des Landes, einzigartig von der Höhe des Bodens über dem Meer abgewandelt.
>
> (Alexander von Humboldt, 1811)

Aufgaben zur Textauswertung

1. Vergleichen Sie die Angaben A. v. Humboldts zu den Höhenstufen der Vegetation in Mexiko mit den heute geltenden wissenschaftlichen Erkenntnissen.
2. Bewerten Sie die Bedeutung der Erkenntnisse A. v. Humboldts für die wissenschaftliche Erforschung der Erde.

Referat

Die Entdeckungsgeschichte und Erstbesteigung des Kilimandscharo

Globale Übersichten

Die Klimazonen der Erde

Seit Jahrzehnten bemühen sich Geographen um eine objektive Gliederung des Klimas der Erde in Klimazonen. So zeigt ein Blick in verschiedene Schulatlanten, dass sehr unterschiedliche Klassifikationen vorgelegt werden. Widerspruchsfrei und einheitlich wird nur das solare Klima der Erde dargestellt.

Ausgehend von Beleuchtungsgürteln, deren Grenzen durch die Polar- und Wendekreise in 66,5° und 23,5° nördlicher und südlicher Breite mathematisch exakt festgelegt sind, kann man die Erde in drei Beleuchtungsgürtel einteilen, in denen zunächst eine gesetzmäßige Temperaturabnahme vom Äquator zu den Polen festzustellen ist. Außerdem werden die strahlungsbedingten Temperaturunterschiede zwischen Sommer und Winter zu den Polen hin größer.

Einfluss der Sonnenhöhe auf die Länge des atmosphärischen Strahlungsweges und auf die Größe der bestrahlten Fläche

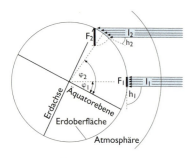

h Sonnenhöhe
Ψ geographische Breite
l Strahlenweglänge in der Atmosphäre
F bestrahlte Fläche

Die Beleuchtungsgürtel der Erde

	Einfall der Sonnenstrahlen	Tageslänge	% der Erdoberfläche
Nordpol / 66,5° N	flach	starker jahreszeitlicher Wechsel (Polartag, Polarnacht)	$\frac{1}{20}$
66,5° N / 23,5° N	mäßig steil	zunehmender jahreszeitlicher Wechsel mit ansteigender geographischer Breite	$\frac{5}{20}$
Äquator 0°	steil bis senkrecht	geringe Schwankungen um 12 Stunden	$\frac{8}{20}$
23,5° S / 66,5° S	mäßig steil	zunehmender jahreszeitlicher Wechsel mit ansteigender geographischer Breite	$\frac{5}{20}$
Südpol	flach	starker jahreszeitlicher Wechsel (Polartag, Polarnacht)	$\frac{1}{20}$

Für eine genauere Beschreibung der klimatischen Verhältnisse reicht die Einteilung in Beleuchtungsgürtel jedoch nicht aus. Es sind zusätzlich verschiedene Klimafaktoren zu beachten, die das solare Klima modifizieren und abwandeln:

1. Die weltweite Verteilung von Land und Meer schafft ozeanisch beziehungsweise kontinental beeinflusste Klimagebiete. Sie unterscheiden sich in ihrer Abhängigkeit von der Entfernung zum Meer und werden durch mehr oder weniger breite Übergangsgebiete voneinander getrennt.
2. Das Relief der Erde verursacht deutliche Abwandlungen des Klimas in den unterschiedlichen Höhenlagen, den Hochländern und Gebirgen.

3. Die Lage am Ost- oder Westrand der subtropischen Hochdruckzellen führt zu unterschiedlichen Klimaverhältnissen in den äußeren Tropen.
4. Klimatische Gegensätze an den West- und Ostseiten der Außertropen beruhen auf zirkulationsbedingten Unterschieden.

Klimaklassifikationen

Bei Beachtung der Klimadefinition lassen sich alle Klassifikationsversuche grundsätzlich in zwei Gruppen einteilen – in die genetischen und in die effektiven Klimaklassifikationen.

Genetische Klimaklassifikationen

Genetische Klimaklassifikationen bemühen sich, die Ursachen für die Entstehung der Klimate global zu erklären. Sie gehen deshalb bei der Einteilung in Klimazonen vom globalen Wärmehaushalt und von dynamischen Vorgängen in der Atmosphäre aus. Im Mittelpunkt steht immer die allgemeine Zirkulation der Atmosphäre. Dabei wird die mittlere Lage der planetarischen Luftdruck- und Windgürtel beschrieben und erläutert.

Ein Blick auf die Erde von METEOSAT aus etwa 36 000 km Höhe lässt durch die Wolkenverteilung wesentliche Glieder der planetarischen Zirkulation indirekt erkennen:
– Dichte Wolkenbänder und -flächen im Bereich der äquatorialen Tiefdruckrinne über Afrika und dem mittleren Atlantik,

Die Erde. Aufgenommen von METEOSAT am 21. 09. 1989, 11.55 Uhr GMT

?
1. Vergleichen Sie das Weltraumfoto METEOSAT (1989) mit der Abbildung zu den Luftdruckgebieten und Windgürteln der Erde auf S. 138.
2. Welche subtropisch-tropischen Wüstengebiete sind auf der METEOSAT-Aufnahme zu erkennen? Begründen Sie deren Lage und Ausbildung.

- Wolkenarmut im subtropischen Hochdruckgürtel in etwa 30° nördlicher Breite vom Atlantischen Ozean über die Sahara bis zur Arabischen Halbinsel,
- Wolkenbänder und -wirbel über dem Nordatlantik und Europa in der außertropischen Westwindzone

Klimaklassifikation nach FLOHN und NEEF

Im deutschsprachigen Raum ist die genetische Klimaklassifikation von FLOHN (1950) am bekanntesten. FLOHN leitet aus der planetarischen Zirkulation die Anordnung von sieben Klimazonen ab und stellt sie auf einem Idealkontinent und dem Weltmeer dar.

Grundlage für FLOHNs Gliederung sind die vier Hauptwindgürtel, die in den vier homogenen Klimaten ganzjährig vorherrschen. Drei Klimazonen, die im jahreszeitlichen Wechsel von pol- bzw. äquatorwärts anschließenden Windgürteln beeinflusst werden, bezeichnet FLOHN als heterogene oder alternierende Klimate.

Eine Karte „Klimazonen der Erde" veröffentlichte NEEF (1954). Die Karte stellt in Anlehnung an FLOHN sieben Klimazonen auf den Kontinenten dar. „Klimate der Hochgebiete" sind besonders gekennzeichnet. Die NEEFsche Karte verdeutlicht Zusammenhänge zwischen der Klimazonenanordnung und der planetarischen Zirkulation besonders gut. Über den Ozeanen sind die ganzjährig ausgebildeten subtropischen Hochdruckzellen

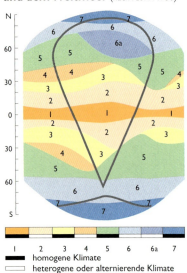

Die schematische Klimagliederung auf dem Idealkontinent und dem Weltmeer (nach FLOHN 1950)

— homogene Klimate
▭ heterogene oder alternierende Klimate

1 äquatoriale Westwindzone mit der bzw. den innertropischen Konvergenzen
2 Randtropen mit sommerlichem Zenitalregen und winterlichem Passat
3 subtropische Trocken- und Passatzone
4 subtropische Winterregenzone (Mittelmeerklima)
5 außertropische Westwindzone
6 Subpolarzone mit sommerlichen außertropischen Westwinden
6a kontinentaler Untertyp: boreale Zone (nur auf der Nordhalbkugel)
7 hochpolare Ostwindzone

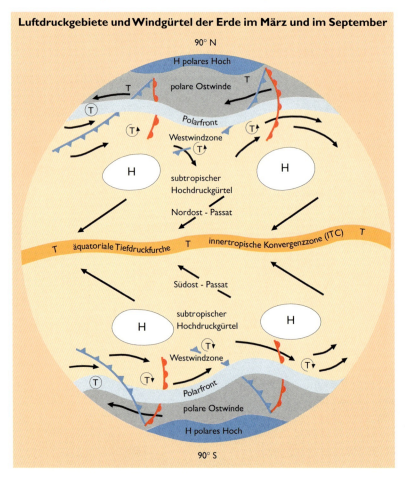

Luftdruckgebiete und Windgürtel der Erde im März und im September

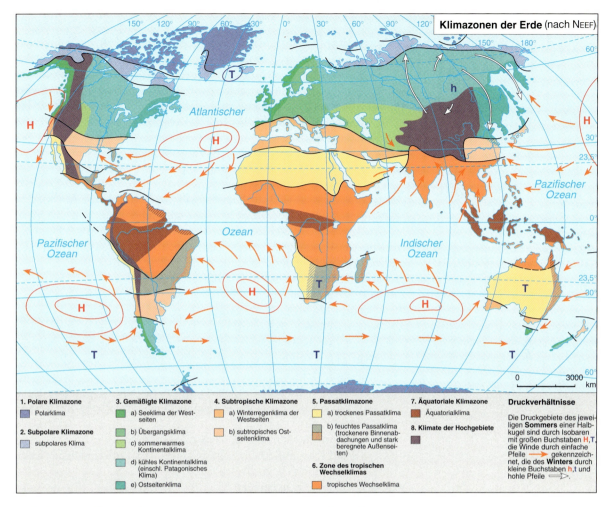

und subpolaren Tiefdruckgebiete kartiert. Außerdem wird die Lage des winterlichen sibirischen Kältehochs und der sommerlichen subtropisch/tropischen Zyklonen gekennzeichnet.

Wesentliche Glieder des planetarischen Windsystems sind abgebildet:
– Passate auf der Nord- und Südhalbkugel,
– Sommermonsune in Süd- und Ostasien,
– Außertropische Westwinde auf der Südhalbkugel.

Neben den vier Hauptklimazonen (polare, gemäßigte Klimazone, Passat- und äquatoriale Klimazone), die ganzjährig überwiegend von einem Windgürtel beherrscht werden, sind drei Subzonen ausgegliedert.

In den Subzonen treten im Sommer und im Winter unterschiedliche Luftströmungen auf. Bei der Untergliederung der gemäßigten, der subtropischen und der Passatklimazone in Klimagebiete werden die zirkulationsbedingten Unterschiede an den West- und Ostseiten der Kontinente beachtet.

Die Hochgebiete der Erde weisen in allen Klimazonen vom Relief abhängige Besonderheiten auf, die sich in den klimatischen Höhenstufen der Hochgebirge und Hochländer widerspiegeln.

Mit zunehmender Höhe über dem Meeresspiegel verändern sich die Temperaturen. Damit gehen auch Veränderungen in der natürlichen Vegetation einher.

Die polare Klimazone

In dieser Klimazone wehen bei überwiegend antizyklonaler Witterung ganzjährig kalte polare Ostwinde.

Die Arktikluft wird auch im Sommer (Polartag) nur wenig erwärmt, da ein großer Teil der Sonnenstrahlung vom Eis und Schnee reflektiert wird und die Intensität der Strahlung infolge des niedrigen Sonnenstandes (0° bis 23,5° über dem Horizont) gering ist. Die wenigen Niederschläge fallen fast nur als Schnee.

Die gemäßigte Klimazone

Wetter und Witterung sind in dieser von den außertropischen Westwinden beherrschten Klimazone im ganzen Jahr sehr unbeständig. Die von West nach Ost ziehenden Zyklonen lassen Meeresluft weit in die Kontinente eindringen. In Abhängigkeit von der Entfernung zum Ozean kann man z. B. für Eurasien fünf Klimagebiete unterscheiden:

1. Seeklima der Westseiten (z. B. Bordeaux):
   Geringste Schwankungen im Jahresgang der Lufttemperatur und höchste Niederschläge. Starke Ozeanität.
2. Übergangsklima (z. B. Berlin):
   Geringe Jahresschwankungen der Lufttemperatur. Geringere Niederschläge als im Seeklima. Ozeanität je nach Entfernung vom Meer deutlich abgeschwächt.
3. sommerwarmes Kontinentalklima (z. B. Taschkent):
   Große Lufttemperaturschwankungen im Jahresgang. Heiße und trockene Sommer, kalte Winter.
4. kühles Kontinentalklima (z. B. Moskau, Werchojansk):
   Große und sehr große Jahresschwankungen der Lufttemperatur. Kalte und extrem kalte Winter (Werchojansk).
5. Ostseitenklima (z. B. Peking):
   Kalte und schneearme Winter, regenreiche warme Sommer.

Die klimatischen Gegensätze an den West- und Ostseiten sind in den Außertropen nicht nur in Eurasien, sondern auch in Nordamerika gut ausgeprägt. Auf der Nordhalbkugel sind in der außertropischen Westwindzone große Mäander ausgebildet, deren Wellen mehrere tausend Kilometer lang sind. Dieser Zirkulationstyp wird durch meridional angeordnete Hochgebirge und Hochländer erzwungen, die ein Ausbiegen der Höhenströmung bewirken.

An den Westseiten der Kontinente wird in Höhenrücken der Mäander warme Luft weit polwärts verfrachtet. Die Höhentröge am Ostrand der Kontinente reichen weit nach Süden. Mit der Höhenströmung kann sehr kalte Luft bis in die Subtropen gelangen. (Blizzards an der nordamerikanischen Ostküste bis 40° nördlicher Breite.)

Die Passatklimazone

Über den Ozeanen wehen von den subtropischen Hochdruckzellen die sehr beständigen Nordost- und Südost-Passate zum Äquator. Sie transportieren trockene Tropikluft und sind im Allgemeinen niederschlagsarm. Auf den Kontinenten befinden sich im Einflussbereich der Passate (Rossbreiten) die großen randtropischen Wüsten (Sahara, Arabische Wüste, Australische Wüste).

?

1. Erläutern Sie die Klimaklassifikation von NEEF.
   a) Beschreiben Sie nacheinander die Klimate in den vier Hauptklimazonen.
   b) Erklären Sie die Einteilung in vier Hauptklimazonen anhand des Modells vom planetarischen Windsystem.
   c) Unterscheiden Sie stetige Klimate und Wechselklimate.
2. Vergleichen Sie die Klimaklassifikation von NEEF und FLOHN. Verwenden Sie auch die Begriffe stetiges Klima, Wechselklima, homogenes Klima, heterogenes oder alternierendes Klima.
3. Warum bezeichnet man die Modelle von NEEF und FLOHN als genetische Klimaklassifikation?

An den Ostseiten der Kontinente ist das feuchte Passatklima ausgebildet, hier fallen an Küstengebirgen besonders hohe Niederschläge (stark beregnete Außenseiten in Ostbrasilien, Südafrika, Ostküste von Madagaskar und Australien).

Die äquatoriale Klimazone

Im Bereich der „innertropischen Konvergenzzone" treffen Nordost- und Südostpassate aufeinander. Durch ständige Feuchteaufnahme hat sich die maritime Tropikluft in Äquatorluft umgewandelt, die in der Konvergenzzone zum Aufsteigen gezwungen wird. Beim Aufsteigen kühlt sich die Luft ab, bildet mehrere tausend Meter mächtige Haufenwolken, aus denen täglich starke Gewitterregen fallen.

Hohe Lufttemperaturen (alle Monatsmittel sind gleichbleibend warm mit 25 °C bis 28 °C) und hohe Luftfeuchte kennzeichnen das Klima. Am kräftigsten sind die Gewitter beim Zenitstand der Sonne (Zenitalregen).

Die zwischen den Hauptzonen liegenden drei Subzonen sind durch jahreszeitlichen Wind- und Luftmassenwechsel gekennzeichnet. Dabei wird im Sommer der jeweiligen Nord- bzw. der Südhalbkugel die Subzone von den Luftströmungen der äquatorwärts anschließenden Hauptzone beeinflusst.

Die subpolare Klimazone

Sie wird im Winter von den polaren Ostwinden, im Sommer von den außertropischen Westwinden beherrscht. Strenge winterliche Kälte wechselt mit sommerlichem Tauwetter.

Die subtropische Klimazone

Im Winterregenklima der Westseiten werden Kalifornien, die Länder des europäisch-afrikanischen Mittelmeerraumes, die Türkei, Israel, der Irak und Iran von Dezember bis März von Zyklonen beeinflusst, die im außertropischen Westwindgürtel von Ost nach West ziehen und feuchte, aber milde Meeresluft heranführen. Im Sommer setzen sich die Passate mit heißer und trockener Tropikluft durch.

An den Ostseiten der Kontinente fallen im subtropischen Klima auch im Sommer Niederschläge. Regenbringer sind maritime Tropikluftmassen, die am Westrand der subtropischen Hochdruckzellen von Ost, Südost auf die Festländer ziehen.

Die Zone des tropischen Wechselklimas

Ein Richtungswechsel der Luftströmungen bestimmt auch in dieser Subzone den jahreszeitlichen Witterungsverlauf.

Über dem Arabischen Meer, Indien, dem Golf von Bengalen ist die sommerliche Regenzeit mit einer kräftigen Grundschichtströmung aus Südwest verbunden (Südwestmonsun). Dabei wird äquatoriale Luft weit nach Norden geführt. Das Ausbleiben des Sommermonsuns führt zu katastrophalen Dürreschäden in den betroffenen Erdräumen.

Im Winter strömt die Luft aus Richtung Nordost. Die winterliche Trockenzeit wird durch die Eigenschaften stabil geschichteter Tropikluft bestimmt.

Vergleich der genetischen Klassifikationen von FLOHN (1950) und NEEF (1954)

FLOHN	NEEF
äquatoriale Westwindzone mit der ITC	äquatoriale Klimazone
Randtropen mit sommerlichen Zenitalregen und winterlichem Passat	Zone des tropischen Wechselklimas
subtropische Trocken- und Passatzone	Passatklimazone
subtropische Winterregenzone (Mittelmeerklima)	subtropische Klimazone
außertropische Westwindzone	gemäßigte Klimazone
Subpolarzone mit sommerlichen außertropischen Westwinden Untertyp: boreale Zone der Nordhalbkugel	subpolare Klimazone
hochpolare Ostwindzone	polare Klimazone
	Klimate der Hochgebiete

Ausgewählte Klimastationen der Erde

Station	Geographische Breite ° '	Länge ° '	Höhe m		J	F	M	A	M	J	J	A	S	O	N	D	Jahr
Afrika																	
Khartoum	15 36 N	32 33 O	380	°C	22,5	23,8	27,2	30,7	33,1	33,3	30,8	29,4	30,9	31,4	27,5	23,7	28,7
				mm	0	0	0	1	5	7	46	72	27	4	0	0	164
Wau	07 42 N	28 01 O	438	°C	25,5	27,0	28,9	29,0	27,5	26,1	25,0	24,7	25,3	26,0	26,3	25,6	26,4
				mm	0	4	20	69	132	170	199	234	179	130	8	0	1145
Maputo	25 58 S	32 36 O	59	°C	25,4	25,6	24,8	23,4	21,0	18,7	18,4	19,6	20,8	22,3	23,5	24,7	22,4
				mm	130	124	97	64	28	27	12	13	38	46	86	103	768
Asien																	
Bombay	18 54 N	72 49 O	11	°C	24,3	24,9	26,9	28,7	29,9	29,1	27,5	27,1	27,4	28,3	27,5	25,9	27,3
				mm	2	1	0	3	16	520	709	419	297	88	21	2	2078
Kalkutta	22 32 N	88 20 O	6	°C	20,2	23,0	27,9	30,1	31,1	30,4	29,1	29,1	29,2	27,9	24,0	20,6	26,8
				mm	13	24	27	43	121	259	301	306	290	160	35	3	1582
Taschkent	41 16 N	69 16 O	428	°C	-0,2	2,7	7,3	14,5	20,1	24,8	27,1	24,8	19,1	12,6	5,4	0,9	13,3
				mm	49	51	81	58	32	12	4	3	3	23	44	57	417
Tokyo	35 41 N	139 46 O	6	°C	3,7	4,3	7,6	13,1	17,6	21,1	25,1	26,4	22,8	16,7	11,3	6,1	14,7
				mm	48	73	101	135	131	182	146	147	217	220	101	61	1563
Werchojansk	67 35 N	133 23 O	137	°C	-46,8	-43,1	-30,2	-13,5	2,7	12,9	15,7	11,4	2,7	-14,3	-35,7	-44,5	-15,2
				mm	7	5	5	4	5	25	33	30	13	11	10	7	155
Australien																	
Perth	31 57 S	115 51 O	60	°C	23,4	23,9	22,2	19,2	16,1	13,7	13,1	13,5	14,7	16,3	19,2	21,5	18,1
				mm	7	12	22	52	125	192	183	135	69	54	23	15	889
Sydney	33 52 S	151 02 O	42	°C	21,9	21,9	21,2	18,3	15,7	13,1	12,3	13,4	15,3	17,6	19,4	21,0	17,6
				mm	104	125	129	101	115	141	94	83	72	80	77	86	1205
Europa																	
Berlin	52 28 N	13 26 O	50	°C	-0,5	0,2	3,9	9,0	14,3	17,7	19,4	18,8	15,0	9,6	4,7	1,2	9,5
				mm	41	37	30	39	44	60	67	65	45	45	44	39	556
Bordeaux	44 50 N	00 42 W	51	°C	5,2	5,9	9,3	11,7	14,7	18,0	19,6	19,5	17,1	12,7	8,4	5,7	12,3
				mm	90	75	63	48	61	65	56	70	84	83	96	109	900
Moskau	55 45 N	37 34 O	156	°C	-9,9	-9,5	-4,2	4,7	11,9	16,8	19,0	17,1	11,2	4,5	-1,9	-6,8	4,4
				mm	31	28	33	35	52	67	74	74	58	51	36	36	575
Nord- und Mittelamerika																	
New York	40 46 N	73 52 W	16	°C	0,9	0,9	4,9	10,7	16,7	21,9	24,9	24,1	20,4	14,8	8,6	2,4	12,6
				mm	84	78	107	91	91	86	94	129	100	86	91	86	1123
Port Harrison	58 27 N	78 08 W	20	°C	-25,0	-25,3	-19,8	-10,8	-2,2	4,4	8,9	8,6	5,0	-0,3	-8,1	-18,3	-6,9
				mm	14	9	16	17	23	30	51	54	62	49	47	23	395
San Francisco	37 37 N	122 23 W	5	°C	9,2	10,5	11,8	13,2	14,6	16,2	17,1	17,1	17,7	15,8	12,7	10,1	13,8
				mm	102	88	68	33	12	3	0	1	5	19	40	104	475
San Salvador	13 43 N	89 12 W	689	°C	22,1	22,4	23,5	24,2	23,7	23,1	22,9	23,0	22,5	22,4	22,0	22,0	22,8
				mm	5	3	8	60	190	322	304	297	325	220	35	7	1775
Südamerika																	
Lima	12 06 S	77 02 W	155	°C	21,5	22,3	21,9	20,1	17,8	16,0	15,3	15,1	15,4	16,3	17,7	19,4	18,2
				mm	1	0	1	0	6	4	6	7	6	2	1	1	36
Manaus	03 08 S	60 01 W	83	°C	25,9	25,8	25,8	25,9	26,4	26,6	26,9	27,5	26,9	27,7	27,3	26,7	26,7
				mm	276	277	301	287	193	99	61	41	62	112	165	228	2102
Rio de Janeiro	22 54 S	43 10 W	27	°C	25,9	26,1	25,5	23,9	22,3	21,3	20,8	21,1	21,5	22,3	23,1	24,4	23,2
				mm	137	137	143	116	73	43	43	43	53	74	97	127	1086

Die tropische Passatzirkulation

Alle genetischen Klimaklassifikationen beachten die tropische Passat- und Monsunzirkulation.

Von den subtropischen Hochdruckzellen strömen in der Grundschicht die sehr beständigen Passate äquatorwärts. Die Passate transportieren maritime Tropikluft zum Äquator. In der Regel ist die stabil geschichtete Tropikluft trocken. Die Passatinversion verhindert Wolken- und Niederschlagsbildung in den äußeren Tropen. Nur dort, wo die Inversion höher liegt, entstehen flache Haufenwolken (Passatcumuli). Aus ihnen fällt kein Niederschlag.

Nordost- und Südostpassat treffen in Äquatornähe in der Innertropischen Konvergenzzone (ITC) aufeinander. In der ITC wird die Luft zum Aufsteigen gezwungen, kühlt sich ab und bildet mehrere km mächtige Wolkentürme (Cumulonimbus-Konvektion). Aus den Cumulonimbus-Wolken fallen kräftige Niederschläge (Gewitterschauer). In der Grundschicht (Zone der äquatorialen Westwinde) wehen nur schwache Winde (Mallungen), oft herrscht Windstille.

An der Westseite der subtropischen Hochdruckzellen wird über warmen Meeresströmungen die Passatinversion aufgelöst. Es können sich mächtige Haufenwolken bilden, die stärkere Niederschläge verursachen (feuchtes Passatklima an den Ostküsten Brasiliens, an der Ostküste von Madagaskar und Südafrikas).

Durchschnittliche Windrichtungshäufigkeit im nordpazifischen Passatbereich (in %; nach HENDL u. a. 1988)

Richtung	Januar	Juli
N	1	1
NO	65	53
O	26	53
SO	4	1
S	1	0
SW	0	0
W	1	0
NW	1	0
Windstillen	1	0

Durchschnittliche Windrichtungshäufigkeit im Monsunbereich des nördlichen Indischen Ozeans (in %)

Richtung	Januar	Juli
N	13	0
NO	74	1
O	6	0
SO	2	3
S	1	17
SW	0	71
W	0	7
NW	0	1
Windstillen	4	0

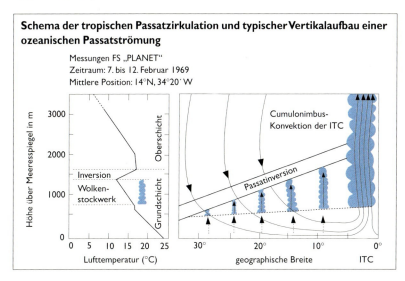

Schema der tropischen Passatzirkulation und typischer Vertikalaufbau einer ozeanischen Passatströmung

Messungen FS „PLANET"
Zeitraum: 7. bis 12. Februar 1969
Mittlere Position: 14°N, 34°20′ W

Tropische Monsune

Im Sommer der betreffenden Halbkugel wird in Afrika, in Süd- und Südostasien der Passatkreislauf gestört. So ist zum Beispiel im Juli über dem nördlichen Afrika, über Arabien, Indien bis nach Vietnam und zu den Philippinen ein nördlicher Ast der ITC, die NITC ausgebildet.

Im Bereich dieser NITC wird die Erdoberfläche besonders stark aufgeheizt. Dabei entsteht eine Rinne tiefen Luftdrucks, die feuchte Äquatorialluft weit nach Norden vordringen lässt (bis etwa 20° nördlicher Breite über Afrika, bis 30° nördlicher Breite über Indien). Der Wind weht in den Sommermonaten aus Süd und Südwest und bringt den sommerlichen Monsunregen. Verursacht werden die Monsunregen durch das Eindringen von

?

1. Nennen Sie Länder Südamerikas, Afrikas und Asiens, die im Bereich der ITC liegen.
Woran ist die Lage der ITC auch über den Ozeanen zu erkennen?
2. Wie erkennen Sie in den Außertropen den Verlauf der planetarischen Frontalzone (Polarfront)?

feuchter Äquatorialluft. Stau an Gebirgen (Westghats in Indien, Himalaya) verstärken den Niederschlag. Erst im Winter setzt sich wieder der trockene Nordostpassat durch. Die jahreszeitlich wechselnden Winde bezeichnet man als tropische Monsune.

Die außertropischen Monsune in Ostasien sind ebenfalls jahreszeitliche Luftströmungen (Änderung der Windrichtung mindestens um 120°). Der ostasiatische Sommermonsun führt am Westrand des Hawaii-Hochs maritime Tropikluft nach Südchina und Südjapan und verursacht die Sommerregen im subtropischen Ostseitenklima. Im Winter kann sehr kalte Luft aus Sibirien weit nach Süden vordringen. Nordostwinde kennzeichnen den Wintermonsun.

Effektive Klimaklassifikationen

Effektive Klimaklassifikationen typisieren die Klimate nach charakteristischen Werten bestimmter Klimaelemente, vor allem der Temperatur und des Niederschlages.
Bei der Typisierung werden Mittel-, Andauer-, Grenz- und Schwellenwerte kombiniert und bestimmte Andauer- und Schwellenwerte mit der Vegetation in Verbindung gebracht.

Klimakarte KÖPPEN

Die effektive Klassifikation von KÖPPEN (1936) zählt zu den bekanntesten. Sie wurde durch Auswertung eines sehr umfangreichen Datenmaterials in über vier Jahrzehnten erarbeitet und immer weiter verbessert.

KÖPPEN unterscheidet fünf Hauptklimazonen (gekennzeichnet durch die Buchstaben A, B, C, D, und E), deren Grenzen (außer bei den Trockenklimaten B) thermisch bestimmt sind. Die Trockengrenzen für die B-Klimate definiert KÖPPEN nach hygrischen Kriterien (Verhältnis von Temperatur zur Niederschlagsmenge und -verteilung). Bezüge zur Vegetation werden ständig herausgearbeitet.

?
Ordnen Sie nach eigener Auswahl mindestens acht Stationen aus der Tabelle, Lehrbuchseite 142, in die Klimazonen ein.
Wie lassen sich diese Stationen unter Beachtung von Temperatur- und Niederschlagswerten der Klassifikation von KÖPPEN zuordnen?

Beispiel: Klimastation Barrow
71°18′N/156°47′W
subpolare Klimazone
lt. Köppen ET
Tundrenklima

System der Klimate nach KÖPPEN (1936)

A Tropische Regenklimate
Mitteltemperatur des kältesten Monats über 18 °C

immerfeucht — **Af/Am**
Af Niederschlagssumme des niederschlagsärmsten Monats 60 mm und mehr
Am Niederschlagssumme des niederschlagsärmsten Monats unter 60 mm. Kompensation der Trockenperiode durch hohen Regenzeit-Niederschlag: 0/20/40/60 mm Niederschlagssumme des niederschlagsärmsten Monats erfordern 2 500/2 000/1 500/1 000 mm Jahresniederschlagssumme
Aw wintertrocken Niederschlagssumme des niederschlagsärmsten Wintermonats unter 60 mm
As sommertrocken Niederschlagssumme des niederschlagsärmsten Sommermonats unter 60 mm

B Trockenklimate
$r < 2t+28$ (bei Sommerniederschlag)
$r < 2t+14$ (bei fehlender Niederschlagsperiode)
$r < 2t$ (bei Winterniederschlag)

Steppenklima Grenzbedingungen: — **BS**
$r \geq t+14$ (bei (Sommerniederschlag)
$r \geq t+7$ (bei fehlender Niederschlagsperiode)
$r \geq t$ (bei Winterniederschlag)

Wüstenklima Grenzbedingungen: — **BW**
$r < t+14$ (bei Sommerniederschlag)
$r < t+7$ (bei fehlender Niederschlagsperiode)
$r < t$ (bei Winterniederschlag)

Anmerkung: Die Grenzbedingungen für die Trockenklimate enthalten die Jahresmitteltemperatur in °C und die Jahresniederschlagssumme r in cm.

System der Klimate nach KÖPPEN (1936)

C
warmgemäßigte Regenklimate
Mitteltemperatur des kältesten Monats zwischen 18 °C und -3 °C

wintertrocken — Cw/Dw
Niederschlagssumme des niederschlagsreichsten Sommermonats mindestens 10-mal so hoch wie jene des niederschlagsärmsten Wintermonats

sommertrocken — Cs/Ds
Niederschlagssumme des niederschlagsreichsten Wintermonats mindestens 3-mal so hoch wie jene des niederschlagsärmsten Sommermonats. (Die Niederschlagssumme des letzteren darf außerdem 30 mm nicht überschreiten.)

D
boreale Schneewaldklimate
Mitteltemperatur des kältesten Monats unter -3 °C;
Mitteltemperatur des wärmsten Monats über 10 °C

immerfeucht — Cf/Df
geringere Niederschlagsdifferenz zwischen den extremen Monaten als im Cw/Dw- bzw. Cs/Ds-Bereich
thermische Zusatzgliederung:

sommerheiß Mitteltemperatur des wärmsten Monats über 22 °C — Ca/Da
sommerwarm mindestens 4 Monate mit einer Mitteltemperatur über 10 °C — Cb/Db
sommerkühl 1 ... 3 Monate mit einer Mitteltemperatur über 10 °C — Cc/Dc

E
Schneeklimate
Mitteltemperatur des wärmsten Monats unter 10 °C

Tundrenklima Mitteltemperatur des wärmsten Monats über 0 °C — ET
Klima ewigen Frostes Mitteltemperatur des wärmsten Monats unter 0 °C — EF

Durch Hinzufügen weiterer Buchstaben erweiterte KÖPPEN seine Gliederung auf 11 Klimazonen. Eine kurz gefasste Charakterisierung der 11 Klimate ergibt die nachstehende Übersicht.

1. **Af** tropisches Regenwaldklima.
   Gleichmäßige Wärme und reichliche Niederschläge während des ganzen Jahres lassen tropischen Regenwald zu. Beim Auftreten einer regenarmen Zeit muss das Niederschlagsdefizit in den übrigen Jahreszeiten ausgeglichen werden.
2. **Aw** Savannenklima.
   Es ist ein wechselfeuchtes Klima. In der winterlichen Trockenzeit bringt der niederschlagsärmste Monat weniger als 60 mm. Die jährliche Temperaturamplitude wächst bis zu 12 °C an.
3. **BS** Steppenklima.
   Die Steppenvegetation erfordert wenigstens eine kurze Regenzeit sowie eine bestimmte Niederschlagsmenge, die von der Temperatur sowie von der Verteilung des Niederschlages abhängig ist.
4. **BW** Wüstenklima.
   Die Niederschläge sind sehr gering und treten unregelmäßig auf. Daher fehlt eine geschlossene Pflanzendecke. Nach episodischen Regenfällen kann vorübergehend eine etwas stärkere Vegetation auftreten.
5. **Cw** warmes wintertrockenes Klima der Subtropen.
   Es tritt eine Trockenzeit auf, wobei die Niederschlagsmenge des trockensten Monats weniger als $1/10$ der Niederschlagsmenge des feuchtesten Monats beträgt.
6. **Cs** Mittelmeer- oder Etesienklima.
   warmes sommertrockenes Klima der Subtropen.
   Die Niederschlagssumme des trockensten Monats liegt unter 40 mm und unter $1/3$ der Niederschlagsmenge des feuchtesten Monats. Frühling und Herbst ergeben sich als die Hauptvegetationszeiten. Eine Unterteilung des Etesienklimas führt zum Oliven- und Erikenklima (Csa und Csb).
7. **Cf** feuchtgemäßigtes Klima.
   Die Niederschläge sind ohne ausgesprochene Trockenzeit über das Jahr verteilt; allerdings fehlt ein Jahresgang des Niederschlages nicht völlig. In diesen Klimabereich gehört z. B. das Buchenklima (Cfb).
8. **Df** winterfeuchtes Klima.
   Bei großen jährlichen Temperaturamplituden sind die Niederschläge gleichmäßig über das Jahr verteilt. Eichen- und Birkenklima (Dfb und Dfe) gehören zum winterfeuchtkalten Klima.
9. **Dw** wintertrockenes Klima.
   Im trockensten Monat beträgt die Niederschlagsmenge weniger als $1/10$ der Niederschlagssumme des feuchtesten Monats.
10. **ET** Tundrenklima.
    Da die Temperatur des wärmsten Monats über dem Gefrierpunkt liegt, kommt es zu einem kurzen Sommer. Für Bäume reicht die Vegetationszeit nicht mehr aus.
11. **EF** Klima ewigen Frostes.
    Die tiefen Temperaturen – kein Monatsmittel über dem Gefrierpunkt – lassen eine Vegetation nicht mehr zu.

Quelle: HEYER, E. 1967

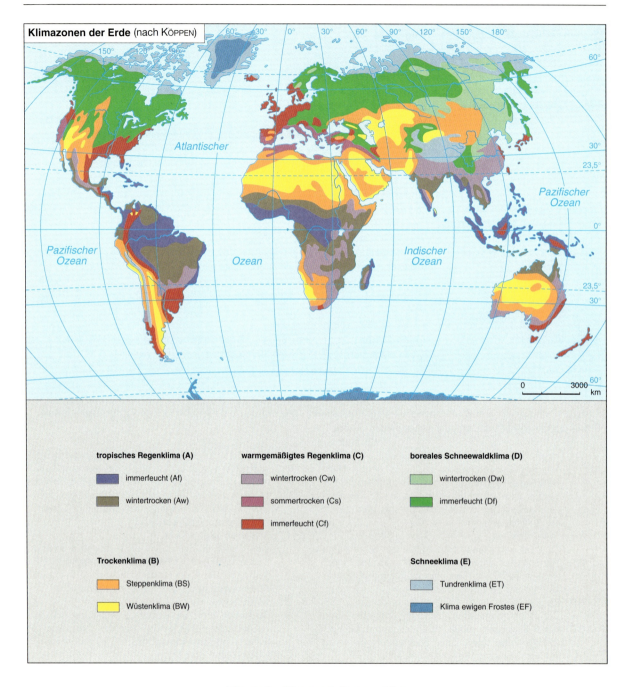

Jahreszeitenklima nach TROLL und PAFFEN

Die Karte der „Jahreszeitenklimate der Erde" (1963) nach TROLL/PAFFEN gliedert für die Kontinente und Ozeane fünf Klimazonen aus. Wie die Kartenbezeichnung besagt, ist für die Abgrenzung der Klimazonen und die Untergliederung in Klimagebiete vor allem der jahreszeitliche Ablauf des Klimas beachtet worden. Die Verfasser gehen von den Beleuchtungsjahreszeiten aus, betonen den jahreszeitlichen Gang von Temperatur und Niederschlag und berücksichtigen dabei auf Messungen beruhende Mittel-, Schwellen-, Andauer- und Grenzwerte. Weitere Gliederungskriterien sind im Einzelnen dem Lehrbuchtext und der Kartenlegende zu entnehmen.

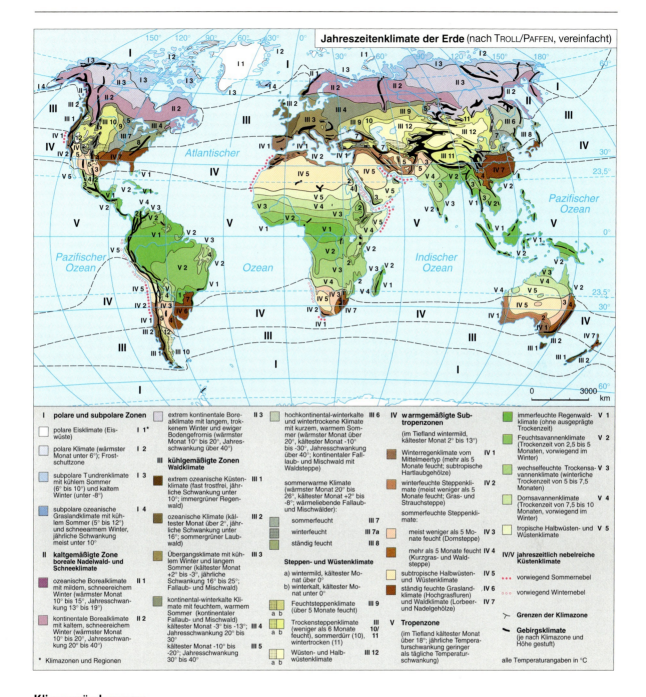

Klimaveränderungen

Ursachen für Klimaveränderungen

Seit Jahren wird in den Medien über Veränderungen des Klimas, oft sogar über weltweite Klimakatastrophen berichtet. Vor Übertreibungen und vorschnellen – meist pessimistischen – Prophezeiungen muss gewarnt werden. Mithilfe verschiedener Klimahypothesen wird versucht, die Ursachen von Klimaveränderungen zu erklären. So könnten langperiodische Änderungen der Erdbahnelemente die Stellung der Erde zur Sonne verändern und dadurch den Strahlungsgenuss beeinträchtigen.

SAARBRÜCKEN/OFFENBACH, 01. 08. 1994(dpa). Die Hitzeperiode der vergangenen Wochen in Europa ist nach Einschätzung des Deutschen Wetterdienstes in Offenbach nicht Vorbote einer Klimakatastrophe. Diplommeteorologe SWANTES wies am Montag im Saarländischen Rundfunk entsprechende Befürchtungen von Bundesumweltminister TÖPFER zurück. Dies sei nicht bewiesen und zeichne sich jetzt auch nicht an den Werten ab, sagte SWANTES. TÖPFER hatte der „Bild"-Zeitung gesagt, er habe „die größte Sorge, dass dies die ersten Anzeichen für Klimaverschiebungen im großen Maßstab sind".

Auch andere Meteorologen hoben hervor, die Hitze sei mitnichten ein Zeichen für eine Klimaveränderung. HERBERT RIEPER vom Wetteramt Schleswig sagte, Klimaveränderungen könnten nur global und über viele Jahre hinweg festgestellt werden. Beobachtungen in einem Monat oder einem von der Fläche her kleinen Land wie Deutschland reichten dazu nicht aus. Auch im Seewetteramt Hamburg hieß es: „Es gab schon immer wärmere und kältere Perioden. Die Frage, ob es sich bei diesem Juli um eine natürliche Schwankung oder um eine menschlich verursachte Änderung handelt, kann nicht beantwortet werden."

Auch eine primäre Änderung der Sonnenstrahlung müsste den Wärmehaushalt der Erde beeinflussen und bei Strahlungsverringerung zu Kaltzeiten führen. Eine Schwächung der Sonnenstrahlung könnte auch beim Durchgang der Erde durch interstellaren Staub erfolgen.

Erheblich wird die Strahlung durch Vulkanausbrüche geschwächt. Während vulkanisches Lockermaterial in Entfernungen von 100 bis 1 000 km auf die Erdoberfläche zurückfällt, reichern sich magmatische Gase und sulfatische Partikel (0,1 bis 1 µm Durchmesser) in Höhen von 20 bis 22 km in der Stratosphäre an. Sie bewirken eine Verringerung der Globalstrahlung.

Anstieg des CO_2-Gehaltes. Große Aufmerksamkeit widmen Klimatologen und Geographen in den letzten Jahren den Einflüssen, die durch die Tätigkeit des Menschen Klimaveränderungen herbeiführen könnten.

Besonders ernst genommen wird der Anstieg des CO_2-Gehaltes in der Luft durch steigende Nutzung fossiler Brennstoffe. Dadurch wird ein Anstieg der CO_2-Konzentration in der Troposphäre verursacht, der infolge der „Glashauswirkung" eine allmähliche Erwärmung der Lufthülle und eine damit verbundene weltweite Klimaveränderung herbeiführen kann.

Analysen von Eisbohrkernen aus Grönland und aus der Antarktis, in die Luftblasen eingeschlossen sind, zeigen für die 20 000 Jahre zurückliegende Weichsel-Kaltzeit einen CO_2-Gehalt der Luft von 180 bis 200 ppm an (ppm = parts per million, millionstel Volumenanteile).

In der Mitte des 19. Jahrhunderts lagen die Werte bei etwa 250 ppm und stiegen bis 1982 auf 340 ppm an. In Ballungsgebieten der Industrie waren die Werte um 10 bis 30 Einheiten höher. Extremwerte erreichten örtlich sogar 600 ppm (Raum Mannheim–Ludwigshafen).

Klimaforscher vertreten die Meinung, dass der kritische Schwellenwert der CO_2-Konzentration zwischen 550 und 700 ppm liegt. Bei weiterer CO_2-Zunahme könnten entsprechende Werte schon in etwa 50 Jahren erreicht werden.

Eine damit verbundene globale Erwärmung (um 4 °C bis 5° C bei einem CO_2-Gehalt von > 600 ppm) würde zunächst das Treibeis in der Arktis und Antarktis zum Schmelzen bringen. Der zu befürchtende weltweite Anstieg des Meeresspiegels wäre erst nach großräumigen Abbrüchen des Schelfeises (Größenordnung 10^4 bis 10^5 km^3 Eis), vor allem jedoch durch „Ausbrüche" des kontinentalen antarktischen Eisschildes möglich (Größenordnung 2×10^6 km^3 Eis). Der Meeresspiegel könnte dann etwa um 5 m steigen.

Das Ozonloch. In der antarktischen Stratosphäre geht seit Jahren am Ende des Südwinters im September und Oktober der Ozongehalt stark zurück. Das dadurch jedes Jahr größer werdende Ozonloch (ein Ozonloch ist inzwischen auch über der Nordhalbkugel nachgewiesen worden) führt zu einer Verstärkung der für das irdische Leben schädlichen UV-Strahlung. Verantwortlich für den Ozonabbau sind vor allem Zersetzungsprodukte des Fluorchlorkohlenwasserstoffes (FCKW). Die Zersetzung dieses Gases geschieht durch fotochemische Prozesse in der Stratosphäre.

FCKW wird wegen seines niedrigen Siedepunktes und seiner chemischen Trägheit in Kühlschränken oder als Treibgas in Aerosol-Sprühdosen verwendet. Obwohl die Produktion dieses Gases eingeschränkt wird, wächst wegen der langen Verweilzeit von über 50 Jahren der klimatische Effekt von FCKW weiter. 1988 betrug die Jahresproduktion rd. 700 000 t.

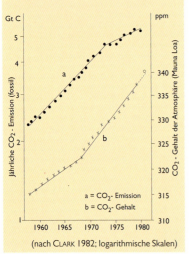

Jährliche Zufuhr von fossilem CO_2 in der Atmosphäre (linke Skala) und CO_2-Gehalt der Atmosphäre 1958–1980

a = CO_2- Emission
b = CO_2- Gehalt

(nach CLARK 1982; logarithmische Skalen)

Vegetations- und Bodenzonen der Erde

Die in fast jedem Schulatlas abgebildeten Weltkarten der Vegetations- und Bodenzonen zeigen eine deutliche Übereinstimmung mit den Klimazonen. Alle schon behandelten effektiven Klimaklassifikationen berücksichtigen diese Übereinstimmung von Klima- und Vegetationszonen, die im 19. Jahrhundert schon ALEXANDER VON HUMBOLDT erkannt hatte.

Beim ersten Versuch einer weltweiten Klimaeinteilung hat KÖPPEN (1890) zur Kennzeichnung der Klimate „Leitpflanzen" verwendet und deren Reaktion auf das Klima betrachtet. Zur Bezeichnung von 24 Klimatypen wurden schließlich charakteristische Vertreter der Pflanzen- und Tierwelt vorgeschlagen.

Einige Bezeichnungen werden noch heute verwendet: Birkenklima, Buchenklima, Eichenklima.

Die in verschiedenen Erdräumen unter ähnlichen Klimaverhältnissen auftretenden Vegetationsformationen stimmen physiognomisch und ökologisch weitgehend überein. So tritt der immergrüne tropische Regenwald überall dort auf, wo die jährliche Niederschlagsmenge 1 000 mm überschreitet und die Temperaturmittel des wärmsten Monats über +18 °C liegen. In den wechselfeuchten Tropen (wintertrockenes tropisches Regenklima) variiert mit abnehmenden Sommerniederschlägen die Feucht- zur Trockensavanne, die in der tropischen Trockenzone bei zunehmender Trockenheit in die Dornsavanne, Halbwüste und Wüste übergeht.

Auch die Böden sind bei der Betrachtung im Weltmaßstab in Zonen angeordnet. Zonale Böden werden vom Klima geprägt. Die Bezeichnungen für die zonalen Böden widerspiegeln häufig den Zusammenhang mit den Vegetationszonen (Tundrenböden, Savannenböden, Böden der Regenwälder).

Als Beispiel „klimatischer Leitpflanzen" sei die Charakterisierung des Eichenklimas angeführt.

Eichenklima:
feuchtwinterkaltes Klima, das zum borealen Klima (Schnee-Wald-Klima) gehört; charakterisiert durch starke Gegensätze der Jahreszeiten;
mittlere Temperatur des wärmsten Monats 18 °C bis 21 °C,
des kältesten Monats -4 °C bis -20 °C;
bis zu 5 Monaten mit mittleren Temperaturen von mehr als 10 °C;
große mittlere Tagesschwankung der Temperatur;
mittlere Jahresschwankung der Temperatur 25 bis 30 °C; auf der Nordhalbkugel sehr verbreitet.

Hinweis:
Beachten Sie die Karte zu den Böden der Erde zu Beginn des Lehrbuches.

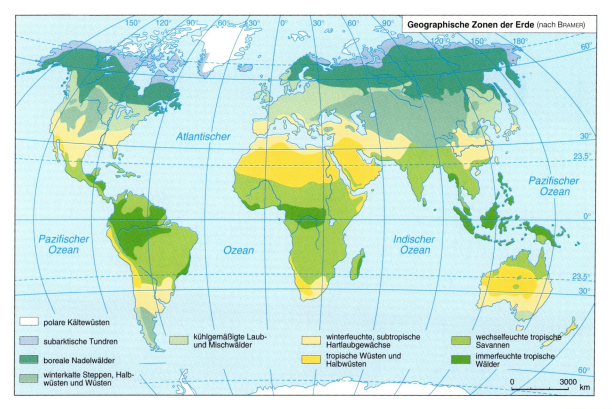

Geographische Zonen der Erde (nach BRAMER)

- polare Kältewüsten
- subarktische Tundren
- boreale Nadelwälder
- winterkalte Steppen, Halbwüsten und Wüsten
- kühlgemäßigte Laub- und Mischwälder
- winterfeuchte, subtropische Hartlaubgewächse
- tropische Wüsten und Halbwüsten
- wechselfeuchte tropische Savannen
- immerfeuchte tropische Wälder

Entwicklung der Landnutzung

Die Entwicklung der Landnutzung ist eng verbunden mit der gesellschaftlichen und wirtschaftlichen Entfaltung der Menschheit, denn Daseinsbewältigung und Daseinsvorsorge des Menschen müssen sich naturgemäß zuerst auf die Befriedigung seiner Grundbedürfnisse richten. So ist die Geschichte der Landnutzung, im weiteren Sinne der Landwirtschaft, eng verflochten mit der Wirtschafts- und Sozialgeschichte. Sammel- und Aneignungswirtschaft sowie Produktionswirtschaft sind die beiden Hauptstufen der sozioökonomischen Entwicklung.

Auf der Stufe der Sammel- und Aneignungswirtschaft erschöpft sich die wirtschaftliche Betätigung des Menschen in der Nahrungssuche und der Herstellung der dafür benötigten Geräte. Der Mensch hängt vom Nahrungs- und Rohstoffangebot seiner natürlichen räumlichen Umgebung ab. Er kann den Naturraum noch nicht umgestalten.

Auf der Stufe der Produktionswirtschaft wird der Mensch zum Nahrungserzeuger und Hersteller von Gütern. Er greift zunehmend verändernd in den Naturhaushalt ein und gestaltet Kulturlandschaften.

Auf der Grundlage von Feldbau und Viehhaltung konnten sich bei ständig zunehmender Arbeitsteilung Produzierendes Gewerbe, Handel und Dienstleistungen entfalten. Die damit zusammenhängenden Veränderun-

Hackbau

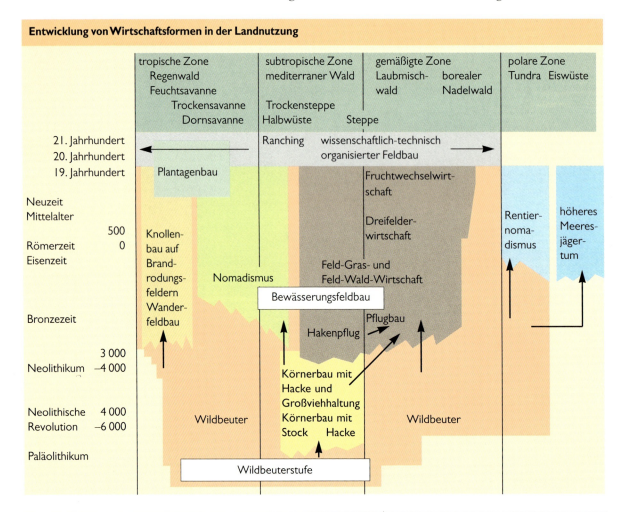

gen waren in allen Lebensbereichen so einschneidend, dass sie in ihrem Ausmaß erst in der technisch-industriellen Revolution der Neuzeit eine Parallele finden.

Die Wildbeuterstufe mit Sammelwirtschaft und Jägertum ist die älteste Form der Bodennutzung. Vor rund 2 Millionen Jahren haben sich in den feuchten Subtropen und den wechselfeuchten Tropen Sammler- und Jägergruppen gebildet. Die Menschheit verharrte den größten Teil ihrer Geschichte (98 bis 99 %) auf der Wildbeuterstufe. Heute leben Wildbeuter in kleinen Gruppen in Rückzugsgebieten. Sie sind vom Aussterben bedroht.

Die Feldbauern waren anfangs entweder Knollen- oder Körnerbauer. Knollen wie Yams, Maniok und Batate können in den immerfeuchten Tropen ganzjährig gesetzt und geerntet werden. Sie verjüngen sich zudem vegetativ. Eine Vorratswirtschaft erübrigt sich. Sie wäre auch im feuchtheißen Klima nur bedingt möglich.

Neolithische Revolution. Allmählicher Übergang von der Aneignungs- zur Produktionswirtschaft.

Erst der wissenschaftlich-technische Fortschritt der Neuzeit ermöglichte eine derartige Steigerung der Produktion in der Landwirtschaft, sodass man von einer Agrarrevolution spricht.

Bodennutzungssysteme			Merkmale	Verbreitung
Weidewirtschaft	Dauernutzung der Weide	stationäre Weidewirtschaft	Dauernutzung, Vieh hält sich ganzjährig auf der eingezäunten Weidefläche	Trockensteppen in Nord- und Südamerika und Asien, Feuchtsavanne
		Fütterungswirtschaft	intensive Form der stationären Weidewirtschaft, Futterveredlung, Fütterungseinrichtungen	wintermilde Trockensteppen (USA), Feuchtsavanne
	Weideflächenwechsel	freier Nomadismus	Viehhaltung auf Naturweide ganzjähriger Graswuchs	sehr feuchte gemäßigte Klimate Hochweiden der inneren Tropen
		jahreszeitlich gebundener Viehnomadismus	Weideflächenwechsel klimatisch gebunden: Nord-Süd-Wanderungen, Berg-Tal-Wanderungen, nichtsesshafte Lebensweise	Tundra, borealer Nadelwald, wechselfeuchte subtropische und tropische Klimate, Trockensteppen und Halbwüsten
Feldbau	Flächenwechsel des Anbaus	freier Wanderfeldbau	Knollen- und Körnerbau auf Brandrodungsfeldern, halbsesshafte Lebensweise	tropischer Regenwald, Savannen
		geregelter Flächenwechsel	Feld-Gras- und Feld-Wald-Wirtschaft: regelmäßiger Wechsel von Feldbau und Wald bzw. Weide als Brache	ozeanischer Bereich der gemäßigten Zone in Europa, bis zum 8. Jh. in Deutschland
	Dauernutzung des Anbaus	Monokulturen	auf Böden mit hoher Fruchtbarkeit: Weizen, Mais, Reis, Zuckerrohr	vorwiegend in Neulandgebieten: Mittelwesten der USA, Kasachstan, Tropen
		mehrjährige Baum- und Strauchkulturen	tropischer Plantagenbau: Kakao, Kaffee, Tee, Ölpalmen, Kokospalmen, Bananen, Kautschuk mediterraner Stockwerkanbau: Wein, Agrumen, Obst Sonderkulturen der gemäßigten Zone: Gemüse, Obst, Wein	tropische, subtropische, gemäßigte Klimate
		Waldwirtschaft	andauernde Waldnutzung: Holzeinschlag, Waldweide, Sammeln, Jagen; zum Teil geregelte Forstwirtschaft	alle Waldklimate
	Nutzungswechsel des Anbaus	Getreidewechsel	Dreifelderwirtschaft: dreijähriger Umlauf von Winter-, Sommergetreide und Brache	bis zu Beginn des 20. Jhs. in Europa
		Fruchtwechsel	intensivste und freieste Form des Feldbaus, Vielseitigkeit der Fruchtfolgen Grundform: Wintergetreide, Hackfrucht, Sommergetreide, Klee	in Europa seit dem 19. Jh., heute weltweit
	gemischte Bodennutzung		Verflechtung von Feldbau und Viehhaltung sowie Sonderkulturen	feuchte gemäßigte Klimate, heute weltweit

Der Körnerbau in den subtropischen und gemäßigten Klimaten zwang dagegen zu vorausplanenden Organisationsformen. Die Ernte darf nicht vollständig verbraucht werden. Bei schlechten Ernten muss durch Konsumverzicht Saatgut zurückgehalten werden. Deshalb entwickeln die Körnerbauer die Technologie des Feldbaus und gehen zur Großviehhaltung über. So kann sich später die nomadische Viehhaltung herausbilden.

Der Pflugbau ist als die höchste Stufe des Feldbaus mit der Großviehhaltung an Nutz- und Zugvieh verbunden. Mit der Hacke bearbeitet man kleine Felder. Der Pflugbau ist dagegen arbeits- und flächenintensiv. Allerdings ermöglicht er eine Überschussproduktion zur Versorgung einer nichtlandwirtschaftlichen Bevölkerung in Städten. Somit schafft der Pflugbau eine Voraussetzung für die Herausbildung von Hochkulturen. Mit dem Pflugbau wird schließlich der Übergang von der Selbstversorgungs- zur Marktwirtschaft möglich.

Die Selbstversorgungswirtschaft ist eine geschlossene Hauswirtschaft. Sie beschränkt sich auf den Anbau weniger Grundnahrungsmittel und auf Viehhaltung für den Eigenverbrauch der Familie. Die Marktwirtschaft produziert über den Eigenbedarf hinaus Überschüsse. Der Absatz der Produkte bedingt eine räumliche Trennung von Erzeugung und Verbrauch. So werden Handel und Transport als verbindende Glieder notwendig.

Mit dem Übergang von der Feld-Gras-Wirtschaft zwischen dem 5. und 8. Jahrhundert in Europa zur Dreifelderwirtschaft und zur Fruchtwechselwirtschaft zu Beginn des 19. Jahrhunderts sind auch in den kühleren Klimaten die Ernährungsvoraussetzungen für eine Arbeitsteilung in der Gesellschaft gegeben. Das moderne Städtewesen kann sich entfalten und die Industrialisierung voranschreiten.

?

Erläutern Sie das globale Verteilungsmuster landwirtschaftlicher Betriebssysteme.

a) Beschreiben Sie das Verteilungsmuster. Verwenden Sie dabei die Klassifikation der Landwirtschaft nach Bodennutzungssystemen.

b) Erläutern Sie das Verteilungsmuster. Beachten Sie die klimaökologischen Rahmenbedingungen sowie den Grad der gesellschaftlichen und wirtschaftlichen Entfaltung.

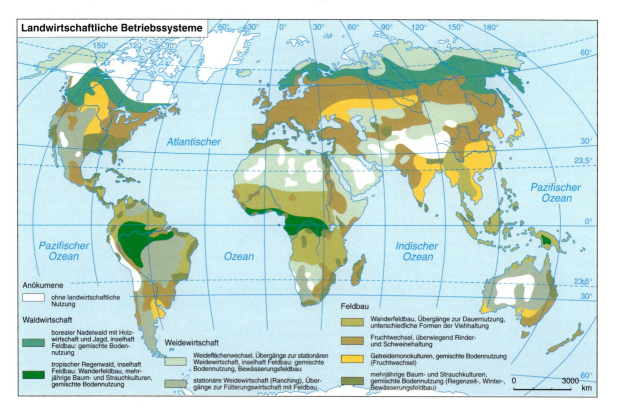

Rohstoffversorgung der wachsenden Menschheit

Unsere Erde ist Trägerin einer vielseitigen Materie, eines hoch entwickelten Lebens in Form von Pflanzen und Tieren sowie Lebensstätte der Menschen. Unabdingbare Voraussetzungen menschlichen Lebens sind Flächen- und Bodenressourcen, mineralische und biologische Ressourcen, Wasser und Luft.

Keine dieser Ressourcen ist durch eine andere ersetzbar, keine ist verzichtbar. Und so ist der ununterbrochene Stoffwechsel zwischen Mensch und Natur für ihn Existenzbedingung. Deshalb muss der Mensch, seitdem er existiert, solche Stoffe suchen, gewinnen, ge- und verbrauchen. Werden sie aber auch zukünftig im benötigten Umfang zur Verfügung stehen?

Es ist heute unbestritten, dass wir den Bedarf bei den meisten mineralischen, pflanzlichen und tierischen Rohstoffen und auch bei Wasser mit ansteigenden Kurven beschreiben müssen, was vor allem auf das Wachstum der Weltbevölkerung und den Anstieg der Produktion in vielen Ländern zurückzuführen ist.

Wie bilden sich Rohstofflagerstätten? Werden auch zukünftigen Generationen noch Rohstoffe im benötigten Umfang zur Verfügung stehen? Wann sind die Reserven verbraucht? Gibt es „Ersatzlösungen"?

Ressourcen und Rohstoffe – versiegen die Quellen?

Ressourcen

Jedes Gebiet unserer Erde besitzt eine ganz spezifische Naturausstattung, die sich aus der Gesamtheit der Stoffe, Eigenschaften und Prozesse eines Naturraumes ergibt. Sie verleiht jedem Raum ein unverwechselbares Gepräge.

Von dieser Ausstattung hat der Mensch, seitdem er existiert, Teile davon – und im Verlauf der historischen Entwicklung immer intensiver – erschlossen und genutzt. Er gab ihnen damit eine neue Zweckbestimmung: er machte sie zu seiner Existenzquelle – zur Naturressource.

Der aus dem englischen Sprachraum stammende Begriff „natural resources" hat heute weltweit Verbreitung gefunden. Er ersetzt die ehemals oft, jetzt seltener gebrauchten Begriffe „Naturschätze", „Naturgüter", „Naturreichtümer", „natürliche Hilfsquellen", „Quellen der Natur" und andere.

Naturressourcen sind jene Stoffe und Kräfte der Natur, die von der Natur ohne Zutun der Gesellschaft zur Nutzung angeboten, vom Menschen genutzt werden oder genutzt werden können.

In seiner Stellung sowohl als biologisches als auch gesellschaftliches Wesen ist der Mensch auf die Nutzung von Ressourcen angewiesen. Die Frage nach deren Verfügbarkeit beschäftigt ihn ununterbrochen. Im Zusammenhang mit den größer werdenden Anforderungen an die Ressourcen beziehen sich solche Fragen immer häufiger auf Probleme der Sicherung der Versorgung der Weltbevölkerung mit Nahrungsgütern, mit Energie- und anderen mineralischen und biologischen Ressourcen sowie auf ökologische Schwierigkeiten der Ressourcennutzung.

Um konkrete Antworten geben zu können, müssen Kenntnisse über die gegenwärtige und zukünftige Verfügbarkeit erworben werden. Dazu ist es notwendig, die Naturressourcen zu gliedern. Vielfältige Möglichkeiten bieten sich an, so u. a.:

- Gliederung nach der Zuordnung zum Natursystem (Ressourcen der unbelebten bzw. der belebten Natur),
- Gliederung nach nicht erneuerbaren und erneuerbaren Ressourcen (erschöpfliche und nicht erschöpfliche Ressourcen),
- Gliederung nach gegenständlichen und energetischen Ressourcen,
- Gliederung nach der Einordnung in die Geosphäre (Ressourcen der Lithosphäre, der Hydrosphäre, der Atmosphäre),
- Gliederung nach der zeitlichen Verfügbarkeit (gegenwärtig bereits verbrauchte, heute verfügbare und potentielle Ressourcen).

Die Zuordnung einzelner Ressourcen bzw. Ressourcengruppen ist jedoch oft problematisch. So werden z. B. meist die Ressourcen der unbelebten Natur als erschöpflich bezeichnet. Richtig ist jedoch, dass sich auch diese Stoffe regenerieren können, wenn auch nur in geologischen Zeiträumen (wie z. B. Erdöl usw.). Andererseits sind ausgestorbene Tier- oder Pflanzenarten als Teil der belebten Natur nie wieder regenerierbar.

Ressource Holz

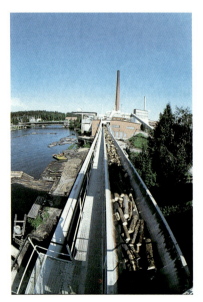

Rohstoff Holz

Rohstoffe

Naturstoffe als Teil der Naturressourcen bilden die Grundlage von Rohstoffen. So sind also Wälder, Wiesen, Lagerstätten von Gesteinen und anderen Stoffen, Fische im Meer und Quellwasser allesamt Ressourcen. Das geschlagene Holz, das gewonnene Heu, der gebrochene Stein oder das geförderte Erz, der gefangene Fisch und das geschöpfte Wasser bezeichnen wir als Rohstoffe.

Rohstoffe sind in der Natur vorkommende Stoffe, die bis auf die Loslösung aus ihrer natürlichen Quelle noch keine weitere Verarbeitung gefunden haben und vom Menschen in unverarbeiteter Form gebraucht oder verbraucht werden.

Es wird deutlich, dass die Rohstoffe – wie auch die Ressourcen – immer in einer Wechselbeziehung zum Menschen stehen. Sie dienen nach ihrer Aufbereitung der Bedürfnisbefriedigung der Menschen.

links: Ressource Hartgestein
rechts: Rohstoff Hartgestein

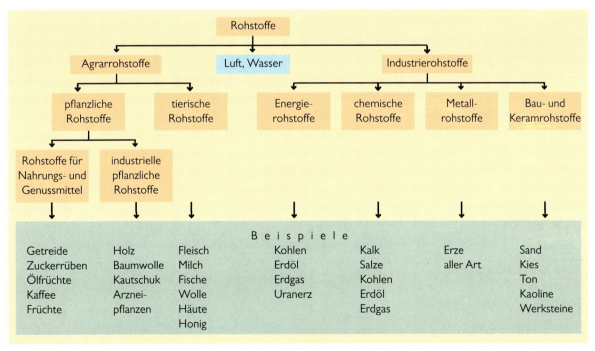

Auch Rohstoffe können nach verschiedenen Kriterien gegliedert werden. Rohstoffe sind Gegenstand von wissenschaftlichen, vor allem wirtschaftlichen, technischen und ökologischen Untersuchungen. Immer häufiger wird hierbei die Frage nach den Möglichkeiten und den Grenzen der Rohstoffgewinnung gestellt. Besonders mittel- und langfristige Planungen verlangen genauere Aussagen über die Verfügbarkeit von Rohstoffen. Rohstoffbilanzen und Rohstoffprognosen werden aufgestellt und danach Rohstoffstrategien entwickelt. Die Aussagen weichen jedoch weit voneinander ab. Wir wollen einige relativ gesicherte Erkenntnisse vorstellen.

Bilanzen und Prognosen

Ressourcenbilanzierung

Die Bilanzierung der in der Erdkruste vorhandenen mineralischen und der auf der Erde und im Meer vorkommenden biologischen Ressourcen ist sehr kompliziert. Etwas einfacher ist die Bilanzierung der Wasservorräte der Erde. Konzepte – in ihrer Anlage recht unterschiedlich – dienen dieser Aufgabe.

Bei der Bilanzierung der mineralischen Ressourcen wird z. B. in „Erdkrustenkonzepten" versucht, die Stoffe dieser Kruste in ihrer Gesamtheit, also in fester, flüssiger und gasförmiger Form, zu erfassen. Solche Bilanzen sind zwar für globale theoretische Berechnungen und wissenschaftstheoretisch interessant, aber im Hinblick auf Möglichkeiten der Rohstoffgewinnung absolut unrealistisch, weil sie ausschließlich den vermuteten Gesamtinhalt der Kruste berücksichtigen. Ein solches Konzept ist in der folgenden Tabelle dargestellt.

Viel aussagekräftiger sind „Lagerstättenkonzepte", in denen nur die in Lagerstätten auftretenden Stoffe erfasst werden. Lagerstätten sind solche natürlichen Anhäufungen von mineralischen Stoffen in der Erdkruste, die nach technischen und wirtschaftlichen Gesichtspunkten gewonnen und verwertet werden können. Um die Größenordnung zu verdeutlichen, sind in der unteren Tabelle einige Berechnungen aufgeführt.

Ausgewählte mineralische Stoffe der kontinentalen Erdkruste (ohne Antarktis) bis in die Tiefe von 2 500 m			
Aluminium	$7{,}90 \cdot 10^{16}$	Chrom	$7{,}33 \cdot 10^{13}$
Eisen	$4{,}57 \cdot 10^{16}$	Kupfer	$4{,}76 \cdot 10^{13}$
Titan	$5{,}05 \cdot 10^{15}$	Nickel	$5{,}81 \cdot 10^{13}$
Mangan	$9{,}52 \cdot 10^{14}$	Zinn	$1{,}52 \cdot 10^{12}$
Zink	$7{,}71 \cdot 10^{13}$	Silber	$6{,}19 \cdot 10^{10}$
Kohle	$3{,}00 \cdot 10^{13}$	Gold	$3{,}33 \cdot 10^{5}$

Weltvorräte an Lagerstätteninhalten ausgewählter Ressourcen (in t)			
Kohle	$6\,200 \cdot 10^{9}$	Chrom	$1{,}2 \cdot 10^{9}$
Eisen	$265 \cdot 10^{9}$	Kupfer	$0{,}5 \cdot 10^{9}$
Aluminium	$22 \cdot 10^{9}$	Nickel	$0{,}054 \cdot 10^{9}$
Mangan	$5 \cdot 10^{9}$	Zinn	$0{,}010 \cdot 10^{9}$
Erdöl	$135 \cdot 10^{9}$	Silber	$0{,}00018 \cdot 10^{9}$

?
Suchen Sie nach weiteren Möglichkeiten der Gliederung von Rohstoffen.

Trotz beachtlicher Erkenntnisfortschritte in der Bilanzierung von Lagerstätten kommen diese dem in der Natur vorhandenen wirklichen Potential nur mehr oder weniger nahe.

Bei den bekannten Lagerstätten gibt es noch häufig Unklarheiten über Größe, Bonität (geologische Lagerungsbedingungen), Qualität und Quantität der Rohstoffvorkommen. Hinzu kommt, dass es noch zahlreiche nicht erkundete, aber „begründet vorausgesagte" Lagerstätten gibt. Diese prognostizierten Vorräte spielen vor allem bei Vorratsbilanzen der Entwicklungsländer eine wichtige Rolle.

> Die Menschheit ist in der Lage, die Entwicklung stabil zu gestalten – eine Entwicklung, in der die Bedürfnisse der Gegenwart befriedigt werden, ohne dabei zukünftigen Generationen die Möglichkeit der Befriedigung ihrer Bedürfnisse zu nehmen.
>
> (Weltkommission für Umwelt und Entwicklung)

Rohstoffprognosen

Sie sind kurz-, mittel- oder langfristig angelegt und geben Auskunft über die zukünftige Rohstoffverfügbarkeit. Sie weichen in ihren Aussagen oft weit voneinander ab. Alle gehen jedoch von einem ansteigenden Rohstoffverbrauch aus. Dafür sprechen drei Gründe:

1. Allein durch das Anwachsen der Weltbevölkerung von etwa 6,2 Milliarden Menschen im Jahre 2000 auf etwa 10–11 Milliarden im Jahre 2100 werden selbst bei Beibehaltung der gegenwärtigen Pro-Kopf-Nutzung an biologischen und mineralischen Rohstoffen bedeutend größere Mengen benötigt.
2. Es ist jedoch mit einer Erhöhung des Pro-Kopf-Verbrauches zu rechnen, weil besonders in den Entwicklungsländern ein stärkerer Nachholebedarf in der Produktions- und Verbrauchsentwicklung besteht. Damit ist ein höherer Rohstoffbedarf verbunden.
3. Wenn sich der Trend zur „Wegwerfgesellschaft" fortsetzt, werden zunehmend Stoffe vergeudet. Das trifft auch für eine in vielen Ländern ansteigende Rüstungsproduktion bzw. Aufrüstung zu.

Daraus ergeben sich völlig neue Dimensionen im Rohstoffbedarf, in der Rohstoffnutzung und im Verbrauch:
– neue Mengendimensionen,
– neue Wertdimensionen (höhere Kosten für Rohstoffe),
– neue Raumdimensionen (Ausdehnung der Bezugsgebiete),
– neue Qualitätsdimensionen (Anforderungen an Rohstoffe),
– neue ökologische Dimensionen (Umfang der Entsorgung, Zerstörung von Flächen durch Großtagebaue usw.).

Ergebnis ist, dass in der 2. Hälfte des 20. Jahrhunderts mehr mineralische Stoffe verbraucht worden sind als in der gesamten vorausgegangenen Geschichte der Menschheit.

Trotzdem gehen viele Prognosen davon aus, dass in einem übersehbaren Zeitraum (etwa ein halbes Jahrhundert) weltweit keine Erschöpfung mineralischer Stoffe droht. Allerdings stehen danach einige zeitlich nur noch sehr begrenzt zur Verfügung, darunter wichtige Energieträger, Stahlveredler und Edelmetalle. Sie müssen durch verbesserte Stoffkreisläufe (Recycling), durch neu entwickelte Stoffe usw. ersetzt werden. So ist – insgesamt gesehen – gegenwärtig und in einem mittelfristigen Zeitraum, vielfach auch langfristig, die Verfügbarkeit von Rohstoffen kein die Existenz der Menschheit entscheidend behindernder Faktor.

Allerdings müssen sparsamster Umgang, bestmögliche Nutzung, neue Rohstoffstrategien und internationale Zusammenarbeit sowie Erfindergeist im Hinblick auf die Entwicklung neuer Stoffe und neuer Technologien oberstes Gebot sein.

?
1. Erläutern Sie die Möglichkeiten und Grenzen der Rohstoffbilanzierung und Rohstoffprognose.
2. Erläutern Sie die oben stehende Aussage der Weltkommission für Umwelt und Entwicklung.

Die geotektonische Gliederung der Erde

Gestalt der Kontinente und Ozeanbecken

Während die Oberflächenformen des Festlandes schon seit längerer Zeit gut bekannt und vermessen sind, waren die Kenntnisse von der Gestalt der Ozeanböden bis vor wenigen Jahrzehnten sehr unvollkommen. Es waren einzelne Tiefseegräben mit mehreren tausend Metern Tiefe bekannt; die großen Flächen der Ozeanböden schienen weitgehend ungegliedert.

Nationale und internationale Untersuchungsprogramme ermöglichten ab 1950 tiefere Einsichten in die Gestalt und den Aufbau der Erdoberfläche am Grunde der Ozeane. Zu den wesentlichsten Erkenntnissen, die teilweise erheblich von dem abwichen, was man erwartet hatte, gehören:
– die beträchtliche Formenvielfalt am Grund der Ozeane,
– die Anordnungsmuster der untermeerischen Reliefeinheiten,
– der Gesteinsaufbau und das Alter der Gesteine,
– der Lagerstättengehalt am Meeresgrund.

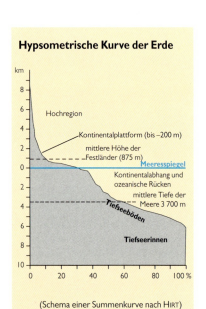

Relief des Atlantik

Gesamtoberfläche der Erde:	510 Mio. km²
davon Festland	150 Mio. km² = 29 %
Weltmeer und Nebenmeere	360 Mio. km² = 71 %

Die Kontinent-Ozean-Verteilung ist auf beiden Hemisphären unterschiedlich.

	Festland	Meer
Nordhalbkugel	39 %	61 %
Südhalbkugel	19 %	81 %

größte Erhebung auf dem Festland	größte Wassertiefe
Mt. Everest (Himalaya) 8 848 m	Marianengraben 11 034 m (Pazifischer Ozean)

Höhen- und Tiefenbereiche sind auf Kontinenten und in Ozeanen unterschiedlich verteilt und haben verschiedene Flächenanteile.
Es entfallen auf:

	m NN	Mio. km²	%
Hochregionen	> +1 000	40	8,0
Kontinentalplattformen	+1 000 bis -200	137	26,5
Kontinentalabhänge und ozeanische Rücken	-200 bis -3 000	70	14,0
Tiefseebecken	-3 000 bis -6 000	260	51,0
Tiefseegräben	< -6 000	3	0,5

Hypsometrische Kurve der Erde

(Schema einer Summenkurve nach HIRT)

Profilschnitte durch Kontinente und Ozeanböden verdeutlichen die Formenvielfalt und die Höhenunterschiede.

Zwischen den Großformen des festländischen und des untermeerischen Reliefs und den großen geologischen Baueinheiten der Erde bestehen enge Zusammenhänge. Diese ergeben sich aus der Entstehungs- und Entwicklungsgeschichte der Erde. Orogenesen und Vulkanismus steuern die Ausbildung dieser überwiegend azonal angeordneten Einheiten.

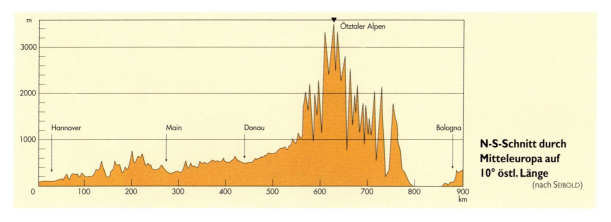

N-S-Schnitt durch Mitteleuropa auf 10° östl. Länge
(nach SEIBOLD)

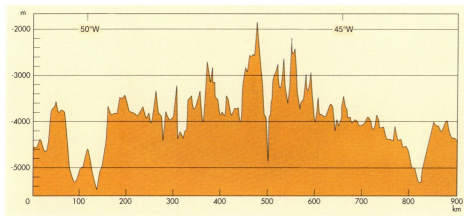

W-O-Schnitt durch den Atlantik auf 17° nördl. Breite
(nach SEIBOLD)

Das Satellitenbild zeigt das Gebiet des Vulkans Socompa in Chile. Es wurde im August/September 1984 während der Shuttle Mission 41-D, Discovery aufgenommen.

Der Lavastrom reicht vom Gipfel des Vulkans fast 40 km weit. Wissenschaftler nehmen an, dass der Vulkanausbruch nur wenige Minuten angedauert hat und in seiner Eruptionsstärke der des Vulkanausbruchs des Mt. St. Helens (US-Bundesstaat Washington) vom Mai 1980 ähnlich war.

Schalenbau der Erde

Die Erde besteht von der Erdoberfläche bis zum Erdkern aus mehreren Schalen.

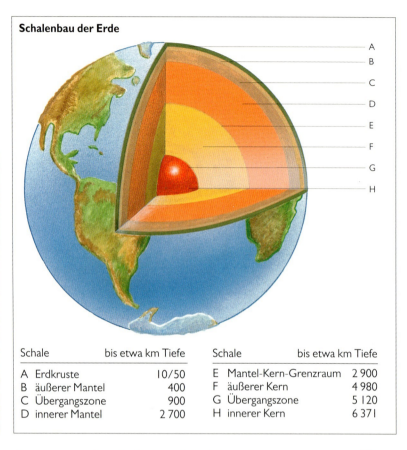

Schalenbau der Erde

Schale	bis etwa km Tiefe		Schale	bis etwa km Tiefe
A Erdkruste	10/50		E Mantel-Kern-Grenzraum	2 900
B äußerer Mantel	400		F äußerer Kern	4 980
C Übergangszone	900		G Übergangszone	5 120
D innerer Mantel	2 700		H innerer Kern	6 371

Die Tiefbohrung im ostbayerischen Windischeschenbach dient der geowissenschaftlichen Grundlagenforschung.

Tiefbohrungen (Beispiele)	
Halbinsel Kola	12 262 m
Windischeschenbach (Oberpfalz)	9 100 m
Wiener Becken	7 544 m
Poebene (Mailand)	7 100 m

?

Welche Zusammenhänge bestehen zwischen den Reliefeinheiten der Erde und den Bautypen der Kruste?

Der Gesamtaufbau der Erde und die Eigenschaften der einzelnen Schalen entziehen sich weitgehend direkter Beobachtung. Durch Bohrungen an einzelnen Stellen der Erde konnten bisher nur wenig mehr als 12 km Tiefe erkundet werden.

Auch der Ausstoß von Magma an aktiven Vulkanen ermöglicht nur Erkenntnisse bis in etwa 120 km Tiefe.

Die notwendigen Informationen werden von Seismologen, Geophysikern, Geochemikern und Astrophysikern gewonnen. Durch Laborprüfungen von Gesteinsmaterial unter hohen Drücken und Temperaturen, Messungen des Schwerefeldes, des Wärmeflusses und der elektrischen Leitfähigkeit sind in den letzten Jahrzehnten viele Erkenntnisse zum Schalenbau der Erde zusammengefügt worden.

Von besonderer Bedeutung sind die Erkenntnisse, die aus dem Verhalten von Erdbebenwellen gewonnen werden. Erdbeben sind plötzliche Ausgleichsbewegungen in der Erdkruste. Sie lösen angestaute Spannungen auf. Dabei wird ein Teil der Energie in Wellen umgewandelt, das heißt, die Erschütterungen pflanzen sich in Wellenbewegungen fort. Bodenerschütterungen während eines Erdbebens sind auf den Durchgang von Wellen zurückzuführen. Es wird zwischen Oberflächenwellen und Raumwellen unterschieden. Oberflächenwellen pflanzen sich nur an der Erdoberfläche fort.

Erdbebenkatastrophe in Japan (Kobe am 17.1.1995). Entgleiste Waggons der Hanshin-Eisenbahn

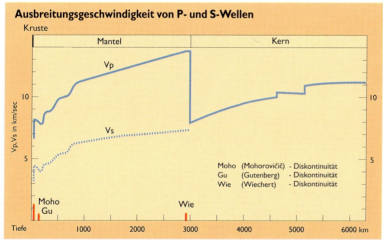

Ausbreitungsgeschwindigkeit von P- und S-Wellen

Moho (Mohorovičić) - Diskontinuität
Gu (Gutenberg) - Diskontinuität
Wie (Wiechert) - Diskontinuität

Bebenstärken werden als Erdbebenintensität (MSK Intensitätsskala in Europa oder MERCALLI-Skala in den USA) oder als Erdbebenmagnitude (RICHTER-Skala) – ermittelt aus Seismogrammen durch Maximalausschlag und Herdentfernung – angegeben.

MERCALLI-Skala I–XII		
Grad	Benennung	Beschreibung
I	unmerklich	nicht fühlbar
V	ziemlich stark	im Freien fühlbar, Lampen pendeln
XII	große Katastrophe	nichts hält stand

RICHTER-Skala 1 – (nach oben offen)

Jede Stufe bedeutet Erhöhung der Energie um das 30fache.

bis 4	meist nicht spürbar
8,5	stärkste Beben

Starke Erdbeben (Auswahl)

Jahr	Ort	Tote
1920	Yansu (China)	180 000
1950	Assam (Indien)	25 000
1970	Peru	70 000
1976	Tangshan (China)	655 000
1985	Mexiko	10 000

Die Höhe der Schäden und die Zahl der Opfer werden von vielen Zufälligkeiten mitbestimmt, z. B. Bevölkerungsdichte, Bauweise, Wetter, Baugrund, Gesundheitswesen.

Sie können nicht in die Tiefe vordringen. Die Zerstörungen, die ein Erdbeben hervorruft, werden größtenteils durch diese Wellen ausgelöst. Je flacher ein Erdbebenherd liegt, desto wirksamer sind die Oberflächenwellen.

Raumwellen breiten sich von ihrem Entstehungsort in alle Richtungen aus. Es wird unterschieden zwischen:
– P-Wellen (Primärwellen). Sie sind schneller und das Material, das sie durchdringen, wird abwechselnd gedrückt und gedehnt (Stoß – Zug) und
– S-Wellen (Sekundärwellen). S-Wellen sind langsamer und stehen senkrecht zur Fortpflanzungsrichtung (schaukelnde Bewegung), sie können sich in Flüssigkeiten nicht fortpflanzen.

Raumwellen werden wie Lichtwellen gebeugt (refraktiert) und zurückgeworfen (reflektiert). Die Ausbreitung der Raumwellen wird von Dichte, Temperatur und plastischen Eigenschaften des Materials beeinflusst, das sie durchdringen. Plötzliche Änderung der Wellengeschwindigkeit (Diskontinuität) zeigt Eigenschaftenänderungen des Materials an. Damit sind durch die Vielzahl der seismischen Stationen auf der Erde nicht nur Erdbebenherde lokalisierbar, sondern auch die Grundvorstellungen zum Schalenbau der Erde zu ermitteln.

Mächtigkeit und Gesteinsinhalt der Erdkruste schwanken in ihrer Verbreitung über die Erdoberfläche beträchtlich.

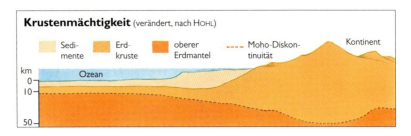

Bedeutsame Diskontinuitäten sind:	
MOHOROVIČIČ (Moho)	Diskontinuität zwischen Kruste und Mantel,
GUTENBERG (Gu)	Diskontinuität zwischen Lithosphäre und Asthenosphäre,
WIECHERT (Wie)	Diskontinuität zwischen Mantel und Kern

Kontinentale Kruste ist mächtiger (teilweise über 50 km). Sie ist überwiegend aus sauren, kieselsäurereichen Gesteinen (Granit, Gneis) aufgebaut. Unter den Ozeanen befinden sich vorwiegend basische Gesteine (Basalt), die auch deutlich geringer mächtig sind.

Im Erdmantel befindet sich mit der GUTENBERG-Diskontinuität ein bedeutsamer Grenzraum. In Tiefen zwischen 300 und 500 km vollzieht sich der Übergang von der starren und festen Lithosphäre in die plastisch-zähflüssige Asthenosphäre. In diesem Bereich ändern sich Druck und Temperatur sprunghaft.

Lithosphäreplatten und Plattenbewegungen

Die Lithosphäre ist in mehrere Platten zerlegt, die, vergleichbar mit Teilstücken der Hülle eines Balles, auf der zähplastischen Asthenosphäre schwimmen.

Neben den sieben Großplatten finden wir Kleinplatten und Kleinstplatten (Terrane), die nach Geschwindigkeit und Richtung der Plattenbewegung eigenständig sind.

?
1. Wodurch unterscheiden sich kontinentale und ozeanische Kruste?
2. Ermitteln Sie Tiefseegräben der Erde und zeigen Sie deren Bindung an Plattengrenzen auf.

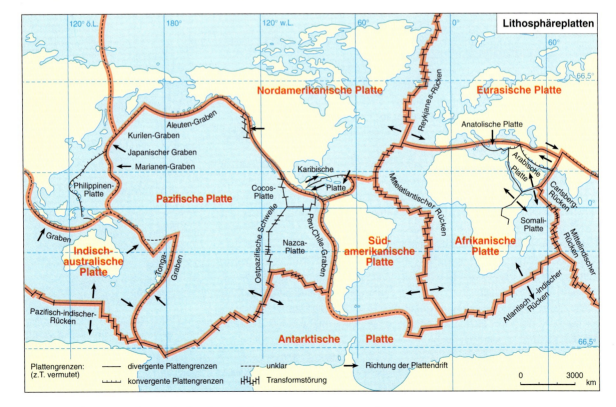

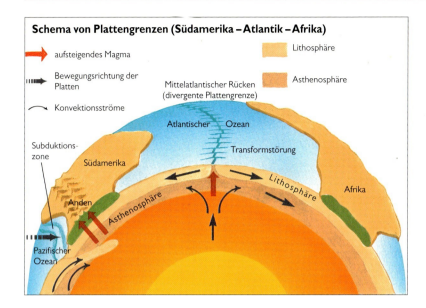

Die Grenzen der Lithosphäreplatten stimmen in der Regel nicht mit den Grenzen von Kontinenten oder Ozeanen überein. Eine Platte kann damit kontinentale und ozeanische Lithosphäre beinhalten.

Die Plattengrenzen sind von besonderer Bedeutung für die Entstehung von Gesteinen und Oberflächenformen (Orogenesen) auf der Erde. An den Plattengrenzen konzentrieren sich auch die Vulkantätigkeit und die Erdbebengefährdung.

Wir unterscheiden:
– divergente Plattengrenzen (mittelozeanische Rücken),
– konvergente Plattengrenzen (Subduktionszonen),
– Transformstörungen.

Divergente Plattengrenzen

Beim Auseinanderdriften von Platten dringt an tiefen Brüchen, die bis in den Erdmantel reichen, Magma auf. Es ergießt sich als Lava auf dem Ozeanboden. Von amerikanischen Geologen wurde dieser Prozess als „sea floor spreading" bezeichnet. An diesen Plattengrenzen wird ständig neue ozeanische Kruste (basische Gesteine) gebildet, deshalb werden sie auch als konstruktive Plattengrenzen bezeichnet.

Der Prozess ist an die mittelozeanischen Rücken gebunden. Die Oberfläche dieser Rücken erhebt sich deutlich (2 000-3 000 m) über das Niveau der Tiefseebecken und kann teilweise, siehe z. B. Island, über das Meeresspiegelniveau aufragen (vgl. W-O Schnitt durch den Atlantischen Ozean, S. 159).

Die ständige Zufuhr von Material aus dem Erdmantel führt zu einer Weitung der Ozeanbecken und zu einer seitwärts gerichteten Bewegung der Platten. Mit zunehmender Entfernung von der zentralen Spalte wird die ozeanische Kruste älter und von Sedimenten aus dem Abtragungsbereich der Kontinente überlagert.

Das Entstehen neuer ozeanischer Kruste müsste zu einer Vergrößerung der Erdoberfläche führen, wenn nicht an anderen Stellen Kruste wieder eingeschmolzen würde.

Island sitzt dem Mittelatlantischen Rücken auf. Auch in jüngerer Zeit hat es bedeutende Förderungen von Lava an Spaltensystemen gegeben.

An der Lakisspalte im Süden Islands (unterhalb Vatnajökull) erstreckt sich ein 25 km weit verfolgbarer Riss durch eine fast vegetationslose Einöde. Im Jahre 1783 erfolgte dort ein Vulkanausbruch enormen Ausmaßes.

Am 11. Juni begann aus 22 Öffnungen zugleich Lava auszuströmen, die die 120-180 m tiefe Talschlucht des Skafta-Flusses erreichte, die sie auf einer Strecke von 80 km vollständig ausfüllte und sich schließlich weithin bis zu einer Entfernung von 25 km ausbreitete.

Am 30. August erreichte der Lavastrom das Tal des Hversfisfljot. Die bei dieser Eruption an einer konstruktiven Plattengrenze geförderten Lavamengen bedeckten eine Fläche von 565 km² und werden auf mehr als 12 km³ geschätzt.

Konvergente Plattengrenzen

An konvergenten Plattengrenzen treffen Lithosphäreplatten aufeinander. Dabei kommt es zur Gebirgsbildung an den Plattengrenzen. Wir unterscheiden:

Andiner Typ. Am Westrand des amerikanischen Kontinents taucht die schwerere ozeanische Lithosphäre der Pazifischen Platte in einem flachen Winkel unter die leichtere kontinentale Lithosphäre. Sie wird gleichsam verschluckt (subduziert). Dabei kommt es zur Faltung der auf dem Kontinentalschelf abgelagerten Sedimente und zum Aufschieben und Abscheren von Krustenteilen, die mit in das entstehende Faltengebirge eingebaut werden. Beim Abgleiten der Kruste wird diese teilweise aufgeschmolzen. Das ist verbunden mit Vulkanismus, der auch an der Erdoberfläche wirksam wird.

Inselbogentyp. Beim Inselbogentyp entwickelt sich die Subduktionszone nicht unmittelbar am Kontinentrand, sondern in einiger Entfernung von ihm im Tiefseebecken. Der steile Einfallswinkel der Subduktionszone führt zur Ausbildung eines Tiefseegrabens, dem Abscheren eines Inselbogens mit intensivem Vulkanismus und der Ausbildung eines Randmeeres vor dem Kontinent infolge Dehnung, z. B. Marianengraben und Marianen im Westpazifik.

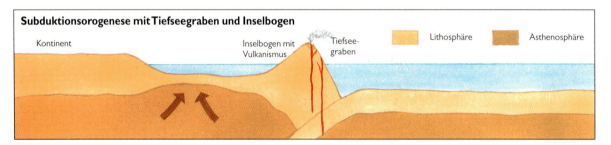

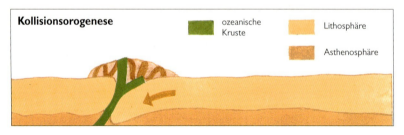

Kollisionstyp. Beim Aufeinanderdriften zweier Kontinentalplatten werden diese durch Überschiebung miteinander verschweißt. Dabei kann ozeanische Kruste teilweise mit eingefaltet werden. In die Subduktion werden nur Teile der Lithosphäre einbezogen. Vulkanismus tritt bei diesem Prozess nur in geringem Umfang auf, ebenso die Bildung magmatischer Gesteine. Der Faltengebirgsgürtel im europäischen Mittelmeerraum ist durch Kollisionsorogenese geprägt.

Transformstörungen. An Transformstörungen gleiten Lithosphäreplatten aneinander vorbei. Dabei kommt es weder zum Neuentstehen noch zur Verschluckung von Kruste. Die vorhandenen Spannungen lösen aber häufig Erdbeben aus. Eine bekannte Transformstörung ist die San-Andreas-Spalte als Plattengrenze zwischen der Nordamerikanischen Platte und der Pazifischen Platte.

Kollisionsgebirge. Durch Aufeinanderschieben zweier Kontinentalplatten werden die Sedimente eines Randmeeres gefaltet und ozeanische Kruste eingefaltet.

Drift der Kontinente und Ozeane

Die älteste ozeanische Kruste auf der Erde hat ein Alter von 200 Millionen Jahren (Perm). Die Kruste der Kontinente ist überwiegend bedeutend älter. Die ältesten Gesteine wurden auf 3,8 Milliarden Jahre bestimmt.

Im Perm hat es einen großen Urkontinent (Pangäa) gegeben und ein zusammenhängendes Weltmeer (Panthalassa). Die große Kontinentalplatte begann zu zerbrechen. An tiefen Brüchen drang Magma auf und der Nordteil der Großplatte Laurasia wurde durch ein Mittelmeer (Tethys) von der Südplatte Gondwana getrennt. Im Verlaufe der weiteren Entwicklung teilten sich diese Platten weiter und drifteten mit unterschiedlicher Geschwindigkeit in verschiedene Richtungen. Auch die heutige Situation ist nur ein Augenblickszustand, der sich weiter verändern wird. Die Entwicklung könnte in Richtung auf ein erneutes Zusammenwachsen der Kontinentalplatten zu einem Großkontinent gehen, der in etwa 250 Millionen Jahren erreicht sein könnte. Der Urkontinent Pangäa im Perm könnte ebenfalls das Endstadium vorangegangener Driften gewesen sein.

Die entscheidende Frage zur Drift der Kontinente ist die Frage nach der Energiequelle für die Bewegung der Platten. Auch heute sind dazu die Meinungen noch umstritten. Sicher ist, dass Konvektionsströme aus dem Erdmantel die notwendige Energie liefern und Mantelmaterial an den Riftzonen gefördert wird, das neue Kruste bildet.

Beschränken sich die Konvektionsströme auf den oberen Mantel, dann muss ihre Energie nachlassen, die Drift sich verlangsamen und eventuell mit

ALFRED WEGENER erkannte schon 1912 wesentliche Grundzüge der Plattentektonik. Seine Kontinentalverschiebungstheorie wurde allerdings mit Skepsis und Zurückhaltung aufgenommen. Die geologischen Untersuchungen der Ozeanböden und die Vermessung der Kontinenträndern und ihrer Drift aus dem Weltraum brachten vor wenigen Jahrzehnten die Bestätigung seiner genialen Vorstellungen.

? Beschreiben Sie das Wandern der Kontinente seit dem Mesozoikum.

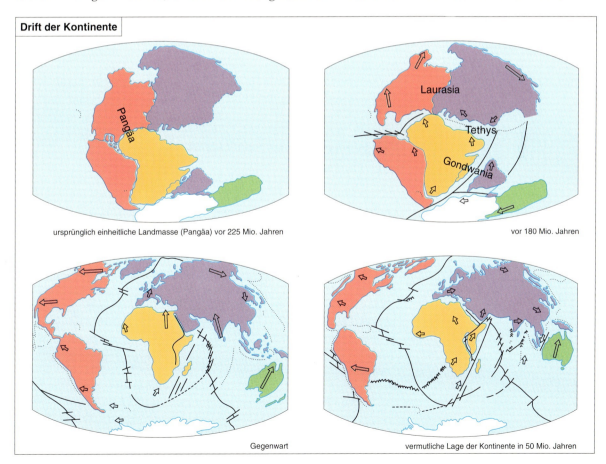

Drift der Kontinente

ursprünglich einheitliche Landmasse (Pangäa) vor 225 Mio. Jahren

vor 180 Mio. Jahren

Gegenwart

vermutliche Lage der Kontinente in 50 Mio. Jahren

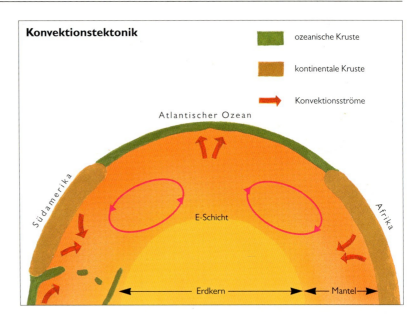

einer neuen Pangäa ihr Ende finden. Reichen aber die Konvektionsströme durch den gesamten Mantel, schöpfen sie aus großen Energiereserven. In neueren Untersuchungen aus dem Grenzraum zwischen Erdmantel und Erdkern (E-Schicht) wird die Existenz tiefer Konvektionswalzen bestätigt. An Ausbeulungen des Kerns kommt es zu aufwärts gerichteten Konvektionsströmen, die den Vulkanismus an den mittelozeanischen Rücken unterstützen. Abwärts gerichtete Konvektionsströme liegen unter den Kontinenten und an den Subduktionszonen. Dabei kann Lithosphärematerial bis zur E-Schicht absinken.

Konvektionsströme im gesamten Mantel steuern damit die Bewegung der Platten. Die Geschwindigkeit der Drift liegt bei 1-4 cm pro Jahr.

Magmatismus und vulkanische Tätigkeit

In den oberen Bereichen der Asthenosphäre herrschen in 100-120 km Tiefe Temperaturen zwischen 1 000-1 300 °C. Unter diesen Bedingungen sind die Gesteine aufgeschmolzen und zähplastisch (Magma). Dieses Magma ist ultrabasisch mit einem hohen Anteil der Minerale Olivin und Plagioklas.

An Spalten und Klüften in der Lithosphäre kann Magma aufsteigen. Veränderungen des Druckes und der Temperatur, Kontakt mit den Gesteinen der Umgebung und mit Wasser führen zu einem Differenzierungsprozess, in dessen Ergebnis sich Schmelzen mit verschiedenen Eigenschaften bilden.

Magma kann auch durch Wiederaufschmelzen von festem Gestein entstehen. Dabei sind Druckentlastung, Schmelzpunkterniedrigung durch Entweichen von Wasser, insbesondere aber Zufuhr von Wärme entscheidend.

Wärmezufuhr kann aus dem Erdmantel erfolgen. Dies vollzieht sich nicht überall gleich, sondern tritt an einzelnen Stellen (Hot spots) konzentriert auf. Gegenwärtig sind etwa vierzig Hot spots auf der Erde bekannt.

Die Hot spots sind lagekonstant. Die Lithosphäreplatten driften über sie hinweg und schaffen linear angeordnete Vulkangebiete (Hawaii-Inselkette). Der Nachweis von Hot spots ist im Bereich der Ozeane leichter als auf den Kontinenten. Über die Zunahme der Temperatur mit der Tiefe (geothermische Tiefenstufe) kann auf solche Wärmequellen geschlossen werden.

In Mitteleuropa vollzieht sich ein Temperaturanstieg um 1°C aller 33 m, im Yellowstone Nationalpark (USA) dagegen aller 1,5 m.

Gelangt Magma an die Oberfläche (auf den Kontinenten oder auf dem Meeresboden), dann wird es als Lava bezeichnet. Mit dem Lavaerguss sind Auswurf von Gesteinstrümmern und Austritt von Gasen verbunden.

Laven unterscheiden sich durch ihre chemische Zusammensetzung, ihre Fließfähigkeit und ihren Gasgehalt.

Eigenschaften der Lava

	basisch	intermediär	sauer
Hauptminerale	Olivin	Amphibol	Quarz
typisches Gestein	Gabbro	Syenodiorit	Granit
	Basalt	Andesit	Rhyolith
Schmelze	dünnflüssig	→	zähflüssig
	gasarm	→	gasreich

Verbreitung der Hot spots und Vulkanreihen

Der Krater des Vesuvs

Farbe der Lava	Temperatur
weiß	etwa 1 500 °C
gelblich	etwa 1 100 °C
dunkelrot	etwa 650 °C

Eruption des Vulkans Mt. Saint Helens (USA/Bundesstaat Washington)

Die gut fließfähigen und gasarmen basischen Laven ergießen sich auf den Kontinenten und auf dem Meeresboden in großen Decken. Bei der Abkühlung erfolgt auf den Kontinenten die an vielen Basaltbergen gut erkennbare Säulenausbildung. Die zähflüssigen sauren Laven geben ihren Gasgehalt nur zögernd und explosionsartig ab.

Vulkanismus und Vulkanbauten

Probleme des Vulkanismus haben die Menschen schon sehr frühzeitig interessiert. Es gibt viele historische Überlieferungen dazu.

> Tief im Inneren des Berges der Insel Hiera schmiedete der griechische Gott des Feuers HEPHAISTOS kostbare und wertvolle Waffen, wie den Schild des ACHILLES oder die Pfeile des APOLLO. Zeichen seiner Arbeit waren Feuer und Rauch, die von Zeit zu Zeit dem Berg entstiegen. Die Römer nannten den Feuergott VULCANUS und die Insel Vulcano (eine der Liparischen Inseln).

Der Scheibenberg bei Annaberg
(Erzgebirge)

?
Geben Sie Verbreitungsgebiete vulkanischer Gesteine in Deutschland an und ordnen Sie den Vulkanismus nach dem Alter.

Gebiete aktiver Vulkantätigkeit sind eng verbunden mit Bereichen starker Erdbebengefährdung. Die Verteilung von Vulkanen und Erdbebengebieten ist sowohl auf den Kontinenten als auch auf den Böden der Ozeane nicht regellos. Auf der Erde sind etwa 500 Vulkane bekannt, die gegenwärtig aktiv sind bzw. es in historischer Zeit waren. Die Vulkane konzentrieren sich an den Grenzen der Lithosphäreplatten. Auch an den Hot spots und an Brüchen (Riften) innerhalb der Platten können Vulkane auftreten.

Die Gestalt der Vulkane ist unterschiedlich. Sie ist von der Form des Magmenaustritts, den Eigenschaften des Magmas, der Fördermenge und der Art und Dauer der vulkanischen Tätigkeit abhängig. Magma kann an kilometerlangen Spalten oder auch an engbegrenzten Röhren gefördert werden. An den Austrittsstellen des Magmas entstehen Krater, die bei jeder neuen Eruption Lage und Form verändern können. Die Krater werden häufig durch

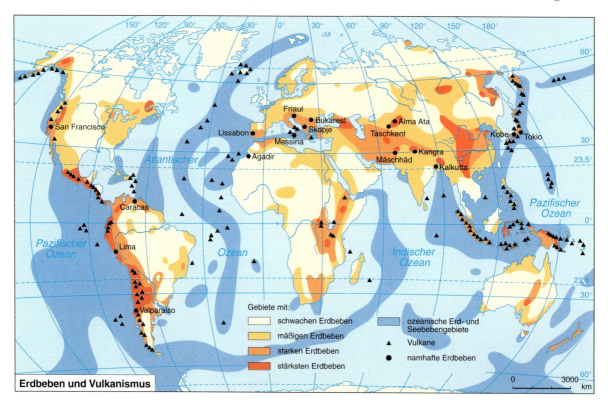

Erdbeben und Vulkanismus

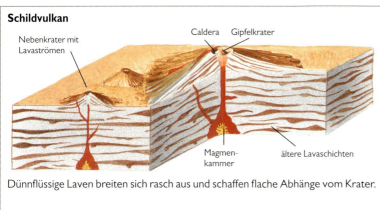

Schildvulkan

Dünnflüssige Laven breiten sich rasch aus und schaffen flache Abhänge vom Krater.

Stratovulkan (Schichtvulkan)

Zähflüssige Laven schaffen steilhängige Vulkanbauten. Sie haben oftmals viele Nebenkegel und -krater. Durch stark entgasende Lava entstehen Aus- und Einbruchstrichter (Calderen).

Einige bedeutende Vulkane der Erde		
Mittelmeergebiet		
Vesuv	Golf v. Neapel	1 277 m
Ätna	Sizilien	3 369 m
Atlantischer Ozean		
Hekla	Island	1 491 m
Surtsey	Island	173 m
(1963–1967 entstanden)		
Pazifischer Ozean		
Mauna Loa	Hawaii	4 170 m
Ostrand des Pazifik		
Mount Katmai	Alaska	2 047 m
Mount St. Helens	USA	2 950 m
Cotopaxi	Ecuador	5 897 m

erstarrende Lava wieder verschlossen, das erhöht die Explosionsgefahr bei nachfolgenden Ausbrüchen.

Größere Vulkanbauten sind häufig aus Elementen der Schild- und Schichtvulkane zusammengesetzt (Somma Vulkan). Vulkanische Erscheinungen müssen nicht immer mit Lavaaustritten verbunden sein. Auch der Auswurf von Gesteinstrümmern (Asche) und der Austritt von Gasen oder Wasserdampf an Spalten und Kanälen weisen auf Wärmequellen in geringer Tiefe hin. Fumarolen (Gasaushauchungen) wurden häufig als Zeichen alternden Vulkanismus angesehen, heute ist diese Auffassung umstritten. Heiße, periodisch in Aktion tretende Springquellen (Geiser, Geysire), z. B.

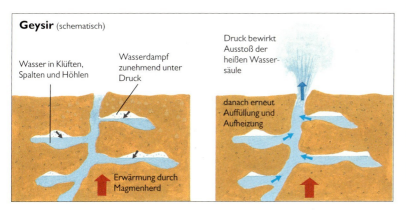

Geysir im östlichen Teil der Insel Kamtschatka

Maare in der Eifel bei Daun

Im Geisernaja-Tal auf Kamtschatka ist der Welikan (Riese) der bedeutendste Geysir. WLODAWEZ schildert dessen Tätigkeit:

„Nach einem Ausbruch ist in dem Becken überhaupt kein Wasser. Der ausströmende heiße Dampf hindert daran, gut in die Tiefe zu sehen. Nach 11 Minuten erscheint Wasser auf dem Boden des Beckens und versiegt teilweise wieder, nach weiteren 11 Minuten ist der Boden des Beckens wasserbedeckt, das brodelt und wallt und stetig weiter steigt. Später steigt eine Wasser- und Dampfsäule etwa 50 m hoch, dieser Ausbruch dauert etwa 4 Minuten, der gesamte Tätigkeitszyklus des Geysirs 2 Stunden und 50 Minuten. Die Dampfwolken werden beim Ausbruch bei windstillem Wetter in der vertikalen Säule mindestens 300 m hoch geworfen."

(gekürzt nach: H. RAST)

auf Island oder im Yellowstone Nationalpark der USA, sind Belege für Magmenherde in geringer Tiefe.

Die zeitliche Wiederkehr der Ausbrüche ist teilweise bemerkenswert konstant. So fördert der „Old Faithful" (alter Getreuer) alle 60 Minuten eine 30–40 m hohe Fontäne.

Vulkanismus hat es auf der Erde in allen erdgeschichtlichen Zeiten gegeben. Besonders bemerkenswert sind die Maare der Eifel, die im Zusammenhang mit vulkanischen Ereignissen bis vor 10 000 Jahren zu sehen sind.

Auch unter der Eifel liegen Magmenherde in geringer Tiefe. Kommt Magma mit Grundwasser in Berührung, wird ein Eruptionsdruck erzeugt, der sich an Spalten und Klüften entlädt und Gesteinsmaterial aus den Spaltenrändern heraussprengt und es zusammen mit Lavafetzen und Asche an die Oberfläche bringt. Die durch die Eruption erweiterten unterirdischen Gänge und Kammern im anstehenden Gestein brechen ein. Die kraterartige Einbruchssenke ist häufig mit Wasser gefüllt. Die Maare sind teilweise auch von einem wallartigen Kranz umgeben.

?

Geben Sie Verbreitungsgebiete von Geysiren an und erklären Sie deren Entstehung und Wirkung.

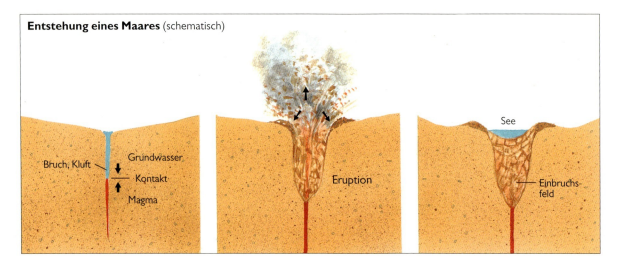

Entstehung eines Maares (schematisch)

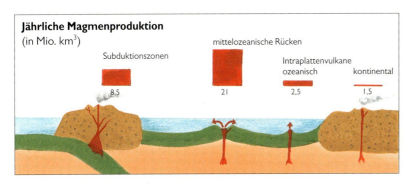

Vorhersage und Schutzmaßnahmen

Gegenwärtig werden pro Jahr etwa 33,5 km³ Magma an die Erdoberfläche gefördert.

Möglichkeiten der Vorhersage und Warnung vor Vulkanausbrüchen wurden schon sehr früh gesucht, weil mit dem Ausbruch von Vulkanen schlimme Schäden in der unmittelbaren Umgebung, aber auch in einem sehr weiten Umfeld verbunden waren. Auch in der Gegenwart ist eine absolut sichere Voraussage zu Zeitpunkt und Intensität vulkanischer Erscheinungen nicht möglich. Die Vorgänge sind sehr kompliziert und entziehen sich weitgehend direkter Beobachtung oder Messung.

Beobachtungen in Vulkanobservatorien (am Vesuv seit 1845), seismologische Stationen und systematische geodätische Vermessungen oder Infrarotmessungen zur Erfassung der Wärmeverteilung in den Lithosphäreplatten geben Hinweise auf mögliche Vulkanausbrüche.

Zu den direkten Gefahren der Vulkanausbrüche gehören die Lavaströme, der Aschefall und die Druckwellen. Besonders problemhaft sind Vulkane, deren Krater oberhalb der Schneegrenze liegen. Hier führt der Kontakt der Lava mit Firn und Eis zur Freisetzung von Gasen (z. B. CO_2) und zu Strömen von vulkanischem Schutt und Schlamm (Lahare).

Gebiete aktiver Vulkane sind häufig dicht besiedelt. Neben fruchtbaren Böden und geothermischer Energie sorgt das attraktive Landschaftsbild für einen Zustrom von Touristen.

Lavastrom überquert eine Straße

Glühende Lava

Vulkanausbruch des Vesuvs

Folgen eines Vulkanausbruchs
(nach Schminke)

Vom Ausbruch des Vulkans Katmai auf der Halbinsel Alaska 160 km von Kodiak entfernt im Juni 1912 gibt Griggs folgenden Vergleich:

„Hätte eine solche Eruption im Gebiet von Berlin stattgefunden, hätte man sie noch von Jena beobachten können, ihr Getöse bis Rom hören können. Die Glutwolke hätte die Mark Brandenburg vollständig vernichtet. In Leipzig hätten die Aschen 30 cm gelegen. Schwefelsaure Dämpfe hätten noch bis Kairo zum Trocknen aufgehängte Wäsche zerfressen."

(nach: H. Rast)

Mit Erfolg werden zum Teil Lavaströme durch Kaltwasserstrahlen zur Abkühlung und damit zum Stoppen gebracht. Durch rasch aufgeschüttete Erdwälle bzw. Bombardierung kann der Lavastrom von gefährdeten Objekten (Siedlungen) abgelenkt werden.

Vulkaneruptionen größeren Ausmaßes haben durch Asche und Gasausstoß, aber auch durch Druckwellen, zum Teil erhebliche Auswirkungen bis hin zum Globalklima und der Ozonschicht.

Weltweit eruptieren jährlich 50 bis 65 Vulkane, der Zeitraum zwischen 1980 und 1990 war eine vulkanisch besonders aktive Dekade.

Der Ausbruch des Tambora (Indonesien) mit einem Magmenvolumen von über 90 Millionen km³ in den Jahren 1815/1816 war die größte Vulkaneruption in der jüngeren Vergangenheit. Neben den fast 100 000 Toten im unmittelbaren Umfeld waren die Verringerung der Berghöhe um 1 500 m und Aschedecken von mehreren cm Stärke im Umkreis von über 100 km katastrophale Folgen. Der starke Aschefall und die weite Verbreitung der Aschepartikel und der Aerosole in der Atmosphäre dämpften die Einstrahlung und führten zu einer großflächigen Abkühlung. 1815 und 1816 wurden in Europa und Nordamerika die niedrigsten Temperaturen der vergangenen 200 Jahre gemessen. 1816 wird häufig als das Jahr ohne Sommer genannt.

Am 22. 12. 1989 verabschiedete die Generalversammlung der UNO eine Resolution, die die 90er Jahre zur „Internationalen Dekade für die Vorbeugung vor Naturkatastrophen" erklärte. Durch Vorhersage von möglichen Vulkanausbrüchen und Erdbeben kann mit Verhaltensregeln und Vorsorgemaßnahmen Schaden gemindert und Katastrophen vorgebeugt werden. Abschätzungen des Naturrisikos sind heute Teil der Entwicklungspläne in vielen Ländern.

Lagerstätten und Geotektonik

Als eine einfache Gliederung von Bodenschätzen kann deren Einteilung in Erze und Nichterze genommen werden:
– Erze sind Mineralgemenge, aus denen schmiedbare Metalle gewonnen werden können.
– Zu den Nichterzen gehören alle Steine und Erden, Salze und die organogenen Bildungen Kohle, Erdöl und Erdgas.

Einteilung der Lagerstätten nach ihrer Entstehung:
1. magmatische Lagerstätten
   Dazu gehören alle Erze und Nichterze, deren Entstehung mit Magmatismus in Verbindung zu bringen ist. Lagerstätten können in Tiefengesteinskörpern durch Ausfällung bei der Erkaltung oder durch hydrothermale Lösungen in Spalten oder Gängen der Erdkruste und auch durch Gasaushauchungen von Vulkanen auf den Kontinenten und am Meeresboden gebildet werden. Kupferkies, Eisenglanz, Uranpechblende (Erze) oder Quarz, Flussspat, Schwefel (Nichterze) gehören in diese Gruppe.
2. sedimentäre Lagerstätten
   Diese Lagerstätten können nach Abtragung und Transport erzhaltiger Gesteine durch Ablagerung entstehen. Dabei wird teilweise ein höherer Erzgehalt erreicht als am primären Standort vorhanden war.
   Beispiele dafür sind Trümmereisenerze, Zinnseifen, Goldseifen, Bauxit oder Kupferschiefer. In diese Gruppe gehören weiterhin Kalke, Kies, Sand und Salze. Auch die Kohlenwasserstoffe (Erdgas, Erdöl) und die Kohlen werden dieser Lagerstättengruppe zugeordnet.
3. metamorphe Lagerstätten
   Durch Faltungen können überwiegend sedimentäre Lagerstätten mit umgebildet werden. Eisenquarzite oder Marmor und Graphit sind bekannte Beispiele für diese Gruppe.
4. Verwitterungslagerstätten
   Insbesondere durch chemische Verwitterung können unter warm-feuchten Klimabedingungen Anreicherungen in Form von Lagerstätten ohne Transport- oder Umwandlungsprozesse entstehen. Bauxit oder Kaolin sind bedeutsame Beispiele aus dieser Gruppe.

Die Verteilung der Lagerstätten auf der Erde ist nicht regellos. Die magmatischen Lagerstätten zeigen eine enge Bindung an Plattengrenzen und Riftzonen. Eine Häufung und regelhafte Anordnung verschiedener Erze finden wir an konvergierenden Plattengrenzen. So liegen z. B. Lagerstätten mit den größten Kupfervorkommen der Erde im Bereich der den Pazifik umrahmenden Subduktionszonen, wenige an den Subduktionsrändern der Tethys.

Trümmereisenerze (Salzgitter)

aus Tonsteinen (Jura), in denen sich Eisenkarbonatknollen befinden, die in der Kreidezeit durch Transgression abgetragen und dabei im Strandbereich abgelagert und angereichert werden

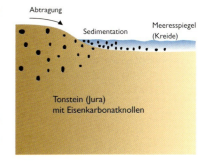

Beispiele für magmatische Erzlagerstätten

– plutonisch
  Nickelmagnetkies (Sudburry/Ontario Kanada)
  Platinlegierungen

– pneumatolytisch
  Zinnstein (Altenberg/Osterzgebirge)
  Molybdänglanz

– hydrothermal
  Silberglanz (Freiberg/Erzgebirge)
  Pyrit
  Uranpechblende

– exhalativ
  Eisenglanz (Lahn-Dill-Gebiet/Rheinisches Schiefergebirge)

Kupfererz-Tagebau Bingham-Mine im Staate Utah (USA)

Der Erzgehalt steht im Zusammenhang mit dem Vulkanismus an den Plattenrändern. Die in den Subduktionszonen abtauchende Kruste enthält verschiedene Metalle. Das differenzierte Aufschmelzen in verschiedener Tiefe und das davon abhängige Abscheiden unterschiedlicher Metallverbindungen führt zur parallelen Anordnung verschiedener Erzgürtel.

Auch an divergierenden Plattengrenzen tritt eine Häufung von Erzlagerstätten auf, die in Verbindung mit der Bildung neuer Kruste an den mittelozeanischen Rücken zu bringen ist. Im Kontakt des aufdringenden Magmas mit dem Meerwasser erfolgt eine Ausfällung der Metalle, das belegen die

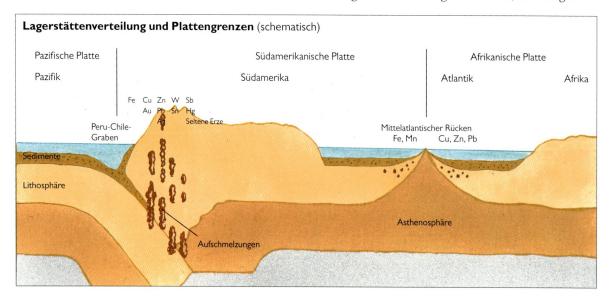

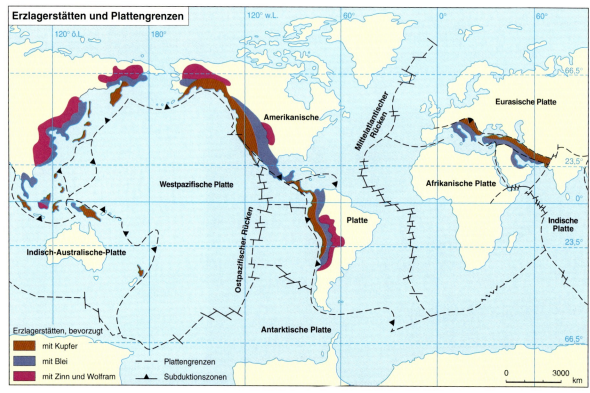

Oxid- und Sulfiderzschichten in den Tiefseeschlämmen. Auch die Eisen- und Manganknollen, teilweise mit Kupfer, Nickel und Kobalt, stellen beachtenswerte Lagerstätten dar. Bei ihrer Gewinnung und Nutzung treten aber zur Zeit noch abbau-, transport- und aufbereitungstechnische Probleme auf.

Förderungen aus 5 000 m Wassertiefe mit fortlaufender Eimerkette oder langem Saugrohr befinden sich in Erprobung.

Direktbeobachtungen von Lagerstättenentstehungen sind bis in Wassertiefen von etwa 3 000 m mit Tauchbooten und durch Unterwasserkameras möglich. An untermeerischen Rücken führen Quellaustritte mit Temperaturen von 350-400 °C im Kontakt mit dem Meereswasser zur Ausfällung von buntmetallreichen Sedimenten.

Auch die Entstehung der Erdgas- und Erdöllagerstätten kann in enger Beziehung zur Plattentektonik gesehen werden.

Mit der Jura-Zeit nimmt die Evolution von Mikroorganismen auf der Erde nochmals kräftig zu, gleichzeitig bilden sich große Sedimentationsräume mit Senkungstendenz an den passiven Kontinenträndern, an kontinentalen Riften und an Orogenrändern.

Manganknollen

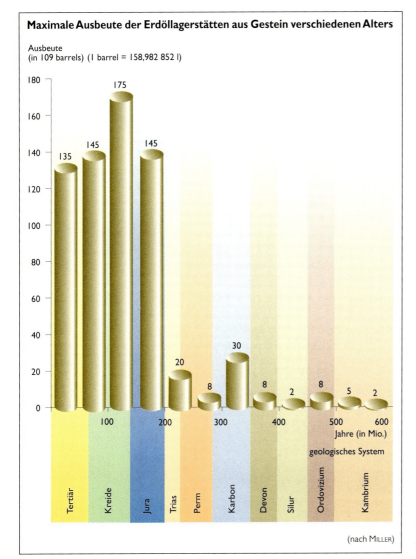

Maximale Ausbeute der Erdöllagerstätten aus Gestein verschiedenen Alters

Ausbeute (in 10^9 barrels) (1 barrel = 158,982 852 l)

(nach MILLER)

?

1. Ordnen Sie junge Orogene der Erde Grenzräumen von Lithosphärenplatten zu.
2. Vergleichen Sie diese Orogene nach Intensität des Vulkanismus, Häufigkeit und Schwere der Erdbeben und Lagerstättenreichtum.
3. Zeigen Sie Beziehungen zwischen geologischen Baueinheiten und Lagerstättenverteilung auf den Kontinenten nach Erzlagerstätten sowie nach Lagerstätten von Kohle, Erdöl, Erdgas auf und begründen Sie diese.

Ohne Energie läuft nichts

Energetische Ressourcen sind Stoffe und Kräfte, die zur Abgabe von Energie genutzt werden. Zu ihnen gehören einerseits die „klassischen" mineralischen Energieressourcen in fester, flüssiger und gasförmiger Form, andererseits sogenannte „neue" bzw. „erneuerbare" Energiequellen.

Gegenwärtig und in den nächsten Jahrzehnten sind Kohle, Erdöl, Erdgas, Kernbrennstoffe und fließendes Wasser des Festlandes die am stärksten beanspruchten energetischen Ressourcen.

Dazu kommen als „erneuerbare Energieträger" auch Holz und andere pflanzliche Rohstoffe, wie Stroh, Schilf usw. Vor allem Holz spielt in Form von Brennholz eine große Rolle, werden doch weltweit noch 1,8 Milliarden m³ (1992) eingeschlagen und genutzt. In vielen Entwicklungsländern haben die dörfliche und die nomadische Bevölkerung kaum andere Energieträger zur Verfügung. Die Vernichtung großer Waldbestände gehört zu den ökologischen Problemen der Gegenwart. Nur durch Reduzierung des Einschlages kann auf die Dauer die „Erneuerbarkeit" erhalten bleiben.

Erneuerbare Energieträger, wie Sonnenenergie, Wind, Geothermie, Bioenergie und Gezeiten, werden zwar an Bedeutung zunehmen, aber in absehbarer Zeit einen Anteil von wenigen Prozent am Weltenergieverbrauch nicht überschreiten. Die Tabelle über den Einsatz von Energieträgern beim Weltenergieverbrauch lässt die Proportionen zwischen den Energieträgern und den Trend der Entwicklung erkennen.

Im ständig steigenden Weltenergieverbrauch sind jedoch beträchtliche regionale Unterschiede festzustellen.

Der absolute Energieverbrauch ist zwischen den einzelnen Kontinenten extrem unterschiedlich. Noch deutlicher werden die Disproportionen im Pro-Kopf-Verbrauch. Afrikanischen Ländern mit einem Pro-Kopf-Verbrauch von weniger als 100 SKE (Tschad, Mali, Äthiopien u. a.) stehen entwickelte Länder mit mehr als 3 000 SKE gegenüber (BRD 6 375, Großbritannien 5 353, USA 10 921).

Die regionale Situation steht immer im Zusammenhang mit dem Entwicklungsstand, mit der Gewinnung von Energieressourcen und der geographischen Lage im Hinblick auf Transportmöglichkeiten.

Anteil am Weltenergieverbrauch (in %)

	1980	1992
Europa (ohne GUS)	25,5	21,3
GUS	17,5	17,0
Nord- und Mittelamerika	32,5	29,9
Australien/ Ozeanien	1,2	1,4
Afrika	2,2	2,5
Asien	18,2	25,0
Südamerika	2,9	2,9

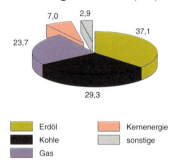

Anteile der Energieträger am Weltenergieverbrauch (in %)

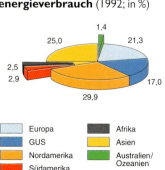

Anteil der Erdteile am Weltenergieverbrauch (1992; in %)

Anteil der Energieträger am Weltenergieverbrauch (in %)

	1970	1980	1990	1991
Erdöl	45,3	44,7	37,2	37,1
Kohle	32,9	29,5	29,9	29,3
Erdgas/Stadtgas	19,5	20,5	23,3	23,7
Kernenergie	0,1	2,8	6,8	7,0
Wasserkraft u. a.	2,2	2,4	2,9	2,9
absoluter Verbrauch (in Mio. t SKE)	6 641,0	8 931,0	10 859,0	10 966,0

Steinkohle – das „schwarze Gold"

Steinkohle ist ein fossiler Brennstoff mit hohem Kohlenstoffgehalt und einem Heizwert von 6 000 bis 8 500 kcal. Diese Kohleart entstand vorwiegend in der Karbonzeit unter besonderen klimatischen, paläogeographischen und tektonischen Bedingungen. Die pflanzliche Grundlage bildeten Farne, Schachtelhalme und Bärlappgewächse. Je nach Alter, Druck und Temperatur schritt der Prozess der Inkohlung unterschiedlich weit fort.

Nach dem Gehalt an flüchtigen Bestandteilen, dem Heizwert und der Verkokbarkeit werden fünf Arten von Steinkohlen unterschieden:
– Flamm- bzw. Gasflammkohlen,
– Gaskohlen,
– Fettkohlen,
– Magerkohlen,
– Anthrazite.

Jede Art eignet sich für spezielle Einsatzzwecke.

Die Steinkohle lagert in Flözen unterschiedlicher Mächtigkeit sowohl direkt an der Erdoberfläche als auch in geringer oder größerer Tiefe. Die Lagerstätten sind weltweit verteilt und auf allen Kontinenten – einschließlich Antarktika sowie im Schelfuntergrund – zu finden. Sie existieren ebenso im Bereich der polaren und der subpolaren Zone (Antarktis, Grönland, Spitzbergen, Nordsibirien) wie auch in der gemäßigten Zone (USA, Deutschland, Polen, Ukraine), in den trockenen Subtropen (Algerien, Südafrika, Australien), in den Monsungebieten (Indien, China, Korea, Japan) und im Bereich der inneren Tropen (Indonesien, Peru).

Den größten Anteil an Steinkohlenlagerstätten weist die gemäßigte Zone der nördlichen Halbkugel auf. In einem erdumspannenden Gürtel, der von Nordamerika über Europa, Sibirien bis nach China reicht, verdichten sich die Lagerstätten. Auf der Südhalbkugel erstreckt sich ein kleinerer Gürtel von Südbrasilien über Südafrika bis nach Ostaustralien. Relativ gering sind die Vorkommen in den Tropen, also in weiten Teilen Afrikas oder Südamerikas. Allerdings ist der Grad der Erkundung in letztgenannten Gebieten (Wüsten, Regenwälder) geringer als in anderen Räumen.

> Kohle öffnete dem Menschen in seinem Bestreben, mehr Kraft als die der eigenen Muskeln zu nutzen, den Zugang zur Technik. Heute liefert sie indessen nicht nur Elektrizität sowie feste und gasförmige Brennstoffe. Sie steckt in Brücken- und Straßenbelägen, in Autoreifen, in den dekorativen Plastikgehäusen moderner Haushaltgeräte. Sie steht Pate bei vielen synthetischen Produkten, bei Kunstseide und Schlaftabletten, Farben und Dünger, Teer, Sprengmitteln, Süßstoff und Alkohol.
> WINKLER

Anteil der Kontinente an den Steinkohlenvorkommmen der Welt
(1991, ohne Antarktis; in%)

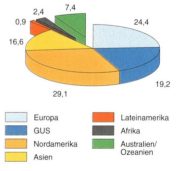

Steinkohlenwerk in Tennessee (USA)

Weltproduktion von Steinkohle (in Mio. t)	
1820	12
1840	45
1860	136
1880	474
1900	700
1910	1 059
1920	1 130
1930	1 244
1940	1 281
1950	1 201
1960	1 967
1970	2 133
1980	2 733
1990	3 541
1994	3 568

Zur Zeit erfolgen noch umfangreiche Erkundungen, insbesondere in den Entwicklungsländern. Ergebnis ist, dass trotz weltweit hoher Förderung die Kohlenreserven ansteigen.

Unter Reserven sind die Vorkommen zu verstehen, die zur Zeit der Erkundung und Bilanzierung gewinnbringend gewonnen werden können. Sie stellen jedoch nur einen Teil der Gesamtressource (auch Gesamtpotential genannt) dar.

Bei Steinkohle umfasst die Gesamtressource mehrere Billionen t. Im Hinblick auf den Abbau ist das jedoch nur eine theoretische Größe, denn in ihr sind auch bisher nur vermutete, aber noch nicht entdeckte Vorkommen bilanziert.

Viel realistischer ist die Prognose der Verfügbarkeit nach dem Lagerstättenpotenzial. Um 1995 wurden die Weltreserven auf 780 Millionen t geschätzt. Bei Beachtung der gegenwärtigen Förderung würden diese Vorräte etwa 160 Jahre reichen. Unter Berücksichtigung der noch erfolgenden Erkundungen dürfte Steinkohle jedoch noch beträchtlich länger zur Verfügung stehen. Sie bleibt – langfristig gesehen – der bedeutendste „klassische" Energieträger.

In der Förderung von Steinkohle haben sich seit Jahrzehnten Länder wie die USA, Großbritannien, Frankreich, Deutschland, Polen und die ehemalige Sowjetunion hervorgehoben. In jüngerer Zeit erlangten jedoch Länder wie China, Indien, Korea, Südafrika und Australien größere Anteile, sodass eine deutliche Verlagerung der Schwerpunkte der Produktion erkennbar ist.

Die Ursachen liegen in einer erfolgreichen Erkundung und Erschließung von Lagerstätten in diesen Ländern. Zunächst stand die Sicherung des Eigenbedarfs im Vordergrund. In jüngerer Zeit besitzt aber auch der

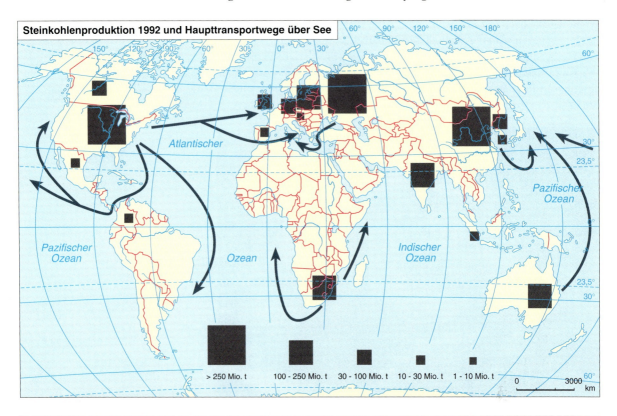

Steinkohlenproduktion 1992 und Haupttransportwege über See

Steinkohlenproduktion in den gegenwärtig 10 führenden Ländern (in Mio. t)						
	1950	1960	1970	1980	1990	1992
China	43	425	360	620	1 080	1 094
USA	505	391	550	714	854	823
UdSSR (GUS)	181	355	433	494	543	466
Indien	33	53	74	109	215	220
Südafrika	26	38	55	113	189	174
Australien	17	22	45	78	159	170
Polen	78	104	140	193	147	131
Großbritannien	220	197	147	130	94	83
Deutschland	111	142	111	87	77	72
Nordkorea	2	7	22	35	40	38

Die führenden Steinkohlen-Exportländer der Welt (um 1991/92; in Mio. t)		Die führenden Steinkohlen-Importländer der Welt (um 1991/92; in Mio. t)	
Australien	113	Japan	109
USA	99	Südkorea	29
Südafrika	43	Frankreich	22
Kanada	34	Italien	20
GUS	26	Niederlande	15
China	20	Belgien	14
Polen	20	Spanien	13

Die Entstehung von Kohlenlagerstätten

Kohlenlagerstätten entstehen aus Sumpfmoorwäldern, die in einem feucht-warmen Klima wachsen. Senkt sich allmählich die Erdoberfläche, so werden die absterbenden Pflanzenmassen vom eindringenden Meerwasser überflutet. Vom Luftsauerstoff abgeschlossen, können die Pflanzen nicht verwesen. Sie erfahren in Stufen eine chemische Umwandlung, die Inkohlung.

Zuerst bilden sich mächtige Torflager. Diese werden schließlich von Sand und Ton abgedeckt. Druck und Temperatur nehmen zu. Dabei entweicht vor allem der in den Pflanzen enthaltene Sauerstoff, während sich Kohlenstoffverbindungen anreichern. Aus dem Torflager entsteht Braunkohle. Unter mächtigen Gesteinsschichten reichen Druck und Temperatur aus, um in Millionen Jahren Steinkohle entstehen zu lassen.

Kohlenexport größere volkswirtschaftliche Bedeutung. Australien, Südafrika, Indien und China heben sich hierbei neben den seit längerer Zeit besonders aktiven Kohlenexporteuren USA, Kanada und Polen hervor. Dagegen sank die Kohlenförderung in den EU-Ländern aufgrund hoher Förderkosten, verstärkten Imports, vor allem aus überseeischen Ländern, und der Konkurrenz anderer Energieträger rapide. Deutliche Auswirkungen auf Industrie- und Beschäftigtenstrukturen waren die Folge.

Die Tabelle zur Steinkohlenproduktion weist aus, dass fast 93% der Weltförderung an Steinkohle allein von den genannten Ländern erbracht werden.

Ein Großteil der Staaten der Erde, darunter fast alle Entwicklungsländer, sind auf Kohlenimporte angewiesen. Deshalb spielt auch Kohle im weltweiten Handel neben Erdöl und Eisenerz sowie Weizen eine herausragende Rolle. Das trifft besonders für den Seetransport zu. In der künftigen Entwicklung werden mit hoher Wahrscheinlichkeit neue Anbieterländer auftreten. Dazu gehören Länder wie Indonesien, Kolumbien oder Venezuela. Dennoch werden weiterhin zwei Hauptgruppen dominieren:
- 1. Gruppe: China, GUS und Indien mit hohem Eigenverbrauch
  Diese Länder haben Mitte der 90er Jahre einen Anteil von rd. 50 % an der Weltkohleförderung.
- 2. Gruppe: Australien, USA, Südafrika und Kanada mit hohen Exportanteilen
  Diese Länder verkörpern Mitte der 90er Jahre die wichtigsten Kohlenexporteure der Welt.

1. Wie erklären Sie, dass die Erkundung von Kohlenlagerstätten in Entwicklungsländern einen großen Nachholebedarf hat?
2. Begründen Sie den starken Rückgang des Steinkohlenbergbaues in den EU-Ländern.

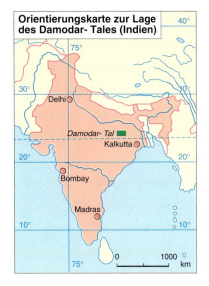

Orientierungskarte zur Lage des Damodar-Tales (Indien)

Steinkohle und Gebietsplanung

Das Damodar-Tal liegt im nordöstlichen Teil des Hochlandes von Dekkan im Bundesstaat Bihar (Republik Indien). Es wird vom Fluss Damodar durchflossen, einem rechten Nebenfluss des Ganges. Das Tal hat bis zu seinem Eintritt in das Ganges-Tiefland eine West-Ost-Erstreckung von 250 km. Eisenbahnlinien und Straßen im Tal selbst sowie Abzweigungen nach dem Norden und dem Süden binden die Region gut an benachbarte Gebiete, insbesondere an das große Ballungsgebiet von Kalkutta, und damit auch an Häfen, an.

Das Damodar-Tal ist dicht bevölkert. Zahllose Städte erstrecken sich längs des Tales, so u. a. Bokaro, Sindrij, Danbad, Asansol und Durgapur. Im Bereich des Damodar-Tales befinden sich große Lagerstätten mit Steinkohle, Bauxit, Eisenerzen, Chromerzen und Baustoffen. Der Fluss und seine Nebenflüsse liefern Brauchwasser und Hydroenergie. Aufgrund dieser günstigen Bedingungen konnte das Damodar-Tal zu einem bedeutenden Industriegebiet Indiens entwickelt werden.

Im Gegensatz zu den großen Ballungen im Bereich der Weltstädte Bombay, Kalkutta und Madras stellt das Damodar-Tal eine lang gestreckte Industriegasse dar.

Wichtigste Grundlage für die industrielle Entwicklung des Raumes wurde die Steinkohlenproduktion. Auf ihr beruhen Zweige der Energiegewinnung, der Eisen- und Leichtmetallproduktion und darauf aufbauend wiederum des Maschinenbaus, der Fahrzeugindustrie, der Elektrotechnik, der Chemie und der Leichtindustrie.

Der indische Staat und der Bundesstaat Bihar haben die Entwicklung der Zweige und die Raumplanung im Rahmen der Möglichkeiten gefördert und damit ein Beispiel zur Entwicklung eines Industriegebietes außerhalb der großen Ballungen und unter Einbindung der einheimischen Ressourcennutzung geschaffen. Es ist vorgesehen, weitere Industriegebiete mit Modellcharakter zu entwickeln, so u. a. im Süden des Landes.

? Charakterisieren Sie die Auswirkungen des Kohlenbergbaues im Damodartal auf die Diversifizierung der dortigen Wirtschaft.

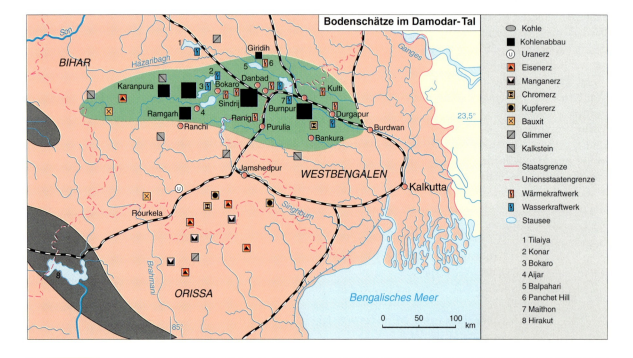

Braunkohle

Braunkohle ist ein fossiler Brennstoff. Die Kohlenstoff-Anteile sind geringer als bei der Steinkohle. Der Heizwert liegt unter 5 700 kcal. Die Kohle entstand im Tertiär, der Braunkohlenzeit.

Die Flöze sind unterschiedlich mächtig und liegen relativ oberflächennah. So kann die Braunkohle fast ausschließlich im Tagebau gewonnen werden. Weil die Braunkohlen einen Wassergehalt von 12 bis 60 % und oft auch Ballaststoffe haben, ist ein weiter Transport unwirtschaftlich. Braunkohle sollte also möglichst nahe dem Gewinnungsort verwertet werden.

Insbesondere für die Elektroenergiegewinnung, die Gaserzeugung, für den Hausbrand und für die chemische Industrie kommt Braunkohle zum Einsatz. Die durch Förderung, Verarbeitung oder Verbrennung entstehende Umweltbelastung ist jedoch sehr hoch. Das setzt der Gewinnung und Verwertung dieses Rohstoffes Grenzen.

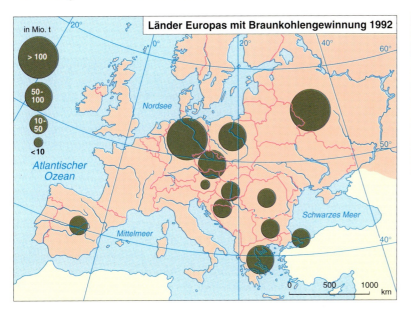

Weltförderung von Braunkohle (in Mio. t.)

1900	69	1960	639
1910	105	1970	793
1920	155	1980	960
1930	193	1990	1 154
1940	314	1993	946
1950	381		

(Angaben ohne China)

Braunkohlenlagerstätten sind weltweit verbreitet, in Entwicklungsländern jedoch relativ schlecht erkundet. Nach dem gegenwärtigen Stand umfassen die erkundeten und vermuteten Ressourcen der Welt über 1 Billion t. Bei Beibehaltung der gegenwärtigen Förderung von etwa 1 Milliarde t jährlich und einer angenommenen Abbaubarkeit von 50 % würde Braunkohle noch viele hundert Jahre zur Verfügung stehen.

In der Förderentwicklung ergeben sich kaum Parallelen zum Steinkohlenbergbau. Eine stärkere Gewinnung dieser Kohlenart setzte erst am Ende des vergangenen Jahrhunderts ein. Sie blieb bis heute auf relativ wenige Länder beschränkt. Die bergmännische Förderung erfolgt fast ausschließlich im Tagebau. Ferntransporte, besonders auch nach Übersee, gibt es nicht. Schwerpunkte der Förderung waren bisher mittel- und südosteuropäische Länder sowie Russland, ferner inselartige Standorte in den USA, in China und in Australien. Im Ergebnis zur Zeit durchgeführter Erkundungen kann jedoch mit einer regionalen Ausweitung des Abbaues gerechnet werden. Die in Fördertechnik und Förderhöhe führende Position Deutschlands dürfte jedoch auch in den kommenden Jahrzehnten erhalten bleiben.

Führende Braunkohlenförderländer (1992; in Mio. t)

Deutschland	242
China +)	150
GUS	130
Tschechien	81
USA	77
Polen	67
Griechenland	52
Australien	51

+) geschätzt, da statistisch in Steinkohlenproduktion einbezogen

Bundesumweltministerin MERKEL hält die Erschließung von Garzweiler II, einem 4 800 ha großen Kohlenabbaufeld zwischen Köln und Aachen, für ökologisch und wirtschaftlich bedenklich. In der Niederlausitz und in Mitteldeutschland werde die Schließung von Braunkohlengruben geplant, mit vielen Arbeitslosen und hohen Kosten für den Steuerzahler, im Rheinischen Revier werde die Erweiterung von Braunkohlengruben geplant, gegen Widerstand in der Bevölkerung – das sei ein grotesker Widerspruch. Die Umweltministerin empfiehlt, die östlichen Vorräte auszubeuten und die Genehmigung für Garzweiler II zurückzunehmen. Es sei dem „reichen" Nordrhein-Westfalen zuzumuten, mit dem östlichen Deutschland einige tausend Arbeitsplätze zu teilen.

(nach einer Zeitungsmeldung im Juni 1995)

?

1. Ist es – langfristig gesehen – richtig, dem Braunkohlenbergbau weltweit eine gute Perspektive einzuräumen?
2. Welche Hauptunterschiede sehen Sie zwischen dem Braunkohlenbergbau im Rheinischen Revier und im Lausitzer Revier?

Braunkohlenförderland Nr. 1: Deutschland

Die Spitzenposition in der Braunkohlenförderung der Welt nimmt Deutschland ein. 1992 wurden 22,7 % der Weltförderung erbracht (ohne Berücksichtigung der in China gewonnenen Braunkohle). Obwohl in Deutschland seit über 100 Jahren diese Kohlenart abgebaut wird, verfügt das Land noch über 100 Milliarden t sichere und vermutete Braunkohlenressourcen. Ein Abbau ist noch mehrere Jahrhunderte denkbar.
Insgesamt gibt es drei große Braunkohlenreviere in Deutschland:
– das Rheinische Revier,
– das Lausitzer Revier und
– das Mitteldeutsche Revier.
Dazu kommen noch drei relativ unbedeutende Reviere im Grenzgebiet zwischen Niedersachsen und Sachsen-Anhalt bei Helmstedt, in Nordhessen und in Oberfranken. Einige weitere sind weitgehend „ausgekohlt", so u. a. das Oberlausitzer Revier, das Oberpfälzer Revier.

Die deutsche Braunkohlenwirtschaft besitzt gute Perspektiven. Sie wird den Rohstoff Kohle vorwiegend für die Stromerzeugung liefern. Deshalb sollen neue große Grundlastkraftwerke mit jeweils 6 000 MW Leistung in Schwarze Pumpe und Boxberg in der Lausitz, in Lippendorf und Schkopau bei Leipzig die Energiebasis stärken.

Problematisch war und ist die mit dem Braunkohlenbergbau und der Verarbeitung dieses Rohstoffes verbundene ökologische Belastung. Flächenverluste, Degradierungen von Flächen durch Grundwasserabsenkungen, Halden und Tagebaurestlöcher sowie die Luftverunreinigungen verlangen ständig die Durchführung spezieller Maßnahmen zur Begrenzung der Schäden. Hinzu kommt die Aufarbeitung von Schäden, die durch jahrzehntelange Vernachlässigung ökologischer Probleme in den Revieren der neuen Bundesländer entstanden sind.

1995 waren etwa 15 000 Arbeitskräfte in den beiden Revieren dort nur in Auslauftagebauen und mit Rekultivierungsmaßnahmen beschäftigt. Ziel ist, Bergbaufolgelandschaften zu schaffen, die ökologisch und wirtschaftlich (z. B. für die Naherholung) modernen Ansprüchen genügen. Das Erholungsgebiet „Senftenberger See" ist ein Beispiel erfolgreicher Rekultivierung.

Charakteristik der drei großen Förderreviere Deutschlands

Revier	Rheinisches Revier	Lausitzer Revier	Mitteldeutsches Revier
Großraum Förderstandorte	Köln – Aachen (besonders Erft-Gebiet)	Cottbus – Senftenberg – Spremberg	Leipzig – Borna – Halle – Bitterfeld
Lagerstätten	wenige große Tagebaue	noch relativ viele große und mittlere Tagebaue	wenige größere Tagebaue
	tiefe Flözlage, große Flözstärke	flache Flözlage, geringe Flözstärke	flache Flözlage, geringe Flözstärke
Förderung (in Mio. t)	1980: 118 1994: 106	1980: 162 1994: 72	1980: 96 1994: 30
Kohleverwertung	Verstromung, Vergasung Brikettierung, Chemie	Verstromung, Vergasung Brikettierung	Verstromung, Vergasung Chemie
Beschäftigte 1994	15 300	31 000	
Perspektive	weiterhin bedeutendstes Abbaugebiet, hohe Produktivität, Abbau noch viele Jahre in gleicher Höhe	stärkerer Förderrückgang, Abbau in größeren Tagebauen bei etwa 50–60 Mio. t	sehr starker Förderrückgang, Abbau in wenigen Großtagebauen, Menge etwa 20 Mio. t

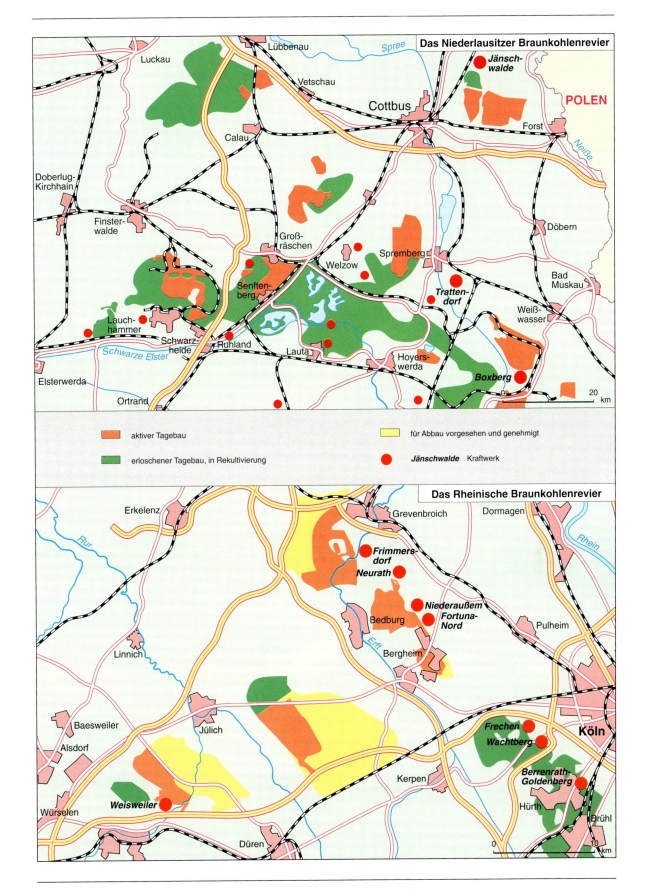

> Von allen organischen (kohlenstoffhaltigen) Rohstoffen vereint das Erdöl die meisten Vorzüge in sich:
> Es besitzt einen hohen Energiegehalt, es ist leicht zu fraktionieren, es geht die meisten Verbindungen ein, es ist relativ leicht zu erschließen und gut zu transportieren. Erdöl kann nahezu verlustlos verarbeitet werden.
>
> (Rohstoffexperte PALM)

> Das Feld für neue Funde ist weit offen, dass wir eher nicht wissen, wo wir anfangen sollen.
>
> (Erdölgeologe SCHMIDT, Österreich)

Erdöl – der „sensible" Rohstoff

Erdöl ist der bedeutendste energetische Rohstoff. Das betrifft vor allem den Wert der Produktion. Im Jahre 1969 übertraf aber auch die absolute Höhe der Förderung die Steinkohlengewinnung. In den 90er Jahren rangierte zwar wieder die Steinkohlenproduktion an 1. Stelle, aber nach dem Wert der Förderung und der Stellung in der Energiewirtschaft der Welt bleibt Erdöl wichtigster Energieträger. Das wird auch in den kommenden Jahrzehnten so bleiben.

Erdöl ist ein Gemisch verschiedener Kohlenwasserstoffe und kleiner Anteile organischer Sauerstoff-, Stickstoff- und Schwefelverbindungen. Seine Entstehung geht auf Fäulnis pflanzlicher und tierischer Substanzen unter Luftabschluss und Bakterieneinwirkung zurück.

Die Erdölvorkommen sind weltweit, aber nicht gleichmäßig, verbreitet. Das Gesamtpotenzial an Vorkommen wird mit etwa 300 bis 450 Milliarden t angegeben, je nachdem, ob die Prognosen vorsichtig oder optimistisch ausfallen. Diese Werte sind jedoch – wie auch bei anderen Rohstoffen – mehr eine theoretische Größe.

Für die Nutzung ist die Erfassung der durch Bohrungen georteten und mit der gegenwärtigen Technik wirtschaftlich gewinnbaren Ölmengen wichtig. Ihr Umfang (die Ölreserve) betrug 1992 135,5 Milliarden t. Bei einer durchschnittlichen jährlichen Fördermenge von etwa 3,5 Milliarden t wäre eine Förderung noch knapp 40 Jahre möglich. Da jedoch in der Gegenwart jährlich ebenso umfangreiche Lagerstättenkapazitäten neu entdeckt werden wie Erdöl gefördert wird, dürfte die Erdölgewinnung bis in die zweite Hälfte des kommenden Jahrhunderts erfolgen. Erdöl gehört damit in die Gruppe der „sensiblen" Rohstoffe, die nur noch einen sehr begrenzten Zeitraum zur Verfügung stehen. Äußerst sparsamer Umgang mit diesem kostbaren Stoff ist deshalb Gebot volkswirtschaftlicher Klugheit.

In der regionalen Verteilung fällt der sehr hohe Anteil einer einzigen Region an den Welterdölreserven auf, der bei anderen Rohstoffen in dieser Höhe nicht erreicht wird. Im Nahen Osten befinden sich nach der Prognose von 1992 etwa zwei Drittel aller Erdölreserven (66,7 %). Allein Saudi-Arabien verfügt über 26 % aller bestätigten Erdölreserven der Welt.

Insgesamt haben neben dem Nahen Osten auch Nordafrika, Lateinamerika und Südostasien durch Entdeckung bzw. Erkundung neuer Lagerstätten ihre Reserven vergrößern können. Dagegen verringerten sich diese in den USA, in den GUS-Ländern, in China und Kanada, weil dort die Erkundung mit der Förderung nicht Schritt halten konnte. Das wiederum bedeutet, dass in einigen Regionen die Erschöpfung der Lagerstätten schon in der ersten Hälfte des kommenden Jahrhunderts eintritt, in anderen Gebieten eine Rohölförderung noch über einen längeren Zeitraum möglich sein wird, z. B. im Nahen Osten über 100 Jahre.

Gegenwärtig konzentrieren sich die Erkundungen auf Gebiete mit großer Höffigkeit. Das sind die jungen Tafeln und deren angrenzende Tafelrandbecken, die alten Vorgebirgssenken und nach neueren Forschungen auch der Untergrund mächtiger vulkanischer Decken (Brasilien, Indien, Australien).

Die Nutzung des Erdöls erfolgte schon durch die Babylonier und die Ägypter. Aber erst die Erfindung der Erdöldestillation und damit die Aufspaltung des Erdöls öffneten einer verstärkten Nutzung als Kraftstoff, Heizöl, Schmieröl, als chemischer Grundstoff den Weg. Das 20. Jahrhun-

Erdölreserven der Welt
(ohne Antarktis; 1992; in %)

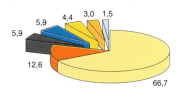

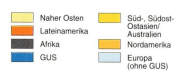

Naher Osten — Süd-, Südost-Ostasien/Australien
Lateinamerika — Nordamerika
Afrika — Europa (ohne GUS)
GUS

Erdölförderung nach Kontinenten/Gebieten (1992; in %)

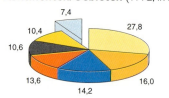

Naher Osten — Afrika
Nordamerika — übr. Asien/Australien
GUS — Europa (ohne GUS)
Lateinamerika

dert wurde durch die Entwicklung des Kraftfahrzeugverkehrs und der chemischen Industrie zu einem Jahrhundert großer technischer Umwandlungen. Daran hat das Erdöl, das schon sehr bald auch als strategischer Rohstoff erkannt wurde, großen Anteil. Die Förderentwicklung spiegelt diesen Prozess deutlich wider.

Wie aus der Karte zu den Förderländern und dem Diagramm ersichtlich, sind die einzelnen Erdteile bzw. Großregionen an der Weltproduktion sehr unterschiedlich beteiligt. In den einzelnen Regionen wiederum heben sich einzelne Länder mit besonders großer Erdölproduktion ab. Der Nahe Osten war, ist in der Gegenwart und bleibt auch noch einige Jahrzehnte das führende Fördergebiet der Erde. Zu hoffen ist, dass die im antarktischen Bereich erkundeten Erdöllagerstätten nicht erschlossen und damit auch nicht genutzt werden. Andernfalls müßte mit katastrophalen ökologischen Schäden gerechnet werden.

Gegenwärtig erfolgt eine Erdölförderung in etwa 50 Ländern. Allerdings ist in etwa 20 Ländern die Produktion sehr gering. Andererseits erreichen gegenwärtig 9 Länder eine Jahresproduktion von jeweils mehr als 100 Millionen t, 3 davon sogar von jeweils über 400 Millionen t. In der Förderentwicklung haben sich regional jedoch beträchtliche Veränderungen ergeben. So gehörten China, Norwegen, die Vereinigten Arabischen Emirate in der Mitte des 20. Jahrhunderts noch nicht einmal zu den Förderländern. Heute nehmen sie hervorragende Positionen ein.

Erdöl wird heute weltweit transportiert. Supertanker sind in der Lage, den Rohstoff kostengünstig in jedes Importland zu transportieren, wenn die notwendigen Anlandungsmöglichkeiten geschaffen sind. Die Welthandelsströme ergeben sich durch die hohen Ölexporte der Länder am Arabischen Golf sowie die Exporte einiger afrikanischer Staaten (Libyen, Nigeria,

Weltförderung von Erdöl (in Mio. t)			
1900	20	1960	1 054
1910	55	1970	2 277
1920	95	1980	3 066
1930	200	1990	2 976
1940	292	1992	3 169
1950	523	1994	3 200

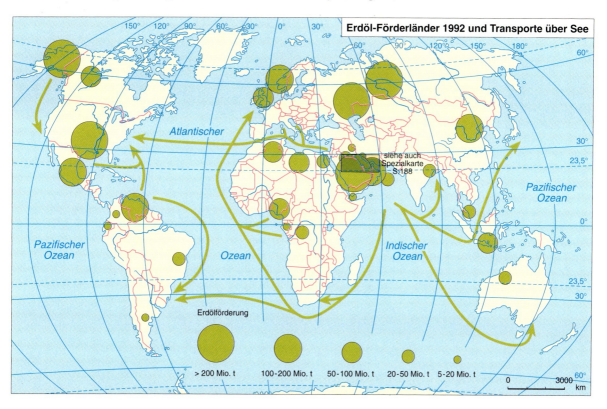

Erdöl-Förderländer 1992 und Transporte über See

Führende Erdölländer der Erde (nach Jahresförderung; in Mio. t)				
	1950	1970	1990	1993
UdSSR/ GUS	38	353	408	402
Saudi-Arabien	27	175	327	397
USA	270	475	418	403
Iran	32	190	155	172
Mexiko	10	22	145	155
China	0	28	135	144
Venezuela	78	193	119	116
VAE	0	38	108	107
Norwegen	0	.	82	114

Algerien, Ägypten, Gabun, Angola), südost- und ostasiatischer Staaten (China, Malaysia), amerikanischer Staaten (Venezuela, Kanada) und der Nordseeanlieger Norwegen und Großbritannien. Hauptimporteure sind die EU-Staaten, die USA und Japan. Eine immer größere Rolle im internationalen Erdölexport spielt auch der Pipelinetransport.

Beide Formen, See- und Pipelinetransport, sind jedoch ökologisch gefährlich, wie zahlreiche Unglücke in den letzten Jahren unterstreichen. Hierbei heben sich regional Küsten der nördlichen Hemisphäre besonders heraus, weil hier auch die stärkste Tankerbewegung erkennbar ist.

Zu den verheerendsten Unglücken gehören der Unfall der „AMOCO CADIZ" vor der französischen Küste 1978 mit ca. 300 000 m^3 ausgelaufenem Öl sowie der Tankerunfall der „EXXON VALDEZ" im Prince William Sund vor Alaska im Jahre 1989 mit 47 000 m^3 Ölauslauf. Schaden durch Ölauslauf entsteht auch immer wieder durch Tankreinigungen auf hoher See, Ölförderung im Küstenbereich und auf Förderinseln usw.

Erdölpipeline durch die Wüste (Tunesien)

Entstehung von Erdöl- und Erdgaslagerstätten

Die Kohlenwasserstoffe von Erdöl und Erdgas bilden sich in Faulschlammgesteinen, die durch Ablagerung von Kalk-, Ton- und Sandteilchen zusammen mit Milliarden abgestorbener, vorwiegend einzelliger Pflanzen und Tiere, dem Plankton, auf dem Meeresboden entstehen. Die organische Substanz des Faulschlammgesteins wird durch Bakterien in Kohlenwasserstoffe umgewandelt. So wird aus dem schwammigen Faulschlammgestein allmählich ein festes Erdölmuttergestein. Dieses ist anfangs porös. Durch den Druck darüber liegender Gesteine verschwinden die Hohlräume und die Kohlenwasserstoffe werden ausgetrieben. Sie steigen in Spalten des darüber liegenden Gesteins nach oben. Stößt das wandernde Öl und Gas auf eine undurchlässige Gesteinsschicht, so sammelt es sich darunter wie in einer Falle. Unter günstigen Umständen liegt unter der Sperrschicht ein poröses Speichergestein. Dann entsteht eine ergiebige Lagerstätte.

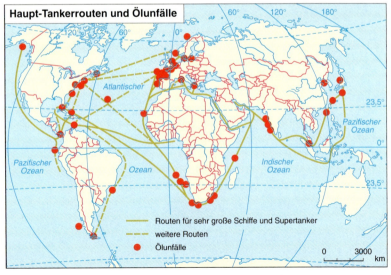

Haupt-Tankerrouten und Ölunfälle

?
Welche Küstengebiete sind durch den Erdöltransport in Supertankern besonders gefährdet? Begründen Sie.

Die Golfländer und das Erdöl

Das Golfgebiet mit den sechs Anliegerstaaten auf der Arabischen Halbinsel sowie Irak und Iran gehört zu den Regionen der Welt, in denen sich in der zweiten Hälfte des 20. Jahrhunderts die stärksten wirtschaftlichen Veränderungen vollzogen haben. Diese beruhen auf der Nutzung der wichtigsten Rohstoffe dieses Raumes: Erdöl und Erdgas. Etwa im Zentrum einer mächtigen Ölzone liegend, besitzen diese Länder Lagerstätten, die für eine wirtschaftliche Förderung hervorragend geeignet und durch folgende Merkmale gekennzeichnet sind:
- Dominanz von Großlagerstätten, in denen über 60 % der Weltreserven lagern;
- das Erdöl kommt verschwistert mit Erdgas vor;
- die Erdöl führenden Schichten liegen nicht sehr tief unter der Erdoberfläche (750 bis 2 500 m); sie weisen nur geringe Störungen auf;
- das Relief ist eben und fällt zur Küste geringfügig ab, sodass der Transport von Geräten zur Erkundung und Förderung sowie der Transport des geförderten Rohstoffes problemlos erfolgen kann;
- die Lagerstätten liegen küstennah oder im Off-Shore-Bereich;
- die Lagerstätten sind sehr ergiebig und oft artesisch gespannt, weshalb nur wenige Fördersonden notwendig sind;
- das Erdöl weist eine sehr gute Qualität auf; es wird als „Arabish light" bezeichnet und stellt eine mittelschwere Kohlenwasserstoffqualität dar.

Diese damit verbundenen und kaum zu übertreffenden Standortvorteile haben zu einer raschen Förderentwicklung geführt. Wurden im Bereich der Golfländer 1950 etwa 85 Millionen t gefördert, so waren es 1970 bereits 660 Millionen t und 1992 838 Millionen t. Insbesondere die sechs auf der Arabischen Halbinsel liegenden Golfanliegerstaaten, mit Saudi-Arabien an der Spitze, haben von den erwirtschafteten „Öldollars" außerordentlich profitiert. So konnten Pro-Kopf-Einnahmen erzielt werden, die zu den höchsten der Welt zählen. Die Ausfuhrüberschüsse waren zeitweilig so hoch, dass die Länder ungewöhnlich große Möglichkeiten für Investitionen besaßen. Lediglich im Iran und im Irak beeinflussten Kriege und politische und religiöse Zielstellungen einen wirtschaftlichen Aufschwung negativ.

Das große wirtschaftliche Ziel der Golfländer heißt „Diversifizierung", also Hinwendung zu einer vielseitigen Wirtschaftsstruktur. In diesem Zusammenhang erfolgte der Einsatz der Investitionsmittel über einen längeren Zeitraum. Zu den wichtigsten Ergebnissen einer solchen Wirtschaftspolitik gehören:
- Aufbau einer modernen und leistungsfähigen Erdölverarbeitung (Raffinerien, Kraftwerke),
- eines modernen Transportwesens (Pipelines, Tanklager, Häfen),
- Entwicklung von Zweigen, die Erdöl, Erdgas und Energie in großem Umfang benötigen (Chemie, Meerwasserentsalzung, Leichtmetallurgie),
- Aufbau der Metallverarbeitung (Schiffsreparatur, Montagebetriebe) und der Leichtindustrie,
- Einsatz der Mittel für eine leistungsfähige Landwirtschaft.

Darüber hinaus wurden im sozialen Bereich (Volksbildung, Gesundheitswesen, Wohnungsbau) beachtliche Fortschritte gemacht. So stellt sich das Gebiet der Golfländer der Arabischen Halbinsel als ein Raum schneller und moderner wirtschaftlicher Entwicklung dar, der allerdings noch stark vom Erdöl abhängig ist.

Pro-Kopf-Nationaleinkommen (1992; in Dollar)

VAE	23 240
Katar	16 750
Kuwait	11 170
Saudi-Arabien	7 510
Bahrain	6 880
Oman	6 480
Sudan	400
Kenia	310
Somalia	120
Äthiopien	110

Länder am Persischen Golf

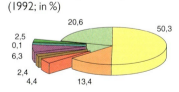

Erdölförderung im Golfgebiet (1992; in %)

Saudi-Arabien 50,3
VAE 13,4
Oman 4,4
Katar 2,4
Kuwait 20,6
Bahrain 2,5
Irak 0,1
Iran 6,3

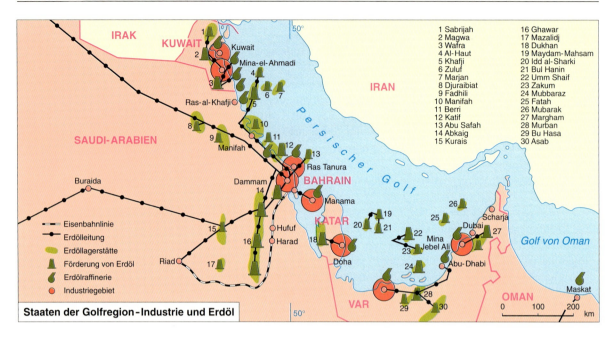

Staaten der Golfregion – Industrie und Erdöl

?

1. Im Abschnitt „Die Golfländer und das Erdöl" werden die Standortvorteile der Gewinnung von Erdöl auf der Arabischen Halbinsel erfasst. Können Sie auch Nachteile erkennen?
2. Beurteilen Sie die Diversifizierungsmöglichkeiten.

„Alle Prognosen über künftige Anteile der einzelnen Energieträger müssen die energiepolitischen Ziele der Bundesregierung einbeziehen, durch die wichtige Weichen gestellt werden, u. a. bezüglich der Subventionierung einzelner Energieträger bzw. durch die energiepolitische Gesetzgebung (z. B. durch den Kohlepfennig)."

(nach: FISCHER-Weltalmanach 1995)

Nutzergruppen von Elektroenergie in Deutschland (1993; in %)

Industrie	46,4
private Haushalte	27,2
sonstige Kleinverbraucher (Landwirtschaft, Gewerbe u. a.)	23,2
Verkehrswesen	3,2

Die Diversifizierung wird diese Abhängigkeit jedoch von Jahr zu Jahr abschwächen und – das ist das Ziel – in einem mittelfristigen Zeitraum aufheben.

Die auf der Arabischen Halbinsel liegenden sechs Golfanliegerstaaten, die in ihren politischen, wirtschaftlichen, sozialen, ethnographischen und religiösen Strukturen viele Ähnlichkeiten haben, schlossen sich 1981 offiziell zum „Rat für Zusammenarbeit der Golfstaaten" zusammen (GCC-Staaten). Ihr Territorium umfasst 2 475 187 km² und damit 83,7 % der Halbinsel. Etwa 22,5 Millionen Menschen wohnen in diesen Ländern. Damit stellt dieser Rat eine politisch und ökonomisch starke Gruppierung in Westasien mit zunehmendem Einfluss weit über diese Region hinaus dar.

Deutschland – fast Spitzenreiter im Energieverbrauch

Deutschland gehört zu den Ländern der Erde mit besonders hohem Energieverbrauch. In der absoluten Höhe nahm das Land hinter den USA, den GUS-Staaten, China und Japan die 5. Stelle, im Pro-Kopf-Verbrauch hinter den USA und den GUS-Staaten sogar die 3. Position (1992) ein. Die Ursachen dieses hohen Verbrauchs sind sowohl in den Besonderheiten der Industriestruktur (großer Verbrauch der Montan- und der chemischen Industrie), im Grad der Motorisierung, in der Struktur der Energieträger, in der Mechanisierung der Haushalte und auch in den klimatischen Gegebenheiten (lange Heizperiode) zu suchen.

Um den hohen Energieverbrauch sichern zu können, müssen die benötigten Energieträger zur Verfügung stehen, insbesondere die „klassischen" wie Steinkohle, Braunkohle, Erdöl, Erdgas, Wasser und Kernbrennstoffe. Zunehmend gewinnen aber auch die „erneuerbaren" Energien Bedeutung. Es gibt zwei Möglichkeiten der Bedarfsdeckung:
1. Sicherung des Verbrauches durch einheimische Rohstoffe,
2. Importe von Energieträgern bzw. von Elektroenergie.

Deutschland ist auf die Nutzung beider Möglichkeiten angewiesen, was bei

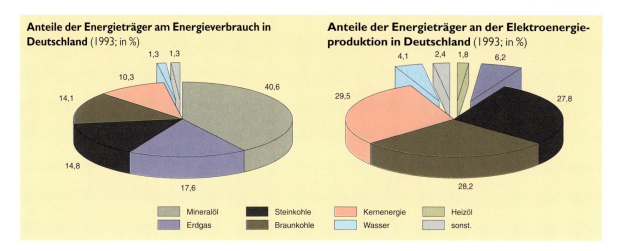

den meisten Ländern der Welt der Fall ist. Von Energieträger zu Energieträger sind jedoch die Proportionen zwischen Eigenproduktion und Importen unterschiedlich. Gegenwärtig ergibt sich folgende Situation:

Steinkohle. Deutschland verfügt über beachtliche Steinkohlenvorkommen. Sie werden mit etwa 229 Milliarden t veranschlagt (davon 66 Milliarden t Reserven). Die Lagerstätten verteilen sich über vier Reviere: Ruhrgebiet, Aachen, Saarland und Ibbenbüren. Dort erfolgt auch die Gewinnung von Steinkohle, wobei das Ruhrgebiet allein über 80 % und das Saarland etwa 15 % der Gesamtförderung erbringen. Von den 1958 vorhandenen 129 Zechen sind gegenwärtig nur noch 23 übriggeblieben. Stark rückläufig ist auch die Zahl der Bergarbeiter und die Jahresproduktion. Letztere betrug in den fünfziger Jahren bis zu 150 Millionen t. 1992 wurden noch 72 Millionen t gefördert. Um das Jahr 2000 wird mit 50 Millionen t gerechnet. Nicht die Erschöpfung der Vorräte, sondern die hohen Förderkosten und die damit verbundenen Subventionen, die übermächtige ausländische Konkurrenz sowie die der anderen Energieträger, insbesondere der Kernenergie, werden als Ursachen dieser Entwicklung angesehen. 1992 umfasste der Steinkohlenimport schon etwa 11 Millionen t.

Braunkohle. Die großen deutschen Braunkohlenlagerstätten besitzen eine Kapazität von 160 Milliarden t. In drei Revieren wird fast die gesamte Produktion des Landes erbracht. Sie umfasste 1994 insgesamt 208 Millionen t. Damit war Deutschland weltweit der größte Braunkohlenproduzent. Obwohl aufgrund der starken ökologischen Belastung der Umwelt besonders in den beiden Revieren der neuen Bundesländer die Gewinnung weiter rückläufig sein wird, kann der Braunkohlenbedarf zu 100 % gedeckt werden. Allerdings tragen geringe Importmengen aus Tschechien zur Rohstoffversorgung oberfränkischer Kraftwerke bei.

Erdöl. Es existieren zwar zahlreiche einheimische Lagerstätten im Norddeutschen Tiefland, in der Oberrheinischen Tiefebene und im Alpenvorland, aber die Ressourcen sind sehr gering (etwa 62 Millionen t). Deshalb erreichte auch die Förderung nie ein größeres Ausmaß als jährlich 10 Millionen t. Sie ist aber stark rückläufig und umfasste 1993 nur noch 3,2 Millionen t. Regionale Schwerpunkte sind das Emsland, das Weser-Ems-Gebiet, Schleswig-Holstein und das Elbe-Weser-Gebiet.

Der Mineralölverbrauch Deutschlands liegt zwischen 130 und 150 Millionen t. Um ihn decken zu können, müssen neben Erdölerzeugnissen auch große Mengen Erdöl (jährlich etwa 100 Millionen t) importiert werden.

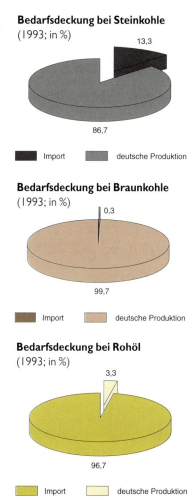

Bedarfsdeckung bei Erdgas
(1993; in %)

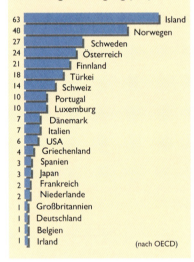

■ Import   ☐ deutsche Produktion

Erdgas. Da Erdgas häufig mit Erdöl verschwistert vorkommt, liegen die wichtigsten Lagerstätten ebenfalls im Weser-Ems-Gebiet und im Alpenvorland. Der Umfang der Reserven wird mit 343 Milliarden m³ angegeben. Im Gegensatz zur Erdölgewinnung stieg die Erdgasförderung in den vergangenen Jahren leicht an und erreichte 1993 einen Umfang von 18,5 Milliarden m³. Davon wurden 50 % im Weser-Ems-Gebiet gewonnen, 47 % im Elbe-Weser-Gebiet.

Deutschland hat einen Jahresverbrauch von etwa 75 Milliarden m³. 23 % werden gegenwärtig aus der eigenen Produktion, 77 % aus Importen gedeckt. Diese kommen ausschließlich über Pipelines aus den Niederlanden, Norwegen, Dänemark, Russland und aus dem EU-Verbundsystem.

Kernbrennstoffe. Deutschland verfügt über abbauwürdige Uran-Lagerstätten im Erzgebirge, im Schwarzwald und im Fichtelgebirge. In der Zeit von 1946 bis 1991 wurden im Erzgebirge und im Raum Ronneburg große Mengen U_3O_8 gewonnen. Der dortige Uranbergbau galt längere Zeit als der umfangreichste in Europa.

Seit 1992 wird von einer Uranförderung in Deutschland abgesehen, weil einerseits die benötigten Mengen Kernbrennstoff zu günstigen Preisen aus den USA, Südafrika, Australien, Kanada und Frankreich bezogen werden können, andererseits der Abbau im eigenen Land schwerwiegende Umweltschäden gebracht hat.

Regenerative Energieträger. Von allen erneuerbaren Energiequellen verfügen in Deutschland Wasserkraft, Windenergie und geothermische Energie über die günstigsten Bedingungen. Auch die Solarenergie ist ausbaufähig. Die Vorteile dieser Energien liegen neben der Nichterschöpfbarkeit vor allem in ihrer besseren ökologischen Verträglichkeit und der Verringerung der Importabhängigkeit. Deshalb ist der Ausbau einer solchen Energieproduktion außerordentlich wichtig, wenn zur Zeit auch das Verhältnis zwischen Investitionskosten und Ertrag ungünstig ist. Bis weit in die erste Hälfte des kommenden Jahrhunderts werden deshalb die Anteile der regenerativen Energien am gesamten Energieverbrauch Deutschlands nicht über 10 % ansteigen.

Zusammenfassend lässt sich feststellen, dass die Anteile der einzelnen Energieträger – auch im internationalen Maßstab gesehen – relativ ausgewogen sind. Im künftigen Energieverbrauch wird wohl Erdöl an Bedeutung verlieren, die alternativen, erneuerbaren Energien könnten dagegen ihren Anteil erhöhen.

Anteil erneuerbarer Energien an der Energieversorgung (in %)

%	Land
63	Island
40	Norwegen
27	Schweden
24	Österreich
21	Finnland
18	Türkei
14	Schweiz
10	Portugal
10	Luxemburg
7	Dänemark
7	Italien
6	USA
4	Griechenland
3	Spanien
3	Japan
2	Frankreich
2	Niederlande
1	Großbritannien
1	Deutschland
1	Belgien
1	Irland

(nach OECD)

Windenergie-Park Vogelsberg (Hessen)

?
1. Werten Sie oben stehende Graphik zu den erneuerbaren Energien aus.
2. Ermitteln Sie aus dem Atlas die Potenziale ausgewählter Staaten an erneuerbaren Energien und vergleichen Sie mit deren realer Nutzung.
3. Welche Probleme sehen Sie bei vermehrter Nutzung der verschiedenen erneuerbaren Energien?

Lagerstätten von Energierohstoffen in Deutschland

- Erdöl/Erdgas
- Steinkohle
- Braunkohle
- Uran

Solaranlage in den Alpen

?

1. Erfassen Sie die wichtigsten Transportwege importierter Erdöl-, Erdgas- und Steinkohlenlieferungen.
2. Warum kann von einer relativ guten Ausgewogenheit hinsichtlich des Rohstoffbezuges der deutschen Energiewirtschaft gesprochen werden?
3. Beurteilen Sie die einzelnen Energieträger nach ihrer Umweltverträglichkeit.

Betriebene Kernkraftwerke in Deutschland (1995)

Kernenergiegewinnung – Für und Wider

Die Elektroenergiegewinnung in der Bundesrepublik Deutschland zeichnet sich durch relativ gute Proportionen im Einsatz klassischer Energieträger aus. Die Ausgewogenheit ist gegenüber sehr einseitigen Energiestrukturen ein Vorteil und nicht zuletzt ein Ergebnis der Energiepolitik. Kritisch wird von vielen Menschen der hohe Anteil der Kernenergie an der gesamten Stromerzeugung des Landes gesehen. Er betrug 1993 29,5 %.

Die Befürworter der Kernenergieerzeugung weisen auf den hohen Sicherheitsstandard und das geringe „Restrisiko", auf die kostengünstige und auch fast emissionsfreie Art der Energiegewinnung hin. Hinzu kommt die Versorgungssicherheit durch den Einsatz sehr geringer Mengen von Kernbrennstoffen und die Schonung anderer Ressourcen, insbesondere der fossilen Energieträger Steinkohle, Braunkohle, Erdöl und Erdgas. Es wird eine Nutzung der Kernenergie empfohlen, so lange andere vergleichbar versorgungssichere, umweltfreundliche und preisgünstige Energieträger nicht zur Verfügung stehen.

Die Kernkraftgegner hingegen verweisen auf die außerordentlich großen Gefahren bei Kernkraftwerksunfällen, auf die Probleme der Zwischen- und Endlagerung radioaktiver Rückstände. Sie halten Kernenergie für „technisch nicht beherrschbar" und für sozial unverträglich.

1993 erfolgte die Produktion von Kernenergie in 20 Kernkraftwerken. Die Standorte befinden sich ausschließlich in den alten Bundesländern, weil die zwei Kernkraftwerke der neuen Bundesländer (Lubmin bei Greifswald, Rheinsberg) aus Sicherheitsgründen stillgelegt wurden. Obwohl die produzierenden deutschen Kernkraftwerke zu den weltweit zuverlässigsten, sichersten und leistungsfähigsten gehören, ist die künftige Entwicklung der Kernenergieproduktion – und damit auch der Energiestruktur – sehr ungewiss, da neben wirtschaftlichen, technischen und ökologischen Gesichtspunkten vor allem politische eine Rolle spielen.

Die besten Möglichkeiten einer Reduzierung der Zahl der Kernkraftwerke und der Kernenergieproduktion wären gegeben, wenn durch Energieeinsparung und rationelle Energieanwendung der Bedarf an Elektroenergie gesenkt werden könnte.

Kernkraftwerk

?
1. Erstickt die Welt ohne Kernenergiegewinnung im Kohlendioxid?
2. Welche Standortveränderungen ergaben sich in der Kernenergiegewinnung in Deutschland seit 1980?

Energieriese Europa

Europa ist einer der drei großen Räume des Weltenergieverbrauches. Die hier lebenden 620 Millionen Bewohner binden etwa ein Drittel des Weltenergieverbrauches. Fast alle Staaten liegen in ihrem Pro-Kopf-Verbrauch an Energie um ein Vielfaches über dem der meisten Entwicklungsländer. Dementsprechend hoch ist der Bedarf an Energierohstoffen.

Trotz relativ guter Ausstattung des Kontinentes mit Lagerstätten von Stein- und Braunkohlen, Erdöl und Erdgas sowie mit Wasserkräften reicht die bergbauliche Produktion nicht aus, den Bedarf an Energierohstoffen zu decken. Die Kluft zwischen Bedarf und Angebot aus Eigenförderung wird sogar größer. Hinzu kommt die sehr ungleiche Ausstattung der einzelnen Teilregionen und Länder unseres Kontinents.

Im Hinblick auf die Schaffung eines europäischen „Energiekonsenses" ergeben sich folgende Prämissen:
– Nutzung der einheimischen Energieressourcen nach kurz-, mittel- und langfristigen Rohstoffstrategien.
  Energiepolitische Ziele müssen sein: Versorgungssicherheit, Wirtschaftlichkeit, Umweltverträglichkeit, Ressourcenschonung.
– Schaffung eines immer komplexeren „Energiekonsenses", um Annäherungen bzw. Übereinstimmungen in der Energiepolitik zu erreichen.
– Diversifizierung des Einsatzes von Energieträgern in Richtung zu einem verstärkten „Energie-Mix".
– Einbeziehung vieler regionaler Bezugsgebiete.
– Verstärkte Nutzung alternativer Energien.
– Energieeinsparung durch neue Methoden der rationellen Energieanwendung.

> **Beispiele für Integration**
> UCPTE (Union für die Koordinierung der Erzeugung und des Transportes elektrischer Energie); führendes europäisches Verbundsystem in der Elektroenergiewirtschaft. Durch UCPTE ist Deutschland mit allen EU-Ländern (außer Irland), mit allen südosteuropäischen Ländern und mit Norwegen verbunden.

?
Wo sehen Sie noch günstige Möglichkeiten für einen verstärkten „Energie-Mix" im Gebiet der EU-Länder?

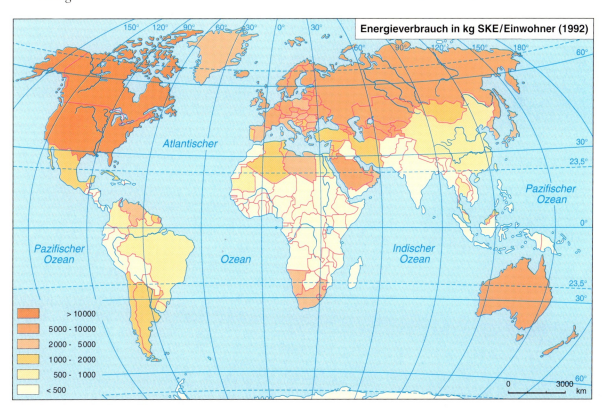

Energieverbrauch in kg SKE/Einwohner (1992)

Unersetzbar: Eisenerze

Metallreserven-Anteile der Kontinente (ohne Edelmetalle; in %)

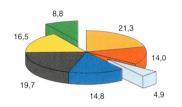

Weltreserven der Kontinente an Eisenerz (in %)

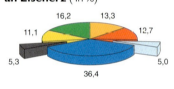

Eisenerzförderung nach Kontinenten (1990/1992; in %)

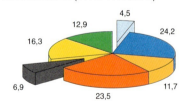

Neben den Energierohstoffen existieren in der Erdkruste zwei weitere Gruppen mineralischer Ressourcen:
- metallische Stoffe,
- nutzbare Gesteine bzw. Industriemineralien.

Die metallischen Ressourcen wiederum lassen sich nach industriellen und konsumtiven Verwertungen wie folgt gliedern:
- Schwarzmetalle (Eisen und Stahlveredlungsmetalle wie Mn, Cr, Ti, Ni, Co, W, Mo, V),
- Buntmetalle (Cu, Pb, Zn, Sn),
- Leichtmetalle (Al, Mg, Li, Be),
- Edelmetalle (Au, Ag, Pt),
- seltene Metalle (Bi, Sb, Hg),
- radioaktive Metalle (U, Ra, Th).

Eine herausragende Stellung im Hinblick auf Vorkommen, Förderung und Nutzung nimmt das Eisenerz ein. Eisen ist unter den die Erdkruste aufbauenden Elementen reich vertreten. Es umfasst etwa 5 % des Krustenmaterials. Eisenerz tritt in Lagerstätten in verschiedenen Stoffarten auf, und zwar als Magmatit (Magneteisenstein Fe_3O_4), Hämatit (Roteisenstein Fe_2O_3), Limonit (Brauneisenstein $Fe_2O_3 \cdot H_2O$), Siderit (Spateisenstein $FeCO_3$), Ilmenit (Titaneisen $FeTiO_3$) sowie in Form von Mischungen dieser Minerale.

Die Anreicherung der Erze im Gestein ist unterschiedlich. Deshalb werden Reicherze (Erzgehalt 55 bis 72 %), mittlere Qualitäten (Erzgehalt 40 bis 55 %) und Armerze (Erzgehalt 20 bis 40 %) unterschieden. Gesteine mit einem Eisengehalt bis 20 % werden gegenwärtig noch als „eisenhaltiges Gestein" klassifiziert und besonders bilanziert. Die einzelnen Kategorien stehen mengenmäßig in ungleichem Umfang zur Verfügung. Je höher der Eisengehalt, desto kleiner ist der Anteil am Gesamtvorkommen.

Die Bilanzierung der Eisenerzvorkommen ist sehr schwierig. Oft werden sie einfach als „riesig", „noch zunehmend" oder „fast unerschöpflich" bezeichnet, weil in den bisher kaum oder nicht erkundeten Gebieten der Erde, in größeren Tiefen, im Meeresuntergrund oder im Meeresboden noch große Lagerstätten vermutet werden. Das trifft auch für die Antarktis zu. Auf der Grundlage der heutigen Bilanzierungskriterien werden jedoch mindestens 250 Milliarden t verfügbarer Eisenerzreserven angenommen. Bei einer Jahresförderung von ca. 1 Milliarde t ergäbe das eine Vorhaltedauer von 250 Jahren. Andere Prognosen gehen von 300 bis 800 Jahren aus.

Eisenerz tritt in allen Regionen der Erde auf. Aufgrund der noch längst nicht abgeschlossenen Erkundung in Gebieten tropischer Wälder, in Wüsten, Gebirgsregionen und Kältegebieten ergibt sich gegenwärtig noch ein Übergewicht erkundeter Lagerstätten in gut erschlossenen Räumen, insbesondere in Nordamerika und Europa, einschließlich Russlands. Südamerika, West- und Südafrika, Südasien und Australien sind jedoch stärker „im Kommen".

Diese Situation spiegelt sich in der Entwicklung des Eisenerzbergbaus wider. Viele Jahrzehnte konzentrierte sich der Abbau auf Europa und Nordamerika. Noch im Jahre 1950 wurden dort über 90 % der Eisenerzförderung der Welt (gemessen am Eiseninhalt) getätigt. Schweden, Frankreich und Deutschland gehörten zu den führenden Förderländern. In nur vierzig Jahren hat sich dieses Bild total gewandelt. Die Länder Europas sind – mit Ausnahme Russlands, der Ukraine und Schwedens – in der Eisenerzförderung der Welt unbedeutend geworden. Frankreich, im Jahre 1958 mit 60 Millionen t noch an 3. Stelle in der Weltförderung liegend, kann mit seinen „Minette-Armerzen" (Gehalt 30 %) nicht mehr Schritt halten und nimmt nur noch die 15. Positon ein. Auch Deutschland muss sich dem weltweiten Trend anpassen.

Sowohl alte als auch neue Bundesländer verfügen über zahlreiche Eisenerzlagerstätten, so u. a. im Harz, im Schiefergebirge, in der Schwäbischen und Fränkischen Jura, in der Oberpfalz, im Thüringer Wald und im Erzgebirge. Aber es handelt sich ausschließlich um Armerze mit einem Fe-Gehalt unter 30 %. Die Erzvorräte werden jedoch auf mehr als 2,5 Milliarden t geschätzt. Um 1950 gab es noch über 70, 1960 noch 60 Eisenerzgruben. 1987 wurde die letzte in der Oberpfalz geschlossen.

Heute werden Reicherze vorwiegend aus Übersee bezogen, vor allem aus Lateinamerika und Afrika. Die eigenen Lagerstätten stellen jedoch eine wichtige Reserve dar, denn die Reicherze gehen auch einmal zu Ende.

Immer deutlicher verlagerte sich die Erzgewinnung nach Übersee, vor allem in die mit Reicherzen gut ausgestatteten Länder wie Brasilien, Australien, Indien, Südafrika oder Liberia. Dazu trug auch die Entwicklung des Massengütertransportes bei. Große Erztransporter ermöglichen heute weltweit einen rentablen Transport. Für Anfang der 90er Jahre ergab sich das in der unten stehenden Karte dargestellte Bild der erkundeten Reicherzlagerstätten, der Eisenerzförderung und der Haupttransportwege über See.

Führende Förderländer von Eisenerz (1992; in Mio. t)

China	196
GUS	175
Brasilien	146
Australien	117
Indien	55
USA	55
Welt	920

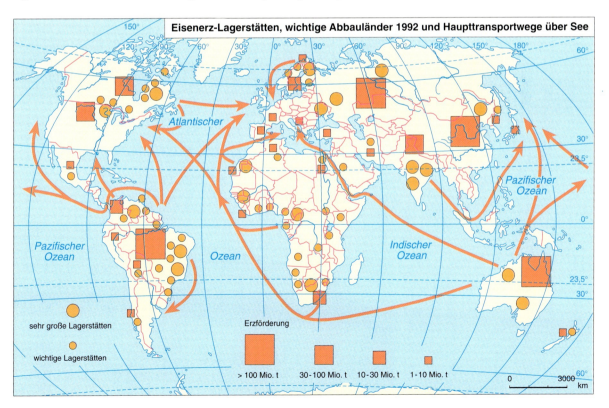

Eisenerz-Lagerstätten, wichtige Abbauländer 1992 und Haupttransportwege über See

Eisenerze aus dem Amazonas-Regenwald

Eisenerzförderung Brasiliens (in Mio. t absol. Förderung)	
1950	2,0
1960	9,6
1970	36,4
1980	139,7
1990	154,0
1992	145,8

Als in Europa um 1960 die Eisenerzproduktion auf Hochtouren lief, weil die Eisen- und Stahlindustrie Hochkonjunktur hatte, war Brasilien ein in der Förderung noch relativ unbedeutendes Land. Selbst in Deutschland wurden in jener Zeit mehr Eisenerze gefördert.

Innerhalb von 20 Jahren entwickelte sich Brasilien jedoch zu einem der führenden Eisenerzförderländer der Welt. Zunächst waren es die Gebiete der „Erzregion" Minas Gerais mit dem Förderzentrum Itabira östlich von Belo Horizonte. Die Region entwickelte sich schnell zum führenden Eisenerzrevier Südamerikas.

Im Jahre 1967 wurden weitere Eisenerzlagerstätten im Nordosten Brasiliens im Bereich der Serra dos Carajás entdeckt. Dieser Gebirgszug erstreckt sich vom Rio Tocantins bis zum Rio Xingu. Er liegt im Bereich der tropischen Regenwälder Amazoniens etwa 600 km südlich der Amazonasmündung und ebenso weit von der Atlantikküste entfernt. Wichtige Straßen, wie die Transamazonica oder deren Querverbindung Brasilia–Belém, berühren das Gebiet.

Erzberg im Nordosten Brasiliens

Die Serra dos Carajás verfügt über Eisenerzlagerstätten, die zu den größten der Welt gehören. Neben 53 riesigen, mit hochwertigen Eisenerzen ausgestatteten Lagerstätten, im Tagebau abbaubar, wurden auch Nickel-, Kupfer-, Bauxit- und Goldvorkommen entdeckt.

Der Aufschluss und die Förderentwicklung in den 70er und 80er Jahren erfolgten im Rahmen des staatlichen Entwicklungsprogrammes „Polamazonica", zu dem auch der Auf- und Ausbau der Bauxitförderung bei Paragominas, der Aluminiumhütten bei Barcarena/Belém, des Wasserkraftwerkes von Tucuruí, der Eisenhütten von São Luís und der Erzbahn Carajás–São Luís einschließlich Erzhafen gehören. So entstand ein neues Wachstumsdreieck im Nordosten Brasiliens, das besonders entlang der Eisenbahnlinie weiter ausgebaut werden soll.

Bereits 1992 umfasste die Eisenerzförderung der Serra dos Carajás 35 Millionen t. Die Produktion soll noch in diesem Jahrzehnt auf 45 Millionen t steigen. Die günstigere Lage zu den Hauptabnehmeländern Japan, USA und Deutschland gegenüber dem „alten" Zentrum Minas Gerais wird als Standortvorteil der amazonischen Erzförderung angesehen.

Die Entwicklung der Region ist jedoch nicht unproblematisch. Eine umfangreiche Zerstörung des tropischen Regenwaldes, die Vernichtung indianischer Siedlungs-, Sozial- und Wirtschaftsstrukturen, die große ökologische Belastung der Serra durch Bergbau, die sehr hohen Investitionskosten und die Krisenanfälligkeit der bisher nur einseitig strukturierten Wirtschaft sind die wesentlichsten Negativ-Merkmale.

Realität ist jedoch, dass die Serra dos Carajás in kurzer Zeit das bedeutendste Eisenerzfördergebiet der Welt werden konnte. Gewaltige Tagebaue prägen das Bild dieser Bergbauregion.

Im starken Kontrast dazu steht im Amazonasgebiet der Kleinbergbau. Wie in vielen anderen Regionen der Welt gewinnt auch dort der Abbau hochwertiger Erze und Minerale (Gold, Silber, Edel- und Halbedelsteine u.a.) an Bedeutung. Mit einfachster Ausrüstung betreiben die Minenarbeiter (oft nur 1- bis 3-Mann-Betriebe) den Abbau dieser Bodenschätze. Oft wird im „Sichtbergbau" nur nach einem Mineral gesucht; Begleitkomponenten bleiben vielfach unberücksichtigt. Die Lebens- und Arbeitsbedingungen sind äußerst hart; meist fehlt jede soziale Absicherung. Ständige Auseinandersetzungen mit den Großgrundbesitzern, den Behörden und oft auch mit der indianischen Bevölkerung erschweren das Dasein.

Ebenso wie im brasilianischen tropischen Regenwald entwickelte sich der Kleinbergbau auch in vielen anderen Ländern. Schätzungen gehen davon aus, dass an einer solchen Gewinnung von Erzen und Mineralien folgende Anteile an der Weltproduktion erreicht werden:

Halbedelsteine	70–75	Gold	5–10
Antimon	20	Diamanten	10–15
Zinn	15	Schwefel	10
Wolfram	15	Chrom	10
Quecksilber	15	Titan	5

Der Anteil des Kleinbergbaus an der gesamten Erz- und Mineralproduktion der Welt wird auf 5 - 8 % geschätzt. Eine größere Verbreitung hat diese Form des Bergbaus in Brasilien (Gold), Australien (Halbedelsteine), Malaysia und Bolivien (Zinn), Zaire und Namibia (Diamanten), Peru und Mexiko (Silber), Indien (Chrom, Halbedelsteine) gefunden.

Eisenerz-Reserven in der Serra dos Carajás

	Mio. t	Fe-Gehalt (in %)
sichere Reserven	1 881	66,5
wahrscheinl. Reserven	3 086	65,7
mögliche Reserven	12 918	66,1
	17 885	66,1

?

1. Welcher grundlegende Wandel vollzog sich in der Standortverteilung der Eisenerzgewinnung der Welt in den letzten drei Jahrzehnten?
2. Erfassen Sie ökologische Probleme des Eisenerzbergbaus.
3. Warum ist für Brasilien die wirtschaftliche Entwicklung des Gebietes Serra dos Carajás so wichtig?

Salze – ältestes Bergbauprodukt

Formen der Salzgewinnung

- Salz aus dem Meerwasser,
- Solung,
- Bergbau

Meersalzgewinnung auf Malta

Führende Länder in der Steinsalzproduktion
(Anfang der 90er Jahre; in 1000 t)

USA	35 000
China	28 000
Deutschland	16 000
GUS-Staaten	15 000
Kanada	11 000
Indien	9 000
Frankreich	8 000
Welt	190 000

Führende Länder in der Kalisalzproduktion
(Anfang der 90er Jahre; in 1000 t)

GUS-Staaten	10 000
Kanada	7 500
Deutschland	5 400
USA	1 600
Israel	1 300
Frankreich	1 200
Welt	28 000

Die 3. Hauptgruppe mineralischer Ressourcen umfasst die nutzbaren Gesteine und Industrieminerale. Sie lassen sich u. a. gliedern in
- bau- und silikatkeramische Stoffe (Fest- und Lockergesteine),
- anorganisch-chemische Stoffe (Karbonate, Sulfate, Phosphate u. a.),
- Salze (Stein- und Kalisalze),
- Industrieminerale (Quarz, Glimmer, Fluorit, Baryt, Graphit, Borrohstoffe, Halbedel- und Edelsteine).

Im Hinblick auf den Produktionsumfang ist diese Hauptgruppe die bedeutendste. Hart- und Werksteine, Sande und Kiese stehen mengenmäßig an der Spitze der gewonnenen Rohstoffe. Der Wertanteil ist dagegen geringer. Für die Bauindustrie, die Metallurgie, die chemische Industrie, die Glas- und Keramikindustrie, die Schmuckindustrie sind sie unabdingbare Voraussetzung der Produktion.

Zu den ersten von Menschen genutzten mineralischen Ressourcen gehören die Salze. Sie sind für die Ernährung unentbehrlich. Die Gewinnung aus Meerwasser, aus Solquellen und Salzseen sowie durch bergmännische Arbeit ist deshalb in allen Epochen der Menschheit nachzuweisen. Die durch Salzhandel entstandenen Salzstraßen durchzogen viele Gebiete der Erde, u. a. auch Mitteldeutschland und das Alpengebiet. Noch heute spielt in der Sahara-Region der Salzhandel und -transport eine wichtige Rolle.

Mit der Nutzung von Stein- und Kalisalzen als Massenrohstoff für die Industrie und die Landwirtschaft erweiterten sich die Möglichkeiten des Einsatzes beträchtlich. Entsprechend stieg auch die Produktion von Salzen. Die industriemäßige bergbauliche Gewinnung schuf die Voraussetzungen dafür. Die modernen Betriebe gingen immer mehr dazu über, durch Verwertung von Nebenprodukten und Begleitrohstoffen (Kalium, Natrium, Kalzium, Magnesium, Schwefel, Chlor, Brom, Fluor und Barium) die Produktivität des Salzbergbaues zu erhöhen.

Die Stein- und Kalisalzlagerstätten – durch Verdunstung von Meerwasser besonders in der Zechsteinzeit, aber auch in anderen geologischen Zeiträumen entstanden – sind weltweit verbreitet. Großlagerstätten befinden sich besonders in Nordamerika, im EU-Bereich (Deutschland, Frankreich), in Osteuropa, in China und in den Gebieten am Persischen Golf.

Steinsalz steht fast unbegrenzt zur Verfügung. Es wird nicht nur aus den großen Lagerstätten des Festlandes gewonnen, sondern auch aus dem Meerwasser (38 Milliarden t Vorrat). Die Salzgewinnung aus dem Meer erlangt sogar zunehmend Bedeutung, weil viele Meeresanrainer in tropischen Gebieten diese einfache und effektive Form nutzen und ihren Salzbedarf so selbst decken können. Heute wird bereits die Hälfte der Weltproduktion an Kochsalz aus Meerwasser gewonnen. Insgesamt sind das jährlich etwa 190 Millionen t Steinsalz. Die Vorhaltedauer dieser Ressource beträgt viele hundert Jahre.

Bei **Kalisalzen** ist die Situation komplizierter. Gut abbaubare Lagerstätten sind in relativ wenigen Ländern konzentriert, insbesondere in den mittleren Breiten der nördlichen Halbkugel. Auch Deutschland verfügt über große Lagerstätten in Norddeutschland, im Harzvorland und im Alpenvorland. Afrika, Südamerika und Australien haben keine eigene Kaliproduktion. Dagegen nutzen Deutschland, Kanada, Russland (Lagerstätten im Dnepr-Donez-Gebiet, im Angara-Lena-Becken), Kasachstan (Gebiet der Salzseen), Belorussland (Soligorsker Gebiet) und die Ukraine (Vorkarpaten-Senke) ihre Vorkommen gut aus.

Absatzprobleme (für viele Entwicklungsländer ist Kali zu teuer) und ökologische Auswirkungen des Abbaues sowie der Düngung mit Kalisalzen haben jedoch zu einer Stagnation des Bedarfs geführt. Die jährliche Kaliproduktion beträgt rd. 30 Millionen t.

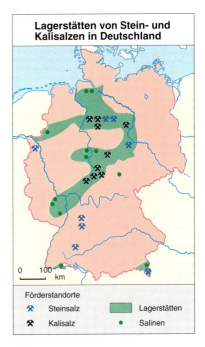

Lagerstätten von Stein- und Kalisalzen in Deutschland

Förderstandorte: Steinsalz, Kalisalz, Lagerstätten, Salinen

1. Welche zwei Lagerstättentypen von Salzvorkommen gibt es?
2. Mit welchen Problemen muss sich in Deutschland die Kalisalzproduktion auseinander setzen?

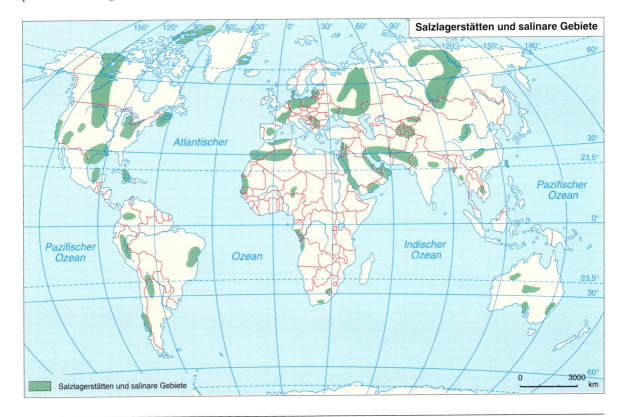

Salzlagerstätten und salinare Gebiete

Sicherung des Rohstoff- und Energiebedarfs

Betrachtungen über die Sicherung des Rohstoff- und Energieverbrauches befassen sich entweder mit der globalen oder einer regionalen Dimension.

In der globalen Dimension geht es um sichere Kenntnisse über die weltweite gesamte geologische Verfügbarkeit mineralischer Ressourcen, also um eine Bestandsaufnahme, was vorhanden und nutzbar ist bzw. vermutet wird. Wir haben in den vorangegangenen Abschnitten versucht, uns für wichtige mineralische Ressourcen ein Bild über die geologische Verfügbarkeit und in diesem Zusammenhang über die Vorhaltedauer zu machen.

Obwohl unterschiedliche Ergebnisse hinsichtlich der Prognosen nicht selten sind, so ergibt sich doch weitgehende Übereinstimmung zur Grundeinstufung der Ressourcen:

1. Zahlreiche mineralische Ressourcen stehen über die Primärproduktion (Förderung) nur noch für einen Zeitraum bis zu 100 Jahren zur Verfügung. Zu ihnen gehören Erdöl, Erdgas, alle Edelmetalle, die Buntmetalle Blei und Zink sowie einige Stahlveredler.
   Diese Ressourcen werden „sensible Ressourcen" genannt.

2. Viele mineralische Ressourcen können noch mehrere Jahrhunderte gewonnen werden, so u. a. Steinkohle, Braunkohle, Eisenerz, Manganerz, Chromerz, die Buntmetalle Kupfer und Zinn, Salze, Bauxit, Hart- und Lockergesteine, Sande und Kiese.
   Diese Ressourcen werden „stabile Ressourcen" genannt.

Vorhaltedauer. Zeitraum, in dem die Lagerstättenvorräte eines Rohstoffes in Beziehung zum jährlichen Abbau noch zur Verfügung stehen werden.
Die Vorhaltedauer wird in Jahren ausgedrückt:

$$\frac{\text{Lagerstättenvorräte (in t, m}^3\text{)}}{\text{bergbauliche Förderung/Jahr}} = \text{Vorhaltedauer in Jahren}$$

Die Vorhaltedauer kann global oder regional erfasst werden.

Beispiel für globale Vorhaltedauer:

Erdgas

$$\frac{\text{Weltvorräte 138 Bio. m}^3}{\text{Jahresförderung 2 153 Md. m}^3} = 64 \text{ Jahre}$$

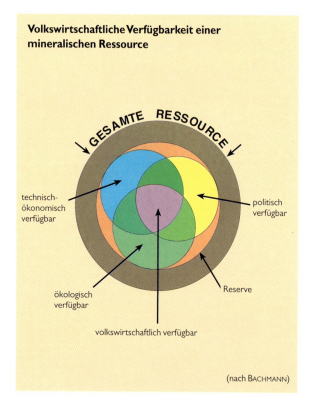

Volkswirtschaftliche Verfügbarkeit einer mineralischen Ressource

GESAMTE RESSOURCE

- technisch-ökonomisch verfügbar
- politisch verfügbar
- ökologisch verfügbar
- Reserve
- volkswirtschaftlich verfügbar

(nach BACHMANN)

Weltweite geologische Verfügbarkeit und Vorhaltedauer bedeutet jedoch noch keine regionale Verfügbarkeit und erst recht nicht eine solche für jedes Land der Welt. Dafür muss erst ein Bedingungsgefüge geschaffen worden sein, in das verschiedene Komponenten eingehen müssen.

Kein Land der Welt ist in der Lage, den gesamten Bedarf an mineralischen Rohstoffen nur aus der eigenen Förderung zu decken. Jedes Land ist also auch auf Importe angewiesen. Allerdings sind die Unterschiede zwischen den Ländern im Hinblick auf das Verhältnis der Eigenförderung zum Rohstoffimport sehr groß. Ländern mit einem sehr vielseitigen und umfangreichen Förderpotenzial (USA, Kanada, Brasilien, Südafrika, Indien, Russland, China, Australien) stehen Länder mit geringen Potenzialen und geringer Förderung gegenüber (Sahel-Länder, viele Karibik-Länder u. a.). Weitere Staaten nehmen eine Zwischenstellung ein und treten international meist mit einem herausragenden Produkt ihrer Eigenförderung auf (z. B. die Erdölstaaten, Kupfer- und Kohleländer).

Zwangsweise ergeben sich daraus Widersprüche zwischen vorwiegend rohstoffexportierenden und rohstoffimportierenden Ländern. Internationale Organisationen – wie z. B. die World Trade Organization (WTO) oder die UN-Conference on Trade and Development (UNCTAD) – versuchen, daraus resultierende Probleme zu lösen. Besonders problematisch ist, eine beiden Seiten gerecht werdende Preisgestaltung zu finden.

Obwohl bei keinem bergbaulich gewonnenen Rohstoff eine Verknappung wegen Erschöpfung der Vorkommen in den nächsten Jahrzehnten zu erwarten ist, muss Vorsorge für eine möglichst lange volkswirtschaftliche Verfügbarkeit getroffen werden. Es bestehen durchaus noch Möglichkeiten, durch die verschiedensten Maßnahmen eine solche Verlängerung zu erreichen. Einige besonders erfolgversprechende werden nachfolgend aufgezeigt.

> „Die bewusste Umgestaltung der Natur, das Erforschen der wissenschaftlichen Grundlagen für eine rationale Nutzung aller Ressourcen, das sinnvolle Lenken der natürlichen Prozesse und damit zugleich der Schutz unserer natürlichen Umwelt stehen am Ende des 20. Jahrhunderts als wichtige Aufgaben vor uns und werden die Menschen auch im 3. Jahrtausend beschäftigen."
>
> (HOHL)

> „Die Nutzung der verfügbaren Rohstoffe bewegt sich immer im Spannungsfeld des geologisch Gegebenen, wissenschaftlich Erkundeten, technologisch Machbaren, ökonomisch Möglichen, ökologisch Vertretbaren und volkswirtschaftlich Notwendigen unter politischen und sozialökonomischen Rahmenbedingungen."
>
> (PAUKE)

Sicherung des Bedarfs an mineralischen Rohstoffen und Energie der Bundesrepublik Deutschland

Eigengewinnung
- Steine, Kalke, Erden
- Sande, Kiese
- Stein- und Braunkohle
- Erdöl und Erdgas
- Stein- und Kalisalze
- Erze (Zink, Blei)

Energien
- klassische Wärme-E.
- Bio- und Müllenergie
- Wasserenergie
- Kernenergie
- Windenergie
- Solarenergie
- Geothermie

Importe: Erdöl, Erdgas, Erze, Steinkohle, Bauxit, Edelsteine, Phosphate, Edelmetalle, Braunkohle, Kaolin

Moderne Bohrtechnik

Zur Substitution im Fahrzeugbau:

Der VW-Käfer der 70er Jahre fuhr noch mit Armaturenbrett und Stoßstange aus Metall; beim Golf sind sie längst aus Kunststoff. Der große Bruder Porsche hat sogar schon Plastikfront und -heck. Auch Mercedes hat den Einsatz von Kunststoffen – gemessen am Gewicht – in den letzten sieben Jahren verdoppelt. Bei Flugzeugen ist der Trend ähnlich. Fachleute des amerikanischen Herstellers Boeing glauben, dass bei Verkehrsmaschinen mindestens 25 % der Bauteile – vielleicht sogar mehr als die Hälfte – aus Kunststoff geformt werden können.

(BOESLER)

Erkundung neuer Lagerstätten. Dank moderner Arbeitsmethoden in der geologischen Forschung und Erkundung werden ständig neue Lagerstätten entdeckt und viele davon für die Aufnahme einer bergbaulichen Produktion vorbereitet. Die Forschung nutzt hierbei die Erkenntnisse der Plattentektonik und damit die gesetzmäßigen Zusammenhänge zwischen geotektonischem Bau der Erde und dem Potenzial an Ressourcen. Durch die erkannte Zonierung der Erzlagerstätten wurde ein Auffinden derselben beträchtlich erleichtert.

In der Erkundung gewinnen neben den „klassischen" geologischen Erkundungsmethoden auch geochemische, geophysikalische und kosmofotogeologische zunehmend an Bedeutung. Hierbei werden sowohl direkte Nachweisverfahren (Bohrungen, geophysikalische Messungen, Stoffanalysen, Geofernerkundungen) als auch indirekte (Analogieschlüsse, Modelle, Extrapolationen usw.) angewendet. Der technische Fortschritt ist maßgeblich an den Erfolgen der Erkundung beteiligt. Tiefstbohrungen bis über 12 000 m (USA, Russland), bergbauliche Produktion bis in 4 000 m Tiefe (Südafrika), waagerechte Bohrungen in Lagerstätten größerer Tiefe usw. sind Beispiele hierfür.

Komplexe Nutzung von Lagerstätten. In der bergbaulichen Produktion stellt meist ein Rohstoff die Hauptkomponente dar. Alle anderen sind Nebenkomponenten, Begleitrohstoffe oder Abfallprodukte (Abraum). Unter bestimmten Voraussetzungen können aber auch diese Stoffe volkswirtschaftliche Bedeutung erlangen.

Als Nebenkomponenten fallen z. B. im Blei- oder Kupferbergbau auch Edelmetalle, im Goldbergbau Uranminerale und bei der Erdölgewinnung u. a. Schwefel an. Begleitrohstoffe sind z. B. Steine und Erden im Braunkohlenbergbau oder Grundwasser in Lockergesteingruben. Abfallprodukte ergeben sich durch „taubes Gestein" in der bergmännischen Produktion. Jahrzehnte, oft auch Jahrhunderte, wanderten diese Produkte ungenutzt auf Halden. Ihre heutige Verwertung trägt zur komplexen Nutzung von Lagerstätten und damit zur Effektivität des Bergbaues bei.

Ausnutzung der Nutzkomponentengehalte. Mineralische Ressourcen, insbesondere Erze, besitzen unterschiedliche Stoffkonzentrationen. So schwankt der Eiseninhalt zwischen 0,1 und 72 %, der Kupferinhalt zwischen 0,1 und 5,0 % Mengenanteilen in der bergmännischen Produktion.

Die „Reicherzlagerstätten" wurden bzw. werden zuerst abgebaut. Die Lagerstättenkapazität ist jedoch – insgesamt gesehen – gering. Deshalb müssen zunehmend auch mittlere sowie geringer erzhaltige Lagerstätten abgebaut werden. Solche Vorräte sind beträchtlich größer. Bei einigen Erztypen ist bei arithmetisch abnehmenden Gehalten eine Vergrößerung der Vorräte in geometrischen Progressionen festzustellen.

Im Hinblick auf die zukünftige Nutzung sagt KEIL: „Deshalb gewinnen Lagerstätten, die bisher wegen zu geringer Nutzkomponentengehalte nach dem gegenwärtigen Stand der Technik als ‚nicht verwertbar' galten, in Zukunft immer mehr an Bedeutung." So erfolgte zum Beispiel um 1900 in den USA ein rentabler Abbau von Kupfererzen mit einem Metallgehalt von 4 % und mehr, um 1940 bereits von 1,2 % und gegenwärtig von 0,3 %.

Substitution. Die Ersetzung von Rohstoffen durch andere, die länger und in ausreichendem Maße zur Verfügung stehen, ist eine weitere Form der Sicherung der Rohstoffverfügbarkeit. Auch völlig neue, von Menschen mit modernster Technik geschaffene sogenannte Eigenschaftsrohstoffe können andere substituieren.

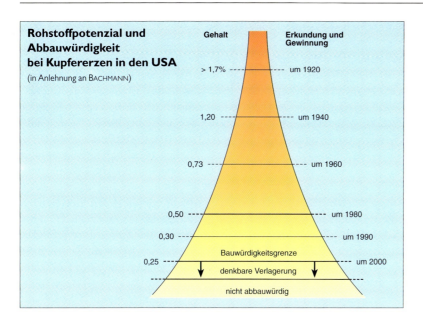

Zu den „neuen" Stoffen gehören z. B. künstlich hergestellte Diamanten, Rubine, Silizium- und Quarzkristalle. Sie finden bereits in der Industrie Verwendung. „Ersatzstoffe" aus Keramik können im Maschinenbau, Glas und Glasfasern in der Elektrotechnik, Plastik in den verschiedensten Zweigen zum Einsatz kommen. Die Möglichkeiten der Substitution sind groß und vielseitig. Gegenwärtig steht die Menschheit erst am Anfang einer Ablösung des „klassischen" Rohstoffeinsatzes durch Substitutionen.

Recycling. Recycling umfasst die Wiederverwendung gebrauchter Rohstoffe. Stoffe, die bereits mindestens einen Verbrauchszyklus hinter sich gebracht haben, bleiben nicht Abfall, sondern werden in einen Stoffkreislauf einbezogen. Der Abfall wird wieder zum Rohstoff. Die Vorteile sind groß. Sie liegen nicht nur in der Einsparung von Primärrohstoffen, sondern auch im Schutz der Umwelt, da die Bereitstellung von Sekundärrohstoffen viel umweltfreundlicher als der Bergbau ist. Oft erweist sich der Einsatz recycelter Stoffe als bedeutend preisgünstiger als der von Primärrohstoffen. Die Frage eines hoch effektiven Recyclings ist nicht nur eine Frage der Organisation und der Technik. Sie stellt sich gleichermaßen als Anforderung an das Denken und Handeln der Menschen.

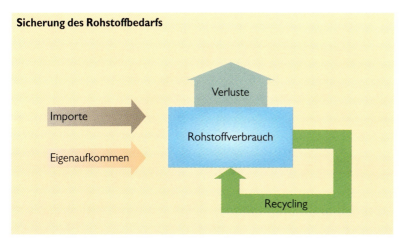

Wiederverwertungsraten bei Einsatz recycelter Stoffe		
	Gegenwart	mittelfristige Prognose (Angaben in %)
Kupfer	30–45	75–80
Zinn	50–55	65–70
Blei	50–55	60–70
Aluminium	ca. 35	50–60
Eisen	ca. 40	45–50
Glas	ca. 35	50–55
Papier	ca. 50	60–70

Mineralische Ressourcen des Meeres

Meeresräume stellen ein „dreistöckiges Reservoir" mineralischer Stoffe dar. Sowohl das Meerwasser selbst als auch der Meeresboden und der Meeresuntergrund verfügen über Lagerstätten zum Teil riesigen Ausmaßes. Allerdings sind in der Gegenwart erst die Schelfgebiete – und auch diese nur partiell – in eine Nutzung einbezogen. Die Räume der Tiefsee werden mittel- oder langfristig Bedeutung in der Rohstoffgewinnung erlangen.

Das Meerwasser enthält fast alle chemischen Elemente. Es ist praktisch der „Lagerraum" vieler Minerale. Deren Gewinnung steht jedoch – von Salzen abgesehen – erst am Anfang.

Auf dem Meeresgrund lagern riesige Vorkommen an Roten Tiefseetonen und Manganerzen in Form von Knollen, allerdings in großen Tiefen. Aber auch in den Schelfbereichen existieren Lagerstätten in Form von Sanden und Kiesen sowie maritime Seifen mit Diamanten, Eisenerz, Zinn, Phosphaten u. a. Mineralien. Einige dieser Stoffe werden bereits durch Meeresbergbau gewonnen, z. B. Diamanten, Sande und Kiese.

Reich an Lagerstätten ist der Meeresuntergrund. Besonders Erdöl und Erdgas, Kohle und Eisenerz, Buntmetalle und Schwefel sind sowohl im Schelfbereich als auch im Tiefseeboden vorhanden. Auch hier erfolgt gegenwärtig eine Gewinnung nur im Schelfbereich. Bekannt sind vor allem die Förderinseln von Erdöl im „Off-Shore-Bereich".

Über die Möglichkeiten des Meeresbergbaues entscheiden internationale Gremien, insbesondere die Seerechtskonferenz der UNO. Die getroffenen Abkommen über die räumliche Abgrenzung der nationalen Verfügbarkeit haben die Entwicklung des Meeresbergbaues maßgeblich beeinflusst (Schaffung einer „Ausschließlichen Wirtschaftszone" 1982).

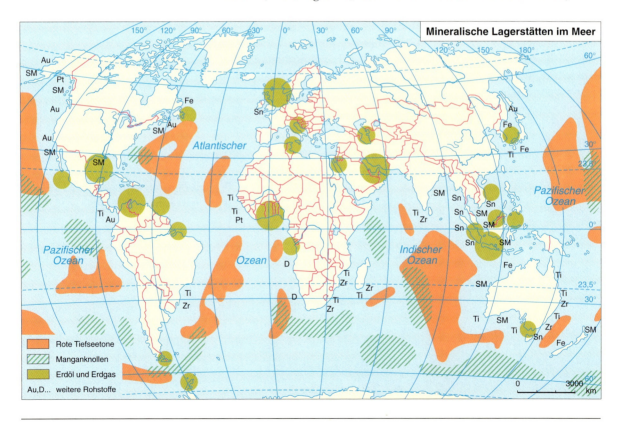

Mineralische Lagerstätten im Meer

Mineralische Ressourcen der Antarktis

Auch der siebente Kontinent ist reich an mineralischen Ressourcen. Unter den gewaltigen Inlandeismassen erstrecken sich in einem breiten Gürtel vom Victorialand bis zur Antarktischen Halbinsel quer durch den Kontinent große Lagerstätten. Ein zweiter Gürtel ist vom Wilkesland bis zum Königin-Maud-Land entlang des Küstenbereiches anzutreffen. Die Ressourcen umfassen vor allem fossile Energieträger und Erze. Unter den antarktischen Gewässern befinden sich bedeutende Erdöl- und Erdgaslagerstäten. In die meisten Prognosen werden jedoch die Ressourcen der Antarktis gegenwärtig noch nicht einbezogen.

Bergbau gibt es in der Antarktis noch nicht. Weil von einem solchen große ökologische Gefahren ausgehen, wurde in der „Convention on the Regulation of Antarctic Mineral Resource Activities" festgelegt, bis ins kommende Jahrhundert auf jeglichen Bergbau in der Antarktis zu verzichten. Diese Ressourcen bleiben zunächst unangetastet. Sie sind also nur eine theoretische Größe volkswirtschaftlicher Verfügbarkeit. Wie lange noch? Oder für immer?

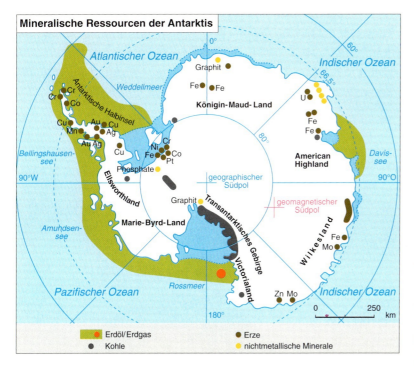

Oberstes Gebot: Einsparung von Rohstoffen.

Alle bisher angeführten Möglichkeiten der Erhöhung bzw. Erhaltung der Rohstoffverfügbarkeit setzen jedoch eine Tatsache nicht außer Kraft: Die mineralischen Ressourcen sind endliche Ressourcen und letzlich erschöpfbar. Deshalb ist sparsamster Umgang mit den gewonnenen und genutzten Stoffen und schonender Umgang mit den Lagerstätten die wohl beste Methode einer langfristigen Rohstoffsicherung. Jeder Einzelne sollte dazu im Rahmen seiner Möglichkeiten beitragen. Aber auch neue Technologien und nationale und internationale Strategien, insbesondere auch eine Neuordnung des Rohstoffmarktes, sind hierbei von besonderer Wichtigkeit.

„Aus dem Weltraum sehen wir unsere Erde als kleine zerbrechliche Kugel, nicht beherrscht von menschlichem Wirken und von Bauten, sondern von einem Netz aus Wolken, Meeren, Pflanzengrün und Erdboden.
Die Unfähigkeit der Menschheit, ihr Handeln dieser Struktur anzupassen, verändert die Systeme des Planeten von Grund auf. Viele dieser Veränderungen sind begleitet von lebensbedrohenden Gefahren. Diese neue Realität, von der es kein Entrinnen gibt, gilt es zu erkennen und zu verändern ...
Es liegt in unserer Macht, das Wirken der Menschen mit den Naturgesetzen in Einklang zu bringen und aus diesem Prozess Nutzen zu ziehen. Dabei kann unser kulturelles und geistiges Erbe unseren ökonomischen Interessen und unserer Forderung nach Überleben neue Kraft geben."

(Weltkommission für Umwelt und Entwicklung)

?

1. Wann ist ein mineralischer Rohstoff volkswirtschaftlich verfügbar?
2. Nennen Sie Möglichkeiten der Vergrößerung des Rohstoffpotentials.
3. Warum ist heute die Erkundung mineralischer Ressourcen viel zielgerichteter und effektiver möglich als noch vor einigen Jahren?
4. Warum muss hocheffektives Recycling auch als Anforderung an das Denken und Handeln der Menschen gesehen werden?
5. Nennen Sie weitere, im Buch nicht aufgeführte Möglichkeiten der Substitution.
6. Der Tiefseebergbau blieb bisher bedeutungslos. Worin liegen nach Ihrer Meinung die Ursachen?

Unser blauer Planet und das Wasser

> Von allen Schätzen dieser Erde ist Wasser der kostbarste und gleichzeitig der köstlichste.
>
> (Altes chinesisches Sprichwort)

Seit etwa Mitte des 20. Jahrhunderts existieren Fotos über unseren Planeten aus dem Weltraum.

Er erscheint uns als „blauer Planet", weil die Ausdehnung der Ozeane in der Flächenaufteilung dominiert. Das Wasser ist also das bestimmende Element, unentbehrlich und lebenswichtig. Es weist zwei charakteristische Merkmale auf:

1. Wasser tritt in Form von Salzwasser und Süßwasser auf. Die Anteile sind jedoch außerordentlich unterschiedlich.

   In den Bilanzen schwanken allerdings die Angaben zur gesamten Wassermenge zwischen 1 330 und 1 380 Milliarden km³. Relativ einheitlich wird aber die Verteilung der Wassermassen bilanziert:

Wasser im Weltmeer	1 338 000 000 km³
Gesamtvorräte der Kontinente	36 789 000 km³
Gesamtmenge	1 374 789 000 km³
Wasservorräte der Kontinente	
Gletscher und Polareis	28 500 000 km³
Süßwasserseen	123 000 km³
Wasserläufe	1 230 km³
Grundwasser, oberflächennah	65 000 km³
Grundwasser bis 800 m Tiefe	4 000 000 km³
Wasser in größeren Tiefen	4 000 000 km³
Binnenmeere	100 000 km³
Gesamtmenge	36 789 230 km³

Süßwasser auf den Kontinenten 2,8 %

Salzwasser im Weltmeer 97,2 %

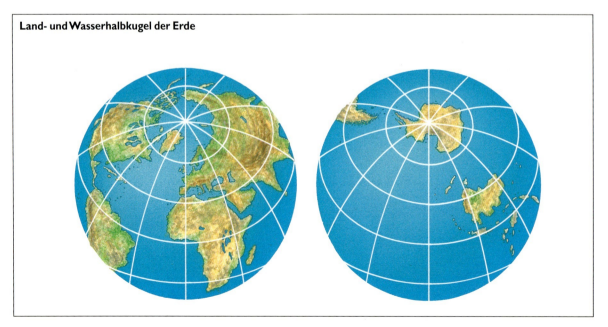

Land- und Wasserhalbkugel der Erde

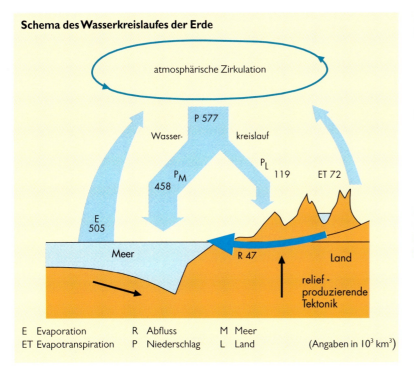
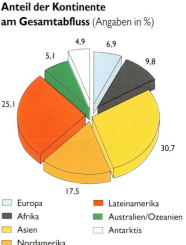

2. Ein beachtlicher Teil der Wassermengen ist in einen Wasserkeislauf einbezogen. Dieser durchpulst den irdischen Lebensraum wie das Blut den menschlichen Körper und ist nach SCHUBERT „eines der großartigsten und wichtigsten Phänomene seit den frühesten Zeiten der Erdgeschichte".

Der Wasserkreislauf der Hydrosphäre entstand an der Schwelle des geologischen Zeitalters vor etwa 4 Milliarden Jahren – also im Azoikum – dadurch, dass sich das mit der Entgasung des Erdmantels entstandene juvenile Wasser sammelte und als Wasserdampf in die Atmosphäre eintrat. Durch den auf diese Weise hervorgerufenen ständigen Austausch von Wasser in fester, flüssiger und gasförmiger Form wurde der Wasserkreislauf eingeleitet. Dafür gibt es eindeutige Belege. So weisen u. a. Meeressedimente auf Grönland ein Alter von 3,8 Milliarden Jahren auf. Sie deuten auf die Entstehung der Lithosphäre, Atmosphäre und Hydrosphäre – und damit auf einen sich entwickelnden Wasserkreislauf – hin, dessen „Start" somit ein Ergebnis der Differenzierung der Erdsubstanz ist.

Am Wasserkreislauf sind etwa 520 000 bis 580 000 km^3 beteiligt. Er beginnt über den Ozeanen. Durch Verdunstung geht dort Wasserdampf in die Atmosphäre ein. Aufgrund von Zirkulationsprozessen erfährt dieser dann eine weltweite Verbreitung. Niederschläge bringen das Wasser auf die Erdoberfläche zurück. Dort verdunstet es zum Teil erneut oder wird vorübergehend als Eis und Schnee gespeichert oder fließt wieder dem Meere zu. Bei letzterem erfolgt das nicht nur über oberirdische Fließgewässer, sondern auch über unterirdische in der Bodendecke oder in den oberen Schichten der Erdkruste. Eine bestimmte Menge von Wasser wird allerdings auch durch Einbringung der Wassermoleküle in die mineralogische und biologische Masse gebunden. Andererseits gelangen auch neue Wassermengen aus der Erdkruste und aus dem Erdmantel, z. B. durch vulkanische Dampfexhalationen, in den Kreislauf.

Wasserhaushaltsgleichung

$N = A_{ou} + V + G + F + (R - B)$

N Niederschlag
A_{ou} Abfluss, ober- und unterirdisch
V Verdunstung
G Bodenwasser
F Wasser in abflusslosen Speichern
R Rücklagen
B Verbrauch der Rücklagen

Nutzungsformen der Ressource Wasser

Seitdem der Mensch existiert, nutzt er Wasser. Waren es zunächst die oberirdischen Gewässer des festen Landes, wie Bäche, Flüsse, Seen, so erschloss er sich frühzeitig über Brunnen auch das Grundwasser und über verschiedene wasserwirtschaftliche Maßnahmen (Rohrleitungen) auch Wasserressourcen anderer Gebiete. Die Aquädukte der Antike sind noch heute sichtbares Zeugnis dieser Leistungen.

Auch das Meerwasser wurde zunehmend in die Nutzung einbezogen, insbesondere als Transportmedium und Nahrungsreservoir. Das traf allerdings auch für die Gewässer des festen Landes zu.

Im Mittelalter erlangte die Wassernutzung dann auch Bedeutung für die Gewinnung mechanischer Energie, seit dem 20. Jahrhundert auch von Elektroenergie. Gleichzeitig erreichte die Nutzung von Wasser für Industrie, Landwirtschaft und Haushalte völlig neue Dimensionen, was in der Gegenwart zu einer großen Belastung des natürlichen Wasserhaushaltes führt.

Diese Belastung ist zu einer großen Gefahr herangewachsen: die Verschmutzung des Wassers im Allgemeinen und des Trinkwassers im Besonderen. Mit zunehmender Nutzung des Wassers verschärft sich das Problem, insbesondere durch Einleitung von Schadstoffen oder Inanspruchnahme des Meeres als Müllkippe. In verschiedenen Regionen der Erde sind dadurch bereits ernsthafte Versorgungsschwierigkeiten mit sauberem Wasser entstanden.

Die Forderung „Wasser muss rein und genießbar bzw. unbedenklich nutzbar bleiben (oder wieder werden)" stellt sich somit als eine der entscheidenden Aufgaben für die Bewahrung oder Wiederherstellung eines gesunden Verhältnisses zwischen Mensch und Natur dar. Insgesamt lässt sich die Nutzung in folgende Hauptbereiche gliedern:

– Wasser als Trink-, Heil-, Gebrauchs- und Verbrauchswasser im Haushalt,
– Wasser als Gebrauchs- und Verbrauchswasser in Industrie, Landwirtschaft, Gewerbe und im öffentlichen Bereich,
– Wasser für die Energiegewinnung,
– Wasser als Transportmedium,
– Wasser als Raum biologischen Lebens und damit als Nahrungsquelle für den Menschen,
– Wasser als Träger chemischer Elemente, die vom Menschen genutzt werden können,
– Wasser für sonstige Zwecke (Brandbekämpfung, Reinigungsaufgaben usw.).

Diese vielseitigen und umfangreichen Nutzungsformen haben eine außerordentlich große Belastung der Ressource Wasser zur Folge. Da dieses zwar in großen Mengen, aber nicht unbegrenzt zur Verfügung stehen kann, ergibt sich immer deutlicher die Frage nach dem möglichen Umfang und den Grenzen der Verfügbarkeit.

Hinzu kommt, dass der Wasserbedarf aufgrund der Zunahme der Weltbevölkerung und des Wachstums der Produktion ansteigt. Dadurch nehmen die Probleme der Wasserversorgung weltweit zu. Besondere Bedeutung kommt einer möglichst komplexen Nutzung des verfügbaren Wassers zu, um die mengen- und qualitätsgerechte Bereitstellung der benötigten Wassermengen sichern zu können. Für viele Länder ist das äußerst schwierig.

Bestimmende Merkmale von Wasserressourcen

1. Wasser gibt es überall. Kein Ort der Erde ist gänzlich ohne Wasser.
2. Wasser ist eine erneuerbare Ressource. Ununterbrochen erneuern die Naturkräfte alle Wasserressourcen.
3. Wasser ist eine uneinheitliche Ressource. Es kommt in fester, flüssiger und gasförmiger Form vor und besitzt unterschiedliche chemische und biologische Eigenschaften.
4. Wasser scheint Allgemeingut der Menschheit zu sein. Es ist nicht räumlich gebunden. Wasserbesitz schränkt jedoch diese These ein.
5. Wasser ist billig. Das trifft für viele Gebiete der Erde zu. Bezogen auf die Mengeneinheit ist es einer der billigsten Rohstoffe.
6. Wasser wird in großen Mengen gebraucht. Der Gesamtwasserverbrauch wird auf 3×10^{12} t/Jahr geschätzt. Er steigt ständig.

Das Süßwasserdargebot

Abgesehen vom Wasser des Weltmeeres steht den Menschen theoretisch ein Süßwasserangebot zur Verfügung, das sich aus den Niederschlägen bzw. dem Abflussregime der Kontinente ergibt. Weltweit sind das etwa 46 000 km^3, allerdings mit sehr großen Unterschieden zwischen den Kontinenten. Real kann der Mensch jedoch nur auf etwa 30 % dieses Dargebotes zurückgreifen. Das bedeutet, dass pro Jahr etwa 12 000 bis 14 000 km^3 Trink- und Brauchwasser für die Nutzung zur Verfügung stehen. Das entspräche einem Dargebot von über 1 000 m^3 pro Erdenbürger. Aber auch das ist nur eine theoretische Größe. In Wirklichkeit sind die regionalen Unterschiede so groß, dass in vielen Gebieten der Erde weit niedrigere Werte für die Nutzung zur Verfügung stehen und akuter Wassermangel herrscht.

Die weltweite Entwicklung des Wasserbedarfs hat in diesem Jahrhundert zu einer zehnfachen Steigerung der Wassernutzung geführt. Wurden um 1980 jährlich noch 2 400 km^3 benötigt, so werden es um das Jahr 2000 bereits 5 500 km^3 sein. Damit verbunden sind beträchtliche Veränderungen in der Nutzungsstruktur. Insbesondere die hohen Anteile der Bewässerung sowie der Industrie, einschließlich Bergbau, lassen die Grenzen weiterer Steigerung erkennen, werden doch mit 5 000 km^3 schon fast 40 % des gesamten möglichen Dargebotes erreicht.

Während in der Weltbilanz des Wasserdargebotes nur das Abflussregime eine Rolle spielt, kommen in den nationalen Bilanzen noch die Zuflüsse aus anderen Ländern und das Wasser künstlicher Speicher (Talsperren, Flachlandspeicher wie Tagebaurestlöcher) hinzu. Sie vergrößern das Wasserdargebot. Haben jedoch mehrere Länder Anteil an gemeinsamen Wasserressourcen, ist die Wassernutzung auch ein politischer Faktor und verlangt die internationale Zusammenarbeit auf diesem Sektor. Das ist bei fast allen großen Flüssen der Welt der Fall.

Beispiele: Die Donau ist wichtige Wasserressource für die Anliegerländer Deutschland, Österreich, Slowakei, Ungarn, Kroatien, Serbien, Bulgarien, Rumänien, Moldawien, Ukraine.

Der Niger durchfließt bzw. berührt Guinea, Mali, Burkina Faso, Benin, Nigeria und Kamerun.

Verbrauchsgliederung des Wassers 1975 und 2000

Um 1975	km^3	%
Landwirtschaft	1 479	73
Industrie/Bergbau	438	22
übrige Bereiche	73	5
	1 990	100
um 2000 (Prognose)		
Landwirtschaft	2 940	54
Industrie/Bergbau	2 231	41
übrige Bereiche	279	5
	5 450	100

Von unschätzbarem Wert: Trinkwasser

Trinkwasser ist existenzielle Lebensbedingung für den Menschen. Die benötigten Mengen und Qualitäten könnten auf fünf Wegen gesichert werden:
– durch die Niederschlags- bzw. Abflussnutzung auf dem eigenen Staatsgebiet,
– durch Fluss- oder Grundwasserzufuhr aus Nachbarländern,
– durch sich nicht regenerierende Wassermengen aus geologischen, tiefliegenden Wasserspeichern,
– durch Meerwasserentsalzung und
– durch Import reinen Trinkwassers.

Vielen Staaten stehen jedoch nur einige dieser Möglichkeiten der Bedarfsdeckung zur Verfügung. Im Zusammenhang mit der wachsenden Weltbevölkerung und dem zunehmenden Einsatz von Trinkwasser für andere Zwecke, insbesondere als Brauchwasser in Industrie- und Landwirtschaft, nehmen die Probleme der Bereitstellung sauberen Trinkwassers weltweit zu.

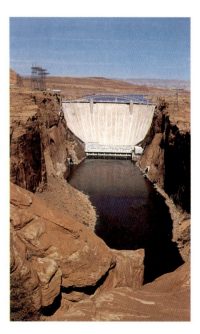

Stauanlage im USA-Staat Arizona

Wasser ist Leben.

(Alte Nomadenweisheit)

Dürstende Menschen in Afrika

Die wesentlichsten Probleme der Trinkwasserbereitsstellung sind:
1. Vorwiegend in ariden und semiariden Gebieten, aber auch in vielen großen Bevölkerungsballungen, ist der Bedarf an Trinkwasser größer als das Wasserdargebot. Gegenwärtig steht deshalb etwa der Hälfte der Menschheit nicht genügend und vor allem nicht entsprechend sauberes Wasser zur Verfügung. Um den zukünftigen Bedarf in diesen Räumen zu sichern, müssen umfangreiche Maßnahmen in der Gewinnung (Rohwasserentnahme aus dem Grund- und Oberflächenwasser, Sammeln von Regenwasser, Fassen von Quellen), im Transport (Wasserpipelines) und in der Aufbereitung unternommen werden. Vorrang sollte die Sicherung des Bedarfs für eine Mindestration Trinkwasser in den Trockengebieten der Erde haben.
2. Trinkwasser wird zunehmend in schlechten Qualitäten angeboten. Stark verunreinigte Flüsse und verunreinigtes Grundwasser sind für einen beachtlichen Teil der Erdbevölkerung die einzigen Bezugsquellen für Trinkwasser. Nach der WHO leiden ca. 900 Millionen Menschen an Krankheiten, die durch verschmutztes Trinkwasser verursacht wurden.
3. Die Süßwasservorräte der Erde sind begrenzt. Mit ihnen muss nicht nur äußerst sparsam umgegangen, sondern es sollte auch nach Möglichkeiten der Einschränkung des Verbrauchs gesucht werden. In den USA liegt gegenwärtig der Pro-Kopf-Verbrauch an Süßwasser bei über 2 150 m³/Jahr, in den Niederlanden, Australien, Kanada bei mehr als 1 000 m³, in Deutschland bei 650 m³.

Auch die verlustärmere Wasserbereitstellung wäre ein Beitrag in dieser Richtung.

So sind beispielsweise durch den Bau der Staukaskade an der Wolga nicht kompensierbare Wasserverluste von 10 % des mittleren Jahresabflusses, insbesondere durch die Verdunstung auf den über 20 000 km² großen Stauseenflächen, eingetreten. Ähnliches konnte am Assuan-Hochdamm in Ägypten, am Kariba-Stausee in Simbabwe und bei anderen Großprojekten festgestellt werden.

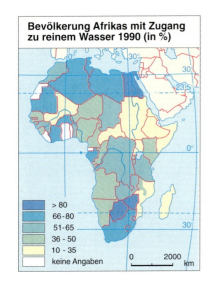

Bevölkerung Afrikas mit Zugang zu reinem Wasser 1990 (in %)

Die Meere – Gemeingut der Menschheit

Ebenso wie die Gewässer des Festlandes haben auch die Meere große Bedeutung für die Entwicklung der menschlichen Gesellschaft. Viele Staaten der Erde sind Meeresanrainer, viele haben weit über 1 000 km Küste. Zahlreiche Länder sind als Inselstaaten ringsum vom Meer umgeben oder als Halbinsel von drei Seiten „meerumwoben".

In vielen Staaten lebt ein Großteil der Bevölkerung an der Küste oder im unmittelbaren Hinterland (Japan, China, Brasilien u. a.). Besonders diese Menschen nutzen seit Jahrhunderten die Ressourcen des Meeres oder betreiben Schifffahrt. Zahlreiche nationale Volkswirtschaften sind durch Fischfang, Transporte über das Meer sowie Tourismus am Meer geprägt. Militärische Handlungen spielen sich oft auf dem Meer ab. Bedeutende entdeckungsgeschichtliche Reisen führten über die Meere. Unterschiedliche Interessenlagen haben unterschiedliche Vorstellungen über die völkerrechtliche Situation auf den Meeren geschaffen. Häufig entstanden Konflikte zwischen Staaten und Staatengruppen. Insbesondere die Klärung der Nutzungsverhältnisse war dringend notwendig. Einen in völkerrechtlicher Hinsicht entscheidenden Schritt machte die zuständige UNO-Seerechtskonferenz von 1982. Es wurde eine neue Meereskonvention (Convention on the Law of the Sea) verabschiedet.

Die Vereinbarung legt fest:
– die Möglichkeit der Ausdehnung der Hoheitszone der Küstenstaaten auf 12 nautische Meilen,
– die Schaffung einer „Ausschließlichen Wirtschaftszone" bis maximal 188 Seemeilen (einschließlich Hoheitszone 200 Seemeilen) und damit verbunden die Ausübung der nationalen Souveränität über alle lebenden und toten Ressourcen (besonders Fischfang und Meeresbergbau betreffend) in dieser Zone.

Nach wie vor bleibt dagegen die Tiefsee „Allgemeingut der Menschheit". Sie ist nicht in die Konvention einbezogen. Allerdings wurde die Bildung einer internationalen Meeresbergbaubehörde ins Auge gefasst, die einmal für den Bergbau im Tiefseebereich kontrollierende Aufgaben übernehmen soll. Sie wurde noch nicht geschaffen.

> Im Lebensrad der Erde stellen die Ozeane das Gleichgewicht her. Indem sie mehr als 70 % der Erdoberfläche bedecken, tragen sie entscheidend dazu bei, die lebenswichtigen Systeme aufrechtzuerhalten: Sie mäßigen das Klima, halten Tiere und Pflanzen am Leben, bis hin zu dem winzigen Sauerstoff erzeugenden Phytoplankton. Sie bieten Protein, Transportwege, Energie, Beschäftigung, Erholung und weitere wirtschaftliche, soziale und kulturelle Aktivitäten.
>
> (UNO-Kommission zur Bedeutung der Meere)

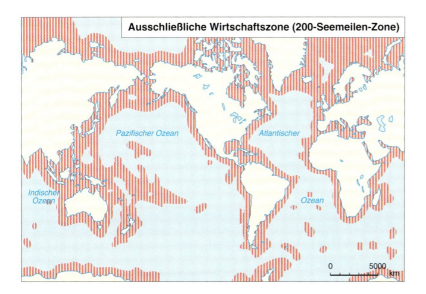

Ausschließliche Wirtschaftszone (200-Seemeilen-Zone)

Ökologie und Grundstoff Wasser

Überall, wo Wasser gebraucht oder verbraucht wird, besteht die Gefahr der ökologischen Belastung. Die vielseitige Nutzung, insbesondere die Mehrfachnutzung, führt zur Erwärmung des Wassers und zu chemischen und biologischen Schadstoffanreicherungen. Ebenso wichtig wie die Sicherung des Wasserbedarfs ist deshalb die Erhaltung bzw. Wiederherstellung guter Wasserqualitäten. Sie ist unter verschiedenen Aspekten zu sehen:
– allgemein-gesellschaftliche,
– wirtschaftlich-organisatorische und
– materiell-technische Maßnahmen.

Allgemein-gesellschaftliche Aspekte sind solche, die sich mit Fragen der heutigen und zukünftigen Sicherung des Wasserbedarfs, bei Anstrebung eines Höchstmaßes an Schutz vor Wasserüberschuss (Hochwasser) und Wassermangel (Trockenheit) sowie mit dem ökologischen Schutz der Gewässer beschäftigen. Sie umfassen auch gesetzgeberische Maßnahmen des Staates bzw. internationaler Organisationen.

Zu den **wirtschaftlich-organisatorischen Maßnahmen** gehören die Bemühungen um komplexe und bestmögliche Bewirtschaftung des Wasserdargebotes, die Überwachung der wasserwirtschaftlichen Anlagen, die Koordinierung der wasserwirtschaftlichen Maßnahmen unter Beachtung ökologischer Verträglichkeit.

Materiell-technische Aufgabenstellungen sind die konkrete Sicherung der Trink- und Brauchwasserversorgung, die Abwasserbehandlung, die Schaffung von Ver- und Entsorgungsanlagen (Stauanlagen, Wehre, Pipelines usw.). Auch die Sicherung der benötigten Wassermengen für die Energiegewinnung, für die Erholungs- und Kurzwecke und die Realisierung ökologischer Aufgaben gehören hierzu.

In den Ländern der Erde werden solche wasserwirtschaftlichen Maßnahmen mit unterschiedlicher Intensität durchgeführt. Schwierigkeiten treten aus politischen und finanziellen Gründen besonders in Entwicklungsländern auf. Das hat schwerwiegende Folgen. Hilfe ist notwendig, denn letztlich ist die Bewirtschaftung des Grundstoffes Wasser im Lebens- und Produktionsprozess unabdingbare Voraussetzung stabiler Verhältnisse in den Beziehungen der Gesellschaft zum Wasser.

Der rasch steigende Bedarf an Wasser hat in vielen Ländern der Erde zu einer verstärkten Belastung der Wasserbereitstellung geführt. Insbesondere tragen höhere Abwassermengen von Industrie, Landwirtschaft und Haushalten zu größeren Schadstoffeinbringungen bei. Zu den wichtigsten Maßnahmen zur Sicherung von Kontinuität und Qualität des Wasserdargebotes gehört deshalb die Abwasserreinigung.

Die technischen Möglichkeiten hierfür sind gegeben. Durch mechanische, chemische und biologische Reinigungsverfahren können Schadstoffe aus dem Wasser entfernt werden, so z. B. Mangan- und Eisenhydrogenkarbonat, Schwefelwasserstoff, Kohlendioxid, Phosphor und andere Stoffe. Während aber in entwickelten Ländern Anlagen zur Abwasserreinigung schon einen beachtlichen Teil – zumindest in den Städten und in vielen Gemeinden – der Abwässer reinigen, ist dies in Entwicklungsländern nur in Ansätzen erkennbar. So stellen die Abwässer insbesondere in den Randgebieten großer Städte und in vielen dörflichen Gemeinden eine ernste Gefahr für die Gesundheit der Bevölkerung dar. Zur Verbesserung der ökologischen Verhältnisse und damit auch der Wasserqualitäten könnten beitragen: weit-

Prozentsatz aufbereiteter Abwässer (um 1992)	
Europa	72
Mittelmeerländer	30
Südasien	5
West- und Zentralafrika	5
Südostpazifischer Raum	5
Karibischer Raum	10

?

1. Charakterisieren Sie den Wasserkreislauf der Erde.
2. Warum sieht die WHO die Verbesserung der Trinkwasserversorgung in Entwicklungsländern als eine ihrer Hauptaufgaben an?
3. Äußern Sie sich über Konflikte zwischen Staaten im Hinblick auf die Wassernutzung.
4. Welche gesetzlichen Regelungen im Hinblick auf die Meeresnutzung brachte die UNO-Seerechtskonferenz 1982?
5. Welche sind die notwendigsten Aufgaben zur Verbesserung der Ökologie des Wassers in Ihrem Heimatgebiet?

gehende Vermeidung des Nährstoffeintrages in die Oberflächengewässer, Anpflanzung von Gehölzen entlang der Wasserläufe, strenge Kontrolle des Schadstoffeintrages der Industriebetriebe, Anwendung von Bio- und Ökotechnologien, naturadäquate Bewirtschaftungsweisen im Bereich der Land- und Forstwirtschaft.

Ein weiteres ökologisches Problem stellt die Eutrophierung vieler Oberflächengewässer dar, hervorgerufen durch phosphatreiche Abwässer. Diese Erhöhung des Nährstoffgehaltes des Wassers hat schwerwiegende ökologische Folgen. BARSCH/BÜRGER stellen dazu fest: „Dadurch steigt der Bestand an Phytoplankton (Wasserblüte) und an höheren Pflanzen. Lediglich das nun stärker eiweißhaltige, aber an Stützgewebe schwächere Schilf bricht leichter und geht in seiner Verbreitung zurück. Für den Abbau der Organismen wird mehr Sauerstoff als bisher verbraucht. Das Tiefenwasser wird sauerstoffarm, es reichert sich mit Schwefelwasserstoff (als Zersetzungsprodukt organischer Substanz) an. Damit ist eine Freisetzung von Phosphat- und Nitratverbindungen aus dem Bodenschlamm verbunden. Der Fischbestand verändert sich stark und geht zurück. Die Gewässer können immer weniger für die Fischwirtschaft oder für das Erholungswesen genutzt werden, ihr Uferfiltrat lässt sich nur mit erheblich steigendem Reinigungsaufwand als Trinkwasser gewinnen. Dieser Entwicklung kann man mit Maßnahmen der Gewässersanierung begegnen. Noch wichtiger ist aber die Beseitigung der Hauptursachen, das heißt, die Unterbindung der Überdüngung in der Landwirtschaft sowie die Verminderung des Phosphatgehaltes der Waschmittel in Industrie und Haushalten."

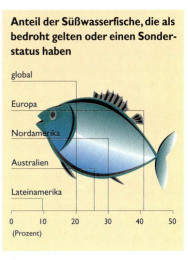

Anteil der Süßwasserfische, die als bedroht gelten oder einen Sonderstatus haben

Herkunft und Auswirkungen ausgewählter Schadstoffe

Schadstoff	Herkunft	Auswirkungen auf aquatische Organismen	Auswirkungen auf Menschen
Sedimente	Felder, Weideflächen, Straßenbau, Futterplätze	reduziertes Pflanzenwachstum, Erstickung von Lebensräumen	Kostenanstieg für Wasseraufbereitung; Auffüllung von Seen, Stauseen, Bächen
Nährstoffe	Felder, Weideflächen, unbehandelte Abwässer, Siedlungen	Algenblühen; Freisetzung von Giftstoffen; Fischsterben	Kostenanstieg; Krankheitsanfälligkeit; Beeinträchtigung der Freizeitnutzung
organische Stoffe	Felder, Weiden, Futterplätze, Siedlungen, Industrie, Abwasserkanäle	Sauerstoffrückgang im Wasser; Fischsterben; Rückgang der Arten	Kostenanstieg; geringerer Artenreichtum bei Wassertieren
krankheitserregende Stoffe	ungeklärte Abwässer, Dung, stehendes Wasser	geringere Überlebenschancen bei Wassertieren	Kostenanstieg; Flussblindheit, Cholera, Typhus, Ruhr
Schwermetalle	Straßenablauf, Industrie, Bergbau, Klärschlämme	Rückgang der Fischpopulation; tödliche Folgen für Fische	Kostenanstieg; Bleivergiftungen; geringerer Fischbestand
giftige Stoffe	Abwässer aus Städten, Industrie, Landwirtschaft, Deponien	Fischseuchen, geringere Überlebenschancen von Tieren	Kostenanstieg; zunehmendes Risiko für Darm- und Blasenkrebs
Säuren	Abwässer aus Bergbau, Deponien, atmosphärischen Stoffen	Ausrottung verschiedener Wassertiere	geringerer Fischbestand
Chloride	Salzstreuung auf Straßen, Bergbau; Bewässerung	giftig für Lebewesen im Süßwasser	reduzierte Verfügbarkeit an Trinkwasser und Fischen
Anstieg der Wassertemperatur	urbane Landschaften; gestaute Gewässer; Abwässer von Kraftwerken und Industrie	Ausrottung von Kaltwassertieren, gesteigertes Pflanzenwachstum; Tierkrankheiten	geringerer Fischbestand

**Arbeitsanregungen zum Lehrbuchkapitel
„Rohstoffversorgung der wachsenden Menschheit"**

1. Ressourcen und Rohstoffe

   1.1 Definieren Sie die Begriffe „Ressource" und „Rohstoff".
   1.2 Äußern Sie Ihre Auffassung dazu, warum Prognosen über Lagerstätteninhalte so kompliziert sind.
   1.3 Suchen Sie Beispiele für neue Wert- und Preisdimensionen bei Rohstoffen aus Ihrem unmittelbaren Lebensbereich.
   1.4 Vergleichen Sie die räumlichen Möglichkeiten des Bezuges von Kohle und anderen Rohstoffen um 1800, 1900 und in der Gegenwart.

2. Geotektonische Gliederung der Erde

   2.1 Beschreiben Sie Alter, Gestalt und Aufbau der Erde.
   2.2 Stellen Sie für die Reliefeinheiten der Erde Beispiele für Kontinente und Ozeane zusammen.
   2.3 Vergleichen Sie den Verlauf von Plattengrenzen und Kontinentumrissen.
   2.4 Erläutern Sie Theorien zur Entstehung von Faltengebirgen.
   2.5 Ordnen Sie Gebiete des gegenwärtigen Vulkanismus der Erde in die plattentektonischen Grundvorstellungen ein.
   2.6 Beschreiben Sie regionale und globale Folgewirkungen von Vulkanausbrüchen.
   2.7 Erläutern Sie Zusammenhänge zwischen dem plattentektonischen Bau der Erde und der räumlichen Verteilung von Lagerstätten.
   2.8 Zeigen Sie an Beispielen vulkanischer Inselketten die Beziehungen zu Hot spots auf.
   2.9 Erläutern Sie die vermuteten Lageveränderungen der tektonischen Platten in den kommenden 50 Millionen Jahren.

3. Ressourcen der Erde

   3.1 Beschreiben Sie die räumliche Verteilung von Lagerstätten der fossilen Energierohstoffe, der Eisenerze und der Salze über die Erde. Wählen Sie zur Lagebeschreibung geeignete Raumkategorien aus.
   3.2 Erörtern Sie Vorzüge und Nachteile einer erheblichen Steigerung der Nutzung erneuerbarer Energien.
   3.3 Stellen Sie die Vorgänge zur Bildung von Kohlen- und Erdöllagerstätten in Abfolgen schematischer geologischer Profile dar.
   3.4 Erörtern Sie räumliche und soziale Auswirkungen von Zechenstilllegungen in Deutschland.
   3.5 Diskutieren Sie die Standortvorteile und die Standortnachteile des Erdölfördergebietes Westsibirien.
   3.6 Diskutieren Sie das Für und Wider der Kernenergienutzung im Kontext zur Klimafrage und zur Endlichkeit fossiler Energieträger.
   3.7 Informieren Sie sich über die Entstehung von Salzlagerstätten.

Referate

1. Die nationale und internationale Rohstoffsituation
2. Wege der nationalen und internationalen Rohstoffpolitik
3. Energiepolitik in Deutschland
4. WEGENERS Theorie der Kontinentalverschiebung
5. Die tektonische Entwicklung Europas

Bevölkerungswachstum und Ernährungssicherung

Die Weltbevölkerung wächst in einem hohen Tempo.
Lebten 1995 etwa 5,7 Milliarden Menschen auf der Erde, so werden es im Jahre 2000 etwa 6,2 Milliarden, im Jahre 2025 etwa 8,4 Milliarden und im Jahre 2100 10 bis 11 Milliarden Menschen sein.
Unsere Erde ist jedoch ein endlicher Körper. Es kann kein unendliches Wachstum geben!
Wo liegen aber die Grenzen der Tragfähigkeit?
Sind wir ihnen schon nahe?
Wird es möglich sein, allen Menschen ein menschenwürdiges Dasein zu gewährleisten?
Sind alle Menschen auch zukünftig zu ernähren? Hat die Erde Brot für alle?

Bevölkerungswachstum – zentrales globales Problem

Immer mehr Erdenbürger

Seitdem Menschen auf unserem Planeten leben, wuchs die Zahl der Erdbevölkerung fast ständig an. Aus wenigen Tausenden wurden Hunderttausende, Millionen und schließlich Milliarden.

Aber nicht so sehr die gegenwärtig erreichte Zahl der Weltbevölkerung stellt das eigentliche globale Problem dar, sondern das Wachstumstempo seit Beginn des 19. Jahrhunderts und verstärkt in der zweiten Hälfte des 20. Jahrhunderts, einschließlich der regionalen Verteilung der Menschen.

Wie sich die Weltbevölkerung etwa seit dem Anfang ihrer genauer erfassbaren Geschichte vor 9 000 Jahren entwickelte, ist aus der nebenstehenden Tabelle und dem Diagramm auf S. 216/217 ersichtlich.

Wir erkennen, dass über Tausende von Jahren die Weltbevölkerung nur langsam anwuchs, dass die 1-Milliarden-Grenze erst um das Jahr 1820, die 2-Milliarden-Grenze schon im Jahre 1930 und die 3-, 4-, 5- und 6 Milliarden-Grenzen in den Jahren 1960 bzw. 1975, 1987 und 1998 erreicht wurden bzw. werden.

Die Ursachen dieser gewaltigen Zunahme liegen in den hohen Zuwachsraten (auch als Wachstumsraten bezeichnet), die sich aus der Differenz zwischen Geburten- und Sterberate ergeben. Begründet in dem explosionsartigen Anwachsen der Bevölkerungszahl wird häufig auch von einer Bevölkerungsexplosion gesprochen. Jahrtausendelang waren Geburten- und Sterberaten immer hoch gewesen, sodass die Wachstumsrate stets gering blieb. Das war weltweit bis Anfang des 19. Jahrhunderts der Fall.

Es gab jedoch auch Zeitabschnitte, in denen die Sterberate größer als die Geburtenrate war und demzufolge kein Wachstum, sondern ein Rückgang der Bevölkerungszahl zu verzeichnen war. Als z. B. im 14. Jahrhundert von China bis Europa und Afrika die Pest wütete, in vielen Gebieten auch die Cholera, ging die absolute Zahl der Weltbevölkerung durch diesen „Seuchenknick" für Jahrzehnte zurück.

Seit dem 19. Jahrhundert sanken dann die Sterberaten viel schneller als die Geburtenraten. Und je mehr die Kurven zwischen diesen beiden Raten auseinander klafften, desto größer wurden die Zuwachsraten. Den Höchpunkt erreichte diese Entwicklung, die jedoch durch starke regionale Differenzierungen gekennzeichnet ist, zwischen 1960 und 1970.

Fehler in der Berechnung der Weltbevölkerung werden nie völlig vermeidbar sein. Gründe hierfür sind: unterschiedliche Zählintervalle, Mängel in der zwischenzeitlichen Fortschreibung, umstrittene Schätzungen u. a.

Es lebten auf der Erde

Jahr	Menschen (in Mio).
7000 v. Chr.	10
4500 v.. Chr.	20
2500 v.. Chr.	50
1000 v.. Chr.	100
0	200
1000	300
1200	350
1400	380
1500	450
1600	480
1700	550
1800	880
1850	1 200
1900	1 600
1950	2 500
1995	5 700

Fehlerquoten (in %):

7000 – 2500 v. Chr.:	90 – 35
2500 v. Chr. – 1600 n. Chr.:	35 – 10
1700 – 1850:	9 – 6
1900 – 1995:	4 – 2

Entwicklung der Weltbevölkerung

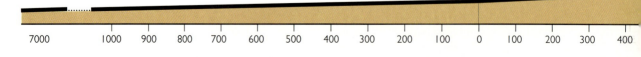

Das Wachstum hält an

Alle Bevölkerungsprognosen gehen davon aus, dass im Jahre 2000 etwa 6,2 Milliarden Menschen auf der Erde leben werden. Differenzierter sind die Einschätzungen der Entwicklung für die nachfolgenden Jahrzehnte des 21. Jahrhunderts. Verallgemeinert man diese, so ergeben sich für das Jahr 2025 etwa 8,2 bis 8,5 Milliarden, für 2050 etwa 9,7 bis 10,0 Milliarden und für 2100 etwa 10,8 bis 11,2 Milliarden Menschen auf der Erde.

Damit wird zwar der Verdoppelungszeitraum wieder länger und mehr als 100 Jahre betragen, aber der absolute Zuwachs von fast 5 Milliarden Menschen im 21. Jahrhundert bewegt sich aufgrund weiter sinkender globaler Wachstumsraten etwa auf der gleichen Höhe wie der Zuwachs im 20. Jahrhundert.

Mit dieser Größenordnung muss sowohl bei Fragen der Sicherstellung der Ernährung, der Versorgung mit Rohstoffen aller Art, der Energieversorgung, der Wasserbereitstellung und vielfältiger ökologischer Problemstellungen sowie der Sicherstellung sozialer Leistungen für die Weltbevölkerung gerechnet werden. Das Problem Bevölkerungswachstum erweist sich damit als das zentrale globale Problem. Ist es zur „Zeitbombe Mensch" geworden?

Nach dem gegenwärtigen Stand der Erkenntnisse und unter Beachtung aktueller Wachstumstrends könnte sich die Zahl der Weltbevölkerung bei etwa 11,6 Milliarden Menschen einpendeln. Das ist eine Verdoppelung der derzeitigen Bevölkerungszahl. Wenn auch die letztendliche Größe der Bevölkerung im Hinblick auf die Belastungsgrenze der Erde unbekannt ist, so werden die anstehenden globalen Probleme nur durch dauerhafte und vollständige Nutzung der Ressource Mensch, besonders seiner Bildung, Kreativität, Leistungsbereitschaft und Bereitschaft zu weltweiter Zusammenarbeit zu beherrschen sein.

Nach der ersten – der globalen – Dimension erfassen wir nun die Weltbevölkerung in der zweiten – der regionalen Dimension – und zwar auf drei Ebenen: der Kontinente, der Länder und Landesteile.

In Asien leben 58 % aller Menschen der Erde

Die Ebene der Kontinente. Schlüsseln wir die Entwicklung der Weltbevölkerung nach Kontinenten auf, so werden gravierende Unterschiede deutlich.
Die wesentlichsten Trends:
– Nordamerika und Europa einschließlich der GUS-Staaten verzeichnen stark rückläufige Anteile an der Weltbevölkerung. Schon in der Gegenwart lebt hier nur etwa ein Fünftel der Weltbevölkerung.
– Über die Hälfte der Weltbevölkerung lebt in Asien. Allerdings wird der Anteil im 21. Jahrhundert leicht zurückgehen.

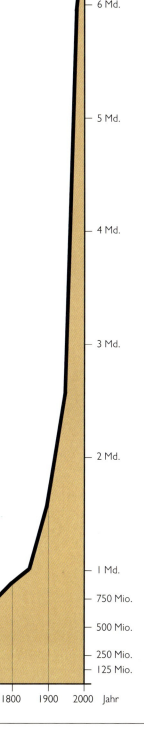

Entwicklung der Weltbevölkerung nach Kontinenten

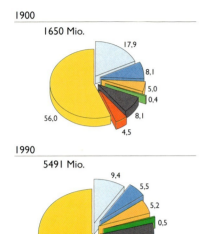

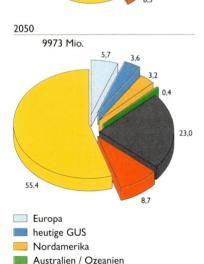

Zahlenangaben in %

? Erklären Sie Ursachen der Tendenz sinkender Wachstumsraten einerseits und stark steigender absoluter Bevölkerungszahlen andererseits.

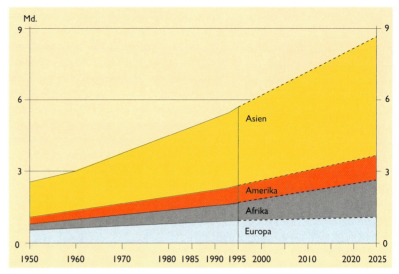

– Während der Anteil Lateinamerikas nur leicht ansteigt, hat Afrika einen außerordentlich hohen absoluten und relativen Anstieg zu verzeichnen. Schon in der Mitte des kommenden Jahrhunderts wird fast ein Viertel aller Erdenbürger in Afrika leben. Dieser Kontinent ist und bleibt damit in seiner demographischen und ökonomisch-sozialen Entwicklung der problematischste Erdteil.

Die meisten Staaten Afrikas, Asiens und Lateinamerikas sind Entwicklungsländer (auch China begreift sich als solches). In ihnen leben am Ausgang des 20. Jahrhunderts über 80 % aller Menschen. Sie leben in Großregionen, in denen das Bevölkerungswachstum mit allen damit zusammenhängenden Problemen äußerst gravierend ist.

Erst in der zweiten Hälfte des 21. Jahrhunderts wird es, aber zeitlich und regional unterschiedlich, zu einer deutlichen Abschwächung des Wachstumstrends kommen. Das nebenstehende Diagramm zur Entwicklung der Weltbevölkerung verdeutlicht die Entwicklung im Verlaufe von 150 Jahren.

Jeder dritte Mensch der Erde lebt in China oder Indien

Die Ebene von Ländern. Auf der Ebene von Ländern sind noch außerordentlich große Unterschiede im Hinblick auf Wachstumsraten erkennbar. Die Karte auf S. 219 spiegelt den augenblicklichen Stand des demographischen Überganges der Länder wider.

Einzelne typische Phasen lassen sich trotz der gegenwärtig von -0,1 % bis +4,8 % ausgewiesenen Wachstumsraten der Länder der Welt erkennen. Diese Phasen sind eine theoretische, generalisierende, modellhafte Beschreibung der Entwicklung des Bevölkerungswachstums.

Viele Staaten befinden sich noch in einer Phase hoher Wachstumsraten. Es sind vorwiegend Länder Afrikas, des südlichen Asiens und Lateinamerikas. Der Trend geht jedoch eindeutig in Richtung auf niedrigere Wachstumsraten. Die erreichten, sehr positiv einzuschätzenden Senkungen haben sich jedoch nicht im Selbstlauf eingestellt. Sie sind Ergebnis umfangreicher und vielseitiger Bemühungen um Begrenzung des Wachstums. Länder wie Indien, Indonesien, Brasilien und auch Länder Afrikas (Maghreb-Länder) weisen beachtliche Erfolge auf.

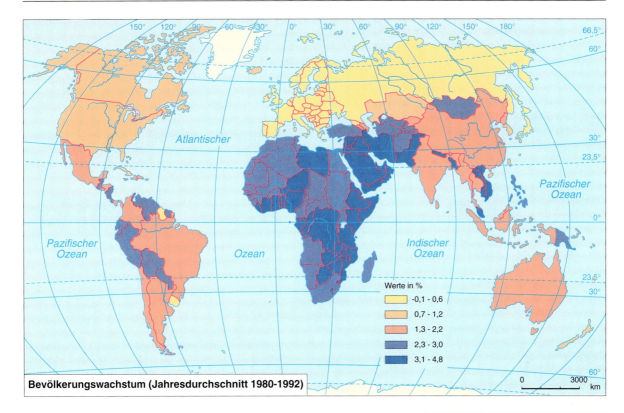

Bevölkerungswachstum (Jahresdurchschnitt 1980-1992)

Werte in %
- -0,1 - 0,6
- 0,7 - 1,2
- 1,3 - 2,2
- 2,3 - 3,0
- 3,1 - 4,8

Wer die Wachstrumsraten der Länder kennt, kann sich schnell ein Bild über das absolute Wachstum in den Ländern machen.
Dazu ein Beispiel:

In der Volksrepublik China lebten 1992 1,162 Milliarden Menschen, also 21,5 % der Weltbevölkerung. Bei einem jährlichen Wachstum von 1,5 % bedeutet das gegenwärtig eine jährliche Zunahme der Bevölkerung um 17,4 Millionen Menschen. Bleibt es bei dieser, bereits durch strenge Maßnahmen erzielten, aber erfolgreichen Abschwächung der Wachstumsrate, so müssen in China in jedem Jahr für etwa 17,4 Millionen Menschen zusätzlich Lebensmittel, Arbeitsplätze, Wohnraum, Kleidung, Schulen und Gesundheitseinrichtungen bereitgestellt werden, um den erreichten Standard halten zu können. Gelingt das nicht, sinkt er.

Die bevölkerungsreichsten Entwicklungsländer (in Mio. Einwohner)

	1992	2025
China	1162	1513
Indien	884	1442
Indonesien	184	286
Brasilien	154	246
Pakistan	114	267
Bangladesch	102	235
Nigeria	102	280
Mexiko	85	150
Vietnam	69	117
Philippinen	64	111
Iran	60	114
Äthiopien	55	127
Zaire	40	100

Städtewachstum ohne Maß

Die Ebene von Länderteilen. Auch innerhalb der Länder erfolgt weltweit eine differenzierte räumliche Bevölkerungsentwicklung. So ist seit 1950 das Wachstum der Stadtbevölkerung sowohl prozentual als auch absolut größer als das der Landbevölkerung. Das führte zu zunehmender Konzentration der Menschen in den Städten, insbesondere in den Metropolen und Großstädten.

Dieser Prozess der Metropolisierung und Verstädterung ist besonders in den Entwicklungsländern mit einer ständig zunehmenden Landflucht und damit Wanderbewegung in Richtung Städte verbunden.

Anfang der 90er Jahre verließen weltweit jeden Tag etwa 140 000 Menschen ihre ländliche Heimat und zogen in der Hoffnung auf ein besseres

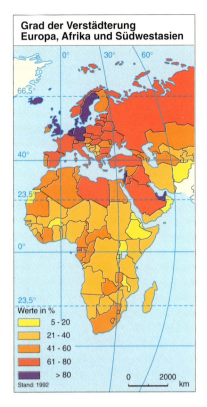

Grad der Verstädterung Europa, Afrika und Südwestasien

Werte in %
- 5 - 20
- 21 - 40
- 41 - 60
- 61 - 80
- > 80

Stand: 1992

Einwohner ausgewählter Städte (um 1992 in Mio.)

	Stadtgebiet	Megastadt
Mexiko-Stadt	8 236	19 400
São Paulo	9 700	15 221
Bombay	9 925	12 590
Shanghai	7 800	14 300
Buenos Aires	2 960	12 582
Kalkutta	4 399	11 020
Peking	7 000	10 800
Rio de Janeiro	5 487	10 190
Manila	5 876	10 000

Leben in die Stadt. Sie erreichen jedoch meist nur die sich um die Städte immer weiter ausdehnenden Slums und Elendsquartiere. In Rio de Janeiro, Mexiko-Stadt, Kairo, Kalkutta sind dort bereits 40 % bis 60 % der Einwohner dieser Weltstädte ansässig.

In den Innenstädten drängen sich in einzelnen Stadtvierteln bis zu 100 000 Einwohner/km², so u. a. in Kairo (zum Vergleich: Frankfurt/Main 2 900 Einwohner/km²).

Überall bedeutet das Überlastung und oft schon partieller Zusammenbruch der Stadtstrukturen, in die trotzdem unkontrolliert weiter Menschen zuströmen. Oft sind die kritischen Werte hinsichtlich Ver- und Entsorgung überschritten, Regulationsmöglichkeiten weitgehend zerstört. Wachstum hat hier jedes Maß verloren und ist zunehmend destruktiv geworden.

Mit der Zunahme der Einwohnerzahlen dehnten sich auch die Stadtterritorien weit in das Umland aus. Es entstanden die Megastädte, die als stark verdichteter Stadt-Umland-Raum zu verstehen sind und heute schon alle Nachteile der Verstädterung, wie starke Belastung der Umwelt durch Flächenverbrauch, Überbeanspruchung der Versorgung und Entsorgung, Probleme der Wasserbereitstellung und der Verkehrsbewältigung usw. aufweisen. Besonders gravierende Megastadtentwicklungen vollziehen sich im Bereich der Städte, die in der nebenstehenden Tabelle aufgeführt sind.

In den kommenden Jahren ist mit einer weiteren Konzentration von Menschen in den Megastädten zu rechnen. So werden z. B. um das Jahr 2000 die Megastädte Mexiko-Stadt 25 bis 30 Millionen und Bombay 20 bis 25 Millionen Einwohner umfassen.

In noch größerem Umfang konzentriert sich die Bevölkerung in großen Ballungsräumen (Agglomerationen), die aus flächenmäßig sehr großen verdichteten Räumen bestehen und oft mehrere Kernstädte umfassen. Sie stellen die komplizierteste Form menschlichen Zusammenlebens dar.

Zunächst haben sich solche Ballungen im Zuge der industriellen Entwicklung in Europa, Nordamerika und Japan gebildet. Das Niederrhein-Ruhr-Gebiet, das Oberschlesische Industriegebiet, der Raum Megalopolis Boston-New York-Philadelphia oder das Gebiet von Tokyo-Yokohama sind die bekanntesten Beispiele hierfür. Inzwischen bilden sich solche Super-Ballungen auch im Gebiet der Entwicklungsländer heraus.

Experten gehen davon aus, dass z. B. das Gebiet von Rio de Janeiro bis São Paulo zu einer zusammenhängenden Megalopolis wird, die sich über 560 km ausdehnt. Bereits im Jahre 2000 könnte auch der Großraum Ganges-Brahmaputra zu einem gewaltigen Ballungsraum mit einer Einwohnerzahl von 400 bis 450 Millionen Menschen werden. In Südafrika ist es das Gebiet von Witwatersrand mit den Zentren Johannesburg-Pretoria, das sich von Krügersdorp im Westen bis Springs im Osten zu einer solchen Super-Ballung entwickelt.

Auch in vielen anderen Teilen der Welt vollzieht sich der Prozess der Ballungsentwicklungen in raschem Tempo. Mit ihm ist immer nicht nur eine Konzentration von Bevölkerung, sondern auch von Wirtschaft und Verkehr verbunden.

GLOBAL 2000 weist darauf hin, dass die gegenwärtigen Wanderbewegungen (Migrationsbewegungen) aus den ländlichen Gebieten in die Städte „die Form von Ebbe und Flut angenommen haben, die von technologischen und wirtschaftlichen Ungleichheiten zwischen verschiedenen Siedlungsgebieten hervorgerufen werden." Nur durch verbesserte Arbeits- und Lebensbedingungen auf dem Lande kann dieser Prozess gebremst werden.

Blick auf die Metropole San Francisco

In den Favelas von São Paulo

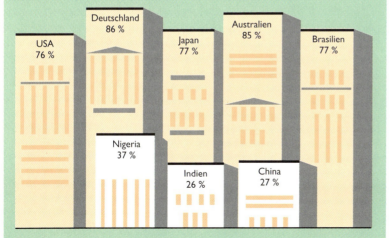

Verstädterung in ausgewählten Ländern (um 1992)
- USA 76 %
- Deutschland 86 %
- Japan 77 %
- Australien 85 %
- Brasilien 77 %
- Nigeria 37 %
- Indien 26 %
- China 27 %

?

1. Warum wird Afrika als problemreichster Erdteil im Hinblick auf das Bevölkerungswachstum angesehen?
2. Nennen Sie wichtige Maßnahmen, die in China zur Senkung der Geburtenraten beigetragen haben.
3. Was verstehen Sie unter einem „Wachstumsknick" und welche Ursachen gab es hierfür in konkreten historischen Situationen?

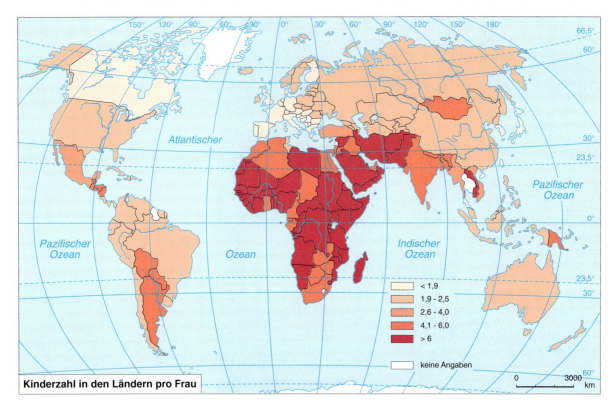

Kinderzahl in den Ländern pro Frau

Herausforderung zu schnellem Handeln

Eine stabile Entwicklung kann leichter erreicht werden, wenn sich die Bevölkerungsgröße auf einem Niveau stabilisiert, das mit der produktiven Kapazität des Ökosystems übereinstimmt.

(Weltkommission für Umwelt und Entwicklung)

Das dramatische Wachstum und der fundamentale Wandel in der regionalen Verteilung der Menschen zwingen zu schnellem Handeln. Da sich über 80 % des Wachstums in den Entwicklungsländern vollziehen, müssen Mittel und Wege gefunden werden, mit deren Hilfe die Zuwachsraten begrenzt werden können. Die Karte lässt deutlich die regionalen Schwerpunkte erkennen.

Hauptaufgaben

- Die Staaten müssen eine langfristig angelegte Bevölkerungspolitik entwickeln, um die soziale und ökonomische Motivation zur Familienplanung zu stärken. Dazu gehören:
  - Beseitigung der Massenarmut durch eine diesem Ziel angepasste wirtschaftliche Entwicklung;
  - Bekämpfung des Elends in den Dörfern, um die Landflucht und damit das Weiterwuchern der Städte einzudämmen;
  - Schaffung und Weiterentwicklung von Bildungsmöglichkeiten und damit verstärkter Zugang zu Familienplanungsleistungen, die Ehepaaren und besonders Frauen das Recht auf Selbstbestimmung einräumen;
  - Realisierung von Programmen zur Erreichung einer ausgeglichenen Bevölkerungsentwicklung (Ziel: Zwei-Kind-Ehe);
  - Verbesserte Gesundheitsfürsorge;
- Internationale Unterstützung der Bevölkerungspolitik der Entwicklungsländer durch Mittelbereitstellung und direkte praktische Hilfeleistungen.
- Aktivierung und Mitarbeit von Einzelpersonen und Gruppen, z. B. Frauengruppen, zur Realisierung von Projekten vor Ort.
- Abbau religiöser Vorbehalte aller großen Religionen gegen bestimmte Maßnahmen der Geburtenbegrenzung.
- Stärkung des UNITED NATIONS POPULATION FUND (UNO- Bevölkerungs-Ressort).

Brot für alle oder Hungertod für Millionen?

Die Sicherung der Ernährung der Weltbevölkerung ist eines der drängendsten Probleme der Gegenwart. Wie sollen zukünftig 6, 7 oder 8 Milliarden Menschen ausreichend ernährt werden, wenn schon jetzt jährlich etwa 50 Millionen, davon 15 Millionen Kinder, verhungern und ca. 800 Millionen Menschen chronisch Hunger leiden?

Der Hungertod ist die letzte Konsequenz eines qualvollen Siechtums der Ärmsten der Armen. Er tritt demzufolge in den ärmsten Ländern noch massenhaft auf. Im nebenstehenden Schema werden die Ursachen aufgezeigt, die zuerst zur Unterernährung und schließlich zum Hungertod führen.

Oft ist es ein stiller Tod, denn in vielen Gebieten gehört er zur täglichen Erscheinung von Unter- und Mangelernährung. Es sterben aber auch noch massenhaft Menschen im Zusammenhang mit Hungersnöten, die im Gefolge von Missernten nach Dürreperioden, Überschwemmungen, Seuchen, Kriegen oder durch Misswirtschaft auftreten.

So verhungerten z. B. in der Trockenperiode 1973/74 in der Sahelzone etwa 250 000 Menschen. In den Jahren 1983/84 wiederholte sich hier die Hungerkatastrophe.

Zehntausende Hungertode sind das Ergebnis der Kriegshandlungen in Ruanda, Burundi, Angola, Äthiopien, Mosambik allein in den letzen 30 Jahren.

Immer wieder gehen Bilder um die Welt, die Zweifel an der Ernährbarkeit der Menschheit aufkommen lassen. Gibt es überhaupt noch eine reelle Chance, sie auch zukünftig ausreichend mit Nahrungsmitteln versorgen zu können?

Hat die Erde Brot für alle?

Ursachen und Konsequenzen der Unterernährung

- ungenügende Kaufkraft zur Deckung des individuellen Nahrungsmittelbedarfs
- unzureichendes Aufkommen aus der individuellen Nahrungsmittelerzeugung

↓

- defizitäre Energie-Protein-Versorgung
- spezifischer Mangel an lebenswichtigen Nährstoffen
- pathologisch bedingte Stoffwechseldefekte

↓

Unterernährung

↓

Untergewicht bzw. Gewichtsverlust

↓

- reduziertes physisches und psychisches Leistungspotenzial
- erhöhte Krankheitsanfälligkeit bis zu gesundheitlichen Dauerschäden

↓

- geringes Arbeitsvermögen
- niedrige Lebenserwartung

↓

Hungertod

(nach GRIENIG/MÜNCH)

Verpflegung hungernder Kinder in einem äthiopischen Flüchtlingslager

Das begrenzte Flächenangebot – eine globale Herausforderung

Unsere Erde ist ein begrenzter Körper. Es steht nur eine bestimmte Fläche für die Nutzung zur Verfügung. Dieses Flächenpotenzial setzt sich wie folgt zusammen:

Die Oberfläche der Erde umfasst 510 Millionen km². Davon sind 360 Millionen km² Meeresfläche. Von der verbleibenden Oberfläche des Festlandes wiederum müssen als eine für die landwirtschaftliche Nutzung nicht, kaum oder nur bedingt geeignete Fläche 105 Millionen km² abgezogen werden. Damit sind etwa 70 % der Festlandsfläche zu kalt, zu nass, zu trocken, zu steil, zu steinig oder zu flachgründig. Von den verbleibenden 45 Millionen km² werden gegenwärtig etwa zwei Drittel als Weideland (das sind 3,0 Milliarden ha) und ein Drittel als Ackerland (das sind 1,5 Milliarden ha) genutzt.

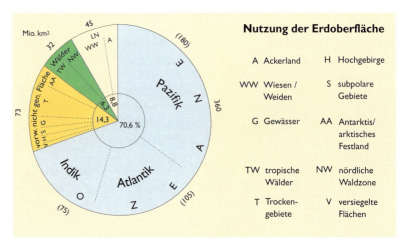

Als landwirtschaftliche Nutzfläche stehen gegenwärtig also weniger als 10 % der gesamten Erdoberfläche (einschließlich Meeresfläche) zur Verfügung. Allerdings sind die räumlichen Möglichkeiten einer Ausdehnung der Agrarproduktion noch nicht erschöpft.

In fast allen Großregionen der Erde bestehen noch Flächenreserven. Es handelt sich jedoch fast ausschließlich nur noch um Gebiete mit erhöhtem Anbaurisiko (extrem trocken, nass, kalt, steil usw.). Wissenschaft und Technik könnten jedoch zur Entwicklung einer rentablen Nutzung beitragen. Zahlreiche Neulandaktionen haben in jüngerer Zeit zu einer wesentlichen Ausweitung der Anbaufläche beigetragen. Ein dauerhafter Erfolg hängt jedoch in starkem Maße von der Schaffung bzw. Einhaltung günstiger Faktoren (u. a. der Klimafaktoren Niederschlag und Temperatur in ihrer räumlichen und zeitlichen Verteilung) ab.

Eine Erweiterung der Anbauflächen kann auch durch Neulandgewinnung aus dem Meer erfolgen. Der Mensch hat im Verlauf der Geschichte im Kampf gegen das Meer bedeutende Landgewinne erzielen können, insbesondere in Ost- und Südostasien sowie in Europa. Im Bereich vieler Flachküsten wäre das auch zukünftig möglich.

Besonders eindringlich vollzog sich dieser Prozess in den Niederlanden und in Belgien, wo bereits seit dem 9. Jahrhundert Polder errichtet und bis zum 18. Jahrhundert 260 000 ha nutzbares Land gewonnen werden konnten. In der Mitte des 19. Jahrhunderts wurde das Haarlemer Meer

Extensive Flächenerweiterung in der Hungersteppe (Usbekistan)

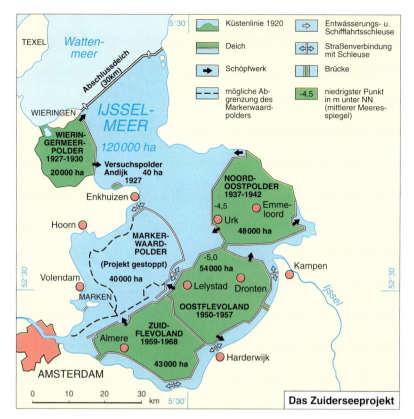

Das Zuiderseeprojekt

Dammbau an der niederländischen Küste

(19 000 ha) trockengelegt. Seit Mitte der zwanziger Jahre unseres Jahrhunderts erfolgt die Einpolderung der Zuidersee (ca. 220 000 ha). Seit 1953 trug die Umgestaltung der Scheldemündung mittels des Deltaplanes zur Gewinnung von Land bei. Insgesamt wurde über die Hälfte der Fläche der heutigen Niederlande dem Meer abgerungen.

Erweiterungen sind auch durch „Umwidmung" bisher anders genutzter Flächen zu erwarten. Das wäre einerseits durch teilweise Einbeziehung der bisher für die Genussmittelproduktion, andererseits der für technische Kulturen genutzten landwirtschaftlichen Fläche denkbar.

Äußerst problematisch ist die Umwidmung von Wald in landwirtschaftliche Nutzfläche, insbesondere im Bereich der tropischen Regenwälder. Die oft in Form von Brandrodung durchgeführte Abholzung setzt nicht nur große Mengen an CO_2 und Stickoxiden frei, die den Treibhauseffekt verstärken, sondern sie bringt wegen schneller Bodenerschöpfung nur kurzzeitig die erhofften landwirtschaftlichen Erträge. Zurück bleiben zerstörte Flächen und unfruchtbare Böden. Die Bauern sind gezwungen, erneut Wald zu schlagen, um ihr Existenzminimum sichern zu können.

Viel günstiger, wenn auch sehr zeit- und arbeitsaufwendig, ist das System der „Shifting cultivation". Es stellt eine nur zeitweise Umwidmung dar und trägt sowohl dem Wald- und Bodenerhalt als auch der Sicherung der Nahrungsbedürfnisse Rechnung.

Shifting cultivation ist das flächenmäßig noch weit verbreitete Landnutzungssystem der feuchten Tropen und des tropischen Regenwaldes. Etwa 250 bis 300 Millionen Menschen leben im Bereich dieser Form der landwirtschaftlichen Nutzung. Sie ist vorwiegend als Subsistenzwirtschaft entwickelt, z. T. umfasst sie aber auch Weltmarktprodukte.

Rodung im tropischen Regenwald Brasiliens

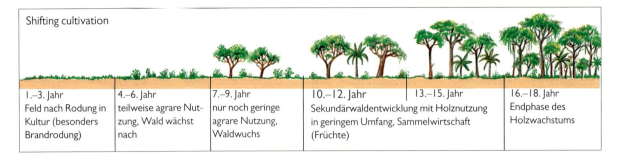

1.–3. Jahr	4.–6. Jahr	7.–9. Jahr	10.–12. Jahr	13.–15. Jahr	16.–18. Jahr
Feld nach Rodung in Kultur (besonders Brandrodung)	teilweise agrare Nutzung, Wald wächst nach	nur noch geringe agrare Nutzung, Waldwuchs	Sekundärwaldentwicklung mit Holznutzung in geringem Umfang, Sammelwirtschaft (Früchte)		Endphase des Holzwachstums

Shifting cultivation

In einem etwa 15 bis 18 Jahre umfassenden Zyklus erfolgen Rodung, Anbau von landwirtschaftlichen Kulturen (etwa 3 Jahre als dominante Nutzung), erneute Waldentwicklung (etwa 10 Jahre) mit noch teilweise wirtschaftlicher Nutzung in dieser Zeit und dann erneuter Holzeinschlag.
Ein Bauer muss also 5 bis 6 Parzellen besitzen oder bearbeiten, um ständig über die benötigten Nahrungsmittel verfügen zu können.

Neben den Möglichkeiten der Erweiterung landwirtschaftlicher Nutzflächen ergeben sich Jahr für Jahr beträchtliche Verluste an Produktionsflächen durch Erosion, totale Versalzung oder Verlaugung, durch Ausdehnung der Wüsten oder Dauerüberflutungen, durch Siedlungs- und Straßenbau sowie durch Umwidmung im umgekehrten Sinn zu oben, wodurch der Anteil der landwirtschaftlichen Nutzfläche am Bodenfonds der Erde eingeschränkt wird.

Besonders gravierend sind die Verluste durch Desertifikation (Wüstenbildung). Die Klimaentwicklung und die Ausdehnung traditioneller Wirtschaftsformen bei starker Bevölkerungsentwicklung sind hierfür wichtige Faktoren. Nach der Weltkonferenz der UNO über Desertifikation (1977) beträgt der jährliche Flächenzuwachs der Wüsten durch Desertifikation etwa 50 000 km², wobei der größte Teil auf die Sahelzone entfällt. Nach anderen Quellen liegen die jährlichen Verluste bei 20 000 km².

So wird – insgesamt gesehen – die Verfügbarkeit von Flächen für die landwirtschaftliche Produktion zunehmend problematisch. Lange Zeit lagen Flächengewinne weit über den -verlusten. Längere Zeit hat es im 20. Jahrhundert ein Gleichgewicht gegeben. In jüngster Zeit sind die Verluste größer als die Gewinne. Somit ist die extensive Erweiterung der landwirtschaftlichen Produktion durch Flächenzunahme weitgehend als Faktor zur Verbesserung der Welternährungslage hinfällig.

Intensivierung – das Gebot der Stunde

Wenn Flächenerweiterungen nur noch ganz bedingt zur Verbesserung der Welternährungslage beitragen können, muss die Intensivierung des Anbaues diese Aufgabe meistern.

Die Erhöhung der Erträge pro Flächeneinheit ist somit ein wichtiges Ziel agrarer Bodenbewirtschaftung. Schon jetzt wird ein großer Teil des Zuwachses der Nahrungsmittelproduktion durch Intensivierungsmaßnahmen erzielt. Sie umfassen vor allem folgende Schwerpunkte:
- Fortschritte in der Saatgutzüchtung zur Erhöhung der Ertragsleistung, in der Viehzucht, in der Verbesserung der Krankheitsresistenz bei Pflanzen und Tieren sowie in der Erzielung von Mehrfachernten. Züchtungen werden als effektivste und ökonomischste Art der Intensivierung angesehen.
- Schädlingsbekämpfung, Bodendüngung.
- verbesserte Bodenbearbeitung, optimale Fruchtfolgen, moderne schonende Technologien, verlustarme Ernteeinbringung und Vorratsschutz,
- Be- und Entwässerungsmaßnahmen.

Wurden um 1900 weltweit etwa 41 Millionen ha bewässert, so werden es im Jahre 2000 etwa 300 Millionen ha sein.

Durch Desertifikation gefährdete Gebiete in Afrika und Westasien

- extreme Wüste
- gefährdete Gebiete

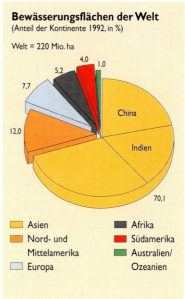

Alle Maßnahmen der Bewässerungswirtschaft dienen dem Ziel, einen ständigen Ackerbau zu ermöglichen, Ernteausfälle durch Wassermangel einzuschränken, möglichst stabile und hohe Ernten zu erreichen. Bereits seit mehreren tausend Jahren hat der Mensch Bewässerungsanlagen geschaffen (Mesopotamien, Mittelasien, China, Peru). In der Antike wurden im Mittelmeerraum zahllose leistungsfähige Systeme angelegt. Im Mittelalter entstanden weitere in Indien, Mexiko, Europa.

Einen beträchtlichen Aufschwung nahm die Bewässerungswirtschaft im 19. und 20. Jahrhundert. Die Notwendigkeit der Nahrungssicherung zwang und zwingt besonders in den Gebieten mit hoher Bevölkerungsdichte zur ständigen Intensivierung der Produktion und damit zum Ausbau der Bewässerungssysteme. Hervorragend funktionierende Systeme wurden deshalb in allen Epochen geschaffen.

Auf eine weltweit – vor allem in Trockengebieten – auftretende Gefahr sei hier nur verwiesen: Bei übermäßiger Wassernutzung können Versalzung, Desertifikation und damit Zerstörung der landwirtschaftlichen Nutzfläche auftreten.

Ernährungsrohstoff Nr. 1: Getreide

Von allen Nahrungsgütern hat Getreide dank der hohen Anteile an Kohlenhydraten, Rohprotein und Fett für die menschliche Ernährung die größte Bedeutung. Darüber hinaus dienen die Körnerfrüchte auch vielen Tieren als Futtermittel und sie finden auch technische Verwertungen.

Aus der Vielzahl der Getreidearten heben sich sieben heraus, die den größten Teil der Ackerfläche der Welt einnehmen und die Grundnahrung der meisten Völker darstellen: Weizen, Reis, Körnermais, Roggen, Gerste, Hafer und Hirse.

Weizen, Reis und Körnermais übertreffen im Umfang der Produktion alle anderen. 1993 entfielen auf diese drei Getreidearten ca. 83 % der Weltgetreideproduktion.

China ist das Land mit der umfangreichsten Bewässerungswirtschaft (22 % der Weltbewässerungsfläche; 1992), das seit Jahrtausenden große Traditionen in der Bewässerung besitzt. Die heute verbreitetsten Methoden sind:
– Wassernutzung mittels Netzen, die von Fließgewässern oder Auffangbecken ausgehen und sich über unzählige Kanäle und Gräben auf die Felder vergabeln,
– spezielle Systeme der Terrassenbewässerung in den Berg- und Hügelländern des mittleren China bis in die Lössgebiete am Hwangho,
– die Nutzung altchinesischer Brunnensysteme mit ihren zentral in neun Feldquadraten gelegenen Feldbrunnen (Gebiet um Peking),
– die Wasserzuführung durch unterirdische Stollen aus den Berggebieten in Oasengebiete Innerasiens,
– Brunnenbewässerung in weiten Teilen des Landes.

?
Nennen Sie Beispiele von Bodenzerstörung durch Desertifikation.

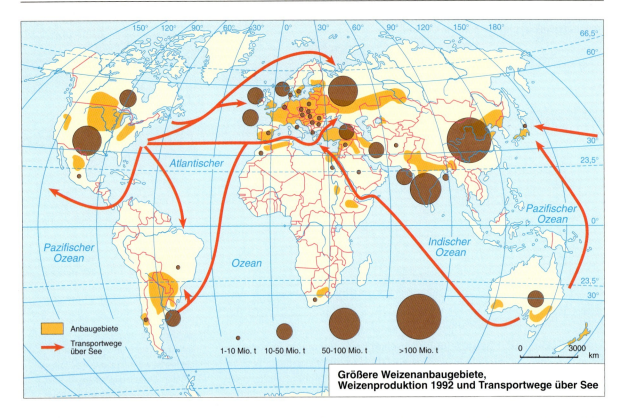

Größere Weizenanbaugebiete, Weizenproduktion 1992 und Transportwege über See

Weltgetreideproduktion (in Mio. t)

1950	1960	1970	1980	1990	1993
680	978	1204	1561	1971	1888

davon 1993:
Weizen	564
Reis	519
Körnermais	478
Roggen	29
Gerste	167
Hafer	33
Hirse	80

? Weisen Sie die Intensivierung des Getreideanbaus am Beispiel der Erhöhung der ha-Erträge statistisch nach.

In der regionalen Verteilung ergeben sich im Anbau große Unterschiede. Europa und Nordamerika haben große Anteile an der Weizen-, Körnermais-, Hafer- und Roggenproduktion. Über 90 % der Welternte kommen aus diesen Regionen. Reis ist dagegen in Asien konzentriert und erbringt dort auch über 90 % der Produktion. Etwa der Hälfte der Menschheit dient Reis als Hauptnahrungsmittel. Hirse wird vorwiegend in Afrika angebaut.

Weizen ist eine der ältesten und wichtigsten Kulturpflanzen der Erde. Er wird auf allen Kontinenten (außer Antarktika) kultiviert. Zu jeder Jahreszeit erfolgen irgendwo Aussaat, Wachstums- und Reifeprozess oder Ernte. Nur in den inneren Tropen, in den Kälte- und Trockengebieten scheidet aufgrund der natürlichen Ansprüche der Pflanze der Anbau aus. Im Welthandel aller Getreidearten nimmt Weizen eine dominierende Position ein.

Ein Vergleich der Bevölkerungszahlen und des Getreideanbaues in den Großregionen der Erde macht deutlich, dass die Anbauergebnisse nicht überall die Grundversorgung sichern können. Das trifft im besonderen Maße für einige Gebiete Afrikas und Lateinamerikas zu.

Von 117 in einer FAO-Studie erfassten Entwicklungsländern werden voraussichtlich 64 im Jahre 2000 Schwierigkeiten haben, genügend Nahrungsmittel, insbesondere Getreide, zu erzeugen. Um Hungersnöte verhindern zu können, hält die FAO eine Weltgetreidereserve von 17 bis 18 % des Weltjahresverbrauches für unbedingt notwendig. Eine solche weltweite Bevorratung konnte jedoch bis heute nicht realisiert werden. Verschiedene Länder haben deshalb regionale bzw. nationale Ernährungssicherheitssysteme geschaffen und damit bemerkenswerte Erfolge im Kampf gegen den Hunger erreicht. Dazu gehören China und Indien sowie weitere Länder in Südostasien, auf der Arabischen Halbinsel und in Lateinamerika.

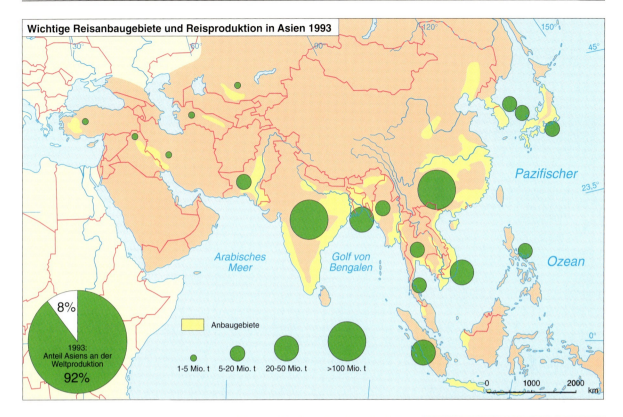

Dort, wo solche Systeme nicht existieren, besteht hochgradig Anfälligkeit gegen Hunger. Das trifft vor allem für schwarzafrikanische Länder zu, besonders für die der Sahelzone. Nach Berechnungen der FAO müsste in den meisten dieser Länder in den nächsten 10 bis 20 Jahren die Getreideproduktion wie auch die anderer Lebensmittel um etwa 60 % gesteigert werden, um die Ernährung der dort lebenden Bevölkerung sichern zu können. Weiter wurde vorgeschlagen:
- Begrenzung des Bevölkerungswachstums durch Familienplanung,
- umweltschonende Maßnahmen und Formen der Landwirtschaft,
- Erhöhung der Kaufkraft der Bevölkerung, Verbesserung der Transport- und Lagerkapazitäten,
- stärkere Einbindung in den Agrar-Welthandel.

Die in zahlreichen Ländern Europas und in Nordamerika durchgesetzten Flächenstilllegungen, um hohe „Überschüsse" zu reduzieren, müssten zugunsten einer ausreichenden Nahrungsmittelversorgung der Menschheit insgesamt reduziert bzw. vollständig rückgängig gemacht werden.

Große Erwartungen werden in Entwicklungsländern in die „Grüne Revolution" gesetzt. In einer ersten Etappe (etwa seit 1965) wurden Agrartechnologien vorwiegend für tropische Räume entwickelt, bei denen mittels Einsatz von Hochleistungssaatgut, Kunstdünger, Bewässerung, Pflanzenschutz und moderner Bodenbearbeitung erhebliche Ertragssteigerungen erreicht werden konnten. Große Erfolge wurden in Mexiko, Indien sowie in Ländern Südostasiens erreicht. Allerdings ging diese Etappe aufgrund der hohen Kosten an den Kleinbauern vorbei. Bedenklich sind auch die ökologischen Auswirkungen. Deshalb sollen in einer zweiten Etappe Möglichkeiten einer Ertragssteigerung gefunden werden, die weniger kapitalaufwendig, aber ökologisch vertretbar und für Kleinbauern realisierbar sind.

Reisanbau auf Bali

?

Worin sehen Sie weitere Möglichkeiten der Europäischen Union, zur Sicherung der Welternährungslage beizutragen?

Brot für alle hat die Erde

Im „Bericht der Weltkommission für Umwelt und Entwicklung" heißt es dazu:
Der gegenwärtige globale Durchschnittsverbrauch an pflanzlicher Energie für Nahrungsmittel, Saatgut und Viehfutter liegt etwa bei 6 000 Kalorien täglich, mit einem Schwankungsbereich innerhalb der einzelnen Länder von 3 000 bis 15 000 Kalorien in Abhängigkeit von der Höhe des Fleischkonsums.

Auf dieser Grundlage könnte die Produktion etwas mehr als 11 Milliarden Menschen ernähren. Wenn aber der durchschnittliche Verbrauch wesentlich ansteigt – angenommen auf 9 000 Kalorien – geht die Zahl der Bevölkerung, die die Erde tragen kann, auf 7,5 Milliarden zurück.

Allerdings können diese Zahlen noch wesentlich erhöht werden, wenn die für die Nahrungsmittelproduktion genutzte Fläche und die Produktivität von 3 Milliarden ha Weide- und Wiesenland auf einer stabilen Grundlage erhöht werden könnte.

An anderer Stelle:
Das Problem liegt nicht in den Bevölkerungszahlen allein, sondern in dem Verhältnis jener Zahl zu den verfügbaren Ressourcen. So muss dem „Bevölkerungsproblem" einerseits durch Maßnahmen zur Beseitigung der Massenarmut begegnet werden, um einen gerechten Zugang zu den Ressourcen zu sichern, und andererseits müssen die Menschen entsprechend ausgebildet werden, damit sie jene Ressourcen besser verwalten können.

Eines der schwerwiegendsten globalen Probleme ist die Sicherung der Ernährung der Weltbevölkerung. Viele Experten schätzen die Möglichkeiten dazu positiv ein. Sie berufen sich in ihren Prognosen auf fünf wichtige Überlegungen:

1. Es wird errechnet, wie hoch theoretisch die Nahrungsmittelproduktion sein könnte. Werden gegenwärtig über 4,5 Milliarden t Nahrungsmittel produziert, also pro Erdenbürger ca. 0,8 t, so wären bei einer kalkulierten Steigerung der Produktion um jährlich 2 bis 3 % auch zukünftig die Menschen ernährbar, da das Wachstum der Weltbevölkerung weniger als 2 % beträgt.

2. Im Jahre 1993 standen theoretisch pro Person jährlich 662 kg Grundnahrungsmittel (Getreide, Wurzelfrüchte, Gemüse, Fleisch, Milch und Fisch) zur Verfügung. Wenn dem so ist, so kann nicht die weltweite Höhe der Produktion das Ernährungsproblem sein. Es ist vielmehr ein Problem der Verteilung, der regionalen Anbaugegebenheiten und der individuellen Möglichkeiten des Nahrungsmittelerwerbes.

3. Demzufolge müssen zur Sicherung der Welternährung verstärkt Schritte wirtschaftlicher, wissenschaftlicher, technischer und ökologischer Art eingeleitet und realisiert werden, so u. a.:
   - ständige Bemühungen um die schrittweise Überwindung der Unterentwicklung (Bodenreformen, Strategien zur Ernährung der ärmeren Bevölkerung, international abgestimmte Entwicklungsprogramme, Schulung der ländlichen Bevölkerung, stärkere Beachtung des Sektors Landwirtschaft in den Entwicklungsplänen);
   - Neuordnung der Struktur des Weltmarktes für Nahrungsgüter;
   - weltweite Bemühungen um eine optimale Verteilung der Nahrungsgüter;
   - Durchsetzung einer gesunden Ernährung u. a.

4. Bessere Nutzung des Weltmeeres im Rahmen der Nahrungsmittelproduktion. Es geht vor allem um die Erhöhung der Leistungen im Fang von Fischen und anderen Meerestieren sowie um die Gewinnung pflanzlicher Nahrungsmittel. Durch Aquakulturen wäre eine Intensivierung des Fisch-, Krebs- und Weichtierfanges möglich.
Insgesamt dürften um das Jahr 2000 jährlich etwa 100 Millionen t Fischereiprodukte geborgen werden (1990 etwa 90 Millionen t). Eine solche Steigerung ist möglich, wenn die Fischereibewirtschaftung gute rechtliche und technische Bedingungen erhält und der Schutz der maritimen Umwelt gewährleistet werden kann. Dazu gehören auch rechtliche Veränderungen in der regionalen Nutzung der Meere, die das gegenwärtige Ungleichgewicht abschwächen.

5. Ein wichtiger Schlüssel zur Sicherung der Ernährung liegt in der Begrenzung des Bevölkerungswachstums. Auf unserer Erde werden sowohl ihre Bewohner als auch deren Versorgung mit Lebensmitteln nicht endlos anwachsen können. Experten gehen davon aus, dass etwa 10 bis 12 Milliarden Menschen ausreichend zu ernähren sind. Jenseits dieser Größenordnung nehmen die Risiken beträchtlich zu. Unabdingbare Voraussetzung einer langfristigen Sicherung der Ernährung der Weltbevölkerung ist, dass die letztlich begrenzten Möglichkeiten der Erde nicht überfordert werden, sondern ein Gleichgewicht zwischen diesen Möglichkeiten und dem Bevölkerungswachstum hergestellt wird.

Tragfähigkeit der Erde

Die Tragfähigkeit des begrenzten Standortes Erde rückt angesichts der hohen Zuwachsraten der Weltbevölkerung in das Bewusstsein vieler Menschen. Es stellt sich die Frage, wie viel Menschen die Erde insgesamt tragen, das heißt hinreichend ernähren kann, ohne dass der Naturhaushalt nachteilig beeinflusst wird.

Unter den Produktionsbedingungen der Dreifelderwirtschaft des Mittelalters konnten in Mitteleuropa immerhin rund 25 Einwohner von einem km^2 ernährt werden. Der Übergang zur verbesserten Dreifelderwirtschaft mit Kartoffelanbau ermöglichte um 1800 schon eine Verdoppelung des Wertes. Heute kann die kapitalintensive Fruchtwechselwirtschaft zwischen 1 000 und 2 000 Einwohner/km^2 tragen.

Die agrare Tragfähigkeit hängt von vielen Faktoren ab:
– Landreserven an kultivierbarer Naturlandschaft sind begrenzt, denn die Fläche des Festlandes ist eine gegebene Größe.
– Klima und Bodenbeschaffenheit schränken die Produktionsmöglichkeiten ein.
– Art und Weise der Bodennutzung sowie der Stand der Landwirtschaftstechnologie bestimmen die Nahrungsgüterproduktion.

Da weder die Intensität noch das Tempo der technischen Entwicklung vorhersehbar sind, kann die agrare Tragfähigkeit keine feste Größe sein. Dementsprechend schwanken auch die Ergebnisse von Untersuchungen zur Tragfähigkeit, die insbesondere von Geographen vorgelegt wurden.

„Die Tragfähigkeit eines Raumes gibt diejenige Menschenmenge an, die in diesem Raum unter Berücksichtigung des hier (effektive Tragfähigkeit) heute (potenzielle Tragfähigkeit) erreichten Kultur- und Zivilisationsstandes auf agrarischer (agrarische Tragfähigkeit)/natürlicher (naturbedingte Tragfähigkeit)/gesamtwirtschaftlicher (gesamte Tragfähigkeit) Basis ohne (innenbedingte Tragfähigkeit)/mit (außenbedingte Tragfähigkeit) Handel mit anderen Räumen unter Wahrung eines bestimmten Lebensstandardes (optimale Tragfähigkeit)/des Existenzminimums (maximale Tragfähigkeit) auf längere Sicht leben kann."
(BORCHERDT-MAHNKE 1973)

„Was auf unserer Erde Raum will, muss in den beschränkten 506 Millionen km^2 der Erdoberfläche schöpfen. Diese Zahl ist daher die erste Raumgröße, mit der es die Geschichte des Lebens zu tun hat, sowie sie auch die letzte ist. In ihr sind alle anderen Größen beschlossen, an ihr messen sich alle anderen Größen, in ihr sind die absoluten Schranken alles körperlichen Lebens gegeben."
(F. RATZEL)

Berechnungen zur Tragfähigkeit der Erde wurden von Geographen und Nationalökonomen seit Beginn des 20. Jahrhunderts versucht.

Tragfähigkeit der Erde

Autor der Berechnung	Jahr der Prognose	Menschen (in Md.)
BALLOD	1912	22,4
ROSCHER	1912	68,0
PENCK	1924	7,6–15,9
FISCHER	1926	6,2
HOLLSTEIN	1937	13,3
CLARK	1970	35,1
Weltbevölkerung im Jahre 2000		6,1–6,2

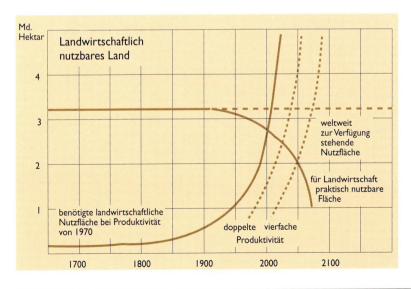

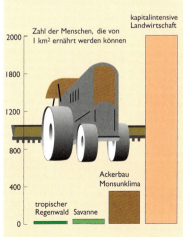

Biotechnologie ist ein interdisziplinäres Arbeitsgebiet. Sie nutzt die biologische Syntheseleistung lebender Zellen (Mikroorganismen, tierische oder pflanzliche Zellen) oder daraus hergestellter Enzyme (Biokatalysatoren) zur Gewinnung oder Umwandlung von Stoffen im Rahmen industrieller Produktionsverfahren.

Gentechnik ist eine neue Methode. Sie ermöglicht es, die Träger bestimmter Erbanlagen, die Gene, zu identifizieren, zu isolieren, gezielt auf andere Organismen zu übertragen und dort zur Wirkung zu bringen.

Damit eröffnet sie völlig neue Möglichkeiten zur Herstellung von neuen Wirkstoffen und für die Grundlagenforschung auf den Gebieten Medizin und Landwirtschaft.

Transgene Tiere sind genetisch veränderte Tiere mit mindestens einem fremden Gen in ihrem genetischen Bauplan.

?
Diskutieren Sie in Ihrer Lerngruppe die Meinungen zur modernen Agrarproduktion.

Moderne Agrarproduktion

„Der angeheizte Acker

Was liegt näher als nicht nur die Gewächshäuser für Blumen und Salat kräftig anzuheizen? Ganze Getreideschläge und Rübenfelder warten darauf. In unserer Vorstellung wachsen tropische Bilder. Nahrung dank Kohle in unvorstellbarer Menge, bis in die kühle Nähe unserer Pole. Eine verlockende Illusion?

Die Wirklichkeit hat von dieser Illusion schon unbemerkt Besitz ergriffen. Rund 50 t SKE verbrennt die moderne Landwirtschaft Jahr für Jahr auf einer Ackerfläche von der Größe eines Quadratkilometers. Die Vorstellung, unsere grünen Felder stünden unter freiem Himmel und würden deshalb nur von der lieben Sonne mit Energie versorgt, ist ein Irrtum. Zunehmend wachsen unsere Kulturpflanzen auf Kohle und Öl heran, auf Energieträgern, die nur einmal verbrannt werden können ...

Einzige Energiequelle der Wildpflanzen ist die Sonne. Es ist zwar nur der hundertste Teil der eingestrahlten Sonnenenergie, den die Pflanzen einfangen, dennoch genügt er, der Erde grünes Kleid ständig zu erneuern. Erst mit dem gezielten Anbau von Kulturpflanzen investierte auch der arbeitende Mensch Energie für das Pflanzenwachstum. Er hatte zunächst nur die Kraft seiner eigenen Muskeln. Vor hundert Jahren, so haben Bilanzen ergeben, wurde die im Ackerbau verausgabte Energie durch das Erntegut verzehnfacht...

Die moderne Landwirtschaft hat Mensch und Nutztier von körperlich schwerer Arbeit erlöst. Technik und Fremdenergie sind an ihre Stelle getreten. Auf den Feldern hoch entwickelter Länder sind es nur noch knapp 3 % der investierten Energie, deren Ursprung im Muskel liegt. Mehr denn je helfen heute Chemie und technische Energie, unseren Tisch zu decken. Sie potenzieren die Kräfte des Menschen. Diese Arbeitsleistungen sind für unsere Bauern von unschätzbarem Vorteil. Mit ihnen steht und fällt die Attraktivität der Landarbeit. Niemand sehnt sich mehr nach Plackerei, nach Sichel, Sense oder Dreschflegel. Leistungsfähige Technik rollt dafür über den Acker. Die Industrie schafft die Voraussetzungen, dass der Mähdrescher 100mal schneller das Korn erntet als ein Mann mit der Sense. Die Erleichterungen sind unanfechtbar. Dennoch lohnt es sich, über den Wirkungsgrad der eingesetzten Mittel nachzudenken."

(DÖRFLER, M. und DÖRFLER, E.: Zurück zur Natur? Urania-Verlag. Leipzig-Jena-Berlin. 1989, S. 103 f.)

Die Kommission empfiehlt dem Deutschen Bundestag, die Regierungen von Bund und Ländern aufzufordern,

... den Einsatz von transgenen Tieren in der biologisch-medizinischen Grundlagenforschung zu fördern, da diese Methode grundsätzlich neue Beiträge zur Entwicklungsbiologie und Medizin bei Mensch und Tier zu leisten vermag. Ihr Einsatz hat unter Bedingungen zu erfolgen, die den Vorschriften des Tierschutzgesetzes genügen.

(In: Chancen und Risiken der Gentechnologie, Enquete-Kommission des Deutschen Bundestages, 1987)

Gentechnische Projekte im Pflanzenschutz
– Pflanzen mit verbesserter Widerstandsfähigkeit gegen Schadorganismen,
– Pflanzen mit verbesserter Herbizidresistenz,
– Grundlagenforschung für pflanzliche Abwehr- und Schutzmechanismen.

Rahmenbedingungen für die Gentechnik
– wirtschaftliche Erwartungen,
– öffentliche Akzeptanz,
– Gewährleistung der Sicherheit,
– Gentechnikgesetz.

"Die ökonomischen Gegebenheiten und das Nachfrageverhalten der Konsumenten haben der Landwirtschaft eine hohe Bewirtschaftungsintensität aufgezwungen. Die damit verbundenen Schäden an der Umwelt und Risiken für die menschliche Gesundheit werden mehr und mehr kritisiert.

Die Landwirtschaft muss sich dieser Kritik stellen. Sie ist in der Lage, die Bevölkerung auch bei vermindertem Einsatz von Agrochemikalien zu ernähren. Dies setzt aber einen vielseitigen Anbau und eine entsprechende Nachfrage, eine Verminderung des Anteils tierischer Produkte in der Nahrung und eine Beibehaltung unverzichtbarer Aufwendungen an Agrochemikalien voraus. Auch künftig werden hohe Erträge angestrebt werden müssen, aber keine Höchsterträge. Denn das Streben nach Höchsterträgen, nach den letzten Doppelzentnern, schafft das Nitratproblem in Nahrung und Wasser, belastet die Nahrung mit Rückständen, vermindert die ernährungsphysiologische Qualität der Nahrung und führt zu Umweltschäden …

Die Landwirtschaft kann unter der Voraussetzung gleicher Wettbewerbsbedingungen aller Anbieter auch bei weniger intensiver Bewirtschaftung ihre berechtigten Einkommenserwartungen realisieren. Das Einkommen der Landwirtschaft wird nicht nur durch die Marktkräfte bestimmt, sondern vor allem durch politische Entscheidungen … Die Industrie leistet mit der Bereitstellung von Agrochemikalien einen ganz wesentlichen Beitrag zur Existenzsicherung und zum Wohlstand der Bevölkerung …"

(SCHRÖDER, D.: Unser täglich Brot. Verlag Paul Parey, Hamburg und Berlin. 1984, S. 63 f.)

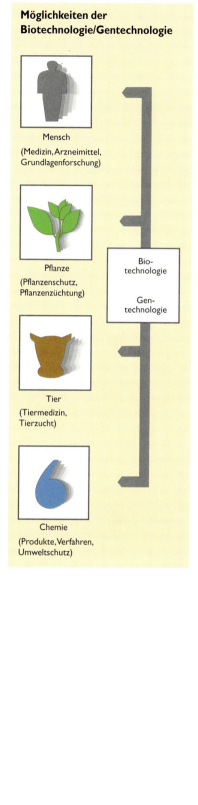

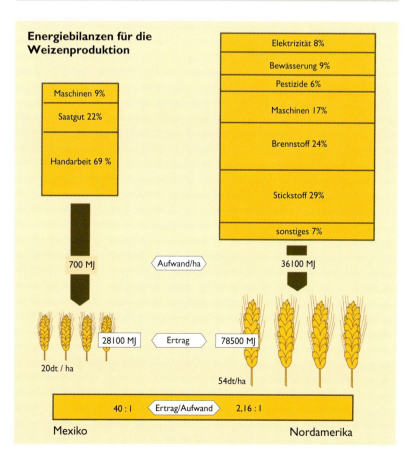

Die Zukunft unseres „Raumschiffes" Erde

Jeder hat zwei Vaterländer, sein eigenes und den Planeten Erde.

Seid fruchtbar und mehret Euch und füllet die Erde und machet sie Euch untertan und herrschet über die Fische im Meer und über die Vögel im Himmel und über das Getier, das auf der Erde kriecht.

(1. Mose 1, 26)

Der Kenner sah ein Kieselsteinchen mit einem Schneeklümpchen behaftet den Tannenwaldabhang herunterrieseln.
„Eine Lawine", schrie er und stürzte fort.
„Wo?" fragte der Spaziergänger und war bereits begraben.

(Peter Altenberg)

„Das Gebäude der Zivilisation ist mittlerweile erstaunlich komplex geworden, doch je kunstvoller es wird, um so weiter fühlen wir uns von unseren natürlichen Wurzeln in der Erde entfremdet. In gewissem Sinne ist die Zivilisation selbst auf einer Reise von ihrem Ursprung in der Natur zu einer immer künstlicheren und durchorganisierten Welt, hergestellt nach unseren eigenen nachahmenden, manchmal arroganten Entwürfen. Und in meinen Augen ist der Preis dafür hoch. An einigen Stationen dieser Reise haben wir das Gefühl für unsere Verbundenheit mit der Natur verloren. Und nun wagen wir uns tatsächlich zu fragen: Sind wir so einzigartig und mächtig, dass wir in hohem Maße ohne die Erde existieren können? ...

Viele von uns handeln, als laute die Antwort „Ja". Man macht es sich heute so leicht, die Erde nur als eine Ansammlung von „Ressourcen" zu betrachten, deren immanenter Wert nicht größer ist als ihr momentaner Nutzen. Unsere Kenntnis der natürlichen Welt teilen wir, auch dank der wissenschaftlichen Revolution, in immer kleinere Segmente auf und gehen davon aus, dass die Verbindungen zwischen diesen Teilen nicht wirklich wichtig sind. Bei all unserer Faszination für die Teile der Natur vergessen wir, sie als Gesamtheit zu sehen.

Eine ökologische Sichtweise beginnt mit einer Betrachtung des Ganzen, mit dem Verständnis dafür, wie die verschiedenen Bereiche der Natur in Wechselwirkung miteinander stehen und nach Prinzipien funktionieren, die ein Gleichgewicht anstreben und die Zeit überdauern. Diese Sichtweise kann die Erde nicht losgelöst von der menschlichen Zivilisation sehen; auch wir sind ein Teil des Ganzen und wenn wir nicht erkennen, dass unser Einfluss als menschlicher Teil der Natur auf das Gesamte der Natur immer mächtiger wird, wenn wir nicht erkennen, dass wir tatsächlich eine Naturkraft wie der Wind und die Gezeiten sind, dann werden wir nicht in der Lage sein zu begreifen, wie groß die Gefahr ist, dass wir die Erde aus ihrem Gleichgewicht bringen...

Unbestreitbar ist unser wirtschaftliches System teilweise blind. Es „sieht" manche Dinge und andere nicht. Es misst und berechnet sorgfältig den Wert jener Dinge, die für Käufer und Verkäufer am wichtigsten sind, wie etwa Nahrung, Kleidung, Industriegüter, Arbeit und das Geld selbst. Aber seine komplizierten Kalkulationen vernachlässigen oft vollständig den Wert anderer Dinge, die nicht oder nur schwierig zu kaufen und zu verkaufen sind: Süßwasser, reine Luft, die Schönheit der Berge, die reiche Vielfalt des Tierlebens, um nur einige zu nennen. Tatsächlich ist die teilweise Blindheit unseres gegenwärtigen Wirtschaftsgesetzes die mächtigste Triebkraft, die hinter unseren irrationalen Entscheidungen über die Umwelt steht."

(Al Gore: Wege zum Gleichgewicht. Fischer Frankfurt am Main, 1994, S. 12f. und 182)

Bevölkerung und Kapital sind die einzigen Größen, die im Stadium des Gleichgewichts konstant bleiben müssten. Jede menschliche Tätigkeit, die keine großen Mengen unersetzbarer Rohstoffe benötigt oder Schadstoffmengen freisetzt und den Lebensraum schädigt, könnte ohne Beschränkung und praktisch unendlich zunehmen. Besonders jene Beschäftigungen, die viele als besonders erstrebenswerte und befriedigende Tätigkeiten einstufen wie Erziehung und Schulung, Ausübung von Musik, Religion, wissenschaftliche Grundlagenforschung, Sport und soziale Kontaktpflege, könnten sich schrankenlos entwickeln.

(D. L. Meadows: Die Grenzen des Wachstums. Stuttgart 1972)

Der Zustand der Erde verlangt gebieterisch globales Denken. Dies ist ungewohnt. Unsere Politik ist größtenteils noch national organisiert.

(Ernst Ulrich von Weizsäcker: Erdpolitik. Darmstadt 1989)

„Was war nochmal die Frage?

Wenn sich einer auf die Straße stellt (oder an ein Rednerpult) und redet von einem neuen Wohlstandsmodell, einem Modell mit viel weniger Naturverbrauch, dann setzt er sich dem Gelächter aus. Wir haben doch Wohlstand, tönt es ihm entgegen und er vermehrt sich immer weiter. Wir haben doch verbindliche Umweltgesetze und ausgefeilte Genehmigungsverfahren. Wozu brauchen wir irgend etwas anderes? Komme uns keiner mit Verzichtpredigten. So tönt es aus dem Mund der Realisten. Tatsache ist aber, dass ungeachtet aller Bekenntnisse zum Umweltschutz die konkreten Entscheidungen in der Wirtschaft sowie in Kommunen, Ländern, Bund und EG noch immer im Mittel mehr auf Verbrauch der Umwelt und der natürlichen Ressourcen hinauslaufen. Trotz aller Bekenntnisse zum Umweltschutz stehen wir noch fest und uneingeschränkt im Jahrhundert der Ökonomie. Die Forderung nach einem neuen Wohlstandsmodell, einem dauerhaft und ökologisch verträglichen Wohlstand widerspricht der heutigen Realität noch diametral. Und doch ist sie unabweisbar ...

Eine Verfünffachung der weltweiten Verbräuche hält die Erde nicht aus. Es ist absolut zwingend, dass wir im Norden uns auf geringere Verbräuche einstellen. Die jetzige Form von Wohlstand, den wir für erreicht, für die Ausgangslinie künftiger goldener Zeiten halten, ist nicht durchhaltbar. Wenn wir diese banale Tatsache verdrängen, bereiten wir einen politischen und ökologischen Weltbrand vor, gegen den der Zweite Weltkrieg wie ein Scharmützel wirken würde.

Wenn ich einan das Kriterium der Dauerhaftigkeit erfüllenden neuen Wohlstand fordere, dann spreche ich nicht von einem idyllischen, idealistischen Wunschtraum, sondern von einer äußerst ernsten Gefahrenabwehr. Den Ernst der Lage können wir nicht erkennen, wenn wir nicht über den nationalen Tellerrand hinausblicken. Erst der erdpolitische Horizont zwingt uns, den Ernst der Lage zu erkennen.

Aber wenn es so ernst um uns steht, warum verwende ich dann so konsequent das Wort ‚Wohlstandsmodell'? Warum rede ich nicht direkt von Umkehr und Verzicht? Meine Antwort ist ganz einfach: weil eine Halbierung oder Drittelung der Verbräuche an Energie, Wasser und Mineralien, Stillstand im Bodenverbrauch und ein konsequenter Übergang zu sauberen Technologien ohne Verzicht auf Wohlstand möglich ist. Und weil sich andererseits ein politischer Konsens zum Verzicht auf Wohlstand nicht rasch genug herbeiführen lässt. Aber den Verteidigern von Komfort und Wohlstand muss mit aller Schärfe klargemacht werden: Wenn wir uns nicht rasch und gemeinsam auf den Pfad zu einem dauerhaften Wohlstand begeben, dann ist der verlust- und verzichtreiche Zusammenbruch der alten Wohlstandsidylle vorprogrammiert."

(Ernst Ulrich von Weizsäcker: Erdpolitik. Darmstadt 1989, S. 264f.)

Wir leben im Anfangsstadium der ersten globalen Revolution, auf einem kleinen Planeten, den zu zerstören wir offenbar wild entschlossen sind.

(Club of Rome (Hrsg.): Die globale Revolution. Hamburg 1991)

Der **Club of Rome** wurde 1968 von etwa 100 Persönlichkeiten aus rund 30 Staaten in Rom gegründet. Die Vereinigung befasst sich seitdem wissenschaflich mit den „Grenzen des Wachstums" und der Zukunft des Planeten Erde. Dazu wurden Weltmodelle und Szenarien mit dem Ziel entworfen, künftige Entwicklungen und deren ökologische Zustände abzuschätzen.

Weltmodelle sind umfassende, aber unzulängliche Versuche, die Entwicklung des Ökosystems Erde, auch unter anthropogener Beeinflussung, zu simulieren.

Szenarios sind ohne formale Schlüssigkeit getroffene Voraussagen zukünftiger Situationen; sie beruhen mehr auf einer Argumentationsreihe als auf mathematischen Berechnungen.

Simulationen sind Wiedergaben von komplexen tatsächlichen Zuständen im Modell. Die Komplexität der Daten erfordert meist ein Computerprogramm.

In der im Jahr 1972 veröffentlichten wissenschaftlichen Studie „Grenzen des Wachstums", die eine weltweite lebhafte Diskussion auslöste, werden zum ersten Mal die Hauptziele der Zivilisation „Wachstum" und „Fortschritt" ernsthaft in Frage gestellt.

Die Studie wurde von einem Team internationaler Wissenschaftler auf Anregung des Club of Rome durchgeführt. Die Weltprognosen beruhen auf der Datenbasis von 1900 bis 1970. In späteren Berichten des Club of Rome werden diese globalen Aussagen modifiziert und hinsichtlich der einzelnen Kontinente differenziert. Der warnende Charakter blieb erhalten.

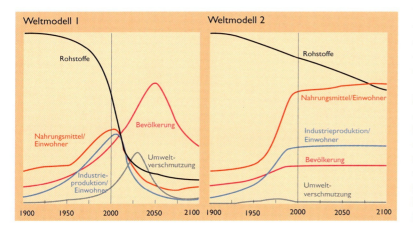

Arbeitsanregungen zum Lehrbuchkapitel
„Bevölkerungswachstum und Ernährungssicherung"

1. Topographie der Weltbevölkerung

    1.1 Beschreiben Sie die räumliche Verteilung der Bevölkerung über die Erde.
    1.2 Erläutern Sie geosphärische Regelhaftigkeiten der Bevölkerungsverteilung. Berücksichtigen Sie dabei Raumkategorien wie Oberflächengestalt, Klima, Maritimität und Fluvialität.
    1.3 Beschreiben und erläutern Sie die Bevölkerungsverteilung in den Kontinenten.
    1.4 Ordnen Sie Millionenstädte unterschiedlichen Raumkategorien wie Kontinente, Klimate, Industrieländer, Entwicklungsländer zu.

2. Bevölkerungswachstum - zentrales Problem

    2.1 Erläutern Sie die Entwicklung des Bevölkerungswachstums und die damit verbundenen Raumansprüche.
    2.2 Betrachten Sie die Bevölkerungsentwicklung in den räumlichen Dimensionen von Staatengruppen, Staaten und Regionen.
    2.3 Erläutern Sie den Verstädterungsprozess weltweit und nach Kontinenten getrennt.
    2.4 Die natürliche Bevölkerungsentwicklung kann durch staatliches Handeln beeinflusst werden. Beschreiben Sie Instrumente staatlicher Bevölkerungspolitik. Erörtern Sie am Beispiel Deutschlands die Zweckmäßigkeit bevölkerungspolitischer Optionen wie Nullwachstum oder Wachstum.
    2.5 Erörtern Sie Möglichkeiten raumwirksamer Staatstätigkeit, den Verstädterungsprozess zu regulieren.

3. Brot für alle oder Hungertod für Millionen

    3.1 Extensivierung oder Intensivierung der landwirtschaftlichen Produktion? Erklären Sie die Begriffe. Erläutern Sie die Problematik beider Strategien.
    3.2 Erörtern Sie Möglichkeiten und Grenzen der Meeresnutzung zur Verbesserung der Welternährungslage.
    3.3 Erläutern Sie mögliche Auswirkungen auf die Verfügbarkeit landwirtschaftlicher Nutzflächen, wenn es zu einer weltweiten Erwärmung der Lufthülle der Erde käme.
    3.4 Erläutern Sie die Notwendigkeit und Möglichkeiten der Verbesserung des Welthandels mit Nahrungsmitteln.
    3.5 Diskutieren Sie die These „Brot für alle hat die Erde".
    3.6 Diskutieren Sie Meinungen zur modernen Agrarproduktion.
    3.7 „Global denken, lokal handeln!" Welche Änderungen der Lebensweise erforderte die Umsetzung dieses Mottos in Deutschland?

Referate

1. Das Überbevölkerungsproblem - Notstand oder Hypothese?
2. Theorien und Berechnungen zur Tragfähigkeit der Erde
3. Die Berichte des Club of Rome

Geographische Arbeitsweisen

„Der Anfang der Kenntnis (*cognito*) muss immer von den Sinnen ausgehen …
Denn die Dinge prägen sich zuerst und unmittelbar den Sinnen ein, dann erst, durch Vermittlung der Sinne, dem Verstande …
Wenn die Dinge selbst nicht zur Hand sind, so kann man Stellvertreter verwenden: Modelle oder Bilder, die zu Unterrichtszwecken angefertigt worden sind …"

JOHANN AMOS COMENIUS (1657), Didactica Magna

Lernen ist Verarbeiten

Ein Tourist kehrt aus Griechenland nach Hause zurück. Er wird berichten, dass jetzt – im Frühjahr – an den Orangenbäumen reife Früchte neben großen Blüten hängen oder dass die Bauern ihre Getreidefelder auf rotfarbenen, steinigen Böden zwischen Olivenbäumen anlegen.

Was weiß er jetzt, was er vorher nicht bzw. nicht so genau gewusst hat?

Der Tourist kennt gewisse Zusammenhänge, sodass er darüber berichten kann. Er verfügt über ein Wissensnetz, wir nennen es „semantisches Netz". Gelernt hat er nicht die Bilder, die sich ihm in Griechenland darboten, sondern er hat seine Beobachtungen verarbeitet und verfügt nun darüber in seinem Gedächtnis. Damit sind einige Gesichtspunkte des Lernens umschrieben:
- Lernen ist Verarbeiten, also Handeln, Tätigsein.
- Das selbst erarbeitete Wissen wird im Gedächtnis wie in einem Netz gespeichert. Der einmal begriffene Zusammenhang, das semantische Netz, wird durch Lernen erweitert, präzisiert und verallgemeinert.
- Derart Gelerntes erschließt den Zugang zu neuen Sachverhalten. Das semantische Netz stellt den Hintergrund bereit, in den das Neue eingebettet werden kann. Zudem lenkt das zuvor Gelernte bei der Analyse und Verarbeitung der neuen Sachverhalte. Es stellt die Gesichtspunkte bereit, unter denen analysiert und verarbeitet werden kann.

Seit COMENIUS gilt in der Pädagogik das Prinzip der Anschaulichkeit. Damit verbindet sich das Bemühen, Anschauungsmittel (Medien) zu entwickeln. ROUSSEAU wendet sich strikt gegen Verbalismus. Er lässt nur die unmittelbare Anschauung in Handlungszusammenhängen des Lernenden gelten. Aber immer ist Anschauung oder das handelnde Umgehen mit den Gegenständen kein Selbstzweck, sondern der Weg zum Wissen.

Das Ziel ist verfügbares Wissen, das geäußert (verbalisiert) werden kann, und es sind beherrschte Fähigkeiten, die vorgeführt werden können. Wissen und Fähigkeiten sind zu lernen, nicht die Anschauungsmittel. Anschauungsmittel sind demnach Arbeitsmittel, mit deren Unterstützung etwas zu lernen ist.

Lernen als Verhaltensänderung

Anfangsverhalten I	geringes Wissen über Inhalt A
Lernprozess I	●
Endverhalten I	vertieftes Wissen über Inhalt A
Anfangsverhalten II	geringes Wissen über Inhalt B
Lernprozess II	●
Endverhalten II	umfassendes Wissen über Inhalt A, vertieftes Wissen über Inhalt B

?
1. Erläutern Sie das innere Verhältnis von Sache und Wort, Wirklichkeit und Begriff im Erkenntnisvorgang.
2. Erklären Sie den Begriff „Arbeitsbuch".
3. Erörtern Sie Lernwege unter der Benutzung Ihres Schulbuches.

Übersicht über geographische Arbeitsmittel/Medien (nach KÖCK 1986)

1. gegenständlich	1.1 original	Gestein, Fossil, Boden, Frucht	4. kartographisch	4.1 analytisch	Wandkarte, Handkarte
	1.2 nachgebildet	Globus, Tellurium		4.2 komplex	Atlaskarte, Kartogramm
				4.3 synthetisch	Reliefkarte
2. bildlich	2.1 als Laufbild	Film, Fernsehen	5. verbal	5.1 geschrieben	Text, Arbeitsblatt, Arbeitsheft, Arbeitsbuch
	2.2 als Stehbild	Dia, Schulbuchbild			
3. graphisch	3.1 buchgetragen	Zeichnung, Skizze, Profil, Blockbild, Diagramm, Karikatur		5.2 gesprochen	Schulfunk, Tonband, Kassette, Schallplatte
			6. numerisch		Statistik, Zahl
	3.2 foliengetragen	Zeichnung, Skizze, Profil, Blockbild, Diagramm, Karikatur	7. instrumentell	7.1 wetterkundlich	Thermometer, Barometer, Hygrometer
				7.2 bodenkundlich	Spaten, Bohrstock, pH-Meter
	3.3 tafelgetragen	Zeichnung, Skizze, Profil, Blockbild, Diagramm, Karikatur		7.3 kartographisch	Maßband, Winkelmesser, Planimeter

Lernziele beschreiben und stützen das Lernen

Wir haben Lernen als Verarbeiten definiert. Der Lernende verfügt nach erfolgreichem Lernen über Wissen und Können, welches ihn zu neuem Lernen befähigt und sein Verhalten zu den Gegenständen verändert hat. Erfolgreiches Lernen drückt sich durch eine Verhaltensänderung des Lernenden aus. Dementsprechend soll das Lernziel eine Qualifikation beschreiben, die der Lernende erworben haben soll.

Lernzielbereiche

Lernziele lassen sich drei Bereichen zuordnen: dem kognitiven, dem instrumentalen und dem effektiven Bereich. Kognitive Lernziele sind auf Inhalte bezogen, nämlich auf den Denk-, Wahrnehmungs- und Gedächtnisbereich. Instrumentale (psychomotorische) Lernziele beschreiben die Beherrschung geographischer Arbeitsweisen. Affektive Lernziele sind auf die soziale Komponente gerichtet, auf den Gefühls-, Einstellungs- und Wertebereich.

Lernzielstufen

Lernziele haben eine Inhalts- und eine Verhaltenskomponente. Während erstere den Gegenstand des Lernens benennt, beschreibt letztere die Stufe der Verhaltensänderung, das heißt, wie intensiv ein Lernziel erfüllt werden soll. Dafür verwendet man Aktionswörter (Operatoren). Sie können substantivisch oder verbal gebraucht werden. So ergibt sich eine Rangordnung der Lernziele. Ziele der oberen Stufe sind regulative Lernziele. Sie beschreiben das Endverhalten allgemein, sodass es empirisch nicht überprüfbar ist. Regulative Lernziele sind nicht kurzfristig einlösbar, sondern Intentionen und Prinzipien des Unterrichts. Ihre Ausfüllung erfolgt schrittweise durch die Erfüllung von Lernzielen der unteren Stufe. Diese operativen Lernziele geben beobachtbare, empirisch überprüfbare Verhaltensänderungen an.

Aufbau eines Lernzieles

Kenntnisse der Topographie Afrikas

Operator — Inhalt

Hierarchie von Lernzielen am Beispiel der Karte „Oberflächengestalt der Erde"

Stufe	regulative Lernziele
11–13	Beherrschen des selbstständigen Umgangs mit dem Karteninhalt
9/10	Fertigkeit im Umgang mit dem Karteninhalt
7/8	Fertigkeit im elementaren Umgang mit der Höhendarstellung des Festlandes und des Meeresbodens
5/6	Fähigkeit, die Karte als topographische Orientierungshilfe zu benutzen

?

Beschreiben Sie durch Lernziele Anfangs- und Endverhalten Ihrer Lernprozesse von Unterrichtsstunde zu Unterrichtsstunde, von Woche zu Woche, am Anfang und am Ende eines Schulhalbjahres.

Lernzielbeschreibungen (nach K. Westphalen 1973)

Wissen	Können	Erkennen	Werten
Einblick: erste Begegnung mit dem Wissensgebiet	*Fähigkeit:* das zum Vollzug einer Tätigkeit notwendige Können	*Bewusstsein:* die zum Weiterdenken anregende Vorstufe des Erkennens	*Bereitschaft:* entsteht, wenn Werte anerkannt und als persönliche Ziele gesetzt werden.
Überblick: systematisierte Übersicht nach Einblick in mehrere Teilbereiche des Wissensgebietes	*Fertigkeit:* das durch reichliche Übung eingeschliffene, sichere, fast mühelose Können	*Einsicht:* die grundlegende Anschauung, die erworben und beibehalten wird, wenn ein Problem eingehend erörtert und einer Lösung zugeführt ist	*Freude bzw. Interesse* an bestimmten Lerngegenständen: Operationalisierung und Lernzielkontrolle schwierig
Kenntnis: Kenntnis setzt Überblick voraus, fordert zusätzlich detailliertes Wissen und gedächtnismäßige Verankerung, die zu einer zutreffenden Beschreibung befähigt	*Beherrschung:* hoher, vielfältige Anwendungsmöglichkeiten einschließender Grad von Können	*Verständnis:* die Ordnung von Einsichten und ihre weitere Verabeitung zu einem begründeten Urteil	
Vertrautheit: erweiterte oder vertiefte Kenntnisse über ein Wissensgebiet, sicherer Umgang damit			

| | instrumentaler Bereich | | affektiver Bereich |

kognitiver Bereich

Methodische Gesichtspunkte und Studierfähigkeit

Schule hat einerseits die Aufgabe, Ihnen zu helfen, Ihre Orientierung in Bezug auf die Wirklichkeit zu gewinnen und damit Ihre Persönlichkeit zu stärken. Andererseits soll Schule Voraussetzungen für eine erfolgreiche Berufsausbildung schaffen, die gymnasiale Oberstufe insbesondere Studierfähigkeit vermitteln.

Die Wirklichkeit der menschlichen Lebensverhältnisse ist der Gegenstand des Geographieunterrichts. Er fördert und fordert den sachgemäßen Zugang zum Erfassen von Wirkungen des Raumes auf die Gesellschaft, raumprägender Kräfte und räumlicher Strukturen durch geowissenschaftliche, wirtschafts- und sozialwissenschaftliche Erklärung, durch Analyse von Regionen und Ländern sowie handlungsorientiert durch angewandte Geographie.

Geographieunterricht in der gymnasialen Oberstufe vermittelt Ihnen im Rahmen von Grundbildung, Wissenschaftsorientierung, Studierfähigkeit und Persönlichkeitserziehung nicht nur Wissen, sondern auch Können. Dazu gehören sowohl das Lernen von Methoden als auch methodisches Handeln. Sie sollen lernen, selbstständig, kritisch und methodenbewusst die geographischen Medien zu bearbeiten. Das erfordert selbstständiges Lernen, wissenschaftspropädeutisches Arbeiten, Kommunikationsfähigkeit und Wertung. Im Einzelnen gehören dazu folgende Ziele:
- Reflexions- und Urteilsfähigkeit auf der Grundlage soliden Wissens (z. B. Einordnen neu erworbener Kenntnisse in bekannte Sachzusammenhänge beim Überprüfen und Beurteilen von Zielen und Verfahren der eigenen Arbeit),
- Fähigkeit und Bereitschaft, eine Aufgabe möglichst vorurteilsfrei und geistig beweglich aufzugreifen und zu bearbeiten (z. B. bei der Problemfindung und bei der Suche und Beurteilung von Lösungsansätzen),
- Fähigkeit zu planvollem und zielstrebigem Arbeiten auch über längere Zeit (z. B. beim Planen von Arbeitsvorhaben, beim Durchführen von Arbeitsvorgängen, bei der Lektüre und Durcharbeitung von Ganzschriften, etwa in Leistungskursen),
- Fähigkeit, wissenschaftliche Arbeitsvorgänge und Ergebnisse sachangemessen und verständlich darzustellen,
- Verständnis für wissenschaftstheoretische Fragestellungen.

Anforderungsbereiche und Aufgabenstellungen

Schriftliche und mündliche Prüfungen, die Abiturprüfungen eingeschlossen, sind nicht nur für die Beurteilung Ihrer Leistungen von Bedeutung, sondern sie sind für Sie und Ihre Lehrerin/Ihren Lehrer auch eine wichtige Rückmeldung über den Leistungsstand im Hinblick auf die erwarteten Anforderungen zur Entwicklung der Studierfähigkeit. Ein Instrument, Aufgaben zu strukturieren und Prüfungsleistungen besser vergleichbar zu machen sind die Anforderungsbereiche. Man unterscheidet die Bereiche I Wiedergabe von Kenntnissen, II Anwenden von Kenntnissen, III Werten und Urteilen. Diese Reihenfolge entspricht – im Sinne einer zunehmenden Selbstständigkeit der Schülerin/des Schülers und der Komplexität der Gegenstände – drei Lernzielniveaus.

Geographie und Bildung des Individuums

Durch geographische Erziehung werden Schüler ermuntert, Wissen und Erkenntnisse, Fähigkeiten, Einstellungen und Werte zu gewinnen. Sie entwickeln insbesondere ... Fähigkeiten zur
- Nutzung verbaler, bildhafter, quantitativer und symbolischer Informationen wie Texte, Bilder, Graphik, Tabellen, Diagramme und Karten;
- Anwendung solcher Methoden wie Feldbeobachtung und -kartierung, Interview, Interpretation sekundärer Quellen und Anwendung von Statistik;
- Anwendung von kommunikativen Denk-, praktischen und sozialen Fähigkeiten, um geographische Fragen lokalen bis internationalen Maßstabs zu beantworten.

Ein derart entdeckendes Verfahren ermutigt, Fragen und Probleme zu erkennen; Informationen zu sammeln und zu strukturieren; Daten zu bearbeiten, zu interpretieren, zu bewerten; Regeln zu erarbeiten, anzuwenden; Urteile zu fällen; Entscheidungen zu treffen; Probleme zu lösen; sich in Teamsituationen kooperativ zu verhalten; den Einstellungen und Einsichten entsprechend zu handeln.

Auf diesem Wege leistet die geographische Erziehung einen Beitrag zur Kommunikationsfähigkeit, zu Kulturtechniken wie Lesen, Schreiben, Reden, Rechnen und graphische Gestaltung und ebenso zur Entwicklung der Persönlichkeit und sozialen Kompetenz, insbesondere bezogen auf die räumliche Dimension des täglichen Lebens vom lokalen bis zum globalen Maßstab.

(Internationale Charta der Geographischen Erziehung, 1992, Auszug)

?
Unterscheiden Sie Lernen von Methoden und methodischem Handeln. Belegen Sie Ihre Darlegungen anhand geographischer Arbeitsweisen und handlungsorientierter angewandter Geographie.

Den Anforderungsbereichen lassen sich Aufgabenstellungen unter dem Gesichtspunkt des ansteigenden Schwierigkeitsgrades hierarchisch zuordnen. Verwendet man geeignete Aktionswörter, so können die Lernzielniveaus in der Regel klar voneinander abgegrenzt werden. Dem Anforderungsbereich I sind demnach Aufgaben des geringsten, dem Anforderungsbereich III des höchsten Schwierigkeitsgrades zuzuordnen.

Sinn des Geographieunterrichts ist letztlich nicht Raumkenntnis, sondern Raumverständnis und dementsprechend die Befähigung zu kompetentem Verhalten im geographischen Raum sowie kompetenter Umgang mit dem geographischen Raum.

Aufgaben und Fragen, die diesem Ziel dienen, sind:
– Aufgaben zu Ursachen, Folgen und Motiven,
– Aufgaben zur Definition von Begriffen und Aufgaben, welche die systematische Entfaltung eines geographischen Begriffes erfordern,
– Aufgaben, die einen Vergleich voraussetzen,
– Aufgaben, die auf die gesellschaftliche Bedeutung zielen.

Anforderungsbereiche und Aufgabenstellungen im Fach Geographie der gymnasialen Oberstufe

Anforderungsbereiche	*Aktionswörter für Aufgabenstellungen*
Wissen – Wiedergabe von Sachverhalten aus einem abgegrenzten Gebiet im gelernten Zusammenhang	**Benennen:** Sachverhalte erfassen und ohne Erläuterung aufzählen. Das Wesentliche in zusammenhängenden Sätzen kurz herausstellen. **Wiedergeben:** Erlerntes oder an vorgegebenen Materialien zur Kenntnis Genommenes mit eigenen Worten zusammengefasst wiederholen.
– Beschreibung und Darstellung gelernter und geübter Arbeitstechniken in einem begrenzten Gebiet und einem wiederholenden Zusammenhang	**Beschreiben:** Einleitend hervorheben, was beschrieben wird. Dann Art und Weise beschreiben, in der der Sachverhalt dargestellt wird. Sodann Beschreibung der inhaltlichen Aussage. **Darstellen:** Graphische Umsetzung eines Sachverhaltes. Dabei beachten von Maßstab, Überschrift, Legende, Quellenangabe.
Erklären und Anwenden – selbstständiges Erklären, Bearbeiten und Ordnen bekannter Sachverhalte	**Charakterisieren:** Sachverhalt gliedern und Einzelaspekte gewichten. **Erläutern/Erklären:** Sachrichtige und in ihren Zusammenhängen einsichtige Darlegung des Sachverhaltes.
– selbstständiges Anwenden und Übertragen des Gelernten auf vergleichbare Sachverhalte	**Analysieren/Interpretieren:** Gegenstand ist eine konkrete Materialgrundlage, mit der wie beim Erläutern und Erklären zu verfahren ist. **Vergleichen:** Zuerst Sachverhalte in ihrer Eigenart erfassen, sodann Unterschiede und Gemeinsamkeiten ähnlicher Sachverhalte erkennen.
Problembezogenes Denken, Beurteilen, Stellungnahme – planmäßiges Verarbeiten komplexer Gegebenheiten mit dem Ziel, zu selbstständigen Begründungen, Folgerungen, Deutungen und Wertungen zu gelangen	**Begründen:** Vermutung, These, Meinungsäußerung, danach unter Verwendung der Fachbegriffe begründen. **Beurteilen/Bewerten/Stellung nehmen:** Nach Charakterisierung, Erläuterung oder Analyse erfolgt die sachlich fundierte Darlegung der eigenen Meinung, die argumentativ entwickelt werden muss. **Erörtern:** Den Sachverhalt von verschiedenen, sachlich haltbaren Positionen aus betrachten. Abschließend erfolgt die Ausführung der eigenen Meinung.

(u. a. nach KMK 1979, 1989, F.-M. CZAPEK 1992)

Auswerten von Materialien

Sie wissen aus Ihrer Kenntnis des Geographieunterrichts, dass der Umgang mit Arbeitsmitteln in diesem Schulfach eine besondere Rolle spielt. Geographieunterricht ist medienfreundlich, weil die originale Begegnung mit dem Lerngegenstand nur selten möglich ist. Daher sind Medien als pädagogisches Hilfsmittel notwendig. Medien sind Träger von Informationen. Sie vermitteln dem Adressaten nicht nur Ausschnitte der Wirklichkeit menschlicher Lebensverhältnisse, sie ermöglichen auch selbstständiges Lernen sowie die Kommunikation aller am Lernprozess beteiligten Personen.

> *Handlungsschema zur Analyse/Interpretation geographischer Arbeitsmittel*
>
> 1. Einordnung des Materials
>   1.1 Wie lautet das Thema, die Überschrift?
>   1.2 Aus welcher Quelle stammt das Material?
>   Belletristik, wissenschaftliche Literatur, populärwissenschaftliche Literatur, Zeitung, Zeitschrift, Schulbuch
>   1.3 Wann wurde das Material veröffentlicht?
>   Ist es aktuell, veraltet, zeitlos?
>   1.4 Wie ist der Verfasser, die Quelle des Materials einzuordnen?
>   Persönlichkeit, Wissenschaftler, Journalist, Experte, Berichterstatter, Institution, politische und gesellschaftliche Stellung, weltanschaulicher und politischer Standpunkt, Distanz zum Gegenstand
>   1.5 Welchem Zweck dient das Material?
>   Information (Auskunft, Erklärung, Berichterstattung, Belehrung, Erläuterung), Desinformation/Propaganda
> 2. Form der Darstellung
>   2.1 Um welche Art von Arbeitsmittel handelt es sich?
>   gegenständlich, bildlich, graphisch, kartographisch, verbal, nummerisch
>   2.2 In welcher Art und Weise ist der Sachverhalt dargestellt?
> 3. Beschreibung des dargestellten Sachverhaltes
>   3.1 Welches sind die wichtigen inhaltlichen Aussagen?
>   3.2 Welche Besonderheiten und Auffälligkeiten sind zu nennen?
>   3.3 Welche unbekannten Begriffe müssen geklärt werden?
>   3.4 Welche Verständnisschwierigkeiten ergeben sich? Wie können sie überwunden werden?
> 4. Erklärung des dargestellten Sachverhaltes
>   4.1 In welchen Beziehungen stehen die Einzelaussagen untereinander?
>   4.2 Welche Erkenntnisse sind zu gewinnen?
>   4.3 Wie lässt sich der Sachverhalt in einer Strukturskizze, einem Verlaufsschema, einem Fließ-(Pfeil-)diagramm darstellen?

Beobachten – Beschreiben – Wissen – Deuten

Beobachtung am originalen Gegenstand, insbesondere aber am Medium muss mehr sein als bloße Anschauung, um zu Wissen und Erkenntnissen zu gelangen. Die Brücke zwischen Beobachten und Wissen ist die Beschreibung des Gegenstandes. Erst durch die mithilfe des gesprochenen oder geschriebenen Wortes vollzogene Erfassung des Gegenstandes wird aus dem mehr oder weniger passiven Hinsehen eine vom Lernenden vollzogene Beobachtung. Der fragende und kategoriale Zugriff ist es, durch den alle unscharfen Wahrnehmungen erst klare Umrisse und Begrifflichkeit erlangen.

?

1. Vollziehen Sie die Schrittfolge von der Beobachtung zur Deutung an dem Satellitenbild (Lehrbuch, S. 137) nach.
2. Wählen Sie unterschiedliche geographische Begriffe aus. Versuchen Sie, diese zu definieren. Vergleichen Sie danach Ihre Formulierungen mit den Darlegungen im Glossar dieses Buches oder in Lexika.

Weit verbreitet ist bei Schülerinnen/Schülern wie bei Erwachsenen die Neigung, den Sachverhalt sofort zu deuten oder gar zu bewerten. Dieser Weg ist zu vermeiden, weil er häufig zu falschen Ergebnissen führt und in pure Raterei ausarten kann. Deshalb gilt die Regel: Erst nachdem die zum Verständnis des Sachverhaltes notwendigen Beobachtungen zusammengetragen, unter Fragestellungen oder Kategorien geordnet und begrifflich gefasst sind, ist eine Deutung und Wertung möglich.

Definieren. (lat. abgrenzen, bestimmen) den Inhalt eines Begriffes klarlegen, auseinanderlegen, feststellen.
Definition. Begriffsbestimmung, Darstellung eines Begriffes durch Aufzählung seiner Merkmale, d. h. durch Angabe des Begriffsinhaltes.

Definition von Begriffen

Jede mündliche und schriftliche Mitteilung verlangt nach eindeutigem, verständlichem Ausdruck. Dazu bedarf es klarer Begriffe. Nur auf der Grundlage der genauen Definition der Begriffe ist sorgfältige und zeitangemessene Kommunikation möglich. Das Verstehen einer Definition setzt in der Regel wieder Kenntnisse im entsprechenden Fachgebiet voraus. So haben in der Mathematik die Begriffe „Funktion" und „Gruppe" eine andere Bedeutung als in der Geographie. Jeder Begriff ist also Ausdruck von Erfahrungen, die notwendig sind, um die Bedeutung des Begriffes verstehen zu können.

Definitionsfehler
- Die Definition enthält nur Verneinungen.
- Die Definition ist zu eng.
- Die Definition ist zu weit gefasst.
- Die Definition benutzt das zum Definieren, was erst definiert werden soll.

> „Begriffe" sind Wörter. Wörter haben einzeln betrachtet eine weit gespannte, vage Bedeutung. Erst im Satz wird ein Wort eng umgrenzt, präzise und konkret. Begriffe sind Wörter, deren Bedeutungsinhalt durch Sätze festgelegt werden kann, die für sich oder in zusammenhängenden Texten stehen oder auch in bestimmten Situationen gesprochen werden.
>
> Will man also den Sinn eines Begriffes verstehen, muss man wissen, in welche Sätze oder in welchen „Kontext" er gehört.
>
> Kontext im engeren Sinne sind Sätze, die die Bedeutung eines Begriffes ausdrücklich festlegen. Begriffe, die durch einen Kontext dieser Art möglichst exakt und unmissverständlich festgelegt sind, haben ihren Ort hauptsächlich in den Fachsprachen der verschiedenen Wissensgebiete. Der Kontext eines Fachbegriffes ist den Fachleuten bekannt."
>
> (aus: WERNICKE, UTA: Sprachwissen. Lehr- und Arbeitsbuch Deutsch. Sekundarstufe II. Hamburg 1978, S. 59)

Von der Beobachtung zur Deutung

1. Schritt: Beobachten
   - Fragen an den Sachverhalt stellen
   - Gesichtspunkte finden, nach denen die Beobachtung gegliedert wird
   - Vorwissen und verfügbares Können anwenden
2. Schritt: Beschreiben
   - Verbalisieren der Beobachtungen (Merkmale, Besonderheiten, Auffälligkeiten erfassen; Unklarheiten, Widersprüche benennen)
   - Ordnen der Beobachtungen
3. Schritt: Wissen
   - Sachverhalte begrifflich fassen
   - Unklarheiten und Widersprüche klären
4. Schritt: Deuten
   - auf der Grundlage strukturierter Vorstellungen und begrifflicher Klarheit Zusammenhänge herstellen und den Sachverhalt klären

Zahlenarten in der Statistik

absolute Zahlen: Angaben von Mengen, Größen oder Häufigkeiten

relative Zahlen: Beziehungen zwischen Zahlenwert und einer anderen Größe

Prozentzahlen: Zusammenhang zwischen einer Teilmenge und der Gesamtmenge. Die gleich 100 % gesetzte Summe muss in absolutem Maß angegeben werden.

Beziehungszahlen: Beziehungen zwischen unterschiedlichen Größen (z. B. Pro-Kopf-Angaben)

Indexzahlen: Die Angabe bezieht sich auf einen Ausgangswert. Die Verwendung ist bei Zeitreihen üblich. Der absolute Wert des Basisjahres wird gleich 100 gesetzt.

Größenklassen: Eine klare Abgrenzung der Klassen ist notwendig, z. B. 10 bis 20, 21 bis 50 oder 10 bis < 20, 20 bis < 50.

Zahl und Statistik

Zahlenmaterial wird in vielen Lebensbereichen zur Darstellung von Strukturen, Wechselbeziehungen und Entwicklungen, auch geographischer Sachverhalte, verwendet. Zahl und Statistik, wenn sie verlässlich sind, das heißt nach wissenschaftlichen Methoden ermittelt und aufbereitet wurden, stellen Informationsträger zur Erfassung und Vermittlung exakter quantitativer Sachverhalte dar.

Gestaltung von Tabellen

Eine Tabelle setzt sich aus drei Teilen zusammen: Tabellenkopf, Zahlenteil und Quellenangabe. Tabellen sind waagerecht und senkrecht gegliedert. Um die Lesbarkeit zu verbessern sind die Tabellenteile häufig durch Linien voneinander getrennt. Dem gleichen Zweck dient auch das Einrücken von Zahlen oder der Zusatz „darunter" bzw. „von".

Der Tabellenkopf besteht aus der Überschrift und häufig auch aus der Nummerierung der Tabelle. Die Überschrift soll knapp gehalten sein, aber eindeutig über Inhalt, Raum- und Zeitbezug informieren.

Der Zahlenteil ist waagerecht durch Zeilen und senkrecht durch Spalten gegliedert. Er enthält die reinen Zahlen. Unbekannte Werte werden durch einen Punkt, fehlende durch einen waagerechten Strich, kleinere Werte als die benutzte Maßeinheit durch eine 0 angezeigt. Summenzeilen und -spalten stehen rechts bzw. unten. In einer Vorspalte an der linken Seite werden meist Jahresangaben platziert. Die Maßeinheiten stehen in der Kopfzeile. Neben der Quellenangabe können unter dem Zahlenteil auch Fußnoten und Anmerkungen untergebracht werden.

Aufbau einer Tabelle

Tabellenkopf (Kopfleiste)	Nummerierung	Ü b e r s c h r i f t inhaltliche Angabe		topographische Angabe	zeitliche Angabe
Kopfzeile	Tab. 1	Bruttoinlandsprodukt (BIP), Primärenergieverbrauch (PEV) und Bruttostromverbrauch (BSV) in Deutschland 1960–1987			
	Jahr	BIP in Preisen von 1980	PEV	<u>PEV</u> BIP	BSV	<u>BSV</u> BIP
		Md. DM	Mio. t SKE	kg SKE 1 000 DM	Md. kWh	kWh 1 000 DM
Zahlenteil	1960	728,94	211,48	290,1	123,19	169,0
	1965	923,70	264,57	286,4	176,58	191,2
	1970	1 132,82	336,76	297,3	250,36	221,0
	1975	1 254,83	347,74	277,1	309,64	246,8
	1980	1 478,94	390,18	263,8	374,53	253,2
	1985	1 568,01	385,00	245,5	411,21	262,2
	1987	1 637,02	388,00	237,0	422,06	257,8
Anmerkungen	fehlen					
Quelle	VDEW 1987					

Graphische Gestaltung von Zahlenmaterial

Dem pädagogischen Prinzip der Anschaulichkeit folgend setzt man Zahlenwerte in optisch leicht erfassbare graphische Darstellungen um. Dadurch lässt sich auch umfangreiches Zahlenmaterial auf einfache und verbindliche Art und Weise darstellen.

Die abstrakte Zahl wird veranschaulicht. Durch geeignete Darstellungsformen können wesentliche Punkte wie Beziehungen, Zusammenhänge und Entwicklungen herausgehoben, mehrere Funktionen gleichzeitig wiedergegeben und Vergleiche erleichtert werden. Zugleich aber wächst die Versuchung zur Manipulation. So können in „Zweckdiagrammen" Sachverhalte und Problemstellungen dramatisiert oder verharmlost werden.

> Anforderungen an das Diagramm
>
> – Die graphische Darstellung muss für sich allein verständlich sein.
> – Das Diagramm trägt eine Überschrift, die den Inhalt bzw. die Fragestellung kennzeichnet.
> – Das Diagramm muss einfach und übersichtlich gestaltet sein.
> – Alle Teile des Diagramms sind zu beschriften.

Bei der Analyse/Interpretation von Statistiken und Diagrammen, die nach gleichem Muster erfolgen kann, ist zu beachten, dass die Ablesegenauigkeit bei Diagrammen häufig geringer ist. Anhand von Diagrammen kann aber bequemer generalisiert und verglichen werden als bei Statistiken.

Zur Art und Weise der Darstellung und zur Beschreibung des dargestellten Sachverhaltes (siehe Punkte 2.2 und 3. des allgemeinen Handlungsschemas) sind zusätzlich folgende Gesichtspunkte zu berücksichtigen:
– Welche Einheit (absolute Zahlen, Anteile, Räume, Zeiteinheiten, Zeiträume) werden verwendet?
– Welche Höchst- und Tiefstwerte sowie Durchschnittswerte treten auf?
– Welche Größenordnungen und zeitlichen Entwicklungen (gleichmäßig oder sprunghaft) sind festzustellen?
– Sind Tendenzen, Phasen von Entwicklungen festzustellen?

> Checkliste zur Überprüfung eines Diagramms
>
> – Gibt die Überschrift Auskunft über die Fragen: Was? Wo? Wann?
> – Enthält die Überschrift überflüssige Wörter?
> – Sind die Linien und Flächen gut zu unterscheiden?
> – Ist die Darstellung überladen?
> – Ist eine Legende vorhanden?
> – Ist eine Quellenangabe vorhanden?
> – Ist die Darstellungsart optimal?
> – Kann die Zeichnung gut vervielfältigt oder über den Tageslichtprojektor projiziert werden?
>
> (nach Riedwyl, 1975)

?

1. Suchen Sie in diesem Buch nach Beispielen für die verschiedenen Diagrammarten. Begründen Sie deren Auswahl.
2. Stellen Sie Statistiken aus diesem Buch graphisch dar. Begründen Sie die Wahl der Diagrammart.

Arten, Anwendung und Merkmale von Diagrammen (Übersicht)

Stabdiagramm (Strichdiagramm, Säulendiagramm)
Darstellung von Zahlenwerten in ihrer zeitlichen, räumlichen und sachlichen Folge (Rangreihe)
Die Stabhöhe gibt den Zahlenwert wieder.
Die Höhenskala beginnt bei Null.
Alle Stäbe sind gleich breit.
Der Abstand zwischen den Stäben beträgt die Hälfte der Stabbreite.

Streifendiagramm (Banddiagramm)
Darstellung von Verhältniswerten durch die Gliederung des Balkens nach Teilmengen. Anwendung insbesondere bei Zeitreihen und Gliederung von Flächen (z. B. Landnutzung in Deutschland)

Kreisdiagramm (Kreissektorendiagramm)
Darstellung von Verhältniswerten durch Kreissektoren, auch in der Kombination mit absoluten Werten.

Kurvendiagramm (Liniendiagramm)
Darstellung veränderlicher Zahlenwerte wie Abläufe, Veränderungen, Entwicklungen (Wertveränderungen als Funktion der Zeit).
Die Abszissenachse entspricht der Zeitachse. Die Teilung erfolgt streng proportional der Zeit und daher lückenlos-kontinuierlich.
Graphische Darstellung als Kurve, Polygonzug oder Treppenkurve.
Kurve: Voraussetzung ist Stetigkeit, das heißt der Abstand zugrunde liegender Wertepunkte kann beliebig verdichtet werden.
Polygonzug: Er ersetzt die Kurve, wenn Unstetigkeit vorliegt, das heißt eine geringe Anzahl von Wertepunkten bekannt ist. Die Punkte werden durch gerade Linien verbunden, die winklig aufeinander stoßen.
Treppenkurve: Die treppenförmig geknickte Linie schließt nur rechte Winkel ein. Üblich vor allem bei der graphischen Darstellung von Häufigkeitsverteilungen. Im Gegensatz zum Punkt- und Stabdiagramm betont das Kurvendiagramm den Zusammenhang der Werte. Es soll nicht die Verteilung oder Streuung, sondern die Abfolge hervorgehoben werden. Deshalb wird das Kurvendiaramm für die Darstellung von Zeitreihen verwendet.

Dreiecksdiagramm
Darstellung dreier Komponenten in einer Gesamtmenge innerhalb eines gleichseitigen Dreiecks.
Die Gesamtmenge (Summe) beträgt in der Regel 100 %, das heißt die Höhe des Dreiecks entspricht 100 %, entsprechend erfolgt die Teilung der Dreiecksseiten in drei Skalen von 0 % bis 100 %.
Die Lage eines Punktes im Dreieck gibt an, aus welchen Werten sich die Summe von 100 % zusammensetzt.

Flächendiagramm
Variante 1: Darstellung absoluter Werte durch regelmäßige geometrische Figuren.
Variante 2: Einfache Liniendiagramme werden durch Schraffieren oder Färben der Fläche zwischen der Abszissenachse und des Polygonzuges zu Flächendiagrammen.

Fließdiagramm (Pfeildiagramm)
Darstellung von Abläufen, Entwicklungen, Vernetzungen, Regelkreisen.
Durch Verknüpfungslinien, Pfeile oder Vektoren werden Beziehungen zwischen gegenständlichen und nicht gegenständlichen Erscheinungen dargestellt. Zur Erläuterung der Erscheinungen werden bildhafte Zeichnungen oder Symbole sowie verbale Bezeichnungen durch Kennworte, die oft in einen Linienrahmen gestellt werden, verwendet.

Klimadiagramme

Klimadiagramme veranschaulichen das Klima an einem Ort. Man verwendet drei Klimadiagrammtypen: das einfache Temperatur-Niederschlagsdiagramm, das ökologische Klimadiagramm (nach WALTER und LIETH, auch WALTER-LIETH-Diagramm genannt), das Thermoisoplethendiagramm.

Die erstgenannten Typen gehören zur Gruppe der Koordinatendiagramme, in denen zwei Darstellungselemente miteinander verbunden sind. Der Temperaturverlauf wird durch eine (meist rot gefärbte) Kurve (Polygonzug) wiedergegeben, die Monatsniederschläge werden durch (meist blau gefärbte) Stäbe dargestellt.

Das Thermoisoplethendiagramm gehört zur Gruppe der dreidimensionalen Diagramme.

Ökologische Klimadiagramme veranschaulichen den durchschnittlichen Jahresverlauf der Monatsmitteltemperaturen und der mittleren Monatssummen der Niederschläge. Auf der waagerechten Skala sind die Monate abgetragen, für die Nordhalbkugel von Januar bis Dezember, für die Südhalbkugel von Juli bis Juni, sodass die warme Jahreszeit immer die Skalenmitte einnimmt. Auf den beiden senkrechten Skalen wird links die Temperatur und rechts der Niederschlag abgetragen.

H. WALTER interpretiert die Temperaturkurve als Verdunstungskurve, indem er je 10 °C jeweils 20 mm Niederschlag zuordnet. Bei dem Verhältnis von 1:2 beider Darstellungselemente kommt den von den Kurven eingeschlossenen Flächen eine zusätzliche Bedeutung zu. Liegt die Temperaturkurve oberhalb der Niederschlagssäulen, so ist das Klima arid (N < V), ragen die Niederschlagssäulen über die Temperaturkurve hinaus, herrscht ein humides Klima (N > V).

Die Niederschlagswerte über 100 mm im Monat werden verkürzt dargestellt. Diese Wassermengen fließen oberirdisch ab und sind für das Pflanzenwachstum nicht von unmittelbarer Bedeutung.

Thermoisoplethendiagramme veranschaulichen in ganzheitlicher Weise den Verlauf der Temperatur (thermo, gr. = Wärme) im Tages- und Jahresgang. In einem dreidimensionalen Koordinatensystem sind auf der waagerechten Achse (x-Achse) die Jahreszeit (Monate), auf der senkrechten Achse (y-Achse) die Tageszeit (Stunden) abgetragen. Benachbarte Punkte gleicher Wertigkeit (gleicher z-Wert) werden durch Kurven (Isoplethen, gr. = Linien gleichen Zahlenwertes) verbunden.

Bei farblichen Darstellungen werden die Temperaturwerte farbig abgestuft zu Intervallen zusammengefasst.

Die Farbskala von violett über blau und gelb nach rot signalisiert Temperaturwerte von kalt bis heiß.

Sind die jahreszeitlichen Schwankungen der Temperatur größer als die tageszeitlichen Schwankungen (Jahreszeitenklimate des Gürtels der temperierten Breiten und des kalten Gürtels), so verlaufen die Thermoisoplethen überwiegend parallel zur y-Achse senkrecht. Das Tageszeitenklima des tropischen Gürtels erkennt man am überwiegend waagerechten Verlauf, also annähernd parallel zur x-Achse. Bei geringen Temperaturschwankungen im ozeanischen Klima ist der Abstand zwischen den Isoplethen weit, bei starker Temperaturschwankung im kontinentalen Klima gering.

Angaben in der Kopfleiste zum ökologischen Klimadiagramm

linke Seite	rechte Seite
Name der Klimastation	Lage im Gradnetz
Jahresdurchschnittstemperatur	Höhe der Station über NN
mittlerer Jahresniederschlag	

Auswerten eines Klimadiagramms

1. Den Jahresgang der Temperatur beschreiben:
    1.1 Die Temperaturstufe des wärmsten (Maximum) und des kältesten (Minimum) Monats angeben.
    1.2 Jahreszeiten kennzeichnen.
    1.3 Die jährliche Temperaturschwankung (Jahresamplitude) aus der Differenz von Maximum und Minimum berechnen und mit gering, mäßig oder hoch kennzeichnen.
    1.4 Das Jahresmittel der Temperatur angeben.

2. Die Verteilung der Niederschläge beschreiben:
    2.1 Die Verteilung nach niederschlagsreichen und niederschlagsarmen Monaten beschreiben.
    2.2 Jahreszeiten kennzeichnen.
    2.3 Die jährliche Niederschlagsschwankung angeben.
    2.4 Den Jahresniederschlag nach Niederschlagsstufen kennzeichnen.

Karten

Die Karte ist als räumliche Orientierungsgrundlage im privaten und öffentlichen Leben unentbehrlich. Für die erdraumbezogene Forschung sind Karten grundlegende Hilfsmittel. Die Fähigkeit, Karten zu nutzen, ist somit als eine Kulturtechnik zu verstehen.

In der Karte wird das dreidimensionale Landschaftsbild in einer Ebene verkleinert abgebildet. Das erfordert die Anwendung einer Kartenprojektion und eines Maßstabes. Die Verkleinerung wiederum verlangt nach einer vereinfachten Darstellung der Inhalte. Unwesentliches muss von wesentlichen Inhalten durch Generalisierung unterschieden werden. Durch Kartenzeichen wird die dargestellte Landschaft erläutert. Diese kartographische Zeichensprache erhält eine der Schriftsprache ähnliche Aufgabe.

Die Kartennetzentwürfe können nicht zugleich längentreu, winkeltreu und flächentreu sein. Für den Schulgebrauch und für einen weitgespannten Nutzerkreis aus Wirtschaft und Politik sowie in der Öffentlichkeit sind vor allem flächen- und formtreue Erd- und Kontinentaldarstellungen wichtig.

Handlungsschema zur Interpretation thematischer Karten

Einordnung

1. Wie lautet das Thema der Karte?
2. Wo liegt der Raumausschnitt und wie groß ist er?
   Geographische Lage beschreiben. Gesichtspunkte können sein: Gradnetz, Geo-(Klima-)zonen, Großrelief der Erde, tektonische Gliederung, Großraum im Kontinent, Landschaft, politisches Territorium. Maßstab beachten und gegebenenfalls andere thematische Karten heranziehen.
3. Wie sieht der topographische Grundraster aus?
   Gesichtspunkte können sein: Oberflächengliederung, Gewässer, Verkehrslinien, Siedlungen. Gegebenenfalls eine Skizze zur topographischen Grundorientierung anfertigen.
4. Was kann zur Quelle gesagt werden?

Form der Darstellung

1. Welcher Kartentyp liegt vor?
2. Welche Signaturen werden verwendet?
   Ordnen Sie die Signaturen nach Gruppen, z. B. nach den Wirtschaftssektoren, nach Formen der Bodennutzung, nach ihrer Quantifizierung.

Beschreibung

Sie orientieren sich an den Punkten 3.1 bis 3.4 im allgemeinen Handlungsschema. Zudem entscheiden Sie zwischen folgenden Zugriffen:
a) Beschreibung der räumlichen Anordnung einzelner Geofaktoren (Komponenten), kulturgeographischer Erscheinungen und Einrichtungen nacheinander.
b) Gliederung der Karte in Teilräume und Beschreibung des jeweiligen komplexen Raumbildes (ganzheitlicher Zugriff).

?

1. Suchen Sie in diesem Buch nach Beispielen für verschiedene Kartentypen. Begründen Sie Ihre Auswahl.
2. Legen Sie für Ihren Atlas ein Inhaltsverzeichnis an, das nach Kartentypen gegliedert ist.
3. Vergleichen Sie die Höhendarstellungen in topographischen Karten und in allgemein-geographischen Karten.
4. Nehmen Sie Stellung zur Bezeichnung „physische Karte".
5. Versuchen Sie die Interpretation einer Karte Ihrer Wahl. Besprechen Sie Ihre Niederschrift in der Lerngruppe.

Einteilung der Karten nach der inhaltlichen Gestaltung (Übersicht)	
Typen	Verwendung/Inhalt
Karten zur Orientierung	
topographische Karten: 1:5 000 Deutsche Grundkarte (DGK) 1:25 000 (TK 25) 1:50 000 (TK 50) 1:100 000 (TK 100) 1:200 000 (TK 200) Topographische Übersichtskarte 1:1 000 000 Internationale Weltkarte (IWK)	allgemeine Feinorientierung exakte Angabe über die Beschaffenheit der Erdoberfläche
allgemeingeographische Karten (physische Karten) Übersichtskarten zur regionalen, nationalen, kontinentalen und globalen Dimension	allgemeine Groborientierung vielseitige allgemeingeographische Aussagen über den abgebildeten Raum
thematische Karten:	spezielle Fein- bis Groborientierung je nach Maßstab
zur physischen Geographie	geologische, geomorphologische, klimatologische, bodenkundliche, gewässerkundliche, vegetationskundliche Inhalte
zur Kulturgeographie	historische, politische, soziologische, städtebauliche, raumplanerische, demographische, religiöse, völkerkundliche, landwirtschaftliche, industriewirtschaftliche, dienstleistungsbezogene, handels- und verkehrsbezogene Inhalte
Karten nach der Aussage:	Verwendung in Schule, Hochschule, Politik und Wirtschaft
qualitative Karten	Standorte, Vorkommen, Verbreitung bestimmter Erscheinungen
quantitative Karten	größen- und mengenmäßige Aussagen über bestimmte Erscheinungen
Arten der Komplexität: analytische Karten (elementar analytisch)	quantitative und/oder qualitative Aussagen über einen Sachverhalt
analytische Karten (komplexanalytisch)	quantitative und/oder qualitative Aussagen über mehrere Sachverhalte zusammen
synthetische Karte	konkrete räumliche Sachverhalte (qualitativer und/oder quantitativer Art) sind koordiniert

(z. T. nach E. Breetz, 1974 und F. W. Achilles, 1983)

Karten lesen können heißt, dass man die Kartenzeichen übersetzen kann. Dazu gehören kartographische Kenntnisse. Man muss wissen, welche Merkmale Karten haben, was die Signaturen bedeuten und wie man Karten benutzt.

In der Karte lesen und messen heißt auch, die ihr eigenen Ausdrucksmittel zu dechiffrieren, sie in eine textliche Darstellung umzusetzen. Dabei werden nicht zu unterschätzende Verbalisierungsleistungen verlangt.

Kartenverständnis stellt an den Benutzer weit höhere Anforderungen als das Kartenlesen. Dahinter steht die Fähigkeit, Karteninhalte gedanklich miteinander zu verknüpfen und aus ihnen Schlüsse zu ziehen sowie zu konkreten Vorstellungen über den dargestellten Erdraum zu gelangen.

Kartenverständnis erfordert verknüpfendes Denken und je nach Komplexität des Karteninhalts setzt es unterschiedliche Sachkenntnis voraus. Es stellt somit verhältnismäßig hohe Anforderungen an das Wissen und Können.

Glossar

Abraum. Gesteins- oder Erdmassen, die beim aktiven Bergbau anfallen und vor oder während der Gewinnung von Bodenschätzen abgetragen werden müssen.

Abwasser. Von Industrie, Landwirtschaft, Gewerbe, öffentlichen Einrichtungen und Haushalten verschmutztes Wasser, im weiteren Sinne auch das abfließende Wasser von Dächern und Straßen.

Aerosole. Flüssige und feste Teilchen, die in der Luft schwebend gehalten werden.

Agronomische Trockengrenze. Sie ordnet sich unter dem Landnutzungsaspekt in die klimatische Trockengrenze ein. Sie kennzeichnet die Grenze des Regenfeldbaues, in den tropischen Sommerregengebieten sind dafür mindestens 400–500 mm Niederschlag – konzentriert auf etwa 4 Monate – erforderlich. Die agronomische Trockengrenze wird auch durch sozioökonomische Faktoren bestimmt.

Albedo. Rückstrahlungsvermögen von nicht spiegelnden Oberflächen. Je dunkler die Oberfläche, desto geringer wird die Albedo. Albedowerte (Auswahl): Neuschnee 75–95 %, Oberfläche bei geschlossener Wolkendecke 50–80 %, offene Meeresflächen 3–10 %.

Alm. Extensiv genutzte Hochweide im subalpinen-alpinen Höhenstockwerk außertropischer Hochgebirge. Im Zuge der Staffelwirtschaft ist eine saisonale Almnutzung während des kurzen Sommers in dieser Höhenstufe möglich.

Alpenkonvention. Völkerrechtlicher Rahmenvertrag zwischen den sieben Alpenländern, der am 6. 11. 1991 unterzeichnet wurde. Er fixiert die gemeinsamen Ziele der gesamten Alpenregion in Europa in Wirtschaft, Umweltschutz, Touristik und Verkehr. Die Alpenkonvention ist aus kleineren Zusammenschlüssen hervorgegangen, die seit den 1970er Jahren in den Ost- und Westalpen bestanden.

Andauerwerte, Andauerzeit. Bezeichnung für eine bestimmte Zeitdauer (z. B. 4,5 oder 6 Monate) in der ein bestimmter Wert über- oder unterschritten wird (z. B. das 10 °C – Monatsmittel der Lufttemperatur).

Äquatoriale Westwinde. Westwinde innerhalb der äquatorialen Tiefdruckrinne, häufig zwischen einem nördlichen und einem südlichen Zweig der innertropischen Konvergenzzone (ITC).

Aneignungswirtschaft. Eine Wirtschaftsform, bei der sich der Mensch zur Befriedigung seiner Grundbedürfnisse Nahrung und Güter durch Sammeln und Jagen (Wildbeuterstufe) in seiner natürlichen Umwelt beschafft, ohne die Ökosysteme zu verändern.

Arid. Geographischer Wasserhaushaltsbegriff für Trockenheit, der einen Zustand kennzeichnet, bei dem die potenzielle Verdunstung höher ist als der Niederschlag.

Asche. Lockerprodukte beim Vulkanausbruch. Die Gesteins- und Lavapartikel sind meist fein wie Staub.

Aufgleitniederschlag. In der gemäßigten und in der polaren Zone kommt es an bodennaher Kaltluft zum Aufgleiten von feucht-warmer Meeresluft. Es bildet sich eine großflächige Schicht- und Regenwolkendecke. Aus ihr fallen anhaltende Niederschläge (Landregen).

Auftauschicht. Stark wasserdurchtränkte Bodenschicht über dem Permafrost. Schon bei geringer Hangneigung sehr beweglich (Bodenfließen). Mächtigkeit der sommerlichen Auftauschicht mehrere Dezimeter, maximal 2 m.

Außertropische Westwindzone. In den Mittelbreiten zwischen 35° und 65° bildet sich in der Frontalzone eine beständige Westwindströmung aus. Sie erreicht an der Grenze zur Stratosphäre im Strahlstrom (Jetstream) hohe Windgeschwindigkeiten. Polwärts entwickeln sich dynamische Tiefdruckgebiete (Zyklonen), die die subpolare Tiefdruckfurche bilden, äquatorwärts dynamische Hochdruckgebiete (Antizyklonen), die den subtropischen Hochdruckgürtel auffüllen.

Begleitrohstoff. Nutzbarer mineralischer Stoff, der im Zusammenhang mit der Gewinnung des Hauptrohstoffes vorgefunden wird und abgebaut werden kann.

Bewässerungsfeldbau. Beim Bewässerungsfeldbau wird die zur Bodennutzung jahreszeitlich oder ganzjährig fehlende Niederschlagsmenge durch Bewässerung zugeführt. In subtropischen und tropischen Klimaten ist ein Dauerfeldbau mit mehreren Ernten, in winterkalten Trockenklimaten ein Jahreszeitenfeldbau möglich.

Biologische Ressourcen. Für die menschliche Nutzung direkt oder indirekt verfügbare oder verfügbar gemachte pflanzliche und tierische Stoffe.

Biosphäre. Gesamtlebensraum, der als eine schmale Kugelschale um die Erde ausgebildet ist. An der Biosphäre haben Lithosphäre, Hydrosphäre und Atmosphäre Anteil. Die Hydrosphäre wird vollständig von der Biosphäre eingenommen. In der Atmosphäre reichen Lebensvorgänge bis 11 000 m Höhe, in der Lithosphäre bis etwa 2 600 m und im Weltmeer treten hochspezialisierte Lebensformen noch in Tiefseegräben bis 9 000 m Wassertiefe auf.

Boden. Ein System, in dem sich Lithosphäre (Gesteinshülle), Biosphäre („Lebenshülle") und Atmosphäre (Lufthülle) wechselseitig durchdringen und beeinflussen. Boden setzt sich aus anorganischen (Bodenart, -wasser, -luft) und organischen (Humus) Substanzen sowie den Bodenlebewesen zusammen.

Bodenart. Nach den organischen Bestandteilen (Mineralgehalt) und deren Korngrößen unterscheidet man Stein-, Sand-, Lehm-, Ton-, Mergel-, Löss- und Kalkboden.

Bodenbildung. Umwandlungs- und Verlagerungsvorgänge im Boden sind Prozesse der Bodenbildung. Dabei entwickeln sich unter dem Zusammenwirken der bodenbildenden Faktoren (Ausgangsgestein, Klima, Wasserhaushalt, Vegetation) mit der Zeit Bodentypen.

Bodenerosion. Physisch-geographischer Prozess innerhalb der Kulturlandschaft, bei dem – nutzungsbedingt – die Abtragungsrate im Bodenprofil die Verwitterungsrate übersteigt. Bodenerosion kann durch Wasser oder Wind erfolgen. Mit Bodenerosion sind linien- und flächenhafte Formen verbunden.

Bodenfruchtbarkeit. Die natürliche Bodenfruchtbarkeit ist die Eigenschaft des Bodens, den Pflanzen das Wachstum zu ermöglichen. Dieses ist abhängig von den Faktoren Durchwurzelung, Durchlüftung, Verfügbarkeit von Pflanzennährelementen und Wasserhaushalt.

Bodenhorizont. Die Prozesse der Bodenbildung führen zur Herausbildung von übereinander liegenden Horizonten. Man unterscheidet drei Haupthorizonte: den A-Horizont (Oberboden), den B-Horizont (Unterboden) und den C-Horizont (Untergrund, Ausgangsgestein).

Bodennutzungssystem. Formen der Bodennutzung in ihrer raum-zeitlichen Verteilung. Sie ergeben sich aus den klimaökologischen Grenzen, den Lebensformen sowie dem technologischen Entwicklungsstand sozialer Gruppen und den Marktbedingungen. Je enger der klimaökologische Rahmen ist und je primitiver die Lebensformen sind, desto einseitiger ist das Bodennutzungssystem.

Bodentyp. Bei der Bodenbildung entstehen Bodenprofile mit spezifischer Horizontgliederung.

Bodenversalzung. Begleiterscheinung der Bewässerung, die zu Bodenschäden führt, an deren Ende das Aufhören der Nutzbarkeit steht. In Trockengebieten führt die starke Verdunstung zur Anreicherung der im Bewässerungswasser enthaltenen Salze im Boden oder als Kruste an der Oberfläche.

Borealer Nadelwald. Eine immergrüne, artenarme Waldformation in den höheren temperierten Breiten der gemäßigten Zone, deren Verbreitung an das kaltgemäßigte Klima gebunden ist.

Brandrodung. Art der Gewinnung von Anbau- und Siedlungsflächen im Zuge des Wanderfeldbaus. Dabei werden Waldflächen gerodet und meist am Ende der Trockenzeit abgebrannt. In die mit Asche bedeckten Böden werden, oft mit der Hacke, Reis und andere Fruchtarten eingebracht.

Braunerde. Die Böden der kühlgemäßigten Waldklimate sind überwiegend Braunerden. Kennzeichnend ist ein mächtiger verbraunter Horizont. Die Verbraunung beruht auf dem bei der Silikatverwitterung frei werdenden braunen Eisenoxid, das die hellen Quarzkörnchen umhüllt.

Bruttosozialprodukt (BSP). Statistische Größe zur Messung der Leistung einer Volkswirtschaft in einem Jahr, ausgedrückt in Geldwerten. Es umfasst den Wert der Sachgüter und Dienstleistungen, die über einen Markt abgesetzt werden (also nicht die Leistungen im privaten Haushalt, im Garten usw.). Das BSP umfasst auch nicht die Produktion ausländischer Unternehmen im Inland, wohl aber die Erträge von deutschen Unternehmen im Ausland.

Caldera. Trichterartige Hohlform, die bei Vulkanausbrüchen entsteht.

Corioliskraft. siehe S. 18.

Desertifikation. Vom wirtschaftenden Menschen verursachte Wüstenausdehnung (man made desert) durch Überweidung und Ausdehnung des Ackerbaus. Desertifikation äußert sich in Bodenerosion durch Wasser und Wind, Übersandung, Bodenversalzung und permanenten Wassermangel.

Diversifizierung. Die Herbeiführung struktureller Wandlungen zur Überwindung einer einseitigen Wirtschaftsstruktur mit dem Ziel, eine vielseitige Struktur (Polystruktur), besonders in Industrie und Landwirtschaft zu gewinnen.

Dreifelderwirtschaft. Ein Bodennutzungssystem, bei dem auf dem selben Anbaufeld im dreijährigen Turnus zwischen Wintergetreide, Sommergetreide und Brache gewechselt wird.

Eisberge. Im Meerwasser schwimmende Eismassen, die nur mit $1/9$ ihres Gesamtvolumens aus dem Wasser herausragen. Sie entstehen durch Lostrennung von Gletschern vom Inland- oder Schelfeis („Kalben"). Tafeleisberge mit bis zu 50 m hohen Wänden treten besonders in der Antarktis durch Abtrennung vom Schelfeis auf.

Eiswüste, Kältewüste. Inlandeisgebiete in der Antarktis und auf Grönland, Meereis im Nordpolarmeer und den Randmeeren und Buchten in der Antarktis.

Energiekonsens. Bemühungen, um möglichste Übereinstimmung hinsichtlich der zukünftigen Energiepolitik zu erreichen. In Deutschland geht es insbesondere um den weiteren Einsatz von Primärenergieträgern zur Deckung des Eigenbedarfs, z. B. um Steinkohle.

Energieträger. Stoffe und Kräfte, die zur Abgabe von Energie genutzt werden können. Die bedeutendsten Energieträger sind Kohle, Erdöl, Erdgas, Kernbrennstoffe, Wasser und Holz. Hinzu kommen Sonnen-, Wind-, Bio- und Meeresenergie sowie geothermische Energie.

Energieverbrauch (Primärenergieverbrauch). Verbrauch an Stoffen und Kräften in einem bestimmten Gebiet (Haushalt, Land, Erdteil, Welt), meist aufgeschlüsselt auf Energieträger und auf Steinkohleneinheiten berechnet.

Entwicklungshilfe. Staatliche und private materielle und nichtmaterielle Leistungen von entwickelten Ländern an Entwicklungsländer.

Epiphyten. Auf Pflanzen lebende, nichtparasitäre Aufsiedler. Epiphyten leben im Kronenraum bei günstigen Lichtverhältnissen und ungünstiger Wasser- und Nährstoffversorgung. Epiphyten nehmen Feuchtigkeit durch Vegetationskörper (z. B. Moose) oder über Luftwurzeln (Orchideen) auf.

Evaporation. Verdunstung über dem Meer. Evapotranspiration = Verdunstung des Wassers an der Erd- und Pflanzenoberfläche.

Food and Agriculture Organization of the United Nations (FAO). Ernährungs- und Landwirtschaftsorganisation der UNO mit Sitz in Rom. Hauptaufgaben sind die Sicherstellung der Ernährung der Weltbevölkerung, die Steigerung der Nahrungsmittelproduktion sowie die Verbesserung des Handels mit Lebensmitteln.

Familienplanung. Dienste, die über Mittel und Methoden der Geburtenbeschränkung und andere Maßnahmen der Geburtenregelung aufklären und beraten.

Feld-Gras-System. Ein Bodennutzungssystem mit geregeltem, etwa siebenjährigem Flächenwechsel zwischen Anbaufeld und Brachfeld als Weideland.

Ferralite. Bodenbildungen der Tropen und Subtropen, die sich besonders durch Eisen- und Aluminiumoxidbildung auszeichnen und deswegen eine kräftige Rotfärbung zeigen. Der relativen Anreicherung der Oxide steht die Auswaschung von Kieselsäure, Alkalien und Erdalkalien gegenüber.

Flächenumwidmung. Veränderung der Nutzungsstruktur von Flächen, insbesondere von Wald- in Agrarflächen, von Wiesen und Weiden in ackerbaulich zu nutzende Flächen.

Flöz. Abbauwürdige Schicht abgelagerter mineralischer Stoffe.

Forstwirtschaft. Ein Wirtschaftszweig mit langer Produktionsdauer, wobei die

Bäume im verschiedenen Alter wirtschaftlich genutzt werden. Die Großräumigkeit des Forstbetriebes erfordert Besonderheiten in der Organisation der Arbeit und Verwaltung. Angestrebt werden höchstmögliche und nachhaltige Erträge.

Frostboden, Frostmusterboden. siehe Strukturboden.

Fruchtwechselwirtschaft. Ein Bodennutzungssystem, bei dem durch geeignete Fruchtfolgen in Verbindung mit organischer und mineralischer Düngung eine ununterbrochene Nutzung des Anbaufeldes möglich ist.

Galeriewälder. Immergrüne Wälder, die sich innerhalb der Savanne beiderseits der Flüsse erstrecken und deren Feuchteversorgung in der Trockenzeit über das Grundwasser realisiert wird.

Geburtenrate. Zahl der Geburten eines bestimmten Gebietes (Stadt, Land, Kontinent), bezogen auf 1 000 Einwohner.

Gemeinschaft Unabhängiger Staaten (GUS). Staaten, die aus der Sowjetunion hervorgegangen sind und sich als Staatenbund verstehen. Der GUS gehören alle ehemaligen Sowjetrepubliken der UdSSR mit Ausnahme der baltischen Republiken an.

Geographischer Formenwandel. Methodenkonzept in der regionalen Geographie, das den regelhaften Wandel der geographischen Ausstattungseigenschaften in der Landschaftssphäre der Erde kennzeichnet. H. LAUTENSACH unterscheidet vier Formenwandelkategorien: planetarischer, peripher-zentraler, westöstlicher und hypsometrischer Formenwandel.

Glashauswirkung (Treibhauseffekt). Ein Erwärmungseffekt in der Atmosphäre, der der Wirkung eines Gewächshauses ähnelt. Von der Erdoberfläche ausgesandte langwellige Strahlung wird von Wasserdampf und Kohlendioxid absorbiert und in Wärmeenergie umgesetzt.

Globalstrahlung. Die Summe des Strahlungsflusses aus direkter Sonnen- und diffuser Himmelsstrahlung bezogen auf eine Horizontalfläche.

Grauer Boden der Halbwüste (Serosem). Die Böden des winterkalten Halbwüstenklimas in den temperierten Breiten sind Seroseme mit einem A-B-C-Profil. Kennzeichnend ist die helle, fahlgraue Farbe, die auf Humusmangel und hohem Kalkgehalt im Oberboden beruht.

Grundschicht. Unterste, wolkenarme Schicht der Troposphäre, die etwa 2 km hoch ist und zwischen 1,5 und 2 km durch eine Sperrschicht (Inversion) begrenzt wird.

Grundwasser. Durch Versickerung und anderes Eindringen von Wasser in die Gesteinshülle entstandene Wassermengen, die sich in Hohlräumen von Lockergesteinen sammeln und über wasserundurchlässigen Schichten stauen.

Hartlaubwald. Eine immergrüne, artenreiche Waldformation in den niederen temperierten Breiten der gemäßigten Zone, deren Verbreitung an das Winterregenklima der warmgemäßigten Subtropen vorrangig an den Westseiten der Kontinente gebunden ist.

Hauptrohstoff (Hauptkomponente). Mineralische Stoffkomponente, um derentwillen die Lagerstätte abgebaut wird. Die Hauptkomponente gibt der Lagerstätte den Namen.

Hot spots. Begrenzte Bereiche mit erhöhtem Wärmezustrom aus dem Erdmantel; Gebiete erhöhter vulkanischer Aktivität.

Humid. Geographischer Wasserhaushaltsbegriff für einen Zustand, bei dem die Niederschlagsmenge höher ist als die Verdunstung. Humide Räume besitzen ständig wasserführende Flüsse.

Inlandeis. Eismassen, die aus Schnee entstanden sind, ausgedehnte Festlandflächen bedecken und deren Relief nahezu vollständig verhüllen.

Innertropische Konvergenzzone (ITC). Zone zwischen den Passaten beider Halbkugeln in Aquatornähe. In der ITC aufsteigende Luft lässt mächtige Gewitterwolken (cloud cluster = Wolkenbüschel) entstehen, aus denen heftige Niederschläge fallen.

Innovation. Ein Neuerungs- oder Nachahmungsvorgang, der durch die Einführung bzw. Verbreitung einer neuen Technik oder Idee in Gang gesetzt wird.

Inversion. Temperaturumkehrung. Bei Inversion nimmt die Temperatur in einer Luftschicht nach oben zu. Inversion behindert den vertikalen Luftaustausch.

Kastanienerde (Kastanosem). Die Böden der winterkalten Trockensteppenklimate in den temperierten Breiten sind Kastanienerden mit einem A-C-Profil. Kennzeichnend ist ein etwa 50 cm mächtiger humusreicher Oberboden mit einem Karbonathorizont.

Klima. Das Klima ist der durchschnittliche Zustand der Lufthülle und der Verlauf der Witterung an einem Ort oder in einem Gebiet. Klimadaten sollten möglichst 30 Beobachtungsjahre umfassen.

Klimaelemente. Mess- und beobachtbare Elemente des Wetters, die für klimatologische Bearbeitungen ausgewertet werden. Wichtige Klimaelemente sind Strahlung, Lufttemperatur, Luftfeuchte, Niederschlag, Bewölkung, Sicht, Wind und Sonnenscheindauer.

Klimafaktoren. Zu den natürlichen Klimafaktoren gehören geographische Breite, Art des Untergrundes (Festland, Meer), Entfernung vom Meer, Oberflächenbeschaffenheit, Bodenbedeckung, Hangneigung, Exposition und Höhenlage. Anthropogene Klimafaktoren sind Bebauung, Abgase, Abwärme, Bodennutzung und Nutzungsänderungen (Abholzung, Aufforstung, Schaffung neuer Wasserflächen).

Klimatische Trockengrenze. Grenzraum, in dem die Niederschlagshöhe und die potentielle Landschaftsverdunstung (pLV) etwa einander entsprechen. Die klimatische Trockengrenze verläuft in den Tropen annähernd zwischen Trocken- und Feuchtsavanne.

Klimazonen. Großräume der Erde, in denen wesentliche Züge des Klimas gleichartig sind. Eine strenge zonale Anordnung wird durch die Ozean-Kontinent-Verteilung und durch Hochländer und Hochgebirge abgewandelt.

Kontinentalklima. Eine Klimaart, die sich in jeder Klimazone in Meeresferne unter dem Einfluss großer Landmassen ausbildet, die geprägt ist durch große Temperaturunterschiede im Tages- und Jahresgang und geringe Niederschlagsmengen.

Konvektionsniederschlag. Bei starker Erwärmung der Erdoberfläche und hoher Luftfeuchtigkeit bilden sich Gewitterwolken oder mächtige Haufenwolken. Aus ihnen fallen Gewitterregen und schauerartige Niederschläge von kurzer Dauer, aber großer Ergiebigkeit.

Lagerstätte. Natürliche Anhäufung von Mineralen, die entsprechend den heutigen technischen Möglichkeiten und wirtschaftlichen Erfordernissen nutzbringend gewonnen und verarbeitet werden können.

Lagerstättenpotenzial. Gesamtmenge an Stoffen in Lagerstätten.

Lahar. Schutt- und Schlammstrom, ausgelöst durch Vulkanausbruch.

Landschaft. Zentralbegriff der physischen Geographie. Ausschnitt aus der Geosphäre (Erdhülle), der sowohl durch die naturgesetzlich bestimmten Wirkungszusammenhänge zwischen den Komponenten (Klima, geologischer Bau, Wasserhaushalt, Relief, Bios, Boden), als auch durch die Gesellschaft über Nutzung und Gestaltung geformt wurde. Landschaft ist immer ein konkreter Teil der Erdoberfläche. Landschaft hat eine einheitliche Struktur und gleiches Wirkungsgefüge (E. NEEF).
Die Landschaftssphäre der Erde unterliegt der Evolution. Sie ist gegenwärtig im Stadium der Kulturlandschaft.

Landschaftsökologie. Umfassendste Betrachtungsweise der Landschaft, die sowohl die merkmalskorrelativen Beziehungen innerhalb des Natursystems (Naturlandschaft), als auch die funktionalen Beziehungen zwischen dem Natursystem und den gesellschaftlichen Veränderungen einschließt.

Laterit. (lat. later = Ziegel). Kennzeichnet in tropischen Böden die starke Anreicherung von Eisen- und Aluminiumoxiden, die bei Luftzutritt an der Oberfläche verhärten und schlackenartige Krusten bilden. Laterisierung ist besonders für die wechselfeuchten Tropen kennzeichnend.

Lianen. Typische Lebensformen der äquatorialen Regenwälder. Die Pflanzen keimen am Boden. Sie benötigen für die zunächst schwachen Stengel eine Stützpflanze. Lianen umwinden die Stützpflanze oder halten sich auf andere Art fest.

Lawine. An Gebirgshänge gebundene Massenbewegungen von Schnee oder Eis.

Lorbeerwald. Eine immergrüne, artenreiche Waldformation in den niederen temperierten Breiten der gemäßigten Zone, deren Verbreitung an das ständig feuchte Klima der warmgemäßigten Subtropen vorwiegend an den Ostseiten der Kontinente gebunden ist.

Magma. Zähplastische Tiefengesteinsschmelze (z. B. vulkanische).

Maritimität, Kontinentalität. Der Grad des Einflusses von Meeren und Kontinenten auf das Klima. Als Kennzeichen der Maritimität gelten: geringe Tages- und Jahresschwankungen der Lufttemperatur, hohe Luftfeuchte, starke Bewölkung und ergiebige Niederschläge.
Im Gegensatz dazu ist die Kontinentalität gekennzeichnet durch große tägliche und jährliche Temperaturschwankungen, niedrige Luftfeuchte, geringe Bewölkung und geringere Niederschläge.

Meereis. Es bildet sich auf dem Meere selbst, zum Teil aber auch aus Gletschern und Inlandeis (siehe Eisberge, Schelfeis). Das Meereis des Nordpolarmeeres ist 2 bis 4 m mächtig (siehe auch Packeis, Treibeis).

Meteosat. Bezeichnung der europäischen Wettersatelliten. Meteosat 4 befindet sich seit Juni 1989 im Weltraum. Alle 30 Minuten sendet er aus einer Höhe von 36 000 km Bilder zur Überwachung des Wettergeschehens von etwa einem Drittel der Erdoberfläche.

Metallische Ressourcen. Erze, aus denen Metalle gewonnen werden können.

Metallreserven-Index. Mittel eines jeden Staates (oder Kontinentes) im Hinblick auf die globalen Anteile an 15 wichtigen metallischen Stoffen.

Metropole. Politisches, wirtschaftliches, kulturelles und gesellschaftliches Zentrum eines Staates.

Migration. Bevölkerungswanderung, die mit Wohnortwechsel verbunden ist. Sie untergliedert sich in Binnenwanderung und Außenwanderung.

Mineralisierung. Durch Bodenlebewesen (Zerkleinerer, Mikroorganismen) werden in der Auflageschicht und im Oberboden abgestorbene Pflanzenteile ab- und umgebaut. Dabei entstehen als Zwischenstufen der chemischen Umwandlungsvorgänge Huminstoffe (Humifizierung) und als Endprodukte anorganische Stoffe (Wasser, Kohlenstoffdioxid, Salze).

Monokultur. Ein Bodennutzungssystem, bei dem auf Böden mit hoher Bodenfruchtbarkeit über viele Jahre kein Wechsel der Anbaukultur erfolgt. Die Dauernutzung wird bis zur Erschöpfung des Bodens betrieben.

Monsun. (arab. mausim = Jahreszeit) Luftströmungen mit jahreszeitlichem Richtungswechsel in der unteren Troposphäre in den Tropen. Sie werden durch die Aufspaltung der ITC verursacht.

Monsunregen. Intensive Niederschläge von Mai/Juni bis September/Oktober in Süd- und Südostasien während des Sommermonsuns (Südwest-Monsun).

Mure. Schlamm- und Gesteinsstrom im Gebirge, der durch Wasserübersättigung mobilisiert wird und ein hohes Gefährdungspotenzial für die menschlichen Lebensräume im Gebirge darstellt.

Nebelwald. Gehölzstufe in den niederschlagsreichen tropischen Gebirgen zwischen 1000 m NN und der Waldgrenze; gekennzeichnet durch hohen Anteil an Epiphyten (Farne, Moose und Flechten).

Oase. Areale reichen Pflanzenwuchses in der Wüste, bedingt durch Grundwassernähe, Quellen oder Flüsse. Durch Bewässerungsverfahren wird die Oasenfläche häufig ausgedehnt. Nach der Verfügbarkeit des Wassers werden unterschieden: Grundwasseroasen, Quelloasen, Flussoasen. In den Wüsten entwickelte sich eine eigenständige Oasenkultur. Gegenwärtig werden viele Oasen aufgegeben.

Ökosystem. System der Wechselbeziehungen zwischen geologischem Bau, Klima, Wasserhaushalt, Boden, Relief und Bios (Tiere und Pflanzen) einschließlich des wirtschaftenden Menschen im Landschaftsraum. Ökosysteme sind an keinen bestimmten Maßstabsbereich gebunden, sie umfassen das einzelne Feldgehölz ebenso wie den Regenwald in Amazonien.

OPEC. Organisation Erdöl exportierender Länder (Organization of Petroleum Exporting Countries).

Ophiolithe. Basische magmatische Gesteine, die bei der Kollisionsorogenese in die Faltengebirge eingepresst wurden.

Orogenese. Gebirgsentstehung.

Packeis. Zu mehreren Metern in der Arktis und Antarktis hoch aufgetürmtes Meereis.

Paläoklimatologie. Die Wissenschaft von den Klimaten der geologischen Vergangenheit. Eine Rekonstruktion vorzeitlicher Klimate erfolgt mithilfe von Klimazeugen wie Fossilien, Sedimenten, Böden, Pollen.

Pangäa. Vermuteter Großkontinent der Erde; vor 200 Millionen Jahren, aus dem durch Bruch und Auseinanderdriften die heutigen Kontinente entstanden sind.

Parabraunerde (Fahlerde). In den kühlgemäßigten Waldklimaten entwickeln sich aus Braunerden durch Verlagerung von Kalkteilchen und Tonmineralen (Lessivierung) Parabraunerden. Kennzeichnend ist die Zweiteilung des A-Horizonts in einen dunklen, humushaltigen und in einen fahlgrauen, an Tonmineralen verarmten Horizont.

Paramo. Tropische Hochgebirgsvegetation besonders in Südamerika, aber auch in Afrika. Paramo ist als alpine Stufe oberhalb der offenen Waldgrenze bis zur Schneegrenze ausgebildet und durch ausgeprägtes thermisches Tageszeitenklima mit hohen Amplituden gekennzeichnet. Paramo ist durch Gräser, Zwerg- und Kriechgehölze und einzeln stehende Schopfbäume gekennzeichnet.

Passate. (port.. = Überfahrt) Beständige Nordost- und Südostwinde, die in der Grundschicht auf beiden Halbkugeln ganzjährig von den subtropischen Hochdruckzellen zur äquatorialen Tiefdruckrinne gerichtet sind. Die Passate sind vorwiegend trocken und niederschlagsarm.

Permafrost (ewige Gefrornis). Ständig gefrorener Boden, der nur im Sommer oberflächlich auftaut. In Alaska und Sibirien bis zu 300 m mächtig, stellt er zum Teil ein Relikt aus der Weichselkaltzeit dar.

Planetarische Zirkulation. Allgemeine Zirkulation der Atmosphäre. Bezeichnung für die Gesamtheit aller großräumigen Luftströmungen in der Atmosphäre. Infolge breitenabhängiger unterschiedlicher Verteilung der Wärme entstehen auf der Erde globale Luftdruckunterschiede. Dadurch verursachte Luftbewegungen werden unter Einwirkung der Erdrotation abgelenkt. Sie bilden das komplizierte planetarische Zirkulationssystem. Es werden vier Windgürtel unterschieden: polare Ostwinde, außertropische Westwinde, Nordost- und Südostpassate, äquatoriale Westwinde.

Pluvialzeit. Entspricht in den Subtropen und Tropen etwa den pleistozänen Kaltzeiten der höheren Breiten. Unter kühlen Bedingungen entwickelte sich bei stärkerer Bewölkung und geringerer Verdunstung ein günstiger Wasserhaushalt. Besonders wirksam wurden diese Verhältnisse am Nordsaum der Sahara.

Podsol. Die Böden des kaltgemäßigten Klimas in den temperierten Breiten sind Podsole mit einem vierteiligen A-B-C-Profil. Kennzeichnend sind ein aschfarbener Bleichhorizont und ein rotbrauner Rosthüllenhorizont mit Ortsteinbildung.

Polare Ostwinde. Ganzjährig ausgebildete Ostwinde, die in polaren Breiten in der Grundschicht wehen.

Polartag, Polarnacht. Die Sonne bleibt länger als 24 Stunden über bzw. unter dem Horizont. In allen Orten zwischen 66,5° Breite und den Polen wächst die Dauer von Polartag und Polarnacht mit zunehmender geographischer Breite. Sie beträgt an den Polen ein halbes Jahr.

Produktionswirtschaft. Eine Wirtschaftsform, die auf die Erzeugung von Nahrungsmitteln und Gütern zielt. Dazu entwickelt der Mensch besondere Technologien sowie unterschiedliche Formen der Arbeitsteilung. Außerdem greift er verändernd in den Naturhaushalt ein und gestaltet Kulturlandschaften.

Regenfeldbau. Dasjenige Betriebssystem der Bodennutzung, bei dem Feldbau ohne Bewässerung betrieben werden kann. Je nach der jährlichen Temperatur- und Niederschlagsverteilung ist Dauerfeldbau oder Jahreszeitenfeldbau möglich.

Rekultivierung. Wiedergewinnung von Ackerland, Forstflächen, Siedlungs- und Erholungsflächen aus ehemaligen Tagebauflächen und -ablagerungen.

Reserven an mineralischen Rohstoffen. Diejenigen Vorkommen, deren Menge und Qualität durch Proben und Messen festgestellt wurden und die zur Zeit der Bemessung gewinnbringend gewonnen werden können. Reserven sind durch geologische Erkundung, Technik, Kosten des Abbaus und durch die Preise des Rohstoffes hinsichtlich der Schätzwerte beeinflussbar.

Ressource (Naturressource). Von Menschen genutzte oder nutzbare natürliche Stoffe und Energiearten. Dazu gehören mineralische, energetische, pflanzliche und tierische, Boden- und Flächenressourcen.

Rift. Tiefe Bruchzone, die die Kruste bzw. die gesamte Lithosphäre erfasst.

Rohstoffe. Rohstoffe sind durch menschliche Tätigkeit umgewandelte Naturressourcen. Es sind weitgehend unbearbeitete Erzeugnisse mineralischer, pflanzlicher oder tierischer Herkunft, die bis zur Loslösung aus ihrer natürlichen Quelle noch keine weitere Verarbeitung erfahren haben.

Recycling. Prozess, in welchem Produkte, die bereits mindestens einen Produktions- und Verbrauchszyklus hinter sich gebracht haben, in einen weiteren solchen Zyklus zurückgeführt werden (Stoffkreislauf). Die recycelten Rohstoffe werden als Sekundärrohstoffe bezeichnet. Gewonnene Stoffe, die erstmals einen Produktions- und Verbrauchszyklus durchlaufen, bezeichnet man als Primärrohstoffe.

Revier. Größeres, von anderen Abbaugebieten meist deutlich abgegrenztes Abbaugebiet von Bodenschätzen.

Savanne. Klimatisch bedingte, zonale Pflanzenformation der wechselfeuchten Tropen mit einer Grasflur und einzeln oder parkartig darin verteilten Holzpflanzen. Entsprechend der Andauer der humiden Zeit sind die Subzonen der Feucht-, Trocken- und Dornsavanne ausgebildet.

Schelf. Vom Meer überspülter Rand der Kontinente, bis zu 200 m Tiefe.

Schelfeis. Mehrere hundert Meter mächtiges Eis am Rande des antarktischen Inlandeises. Überdeckt – zum Teil im Meere schwimmend – das bis etwa 200 m tiefe Meer.

Sensibler Rohstoff. Rohstoff, dessen Vorhaltedauer nach den heutigen Erkenntnissen maximal noch ein Jahrhundert betragen wird, danach also nur noch über Recycling zur Verfügung steht.

Sommergrüner Laub- und Mischwald. Eine artenreiche Waldformation in den temperierten Breiten der gemäßigten Zone, die an den West- und Ostseiten der Kontinente auftritt.

Stabiler Rohstoff. Rohstoff, dessen Vorhaltedauer noch länger als ein Jahrhundert beträgt, häufig sogar mehrere Jahrhunderte.

Steinkohleneinheit (SKE). Energieeinheit, von der aus Umrechnungen in andere Energieträger erfolgen können.

Sterberate. Zahl der Gestorbenen eines bestimmten Gebietes, bezogen auf 1 000 Einwohner.

Strukturböden. Bei häufigem Frostwechsel führt die Frosthebung in der Auftauschicht über Permafrost zur Materialsortierung. Dabei entstehen auf ebenen Flächen Steinringe und Steinnetze, in Hanglagen Steinstreifen und Steinellipsen.

Subsistenzwirtschaft. Landwirtschaftliche Produktion, die auf Eigenversorgung des Produzenten ausgerichtet ist. Sie ist in Entwicklungsländern für viele Klein- und Kleinstbauern typisch.

Sukkulente Pflanzen. Saftreiche, flachwurzelnde Pflanzen, die zur Wasserspeicherung in der Regenzeit fähig sind. Wasserspeicherung erfolgt in Blättern, Stengeln oder Wurzeln.

Terra rossa. Eine Sammelbezeichnung für Gelb- und Roterden in subtropischen Klimaten. Die Böden haben ein A-B-C-Profil mit einem mächtigen, durch Eisen- und Aluminiumoxide rot gefärbten B-Horizont.

Transhumanz. Eine Form der Fernweidewirtschaft im Mittelmeerraum mit ganzjährigen Wanderungen von Viehherden zwischen Sommerweide in der Nadelwald- und Mattenstufe der Gebirge und Winterweide auf den Brachfeldern im Tiefland. Die Betreuung der Herden (meist Schafe) erfolgt durch gedungene Hirten, die Besitzer umgehen eine aufwendige Stallhaltung.

Treibeis. Auf dem Meer und auf Flüssen schwimmende Eisschollen.

Tropen. Beleuchtungsklimatischer Gürtel zwischen den Wendekreisen mit den geringsten Tageslängenschwankungen. Das thermische Tageszeitenklima ist durch tropische Zirkulation (ITC, Passate, tropische Monsune) bestimmt.

Troposphäre. Unterstes Stockwerk der Atmosphäre, in dem sich die Wettervorgänge abspielen. Es wird in Grund- und Advektionsschicht untergliedert und reicht in 50° nördl. Breite bis etwa 12 km Höhe. Die vertikale Temperaturabnahme beträgt in der Troposphäre 6,5 °C pro 1 000 m.

Tundra. Baumloser Vegetationstyp in der polaren und subpolaren Klimazone. Kurze, kühle Sommer (wärmste Monatsmitteltemperaturen unter 12 °C) und lange, sehr kalte Winter (Schneebedeckung 250 bis 300 Tage) sowie kräftige Winde und Permafrost verhindern den Baumwuchs.

UNO-Seerechtskonferenz (UNCLOS). Institution zur Regelung von Rechts- und Nutzungsverhältnissen in Meeresgebieten.

Urbanisierung. Sie ist allgemein mit der Verstädterung verbunden. Man versteht darunter die Ausbreitung und Verdichtung städtischer Siedlungs- und Lebensformen. Merkmale von Urbanität sind räumliche Trennung der Daseinsgrundfunktionen in einer arbeitsteiligen Wirtschaft, starke berufliche Spezialisierung und ausgeprägte soziale Schichtung, starke soziale und regionale Mobilität, wachsende Bedeutung von Freizeit, Verdichtung des Verkehrs und rasche Veränderungen im Stadtbild.

Verfügbarkeit mineralischer Stoffe. Möglichkeit der Gewinnung bzw. des Imports von Stoffen für die Verwendung in der Volkswirtschaft. Sie setzt die geologische, technisch-ökonomische, politische und ökologische Verfügbarkeit voraus.

Verstädterung. Die Verstädterung ist gekennzeichnet durch die Zunahme der städtischen Siedlungen, das Wachstum der Städte nach Bevölkerungszahl und Siedlungsfläche, das Wachstum des Anteils der städtischen Bevölkerung an der Gesamtbevölkerung eines Staates. Sie setzt weltweit mit dem Übergang von der Agrar- zur Industriegesellschaft ein. In den 90er Jahren gibt es weltweit etwa 30 Stadtregionen mit jeweils mehr als 10 Millionen Einwohnern. Davon liegen etwa 20 in Entwicklungsländern.

Vorhaltedauer. Der Zeitraum, in dem die Lagerstättenvorräte eines Rohstoffes in Beziehung zum jährlichen Abbau noch zur Verfügung stehen. Die Vorhaltedauer wird in Jahren ausgedrückt.

Vulkan. Austrittsstelle von Lava an der Erdoberfläche und auf dem Meeresboden.

Vegetationsformation. Eine Vergesellschaftung von Pflanzen mit einheitlichen Wuchsformen wie Pflanzenstockwerke (Baum-, Strauch-, Kraut-, Bodenschicht), Artenzusammensetzung und Artenzahl sowie immergrünen, sommergrünen und regengrünen Formen.

Vegetationsperiode. siehe S. 36.

Wachstumsrate der Bevölkerung. Verhältnis zwischen Geburten- und Sterberate. Sie kennzeichnet direkt das natürliche Wachstum der Bevölkerung und wird oft auch als Zuwachsrate oder Geburtenüberschuss bezeichnet.

Wadi. Trockental in ariden Gebieten. Kann nach episodischen Niederschlägen kurzzeitig von Wasser durchströmt werden. In den Wadisedimenten sind oft Grundwasservorräte enthalten.

Wanderfeldbau (Shifting cultivation). Form der Landnutzung in den Tropen (Landwechselwirtschaft). Da die Nährstoffvorräte der tropischen Böden nach wenigen Anbaujahren erschöpft sind, werden die Ackerflächen und oft auch die Siedelplätze verlegt. Durch Brandrodung werden neue Freiflächen für Felder und Siedlungen geschaffen.

Weichselkaltzeit. In Europa wird die letzte pleistozäne Kaltzeit, deren Inlandeismassen bis ins Norddeutsche Tiefland vorstießen, so bezeichnet. Ein allgemeiner Temperaturrückgang bewirkte die äquatorwärts gerichtete Verlagerung der Klima- und Vegetationszonen.

Weltkommission für Umwelt und Entwicklung. Eine von der UNO eingesetzte Kommission unter Leitung von G. H. BRUNDTLAND, die ein „Weltprogramm des Wandels" in der Zeit von 1983 bis 1987 ausarbeitete. Wichtige Ergebnisse sind in dem Buch „Unsere gemeinsame Zukunft" festgehalten.

Wüste. Geographischer Landschaftstyp mit extrem geringer Pflanzenbedeckung oder pflanzenfrei. Wüste ist gebunden an arides Klima und bei Trockenwüsten an ausgeprägten Wassermangel. Daneben werden Kälte-, Schnee- und Eiswüsten unterschieden.

Winterkalte Steppe. Artenreiche Kraut- und Grasformation in den temperierten Breiten der gemäßigten Zone, die im Inneren der Kontinente auftritt.

200-Seemeilen-Zone. Die 1982 geschaffene, sich aus der Hoheitszone (12 Seemeilen) und der „Ausschließlichen Wirtschaftszone" (bis 188 Seemeilen) zusammensetzende Zone von Meeresanrainern, in der diese souveräne Rechte – u. a. auch über alle lebenden und toten Ressourcen – ausüben.

Zyklone. Dynamisches Tiefdruckgebiet in der außertropischen Westwindzone.

Bildnachweis

Titelfoto: World globe showing North and South America, blue background

Aerocamera – Hofmeester, Rotterdam (S. 225/1); Amerikanische Botschaft, Berlin (S. 177); R. Bannasch, Berlin (S. 85/2); Th. Billhardt, Kleinmachnow (S. 131/3); K. Bürger, Potsdam (S. 155/1, 224); D. Christel, Berlin (S. 39, 57/1, 57/2, 154/1); B. Culik, Heikendorf (S. 79, 85/1); dpa – Frankfurt/M./Agence France (S. 223), Fotoreport DB (S. 160), Lehtikuwa Oy (S. 64, 210), Pan-Asia (S. 161), Staedele (S. 215); P. Fischer, Oelixdorf (S. 131/1, 131/2); FVA/Daun-Vulkaneifel (S. 170); S. Heimer, Dresden (S. 58, 69/1, 69/2); D. Heinrich, Templin (S. 61); K. Heinzel, Berlin (S. 126/3); W. Hellige, Iserlohn (S. 7, 229); U. Jansen, Klein Nordende (S. 117); H. Krumbholz, Berlin (S. 121, 126/2, 167/1 ENIT, 171/1 ENIT); G. Kutschke, Berlin (S. 93, 98/2, 99/1); Helga Lade Fotoagentur, Berlin: Berer (S. 78), Bergmann (S. 198), Bramaz (S. 154/2, 190, 191, 225/2), Krischel (S. 133), S. K. (S. 221/1), Schuster (S. 126/1); H. Lange, Leipzig(S. 52/1, 55/1); S. Motschmann, Neuenhagen (S. 67, 70/1, 72); G. Niemz, Frankfurt/M. (S. 53/1, 55/2, 55/3); J. K. Petřík, Prag (S. 32/3, 84, 115/1, 115/2, 209); A. Remde, Bonn (S. 98/1, 109); D. Richter, Großburgwedel (S. 32/2, 221/2); G. Rothe, Augustusburg (S. 168); K. Rother, Passau (S. 70/2; 73/2); Ruhrgas AG, Essen (S. 153); Tony Stone Bilderwelten, Images Oxford Cartographers, München (Titelfoto); M. Störr, Usedom (S. 167/2, 171/2, 171/3, 173, 175); E. Struck, Würzburg (S. 73/1); Superbild, Berlin: Diaphor (S. 192, 237), IFA-Kat (S. 186), Schmitt (S. 70/3); U. Treter, Erlangen (S. 63, 65/1, 65/2, 65/3); TU – Freiberg (S. 196, 202); U. S. Information Service Embassy of the United States of America, Bonn (S. 159); VWV-Archiv, Berlin (S. 129/1, 129/2, 137, 150, 155/2, 169); N. Wein, Kaarst (S. 54/1, 57/3, 59, 74); T. Wengel, Zepernick, (S. 32/1, 124); H. W. Windhorst, Vechta (S. 53/2, 54/2).

Quellen

H. Bauer: Der grüne Ozean. Leipzig, 1963 (S. 60); N. N. Baranski: Die ökonomische Geographie der UdSSR. Berlin, 1957 (S. 56); L. S. Berg: Die geographischen Zonen der Sowjetunion. Leipzig, 1958, Bd. I (S. 38, 61); Tanfiljew/Berg: 1959, Bd. II (S. 48); M. und E. Dörfler: Zurück zur Natur? Urania, Leipzig-Jena-Berlin, 1989 (S. 232); Al Gore: Wege zum Gleichgewicht. Fischer, Frankfurt/M., 1994 (S. 234); Engel/Kiemle: Rocky Mountains, Kanadas einzigartige Bergwildnis. Herfort, Busse, Seewald, 1988 (S. 52/2); A. Hettner: Vergleichende Länderkunde. Bd. IV, Leipzig, 1935 (S. 50/51); H. Lehmann: Zeitschrift „Die Erde", Jg. 1955 (S. 69); D. L. Maedows: Die Grenzen des Wachstums. Stuttgart, 1972 (S. 234); K. Mehnert: Asien, Moskau und wir. Deutsche Verlagsanstalt, Stuttgart, 1958 (S. 56/57); F. Morgun: Korn und Mensch. Moskau, 1975 (S. 58); A. Philippson: Das Mittelmeergebiet. Leipzig/Berlin, 1914 (S. 66, 68); D. Schröder: Unser täglich Brot. Verlag Paul Parey, Hamburg/Berlin, 1984 (S. 233); E. v. Weizsäcker: Erdpolitik. Darmstadt, 1989 (S. 234/235); Wernicke, UTA: Sprachwissen. Lehr- u. Arbeitsbuch, Deutsch Sekundarstufe II, Hamburg, 1978 (S. 243).

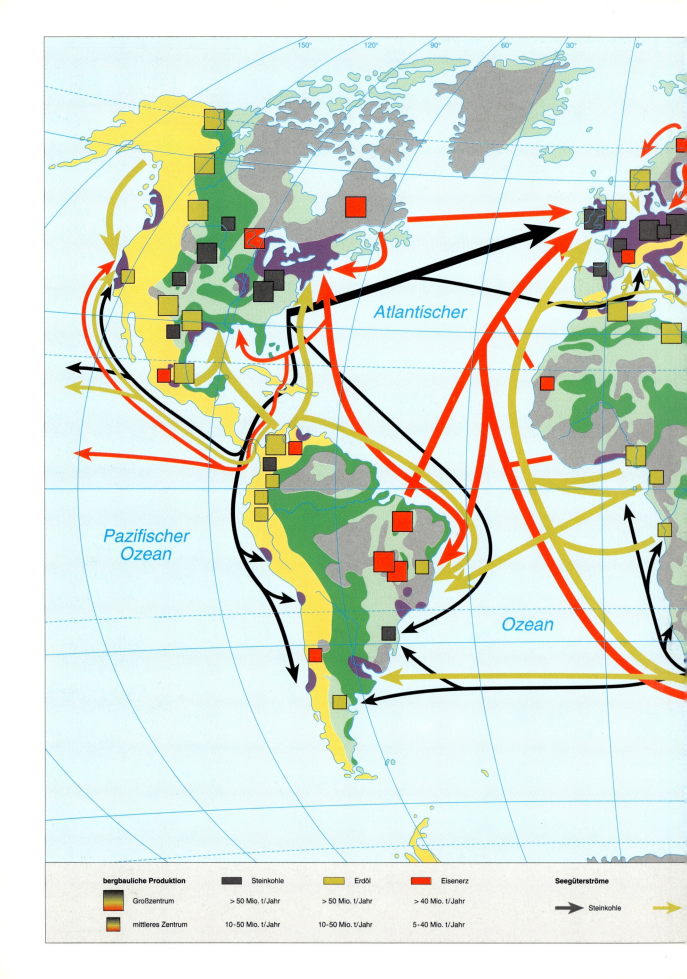